SAMMLUNG

GERMANISTISCHER HILFSMITTEL

FÜR DEN PRAKTISCHEN STUDIENZWECK.

I.

ERDMANN,

OTFRIDS EVANGELIENBUCH.

HALLE A. S.,

VERLAG DER BUCHHANDLUNG DES WAISENHAUSES.

1882.

OTFRIDS EVANGELIENBUCH

HERAUSGEGEBEN

VON

OSKAR ERDMANN.

TEXTABDRUCK MIT QUELLENANGABEN UND WÖRTERBUCH.

HALLE a. S.,

VERLAG DER BUCHHANDLUNG DES WAISENHAUSES.

1882.

VORBEMERKUNG.

Otfrid, Schüler des Hrabanus Maurus und des Salomo, den er später bei Übersendung seines Buches als Bischof von Constanz begrüsste, vollendete sein Buch, das er selbst *pars evangeliorum, evangeliôno deil* (Liutb. 9. I, 1, 113), d. h. eine Auswahl aus den Evangelien nennt, als Mönch und Priester des Klosters Weissenburg im Elsass um 868. Veranlassung und Zweck desselben gibt er selbst mit vollkommener Klarheit an in der Widmung an König Ludwig den Deutschen, in der amtlichen lateinischen Zuschrift an den Erzbischof Liutbert, sowie im Eingangskapitel des ersten Buches, der ältesten erhaltenen deutschen Vorrede eines deutschen Schriftstellers. Er wollte den weltlichen Laiengesang, der hohen Geistlichen anstössig gewesen war, verdrängen und den Franken in ihrer Muttersprache ein würdiges und Gott wolgefälliges Dichtewerk schaffen, das den epischen Dichtungen anderer Völker zur Seite gestellt werden könnte. Als höchsten Stoff der Dichtung wählte er die Worte und Taten Christi, die er als Ausgangspunkt, Mitte und Ende der Menschengeschichte, ja der gesammten Weltentwicklung ansah und darstellte. Den aus den Evangelienberichten selbständig ausgewählten Stoff hat er in wolüberlegter Anordnung auf fünf

Bücher verteilt, was er in dem Schreiben an Liutbert mit geist-
reich spielender Mystik rechtfertigt; jedes dieser 5· Bücher zerfällt
in eine Reihe von Abschnitten, die durch lateinische Überschrif-
ten bezeichnet sind. Zu den erzählten Geschichten machte er
erläuternde Zusätze mit gemütvollem Eingehn auf Stimmung und
Motive der einzelnen Personen und mit massvoller Anpassung
der fremdartigen Sitten und Zustände an einheimische und den
Franken wolvertraute; ferner knüpfte er moralische und allego-
rische (mystische) Auslegungen nach der Theologie seiner Zeit an
und ergriff nicht selten die Gelegenheit seine eigene Stellung
zum Gegenstande und zum Leser in lyrischen Episoden aus-
zudrücken.

Die regelmässige Bindung der Otfridischen Verse bildet
nicht die altvolkstümliche Alliteration, obwol dieselbe — wie im
angelsächsischen und altsächsischen — auch im althochdeutschen
vereinzelt in Gedichten christlichen Inhaltes angewandt war, und
Otfrid selbst nach den im Werke noch erhaltenen Fällen ver-
einzelter Anwendung mit derselben bekannt gewesen sein muss.
Vielmehr führte er den oft freilich noch unvollkommenen, jedoch
mit allmählich wachsender Gewandtheit und Kunst gebauten
Reim ein, der nach seinem Vorgange in der deutschen Dichtung
herschend geblieben ist. Aber mit dem Ausdruck *versus* bezeich-
net Otfrid selbst den aus zwei gereimten Halbversen bestehenden
Langvers. Jeder der beiden Halbverse enthält 4 durch natür-
liche Wortbetonung bestimmte Hebungen; die wichtigsten der-
selben (bisweilen alle) sind in den drei ältesten Handschriften
(aber nicht übereinstimmend) durch Tonaccente für den Vortrag
bezeichnet. Je zwei Langverse bilden eine Strophe; häufig hän-
gen auch 4 oder 6 Verse nach Gedankeninhalt und Satzverbin-

dung zusammen. Mehrere Abschnitte sind teils in regelmässiger Folge, teils in ungleichen Abständen durch widerkehrenden, genau oder teilweise übereinstimmenden Refrain gegliedert; ich habe denselben durch eingerückte Verszeilen kenntlich gemacht.

Von Otfrids Werke sind uns 4 Handschriften erhalten: *V* (in Wien), *D* (Bruchstücke in Berlin, Bonn und Wolfenbüttel), *P* (Heidelberg), *F* (München); die drei ersten noch aus dem 9., die letzte aus dem Beginne des 10. Jahrhunderts. Von diesen ist die Wiener Handschrift *V*, welche allein das gesammte Werk vollständig enthält, die Quelle aller anderen gewesen. Der Text dieser Handschrift enthält zahlreiche Correcturen in Buchstaben, Worten und Accenten, die auf eine durch den Verfasser, vermutlich mit eigener Hand, ausgeführte Revision des noch unfertigen Entwurfes zurückzuführen sind.

Für den vorliegenden Textabdruck habe ich die Grundsätze befolgt, die in der Einleitung zu meiner grösseren Ausgabe (Germanistische Handbibliothek V) ausführlich entwickelt sind. Zu Grunde liegt die Wiener Handschrift (*V*) mit ihren authentischen Versaccenten und Correcturen. Für consonantisches *i* der Handschrift habe ich *j* eingesetzt; ebenso *v* (= *f*) für consonantisches *u*, *w* für *uu* am Anfange der Silbe (Grimm, Gramm. I, 139); die Eigennamen sind durch grosse Anfangsbuchstaben ausgezeichnet. Die Schreibung solcher Worte, bei denen die Absicht des Correctors aus zahlreichen Fällen unzweifelhaft hervorging, habe ich gegenüber den Schwankungen und Eigenheiten der Schreiber auch da gleichmässig geregelt, wo derselbe die Correctur aus Versehn unterlassen hat; es betrifft dies die mit *wu* und *th* anlautenden Worte, ferner den Anlaut von *dreso*, *druhtin*, *tod* (Subst.), *tunicha*, *trada*; ausserdem *inti*, *guates* (je einmal *d*), *ouh* (nicht *oh*), vereinzelte Fälle von *ii*, *aa* = *î*, *â* und von anlautendem *c* statt *k* oder *z*. Alle anderen Abweichungen vom Texte von *V* habe ich auch in dieser Ausgabe ausdrücklich angegeben; nur einige offenbare Schreibfehler sind stillschweigend verbessert.

Unter dem Texte sind die bisher nachgewiesenen lateinischen Quellen Otfrids abgedruckt; die durch eckige Klammern aus ihnen hervorgehobenen Worte stehn in der Hs. *V* selbst als Marginalien. Die zu diesen, sowie zu den Inhaltsverzeichnissen der Bücher gemachten Zusätze des Correctors sind cursiv gedruckt.

Das Wörterbuch enthält sämmtliche bei Otfrid vorkommenden Worte mit Ausschluss der ohne Erklärung verständlichen Eigennamen. Vereinzelte Worte, Wortformen oder Bedeutungen sind durch die hinzugefügten Stellenangaben ausgezeichnet. Die bei jedem Verbum vorkommenden Casus sind vollständig angegeben ausser dem einfachen Accusativ bei transitiven Verben.

OSKAR ERDMANN.

LUDOVVICO ORIENTALIUM REGNORUM REGI SIT SALUS AETERNA.

Lúdowig ther snéllo,   thes wísduames fóllo
  er óstarrichi ríhtit ál,   so Fránkono kúning sca   **L;**
Ubar Fránkono lant   so gengit éllu sin giwalt',
  thaz ríhtit, so ih thir zéllu,   thiu sin giwált ell   **U.**
5 Thémo si íamer héili   joh sálida giméini,
  druhtin hóhe mo thaz gúat   joh frewe mo émmizen thaz múa**T;**
Hóhe mo gimúato   io allo zíti guato,
  er állo stunta fréwe sih;   thes thígge io mannogili   **H!**
Óba ih thaz irwéllu,   theih sinaz lób zellu,
10 zi thíu due stúnta mino,   theih scribe dáti sin   **O:**
Úbar mino máhti   so íst al thaz gidráhti;
  hóh sint, so ih thir zéllu,   thiu sinu thíng ell   **U,**
Uuanta er ist édil Franko,   wísero githánko,
  wísera rédinu;   thaz dúit er al mit ébin   **U.**
15 In sínes selbes brústi   ist hérza filu fésti,
  mánagfalto gúati;   bi thiu ist sínen er gimúat   **I.**
Cléinero githánko   so íst ther selbo Fránko,
  so íst ther selbo édilinc;   ther héizit avur Lúdowi   **C.**
Ofto in nóti er was in wár,   thaz biwánkota er sár
20 mit gótes scirmu scíoro   joh hárto filu zíor   **O.**
Óba iz ward iowánne   in not zi féhtanne,
  so was er ío thero rédino   mit gótes kreftin óbor   **O.**
Riat gót imo ofto in nótin,   in suaren árabeitin;
  gigiang er in zála wergin thár: druhtin hálf imo sá   **R**
25 In nótlichen wérkon,   thes scal er góte thankon;
  thes thánke ouh sin g thígini   joh únsu smahu nídir   **I!**
Er uns ginádon sinen ríat,   thaz súlichan kúning uns gihíalt;
  then spár er nu zi líbe   uns állen io zi líab   **E!**
Nu níazen wir thio gúati   joh frídosamo zíti
30 sínes selbes wérkon,   thes sculun wir góte thanko   **N;**

Thes mánnilih nu gérno   gináda sina férgo,
  fon gót er múazi habén múnt   joh wesan lángo gisun   **T!**
Állo ziti gúato   so léb er io gimúato
  joh bimíde io zála,   thero fíanto fár   **A!**
35 Lángo, líobo druhtin mín,   láz imo thie dága sin,
  súaz imo sin líb al,   so man gúetemo sca   **L!**
In ímo irhugg ih thráto   Davídes selbes dáto:
  er selbo thúlta ouh nóti   jú manago árabeit   **I,**
Uuant ér wolta mán sin   (thaz ward síd filu scín),
40   thégan sin in wáru   in mánegeru zál   **U.**
Manag léid er thúlta,   unz thaz tho gót gihangta;
  ubarwánt er sid thaz frám,   so gotes thégane giza   **M.**
Ríat imo io gimúato   sélbo druhtin gúato,
  thaz ságen ih thir in alawár;   sélbo maht iz lésan tha   **R.**
45 Éigun wir thia gúati,   gilicha théganheiti
  in thésses selben múate   zi mánagemo gúat   **E.**
Giwísso, thaz ni híluh thih,   thúlta therer sámalih
  árabeito ginúag;   mit thulti sámạ iz ouh firdrúa   **G;**
Ni liaz er ímo thuruh tház   in themo múate then ház,
50   er mit thúlti, sọ er bigán,   al thie fíanta ubarwá   **N.**
Obạ es íaman bigan,   tház er widar ímo wan:
  scírmtạ imo iogilícho   druhtin líoblich   **O;**
Ríat imo ío in nótin,   in swaren árabeitin,
  gilihtạ imo éllu sinu jár,   thiu nan thúhtun filu suá   **R,**
55 Únz er nan giléitta,   sin ríchi mo gibréitta;
  bi thiu mág er sin in áhtu   théra Davídes slaht   **U.**
Mit so sámeliche   so quám er ouh zi ríche.
  was gotes drút er filu frám: so ward ouh thérer, so gizá**M;**
Ríhta gener scóno   thie gótes liutị in fróno:
60   so duit ouh thérer ubar jár,   sọ iz gote zímit, thaz ist wá**R;**
Émmizen zi gúate,   io héilemo múate
  fon járe zi járe,   thaz ságen ih thir zi wár   **E.**
Gihialt Davíd thuruh nót,   thaz imo drúhtin gibót,
  joh gifásta sinu thíng,   ouh selb thaz ríhị al umbirín   **G;**
65 In thésemo ist ouh scínhaft,   so fram sọ inan lázit thiu craft,
  thaz ér ist io in nóti   gote thíonont   **I;**
Selbaz ríchi sinaz ál   rihtit scóno, sosọ er scál,
  ist éllenes gúates   joh wola quékes muate   **S.**
Ja farent wánkonti   in ánderen bi nóti
70   thisu kúningrichi   joh iro gúallich   **I;**

Thoh habet thérer thuruh nót,   so druhtin sélbo gibót,
  thaz fiant uns ni gáginit,   thiz fásto binágili   **T;**
Símbolon bispérrit,   uns wídarwert ni mérrit,
  sichor múgun sin wir thés;   lángo niaz er líbe   **S!**
75 Állo zíti, thio the sín,   kríst lóko mo thaz múat sin;
  bimíde ouh allo pína,   got frewe séla sin   **A!**
Lang sin dága sine   zi themo éwinigen líbe,
  bimíde ouh zálono fál,   thaz wir sin síchor ubar á   **L!**
Uuánta thaz ist fúntan,   unz wir háben nan gisúntan,
80 thaz lében wir, so ih méinu,   mit fréwi joh mit héil   **U**
Símbolon gimúato   joh eigun zíti guato;
  niaz ér ouh mámmuntes,   ni breste in éwon imo thé   **S!**
Állen sinen kíndon   si ríchiduam mit mínnon,
  si zi góte ouh mínna   thera selbun kúninginn   **A!**
85 Éwiniga drútscaf   niazen se íamer, soso ih quád,
  in hímile zi wáre   mit Lúdowige thár   **E!**
Themo díhton ih thiz búah;   oba er hábet iro rúah,
  ódo er thaz giwéizit,   thaz er sa lésan heizi   **T:**
Er híar in thesen rédion   mag hóren evangélion,
90 waz kríst in then gibíete   Fránkono thíet   **E.**
Régula therero búachi   uns zeigot hímilrichi;
  thaz nieze Lúdowig io thar   thiu éwinigun gótes ja   **R!**
Níazan múazi thaz sin múat,   io thaz éwiniga gúat;
  thár ouh íamer, druhtin mín,   láz mih mit ímo si   **N!**
95 Állo ziti gúato   léb er thar gimúato,
  inliuhte imo ío thar wúnna,   thiu éwiniga súnn   **A!**

Dignitatis culmine gratia divina praecelso Liutberto Mogontiacensis urbis archiepiscopo Otfridus quamvis indignus tamen devotione monachus presbyterque exiguus aeternae vitae gaudium optat semper in Christo.

Vestrae excellentissimae prudentiae praesentis libri stilum comprobare transmittens in capite causam, qua illum dictare praesumpsi, primitus vobis enarrare curavi, ne ullorum fidelium mentes, si vilesceret, vilitatis meae praesumptioni deputare pro-
5 curent. Dum rerum quondam sonus inutilium pulsaret aures quorundam probatissimorum virorum eorumque sanctitatem laicorum cantus inquietaret obscenus, a quibusdam memoriae dignis fratribus rogatus, maximeque cujusdam venerandae matronae verbis nimium flagitantis, nomine Judith, partem evangeliorum
10 eis theotisce conscriberem, ut aliquantulum hujus cantus lectionis ludum saecularium vocum deleret, et in evangeliorum propria lingua occupati dulcedine, sonum inutilium rerum noverint declinare; petitioni quoque jungentes queremoniam, quod gentilium vates, ut Virgilius, Lucanus, Ovidius caeterique quam plurimi
15 suorum facta decorarent lingua nativa, quorum jam voluminum dictis fluctuare cognoscimus mundum, nostrae etiam sectae probatissimorum virorum facta laudabant, Juvenci, Aratoris, Prudentii caeterorumque multorum, qui sua lingua dicta et miracula Christi decenter ornabant; nos vero, quamvis eadem fide eadem-
20 que gratia instructi, divinorum verborum splendorem clarissimum proferre propria lingua dicebant pigrescere. Hoc dum eorum caritati, importune mihi instanti, negare nequivi, feci, non quasi peritus, sed fraterna petitione coactus; scripsi namque eorum precum suffultus juvamine evangeliorum partem francisce com-
25 positam, interdum spiritalia moraliaque verba permiscens, ut, qui in illis alienae linguae difficultatem horrescit, hic propria lingua cognoscat sanctissima verba, deique legem sua lingua intellegens, inde se vel parum quid deviare mente propria pertimescat. Scripsi itaque in primis et in ultimis hujus libri par-

30 tibus inter quatuor evangelistas incedens medius, ut modo quid
iste, quidve alius caeterique scriberent, inter illos ordinatim,
prout potui, penitus pene dictavi. In medio vero, ne graviter
forte pro superfluitate verborum ferrent legentes, multa et para-
bularum Christi et miraculorum ejusque doctrinae, quamvis jam
35 fessus (hoc enim novissime edidi), ob necessitatem tamen prae-
dictam pretermisi invitus et non jam ordinatim, ut caeperam,
procuravi dictare, sed qualiter meae parvae occurrerunt memoriae.
Volumen namque istud in quinque libros distinxi, quorum primus
nativitatem Christi memorat, finem facit baptismo doctrinaque
40 Johannis. Secundus jam accersitis ejus discipulis refert, quo-
modo se et quibusdam signis et doctrina sua praeclara mundo
innotuit. Tertius signorum claritudinem et doctrinam ad Judaeos
aliquantulum narrat. Quartus jam qualiter suae passioni pro-
pinquans pro nobis mortem sponte pertulerit dicit. Quintus ejus
45 resurrectionem, cum discipulis suam postea conlocutionem, ascen-
sionem et diem judicii memorat. Hos, ut dixi, in quinque,
quamvis evangeliorum libri quatuor sint, ideo distinxi, quia
eorum quadrata aequalitas sancta nostrorum quinque sensuum
inaequalitatem ornat, et superflua in nobis quaeque non solum
50 actuum, verum etiam cogitationum vertunt in elevationem cae-
lestium. Quicquid visu, olfactu, tactu, gustu, audituque delin-
quimus, in eorum lectionis memoria pravitatem ipsam purgamus.
Visus obscuretur inutilis, inluminatus evangelicis verbis; auditus
pravus non sit cordi nostro obnoxius; olfactus et gustus sese a
55 pravitate · constringant Christique dulcedine jungant; cordisque
praecordia lectiones has theotisce conscriptas semper memoria
tangent.
   Hujus enim linguae barbaries ut est inculta et indiscipli-
nabilis atque insueta capi regulari freno grammaticae artis, sic
60 etiam in multis dictis scriptio est propter literarum aut congeriem
aut incognitam sonoritatem difficilis. Nam interdum tria u u u,
ut puto, quaerit in sono, priores duo consonantes, ut mihi vide-
tur, tertium vocali sono manente; interdum vero nec a, nec e,
nec i, nec u vocalium sonos praecavere potui: ibi y grecum mihi
65 videbatur ascribi. Et etiam hoc elementum lingua haec horrescit
interdum, nulli se caracteri aliquotiens in quodam sono, nisi
difficile, jungens; k et z sepius haec lingua extra usum latini-

---

30 ut *V statt* et?   60 scripto *V*.

tatis utitur, quae grammatici inter litteras dicunt esse superfluas.
Ob stridorem autem interdum dentium, ut puto, in hac lingua
70 z utuntur, k autem ob fautium sonoritatem. Patitur quoque
metaplasmi figuram nimium (non tamen assidue), quam doctores
grammaticae artis vocant sinalipham (et hoc nisi legentes prae-
videant, rationis dicta deformius sonant), literas interdum scri-
ptione servantes, interdum vero ebraicae linguae more vitantes,
75 quibus ipsas litteras ratione sinaliphae in lineis, ut quidam
dicunt, penitus amittere et transilire moris habetur; non quo
series scriptionis hujus metrica sit subtilitate constricta, sed
schema omoeoteleuton assidue quaerit. Aptam enim in hac
lectione et priori decentem et consimilem quaerunt verba in fine
80 sonoritatem, et non tantum per hanc inter duas vocales, sed
etiam inter alias literas saepissime patitur conlisionem sinaliphae;
et hoc nisi fiat, extensio sepius literarum inepte sonat dicta ver-
borum. Quod in communi quoque nostra locutione, si sollerter
intendimus, nos agere nimium invenimus. Quaerit enim linguae
85 hujus ornatus et a legentibus sinaliphae lenem et conlisionem
lubricam praecavere et a dictantibus omoeoteleuton (id est con-
similem verborum terminationem) observare. Sensus enim hic
interdum ultra duo vel tres versus vel etiam quattuor in lectione
debet esse suspensus, ut legentibus (quod lectio signat) apertior
90 fiat. Hic sepius i et o ceteraeque similiter cum illo vocales simul
inveniuntur inscriptae, interdum in sono divisae vocales manentes,
interdum conjunctae (priore transeunte in consonantium potesta-
tem). Duo etiam negativi, dum in latinitate rationis dicta con-
firmant, in hujus linguae usu pene assidue negant; et quamvis
95 hoc interdum praecavere valerem, ob usum tamen cotidianum,
ut morum se locutio praebuit, dictare curavi. Hujus enim lin-
guae proprietas nec numerum, nec genera me conservare sinebat.
Interdum enim masculinum latinae linguae in hac feminino pro-
tuli, et cetera genera necessarie simili modo permiscui; numerum
100 pluralem singulari, singularem plurali variavi et tali modo in
barbarismum et soloecismum sepius coactus incidi. Horum supra
scriptorum omnium vitiorum exempla de hoc libro theotisce po-
nerem, nisi inrisionem legentium devitarem; nam dum agrestis
linguae inculta verba inseruntur latinitatis planitiae, cachinnum
105 legentibus prebent. Lingua enim haec velut agrestis habetur,

---

85 lenam *V*.

dum a propriis nec scriptura, nec arte aliqua ullis est tempo-
ribus expolita; quippe qui nec historias suorum antecessorum,
ut multae gentes caeterae, commendant memoriae, nec eorum
gesta vel vitam ornant dignitatis amore. Quod si raro contigit,
110 aliarum gentium lingua, id est Latinorum vel Grecorum, potius
explanant; cavent aliarum et deformitatem non verecundant
suarum. Stupent in aliis vel litterula parva artem transgredi,
et pene propria lingua vitium generat per singula verba. Res
mira tamen magnos viros, prudentia deditos, cautela praecipuos,
115 agilitate suffultos, sapientia latos, sanctitate praeclaros cuncta
haec in alienae linguae gloriam transferre et usum scripturae in
propria lingua non habere. Est tamen conveniens, ut quali-
cunque modo, sive corrupta seu lingua integrae artis, humanum
genus auctorem omnium laudent, qui plectrum eis dederat
120 linguae verbum in eis suae laudis sonare; qui non verborum
adulationem politorum, sed quaerit in nobis pium cogitationis
affectum operumque pio labore congeriem, non labrorum inanem
servitiem.

Hunc igitur librum vestrae sagaci prudentiae probandum
125 curavi transmittere; et quia a Rhabano venerandae memoriae,
digno vestrae sedis quondam praesule, educata parum mea par-
vitas est, praesulatus vestrae dignitati sapientiaeque in vobis
pari commendare curavi. Qui si sanctitatis vestrae placet optu-
tibus, et non dejiciendum judicaverit, uti licenter fidelibus vestra
130 auctoritas concedat; sin vero minus aptus parque meae negle-
gentiae paret, eadem veneranda sanctaque contempnet auctoritas.
Utriusque enim facti causam arbitrio vestro decernendam mea
parva commendat humilitas.

Trinitas summa unitasque perfecta cunctorum vos utilitati
135 multa tempora incolomem rectaque vita manentem conservare
dignetur. Amen.

---

132 decernendum V.

SALOMONI EPISCOPO OTFRIDUS.

Si sálida gimúati   Sálomones gúati,
  ther bíscof ist nu édiles   Kóstinzero sédale   **S;**
Allo gúati gidúe, thio sín,   thio bíscofa er thar hábetin,
  ther ínan zi thiu giládota,   in hóubit sinaz zuívalt   **A!**
5 Lékza ih therera búachi   iu sentu in Suábo richi,
  thaz ir irkíaset ubar ál,   oba siu frúma wesan sca   **L;**
Oba ir hiar fíndet iawiht thés,   thaz wírdig ist thes lésannes:
  iz iuer húgu irwállo,   wísduames fóll   **O.**
Mir wárun thio ¹wo wízzi   ju ófto filu núzzi,
10 íueraz wísduam;   thes duan ih míhilan rua   **M.**
Ófto irhugg ih múates   thes mánagfalten gúates,
  thaz ír mih lértut hárto   íues selbes wórt   **O.**
Ni thaz míno dohti   giwérkon thaz io móhti,
  odo in thén thingon   thio húldi so gilángo   **N;**
15 Iz datun gómaheiti,   thio íues selbes gúati,
  íueraz giráti,   nales míno dat   **I.**
Émmizen nu ubar ál   ih druhtin férgon scal,
  mit lón er iu iz firgélte   joh sínes selbes wórt   **E;**
Páradyses résti   gébe iu zi gilústi;
20 ungilónot ni biléip,   ther gotes wízzode klei   **P.**
In hímilriches scóne   so wérde iz iu zi lóne
  mit géltes ginúhti,   thaz ír mir datut zúht   **I.**
Sínt in thesemo búache,   thes gómo theheiner rúache;
  wórtes odo gúates,   thaz lích iu iues múate   **S:**
25 Chéret thaz in múate   bi thia zúhti iu zi gúate,
  joh zellet tház ana wánc   al in íuweran than   **C.**
Ofto wírdit, oba gúat   thes mannes júngero giduat,
  thaz es líwit thráto   ther zúhtari gúat   **O.**
Pétrus ther rícho   lono iu es blídlicho,
30 themo zi Rómu druhtin gráp   joh hús inti hóf ga   **P;**
Óbana fon hímile   sént iu io zi gámane
  sálida gimýato   selbo kríst ther gúat   **O!**

Oba ih irbálden es gidár,   ni scal ih firlázan iz ouh ál,
    nub ih io bí iuih gerno   gináda sina férg   **O,**
35 **Th**az hóh er iuo wírdi   mit sínes selbes húldi,
    joh iu féstino in thaz múat   thaz sinaz mánagfalta gúa **T;**
Firlíhe iu sines ríches,   thes hohen hímilriches,
    bi thaz ther gúato hiar io wíaf   joh émmizen zi góte ria **F;**
Rihte íue pédi thara frúa   joh míh gifúage tharazúa,
40   tház wir unsih fréwen thar   thaz gotes éwiniga já   **R,**
In hímile unsih blíden,   thaz wízi wir bimíden;
    joh dúe uns thaz gimúati   thúruh thio síno guat   **I!**
Dúe uns thaz zi gúate   blídemo múate!
    mit héilu er gibóran ward,   ther io thia sálida thar fan **D,**
45 **U**uanta es ni brístit furdir   (thes gilóube man mír),
    nirfréwe sih mit múatu   íamer thar mit gúat   **U.**
Sélbo krist ther guato   firlíhe uns hiar gimúato,
    wir íamer fro sin múates   thes éwinigen gúate   **S!**

INCIPIT LIBER EVANGELIORUM [PRIMUS] DOMINI GRATIA THEOTISCE CONSCRIPTUS.

Incipiunt capitula.

Expliciunt capitula libri primi.

PRIMUS *von jüngerer Hand mit roter Tinte zugeschrieben V.*

I. CUR SCRIPTOR HUNC LIBRUM THEOTISCE DICTAVERIT.

Was líuto filu in flíze,   in managemo ágaleize,
  sie thaz in scríp gekleiptin,   thaz sie iro námon breittin;
Sie thés in io gilícho   flizzun gúallicho,
  in búachon man giméinti   thio iro chúanheiti.
5 Tharána dátun sie ouh thaz dúam: óugdun iro wísduam,
  óugdun iro kléini   in thes tíhtonnes reini.
Iz ist ál thuruh nót   so kléino girédinot,
  iz dúnkal eigun fúntan,   zisámane gibúntan;
Sie ouh in thíu gisagetin,   thaz then thio búah nirsmáhetin,
10 joh wól er sih firwésti,   then lésan iz gilústi.
Zi thiu mág man ouh ginóto   mánagero thíoto
  hiar námon nu gizéllen   joh súntar ginénnen.
Sar Kríachi joh Románi   iz máchont so gizámi,
  iz máchont sie al girústit,   so thíh es wola lústit;
15 Sie máchont iz so réhtaz   joh so filu sléhtaz,
  iz ist gifúagit al in éin,   selp so hélphantes béin.
Thie dáti man giscríbe: theist mannes lúst zi líbe;
  nim góuma thera díhta: thaz húrsgit thina dráhta.
Ist iz prósun slihti: thaz drénkit thih in ríhti;
20 odo métres kléini: theist góuma filu réini.
Sie dúent iz filu súazi,   joh mézent sie thie fúazi,
  thie léngi joh thie kúrti,   theiz gilústlichaz wúrti.
Éigun sie iz bithénkit,   thaz síllaba in ni wénkit,
  sies álleswio ni rúachent,   ni so thie fúazi suachent;
25 Joh állo thio zíti   so záltun sie bi nóti,
  iz mízit ana bága   al io súlih waga.
Yrfúrbent sie iz réino   joh hárto filu kléino,
  selb so mán thuruh nót   sinaz kórn reinot.
Ouh selbun búah frono   irréinont sie so scóno;
30 thar lisist scóna gilust   ána theheiniga ákust.

Nu es fílu manno inthíhit,   in sína zungun scríbit,
   joh ílit, er gigáhe,   thaz sínaz io gihóhe:
Wánana sculun Fránkon   éinon thaz biwánkon,
   ni sie in frénkisgon bigínnen,   sie gotes lób singen?
35 Níst si so gisúngan,   mit régulu bithuúngan:
   si hábet thoh thia ríhti   in scóneru slíhti.
Íli thu zi nóte,   theiz scóno thoh gilute,
   joh gótes wizod thánne   tharána scono hélle;
Tház tharana sínge,   iz scóno man ginenne;
40   in themo firstántnisse .   wir giháltan sin giwísse,
Thaz láz thir wesan súazi: so mézent iz thie fúazi,
   zít joh thiu régula;   so ist gótes selbes brédiga.
Wil thú thes wola dráhton,   thu métar wolles áhton,
   in thína zungun wirken dúam   joh sconu vérs wólles dúan:
45 Il io gótes willen   állo ziti irfúllen,
   so scribent gótes thegana   in frénkisgon thie regula;
In gótes gibotes súazi   laz gángan thine fúazi,
   ni laz thir zít thes ingán: theist sconi férs sar gidán;
Díhto io thaz zi nóti   theso séhs ziti,
50   thaz thú thih so girústes,   in theru síbuntun giréstes.
Thaz krístes wort uns ságetun   joh drúta sine uns zélitun —
   bifora lázu ih iz ál,   so ih bi réhtemen scal;
Wánta sie iz gisúngun   hárto in édilzungun,
   mit góte iz allaz ríatun,   in wérkon ouh gizíartun.
55 Theist súazi joh ouh núzzi   inti lérit unsih wízzi,
   hímilis gimácha,   bi thiu ist thaz ánder racha.
Ziu sculun Fránkon, so ih quád,   zi thiu éinen wesan úngimah?
   thie líut es wiht ni duáltun,   thie wir hiar óba zaltun!
Sie sint so sáma chuani,   sélb so thie Románi;
60   ni thárf man thaz ouh rédinon,   thaz Kríachi in thes giwídaron.
Sie éigun in zi núzzi   so sámalicho wízzi,
   in félde joh in wálde   so sint sie sáma balde;
Ríhiduam ginúagi   joh sint ouh fílu kuani,
   zi wáfane snelle   so sínt thie thégana alle.
65 Sie búent mit gizíugon   (joh warun io thes giwón)
   ,in gúatemo lánte;   bi thíu sint sie únscante.
Iz ist fílu féizit,   hárto ist iz giwéizit
   mit mánagfalten éhtin;   níst iz bi unsen fréhtin.
Zi núzze grébit man ouh thár   ér inti kúphar,
70   joh bi thía meina   ísine steina;

Ouh thárazua fúagi   sílabar ginúagi,
  joh lésent thar in lánte   góld in iro sante.
Sie sint fástmuate   zi mánagemo guate,
  zi mánageru núzzi;   thaz dúent in iro wízzi.
75 Sie sint fílu redie   sih fíanton zirrettinne;
  ni gidúrrun sies bigínnan,   sie éigun sẹ ubarwúnnan.
Líut sih in nintfúarit,   thaz iro lánt ruarit,
  ni sie bị íro gúati   in thíonon io zi noti;
Joh ménnisgon álle,   ther sé iz ni untarfálle,
80   (ih weiz, iz gót worahta)   al éigun'se iro forahta.
Nist líut, thaz es bigínne,   thaz widar ín ringe;
  in éigun sie iz firméinit,   mit wáfanon gizéinit.
Sie lértun sịẹ iz mit swérton,   nálas mit then wórton,
  mit spéron fílu wásso;   bi thiu fórahten sie se nóh so.
85 Ni si thíot, thaz thes gidráhte,   in thiu iz mit ín fehte,
  thoh Médị iz sin joh Pérsi,   núb in es thiu wírs si.
Lás ih iu in alawár   in einen búachon (ih weiz wár),
  sie in síbbu joh in áhtu   sin Alexándres slahtu,
Ther wórolti so githréwita,   mit suértu siạ al gistréwita
90   úntar sinen hánton   mit fílu herten bánton;
Joh fánd in theru rédinu,   tház fon Macedóniu
  ther líut in gibúrti   giscéidiner wúrti.
Nist untar ín, thaz thúlte,   thaz kúning iro wálte,
  in wórolti nihéine,   ni si thíe sie zugun héime;
95 Odo in érdringe   ánder thes bigínne   .
  in thihéinigemo thíete,   thaz ubar síe gibíete.
Thes éigun sie io núzzi   in snélli joh in wízzi;
  nị intrátent sie nihéinan,   unz sẹ ínan eigun héilan.
Er ist gizál ubar ál,   io so édilthegan skál,   ·
100   wíser inti kúani;   thero éigun sie ío ginúagi.
Wéltit er githíuto   mánagero líuto,
  joh zíuhit er se réine   selb so síne heime.
Ni sínt, thie ímo ouh derien,   in thiu nan Fránkon werien;
  thie snélli sine irbiten,   thaz síe nan umbiriten.
105 Wanta állaz, thaz sies thénkent,   sie ịz al mit góte wirkent;
  ni dúent sies wíht in noti   ána sin girati.
Sie sint gótes worto   flízig filu hárto,
  tház sie thaz gilérnen,   thaz in thía búah zellen;

---

108 thia *statt* thio V.

Tház sie thes bigínnen,   iz úzana gisíngen,
110   joh síe iz ouh irfúllen   mit míhilemo wíllen.
Gidán ist es nu rédina,   thaz sie sint gúate thegana,
    ouh góte thiononti álle   joh wísduames folle.
Nu will ih scríban unser héil,   evangéliono deil,
    so wír nu hiar bigúnnun,   in frénkisga zungun;
115 Thaz síe ni wesen éino   thes selben ádeilo,
    ni man in íro gizungi   kristes lób sungi;
Joh er ouh íro worto   gilóbot werde hárto,
    ther sie zímo holeta,   zi gilóubon sinen ládota.
Ist ther in íro lante   iz álleswio nintstánte,
120   in ánder gizúngi   firnéman iz ni kúnni:
Hiar hor er ío zi gúate,   waz gót imo gibíete,
    thaz wír imo hiar gisúngun   in frénkisga zúngun.
Nu fréwen sih es álle,   so wer so wóla wolle,
    joh so wér si hold in múate   Fránkono thíote,
125 Thaz wir kríste sungun   in únsera zungun,
    joh wír ouh thaz gilébetun,   in frénkisgon nan lóbotun!

II.   INVOCATIO SCRIPTORIS AD DEUM.

Wola drúhtin mín,   já bin ih scálc thin,
    thiu arma múater min   eigan thíu ist si thin!
Fíngar thínan   dua anan múnd minan,
    theni ouh hánt thina   in thia zúngun mina,
5 Thaz ih lób thinaz   si lútentaz,
    giburt súnes thines,   drúhtines mines;
Joh íh biginne rédinon,   wio ér bigonda brédigon,
    thaz íh giwar si hárto   thero sínero worto;
Joh zéichan, thiu er déda tho,   thes wir bírun nu so fró,
10   joh wío thiu selba héili   nu ist wórolti giméini;
Thaz íh ouh hiar giscríbe   uns zi réhtemo líbe,
    wio firdán er unsih fánd,   tho er selbo tóthes ginand;
Joh wío er fuar ouh thánne   ubar hímila alle,
    ubar súnnun lioht   joh állan thesan wóroltthiot;

II. 1—2 *Psalm* 115, 16 o domine, quia ego servus tuus . . et filius ancillae tuae.   3—5 *Ps.* 50, 17 domine, labia mea aperies, et os meum annuntiabit laudem tuam; *vgl. Ps.* 70, 8 repleatur os meum laude, ut cantem gloriam tuam. *Zugleich Anspielung auf Marc.* 7, 33—37.

15 Thaz ih, drúhtin, thanne   in theru ságu ni firspírne,
    nóh in themo wáhen   thiu wórt ni missifáhen;
Thaz ih ni scríbu thuruh rúam,   súntar bi thin lób duan,
    thaz mír iz iowanne   zi wíze nirgange.
Ob iz zi thíu thoh gigéit   thúruh mina dúmpheit:
20   thia súnta, druhtin, míno   ginádlicho dílo,
Wanta (ih zéllu thir in wán)   iz nist bi bálawe gidan;
    joh íh iz ouh bimíde   bi nihéinigemo níde.
Then wan zéll ih bi tház;   thaz hérza wéist thu filu báz;
    thoh iz búe innan mír,   ist harto kúndera thir.
25 Bi thíu thu io, druhtin,   ginado fóllicho mín,
    húgi in mir mit kréfti   thera thínera giscefti!
Hiar húgi mines wórtes,   tház thu iz harto háltes,
    gizáwa mo firlíhe   ginada thín, theiz thíhe;
Ouh ther wídarwerto thín   ni quém er innan múat min,
30   thaz ér mir hiar ni dérre,   ouh wíht mih ni gimérre!
Únkust rumo sínu,   joh nah gináda thinu;
    irfírrit werde bálo sin,   thu drúhtin rihti wórt min!
Al gizúngilo, thaz íst —   thu drúhtin éin es alles bíst;
    wéltis thu thes líutes   joh alles wóroltthiotes.
35 Mit thíneru giwélti   sie datị al spréchenti,
    joh sálida in gilúngun   thiu wórt in iro zúngun;
Thaz síe thin io gihógetin,   in éwon iamer lóbotin,
    jóh sie thih irknátin   inti thíonost thinaz dátin.
Sar thuzar théru menigi   scéithist thin githígini:
40   so laz mih, drúhtin min,   mit druton thínen iamer sin!
Joh theih thir híar nu ziaro   in mína zungun thíono
    (ouh in ál gizungi,   in thíu thaz ih iz kúnni),
Thaz ih in hímilriche   thir, drúhtin, iamer líche,
    joh íamer frewe in ríhti   in thíneru gisihti
45 Mit éngilon thínen: thaz nist bi wérkon minen,
    suntar réhto in waru   bi thíneru ginadu.
Thu hilfis ío mit krefti   theru thínera giscefti;
    dua húldi thino ubar míh,   thaz íh thanne iamer lóbo thih,
Thaz íh ouh nu gisído thaz,   thaz mir es íomer si thiu baz,
50   theih thíonost thinaz fúlle,   wiht álles io ni wólle;
Joh mír io hiar zi líbe   wiht álles io ni klíbe,
    ni si, drúhtin, thaz thin wíllọ ist,   thu io ginádiger bist.

---

20 *Ps.* 50, 3 dele iniquitatem meam.

Thih bíttu ih mines múates,   thaz mír queme alles gúates
  in éwon ginuagi,   joh zi drúton thinen fúagi;
55 Thaz ih íamer, druhtin mín,   mit themo dróste megi sín,
  mit themo gúate ih frawo thár   mina dága inti ellu jár,
Fon járe zi járe   ih íamer frawo tháre,
  fon éwon unz in éwon   mit then sáligen sélon!

III. LIBER GENERATIONIS JESU CHRISTI FILII DAVID.

Thiz sint búah frono: sio zéigont filu scóno,
  uns zéllent se ana bága   thie kristes áltmaga.
Zéllent sie úns hiar filu frám,   wio sélbo er hera in wórolt quam,
  joh mihilo wúnni,   thaz sin ádalkunni.
5 Ádam thero gómono   was manno éristo,
  áltfater márer,   fon drúhtine gidáner.
Bi énterin wórolti   was er líut béranti;
  kúnni er io gibréitta,   unz kríst sih uns yróugta.
Ni was Noé, ih sagen thir éin,   in then thaz mínnista deil,
10   fon themo thie líuti, thes was nót,   wúrtun avur gávarot,
Ther thia árca sinen kíndon   ríhta in then úndon,
  thes wáges er sie wísta,   thera fréisun ouh irlósta.
Sih Ábraham gigúatta   joh drúhtine ouh gilíubta,
  wánta er was gihórsam;   bi thiu ist er giéret nu so frám.
15 Thio búah duent unsih wísi,   er kristes áltano sí,
  joh zéllent uns ouh mári,   sin sún sin fáter wari:
Thaz was Davíd, thero gomono éin,   ther zi kúninge giréim;
  er quam mit théganheiti   zi súlicheru gúati.
Thaz lérta nan sin mílti,   thaz er súlih wurti,
20   tház er ward githíuto   kúning thero líuto.
Nist mán, thoh er wólle,   thaz gumisgi al gizélle,
  thoh sint thése noti   fúrista thera gúati.
In thríu deil ana zuíval   so íst iz giscéidan
  thaz édil in gibúrti   fon in wáhsenti:
25 Thie hohun áltfatera   éntont anan kúninga,
  thiu thrítta zuahta thánana   thaz warun édilthegana.

III. 1—2. 15—16 *Mt.* 1, 1 liber generationis Christi, filii David, filii Abra-
ham.   5—6 *L.* 3, 38 qui fuit Adam, qui fuit dei.   23—24 *vgl. Mt.* 1, 17.

Thie warun wúrzelun   thera sáligun blúomun,
    múater thera márun,   thera gotes drútthiarnun.
Húgi, weih thir ságeti,   ni wis zi dúmpmuati,
30   firním thesa léra,   so zéllu ih thir es méra:
Ih méinu sancta Máriun,   kúningin thia ríchun;
    sia ist éngilo ménigi   in himile érenti.
So wer so in érdriche   ouh sálida suache,
    irbíat er ira gúati   mihilo ótmuati.
35 Fon ánagenge wórolti   unz anan íra ziti
    zéli du thaz kúnni,   so ist éinlif stunton sibini.
Iro dágo ward giwágo   fon alten wízagon,
    tház si uns béran scolti,   thér unsih gihéilti;
Giwíhtan in éwon,   ginádot er uns then sélon
40   joh állero wórolti;   so nu mánnilih ist séhenti.
Sih, thaz héroti   theist imo thíomuati
    so wíto, soso wórolt ist,   want er ther drúhtin ist;
Er ist giwéltig filu frám   joh héra in worolt zi úns quam,
    wúntarlichen thíngon,   hera untar ménnisgon.
45 Thaz wíll ih hiar gizéllen   gidríwen sinen állen,
    so wír nu hiar bigínnen,   worton frenkisgen.
Thoh scríb ih hiar nu zi érist,   so in evangélion iz íst,
    wio gibóran ward ouh ér   Johánnes, thégan siner,
Ther ímo ingegin gárota,   thaz wórolt missiwórahta,
50   thie wega ríht er imo ubar ál,   so man héreren scal.

IV. FUIT IN DIEBUS HERODIS REGIS SACERDOS NOMINE ZACHARIAS.

In dágon eines kúninges,   joh hárto firdánes,
    was ein éwarto,   zi gúate si er ginánto!

27—28 *Jes.* 11, 1 et egredietur virga de radice Jesse et flos de radice ejus ascendet. 35—36 *Hrab. zu Mt.* 1: in eo numero, qui est penes Lucam, et ipse Christus, a quo incipit enumeratio, et deus, ad quem pervenit, connumerantur: et fit numerus septuaginta septem. *Beda zu L.* 3, 38: undecies septem vel septies undeni septuaginta septem fiunt. 37—38 *Mt.* 1, 22 ut adimpleretur, quod dictum est per prophetam dicentem (*Jes.* 7, 14): 23 ecce virgo .. pariet filium, et vocabunt nomen ejus Emmanuol. 39—42 *vielleicht nach Jes.* 9, 7 super solium David et super regnum ejus sedebit; *vgl. L.* 1, 32. *Ephes.* 1, 21. *Coloss.* 2, 10.

    IV. 1—10 *L.* 1, 5 fuit in diebus (Herodis) regis (Judaeae) sacerdos quidam nomine (Zacharias) .. et uxor illi (de filiabus Aaron et nomen ejus Elisabeth).

Zi híun er mo quénun las,   so thár in lante sítu was;
wanta warun thánne   thie biscofa éinkunne.
5 Wárun siu béthu   góte filu drúdu
joh íogiwar sínaz   gibot fúllentaz,
Wízzod sínan   ío wírkendan
joh reht mínnonti   ana méindati.
Únbera was thiu quéna   kindo zéizero;
10   so wárun se unzan élti   thaz lib léitendi.
Zít ward tho giréisot,   thaz er gíangi furi gót;
ópphoron er scólta   bi thie síno súnta,
Zi góte ouh tharne thígiti,   thaz er giscówoti
then líut, ther gináda   tharuze béitota.
15 Thiu hériscaf thes líutes   stuant thar úzwertes,
sie wárun iro hénti   zi gote héffenti;
Sinero éregrehti   warun thíggenti,
tház er ouh gihórti,   thaz ther éwarto bati.
Íngiang er tho skíoro,   góldo garo zíero,
20   mit zínseru in hénti   thaz hus róuhenti.
Thár gisah er stántan   gótes boton sconan;
zi thes álteres zésawi   was sin béitonti.
Híntarquam tho hárto   ther gotes éwarto,
intríat er thaz gisíuni,   want íz was filu scóni;
25 Er irbléichéta,   joh fárawun er wánta.
ther éngil imo zúasprah,   tho er nan scíuhen gisah:
„Ni fórihti thir, bíscof,   ih ni térru thir drof;
wanta ist gibét thinaz   fon drúhtine gihórtaz,
Joh ált quéna thinu   ist thir kínd berantu,
30   sún filu zéizan;   Johánnes scal er héizan.

6 [erant enim (Vulg. autem) justi ambo ante deum] incedentes in omnibus mandatis et justificationibus domini sino querela. 7 et [non erat illis filius, eo quod esset Elisabeth sterilis] et ambo processissent in diebus suis.   11—12ᵃ. 15—16. 19ᵃ.
21—22 frei nach L. 1, 8 . . cum sacerdotio fungeretur in ordine vicis suae ante deum. 9 . . sorte exiit, ut incensum poneret, ingressus in templum domini. 10 et omnis multitudo populi erat orans foris hora incensi. 11 apparuit autem illi angelus·domini, stans a dextris altaris incensi. [Marg. zu 15 et omnis populus erat foris hora inconsi; zu 19 et ingressus templum; zu 21 vidit angeium a dextris aitaris.   23—30 L. 1. 12 et Zacharias turbatus est videns, et timor irruit super eum. 13 ait autem ad illum angelus: [ne timeas, Zacharias], quoniam exaudita est deprecatio tua; et [Elisabet uxor tua pariet tibi filium,] et vocabis nomen ejus Johannem. Dazu Beda (vgl. 26. 57): angelicae benignitatis est, paventes de aspectu suo mortales mox blandiendo solari.

Er ist thir hérzblidi,   ouh wírdit filu mári;
  ist síneru gibúrti   sih worolt méndenti.
Gúati so ist er hóher   joh góte filu líuber;
  íst er ouh fon júgendi   filu fástenti.
35 Ni fúllit er sih wínes,   ouh lídes nihéines;
  fon réve thera múater   so íst er io giwíhter;
Fílu thesses líutes   in abuh írrentes
  ist er zi gótes henti   wola chérenti.
Er férit fora kríste   mit sélbomo géiste,
40   then ju in áltworolti   Helías was ouh hábenti.
Gikérit er scóno   thaz herza fórdrono
  in kindo ínbrusti   zi gotes ánalusti;
Thie ungilóubige   gekérit er zi líbe,
  thie dúmbon duat ouh thánne   zi wísemo manne;
45 Zi thíu thaz er gigárawe   thie liuti wírdige,
  selb drúhtine   stráza zi drétanne."
Thó sprah ther bíscof,   harto fóraht er mo thoh,
  ni was imo ánawani   thaz árunti sconi:
„Chúmig bin ih járo   ju filu mánegero,
50   joh thiu quéna minu   ist kinthes úrminnu.
Uns sint kínd zi béranne   ju dága furifarane;
  áltduam suáraz   duit uns iz úrwanaz.
Iz hábet ubarstígana   in uns júgund mánaga,
  ni gíbit uns thaz álta,   thaz thiu júgund scolta.
55 Wio meg ih wízzan thanne,   thaz uns kínd werde?
  int uns íst iz in ther élti   binóman unz in énti."
Sprah ther gótes boto thó,   ni thoh irbólgono,
  wás er mo avur ságenti   thaz selba árunti:
„Íh bin ein thero síbino,   thero gotes drútbotono,
60   thie in síneru gisíhti   sint io stántenti,

31—36 *L.* 1, 14 et erit gaudium tibi et exultatio, et multi in nativitate
ejus gaudebunt; 15 [*erit enim magnus coram domino*] et [*vinum et siceram non bibit*
(*Vulg.* bibet)] et spiritu sancto replebitur adhuc ex utero matris suae. · 37—45
L. 1, 16 et [*multos filiorum Israel convertit* (*Vulg.* convertet) *ad dominum*] deum
ipsorum 17 et [*ipse praecedet ante illum*] in spiritu et virtute Eliae, ut convertat
corda patrum in filios [*Marg.*: *convertat corda filiorum ad patres eorum*] et incre-
dulos ad prudentiam justorum [*parare domino plebem perfectam*]. 47ª. 49—56 nach
L. 1, 18 et [*respondit* (*Vulg.* dixit) *Zacharias: unde hoc sciam? ego .. sum senex,
et uxor mea processit in diebus suis.*] 57ª. 59—64 *L.* 1, 19 et [*respondit angelus*
(*Vulg.* respondens angelus dixit ei): *ego sum Gabriel.*] qui asto ante deum, et

Thi er héra in worolt séntit,   thann er kráft wirkit,
   joh wérk filu hébigu   ist iru kúndentu.
Sánt er mih fon hímile,   thiz sélba thir zi ságanne,
   fon hímilriches hóhi,   theih thir iz wís datì
65 Nu thu thaz árunti   so hárto bist formónanti:
   nu wird thu stúmmer sar,   unz thú iz gisehes álawar;
Wanta thu ábahonti   bist gotes árunti,
   int óuh thaz bist fyrságenti,   thaz sélbo got ist gébenti.
Iz wírdit thoh irfúllit,   so got gisázta thia zít;
70   unz tház tharbe hárto   thero thínero wórto."
Úze stuant ther líut thar,   wás sie filu wúntar,
   ziu ther éwarto   duáleti so hárto;
Gibetes ántfangi   fon góte ni giságeti,
   mit síneru hénti   sie ouh wari wíhenti.
75 Gíang er uz tho spáto,   híntarqueman thráto;
   theru spráha er bilémit was,   want er gilóubig ni was.
Tho was er bóuhnenti,   nales spréchenti,
   thaz ménigi thes líutes   fuari héimortes.
Sie fuarun drúrenti   joh ouh tho áhtonti,
80   want er wíht zin ni spráh,   thaz er thar wúntar gisah.
Thes ópheres zíti   warun éntonti,
   fúar er ouh tho sáre   zi sínemo gifúare.
Thera spráha mórnenti,   thes wánes was sih fréwenti;
   gilóubt er filu spáto,   bi thiu béitota er so nóto.
85 Thiu quena sún was drágenti   jóh sih harto scámenti,
   tház siu scolta in élti   mit kínde gan in hénti.

⟨ V. MISSUS EST GABRIHEL ANGELUS.

Ward áfter thiu irscrítan sár,   so móht es sin, ein halb jár,
   mánodo after ríme   thría stunta zuéne;

---

missus sum loqui ad te et haec tibi evangelizare; *combiniert mit Tob.* 12, 15 (sum
Raphael angelus), unus ex septem, qui astamus ante dominum.   65—70 *L.* 1, 20
et [*ecce eris tacens et non poteris loqui*] usque in diem, quo haec fiant, pro eo quod
non credidisti verbis meis, quae [*implebuntur in tempore suo*].   71—72 [*stabat
populus foris expectans*] *L.* 1, 21 .. et mirabantur, quod tardaret ..   75—77.
79—80 *L.* 1, 22 [*egressus autem non poterat loqui*] ad illos, et [*cognoverunt, quod
visionem vidisset*] in templo; et ipse erat innuens illis et permansit mutus.
81—82. 85—86 *L.* 1, 23 .. [*postquam* (*Vulg.* ut) *impleti sunt dies officii ejus, abiit
in domum suam.*] 24 ... concepit Elisabeth uxor ejus et occultabat se ..; *dazu
Beda:* de partu anilis verecundatur aetatis.

Tho quam bóto fona góte,   éngil ir hímile,
  bráht er therera wórolti   diuri árunti.
5 Floug er súnnun pad,   stérrono stráza,
  wega wólkono   zi theru ítis frono;
  Zi édiles fróuun,   sélbun sancta Máriun,
  thie fórdoron bi bárne   warun chúninga alle.
  Gíang er in thia pálinza,   fand sia drúrenta,
10 mit sálteru in hénti,   then sáng si unz in énti;
  Wáhero dúacho   werk wírkento
  díurero gárno,   thaz déda siu io gérno.
  Tho sprach er érlicho ubar ál,   so man zi frówun scal,
  so bóto scal io gúater,   zi drúhtines muater:
15 „Heil mágad zieri,   thíarna so scóni,
  állero wíbo   gote zéizosto!
  Ni brútti thih múates,   noh thines ánluzzes
  fárawa ni wenti;   fol bistu gótes ensti!
  Fórosagon súngun   fon thir sáligun,
20 wárun se allo wórolti   zi thir zéigonti.
  Gímma thiu wíza,   magad scínenta,
  múater thiu díura   scált thu wesan éina.
  Thú scalt beran éinan   alawáltendan
  érdun joh hímiles   int alles líphaftes,
25 Scépheri wórolti   (theist min árunti),
  fátere gibóranan   ebanéwigan.
  Got gíbit imo wíha   joh érá filu hóha
  (drof ni zuívolo thu thés),   Davídes sez thes kúninges.
  Er ríchisot githíuto   kúning therero líuto;
30 thaz steit in gótes henti   ána theheinig énti.
  Állera wórolti   ist er líb gebenti,
  tház er ouh inspérre   hímilrichi mánne."

V. 1—3. 7—8 *L.* 1, 26 [*in mense autem sexto*] missus est angelus (Gabriel)
a deo . . 27 ad virginem (desponsatam viro ...) de domo David, et nomen virginis
Maria. ˙9ᵃ. 13ᵃ. 15—28 *nach L.* 1, 28 et [*ingressus angelus ad eam dixit: ave Maria
(fehlt Vulg.) gratia plena*]; dominus tecum, benedicta tu in mulieribus ... 30 [*ne
timeas, Maria*], invenisti enim gratiam apud deum.   23—32 *nach L.* 1, 31 paries
filinm et vocabis nomen ejus Jesum, 32 hic erit magnus et filius altissimi voca-
bitur et [*dabit ei dominus . . sedem David*] . . et regnabit in domo Jacob in aeter-
num, 33 et regni ejus non erit finis . . *Mt.* 1, 21 . . ipse enim salvum faciet
populum suum a peccatis eorum (*vgl.* I. 8, 27).

Thiu thíarna filu scóno   sprah zi bóten frono,
   gab si imo ántwurti   mit súazera giwurti:
35 „Wánana ist iz, fró min,   thaz ih es wírdig bin,
   thaz ih drúhtine   sinan sún souge?
   Wio meg iz ío werdan wár,   tház ih werde suángar?
   mih io gómman nihein   in min múat ni biréin.
   Háben ih giméinit,   in múate bicléibit,
40   thaz ih éinluzzo   mina wórolt nuzzo.“
   Zi iru spráh tho ubarlút   ther selbo drúhtines drút
   árunti gáhaz   joh hárto filu wáhaz:
   „Ih scál thir sagen, thíarna,   rácha filu dóugna,
   sálida ist in éwu   mit thíneru sélu.
45 Págen in thir éinaz: thaz selba kind thinaz
   héizzit iz scóno   gótes sún frono.
   Ist sédal sínaz   in hímile gistátaz;
   kúning nist in wórolti,   ni si imo thíononti;
   Noh kéisor untar mánne,   ni imo géba bringe
50   fuazfállonti   int inan érenti.
   Ér scal sinen drúton   thráto gimúnton,
   then alten sátanasan   wílit er gifáhan.
   Nist in érdriche,   thár er imo ío instríche,
   noh wínkil untar hímile,   thár er sih ginérie.
55 Flíuhit er in then sé: thar gidúat er imo wé;
   gidúat er imo frémidi   thaz hoha hímilrichi.
   Thoh hábet er mo irdéilit   joh sélbo giméinit,
   tház er nan in béche   mit kétinu zibréche.
   Ist éin thin gisíbba   reves úmberenta,
60   jú mánageru zíti   ist daga léitenti;
   Nust siu gibúrdinot thes   kíndes so díures,
   so fúrira bi wórolti   nist quéna berenti.

33—40 *nach* L. 1, 34 dixit autem Maria ad angelum [(*Marg. respondit Maria*): *quomodo fiet istud*], quoniam virum non cognosco? *Dazu Beda*: propositum suae mentis reverenter exposuit, vitam videlicet virginalem se ducere decrevisse. 41. 45—46 L. 1, 35 [*respondit angelus* (*Vulg.* et respondens angelus dixit ei): *quod nascetur ex te sanctum*], vocabitur filius dei.   47—48 *vgl. Ps.* 102, 19 dominus in caelo paravit sedem suam, et regnum ipsius omnibus dominatur.   52 *vgl. Beda homil.* VII, 3: stans apparuit angelus .., ut etiam stando signaret, quia is, quem praedicabat, ad debellandum mundi principem veniret.   53—56 *vgl. Ps.* 135, 8. 9; 57—58 *vgl. Apocal.* 20, 1. 2.   59—72 L. 1, 36 et [ecce Elisabet cognata tua] et ipsa concepit filium in senectute sua .., quae vocatur sterilis; 37 quia non erit

Nist wíht, suntar wérde,   in thiu iz gót wolle;
  nóh thaz widarstánte   drúhtines wórte."
65 „Íh bin", quad si, „gótes thiu   zerbe gibóraniu;
  si wort sínaz   in mir wáhsentaz!"
Wolagạ ótmuati,   so gúat bistu io in nóti;
  thu wári in ira wórte   zi follemo ántwurte.
Drúhtin kos sia gúater   zi éigeneru múater;
70 si quad, si wári sin thíu   zi thíonoste gárawu.
Éngil floug zi hímile   zi selb drúhtine;
  ságatạ er in fróno   thaz árunti scóno.

VI. EXURGENS AUTEM MARIA ABIIT IN MONTANA.

Fúar tho sancta Mária,   thíarna thiu mára,
  mit ílu joh mit mínnu   zi ther iru máginnu.
So si in ira hús giang,   thiu wirtun siạ érlicho intfiang,
  joh spílota in therụ múater   ther ira sún gúater.
5 Spráh thiu sin múater: „héil wih dóhter,
  wóla ward thih lébenti   joh gilóubenti!
Giwíhit bistu in wíbon   joh untar wóroltmagadon;
  ist fúrist alles wíhes   wáhsmo réves thínes.
Wio wárd ih io so wírdig   fora drúhtine,
10 thaz selba múater sín   gíangi innan hús min?
So slíumọ sọ ih gihórta   thia stímmun thína:
  so blídta sih ingégin thir   thaz min kínd innan mír.
Állo wihi in wórolti,   thir gótes boto sageti,
  sie quément so giméinit   ubar thín houbit!"

impossibile apud deum omne verbum. 38 dixit autem Maria. [ecce ancilla domini;
fiat mihi secundum verbum tuum (*daxu Beda*: quanta cum devotione humilitas.
qua .. se ipsam, quae mater eligitur, ancillam nuncupat); et [discessit ab ea
angelus]. *Dazu Beda*: accepto virginis consensu mox angelus caelestia repetit.
Vgl. auch Beda homil. VII, 471.
    VI. 1—4 *L*. 1, 39 exurgens autem Maria in diebus illis abiit (in montana),
cum festinatione (*dazu Beda*: festinat, ut laeta pro voto; quod omnis anima, quae
verbum dei mente conceperit, virtutum cacumina gressu conscendat amoris) ..
40 et intravit in domum (Zachariae) et salutavit Elisabeth, 41 et .. exultavit
infans in utero ejus. 5—14 *L*. 1, 42 .. et dixit (Elisabeth): [benedicta tu in
mulieribus (*Vulg.* inter mulieres)] et benedictus fructus ventris tui! 43 et unde
hoc mihi, ut veniat mater domini mei ad me? 44 ecce enim, ut facta est vox
salutationis tuae in auribus meis, exultavit in gaudio infans in utero meo. 45 et
beata, quae credidisti, quoniam [perficientur ea, quae dicta sunt] tibi [a domino].

15 Nu síngemes álle   mánnolih bi bárne:
   wola kínd diuri,   fórasago mári!
   Wola kínd diuri,   fórasago mári!
   ja kúndt er uns thia héili,   er er gibóran wari.

VII. DE CANTICO SANCTAE MARIAE.

Thó sprah sancta Mária,   thaz siu zi húge hábeta;
si was sih blídenti   bi thaz árunti.
„Nu scal géist miner,   mit sélu gifúagter,
mit lidin líchamen   drúhtinan díuren.
5 Ih frawon drúhtine   alle dága mine,
   fréw ih mih in múate   gote héilante;
Want er ótmuati   in mir was scówonti;
   nu sáligont mih álle,   wórolt io bi mánne.
Máhtig drúhtin,   wih námo siner;
10   det er wérk maru   in mir ármeru.
Fon ánagenge wórolti   ist er ginádonti,
   fon kúnne zi kúnne,   in thíu man nan erkénne.
Dét er mit giwélti   síneru hénti,
   thaz er úbarmuati   giscíad fon ther gúati;
15 Fona hóhsedale   zistíaz er thie ríche,
   gisídalt er in hímile   thie ótmúatige.
Thie húngorogun, múadon   gilábot er in éwon;
   thie ódegun álle   firliaz er ítale.
Nú intfiang drúhtin   drutlíut sinan,
20   nu wílit er ginádon   then unsen áltmagon.
Tház er allo wórolti   zị ín was spréchenti,
   joh io gihéizenti,   nu hábent sie ịz in hénti.“
Was sịụ áfter thiu mit íru sar   thri mánodo thár;
   so fúar si zị iro sélidon   mit allen sálidon.

VII. 1ª. 3—12 L. 1, 46 et ait María: [magnificat] anima mea dominum
47 [et exultabit (*Vulg.* exultavit)] spiritus meus in deo salutari meo; 48 [quia
respexit] humilitatem ancillae suae; ecce enim ex hoc beatam me dicent omnes
generationes; 49 [quia fecit] mihi magna, (qui) potens est et sanctum nomen
ejus; 50 [et misericordia ejus] a progenie in progenies timentibus eum.   13—24
L. 1, 51 [fecit potentiam] in brachio suo; dispersit superbos mente cordis sui.
52 [deposuit] potentes de sede et exaltavit humiles.   53 [esurientes] implevit bonis
et divites dimisit inanes.   54 [suscepit Israel] puerum suum, recordatus miseri-
cordiae suae, 55 [sicut locutus est] ad patres nostros .. in secula.   56 [mansit]
autem Maria [cum ea] quasi [mensibus tribus] et reversa est in domum suam.

25 Nu férgomes thia thíarnun, 　　sélbun sancta Máriun,
　　thaz sí uns allo wórolti 　　si zi iru súne wegonti.
　Johannes drúhtines drut 　　wílit es bithíhan,
　　tház er uns firdánen 　　giwérdo ginádon.

VIII. CUM ESSET DESPONSATA MATER JESU.

　Ther mán, theih noh ni ságeta, 　　ther thaz wíb mahalta —
　　was ímo iz harto úngimah, 　　tho er sa háfta gisah.
　Ih ságen thir in war mín, 　　sí ni mohta inbéran sin
　　in flúhti joh in zúhti, 　　theiz álles wesan móhti;
5 Ouh, so iz zi thísu wurti, 　　iz díufal ni bifúnti;
　　joh thiu rácha sus gidán 　　nam thes húares thana wán.
　Ér sia érlicho zóh, 　　in Aegýptum miti flóh
　　joh bráhta sa afur thánne 　　zi themo ira héiminge.
　Gidar ih lóbon inan frám; 　　er was súlih, so er gizám,
10 　er was in sítin fruater 　　joh héilag inti gúater.
　Iz was imo úngimuati 　　thúruh sino gúati,
　　joh tháhta, iz imo sázi, 　　ób er sia firlíazi;
　Er tháhta imo ouh in gáhi 　　thia mánagfaltun wíhi,
　　joh thia hóhun wirdi; 　　ni wólta, thaz iz wúrdi.
15 Er nam góuma líbes 　　thes héilegen wíbes
　　joh híntarquam bi nóti 　　thera míhilun gúati;
　Tháht er bi thia gúati, 　　er sih fon íru dati,
　　joh theiz gidóugno wurti, 　　er síh fon iru irfírti.
　Unz er thára thahta, 　　ther éngil imo náhta,
20 　kúndt er imo in droume, 　　er thes wíbes wola góume.
　Ér quad, thes ni tháhti, 　　ni ér sih iru náhti;
　　joh thárazua ouh hógeti, 　　mit thíonostu iru fágoti.
　Quad, állaz thaz gizámi 　　fon selben góte quami;
　　„joh ther héilogo géist — 　　fon imo wéhsit iz meist.

VIII. 1 — 6 aus Mt. 1, 18 . . cum esset desponsata . . Maria Joseph, inventa est in utero habens . . Dazu Beda: quatuor causis hoc ita gestum esse accepimus: ut Maria in Aegyptum fugiens solatium ministerii haberet a Joseph, et ne Christus quasi fornicationis filius despiceretur, et ut genus Christi per Joseph ostenderetur, et ut diabolum lateret nativitas ejus. 7 — 10. 17 — 18 Mt. 1, 19 Joseph autem vir ejus [cum esset justus] (dazu Beda: ea quippe justitia, ut misericorditer propinquae consuleret) et nollet eam traducere, [voluit occulte dimittere eam]. 19 — 25ª. 27 — 28 nach Mt. 1, 20 [haec autem eo cogitante] ecce angelus domini apparuit in somnis ei dicens: . . noli timere accipere Mariam

25 Si birit sún zeizan,   ther ófto ist iu gihéizan;
     thie búah fon imo síngent,   wioz fórasagon zéllent.
Er gihéilit thiz lant,   héiz inan ouh héilant;
     gihéilit thiu sin gúati   allo wóroltliuti."

IX. ELISABETH AUTEM IMPLETUM EST TEMPUS PARIENDI.

Thes ér ju ward giwáhinit,   tho ward irfúllit thiu zít,
     thaz sáliga thiu álta   thaz kind tho béran scolta.
Gihórt iz filu mánag friunt   joh áller ouh ther lántliut,
     wárun sie sih fréwenti   theru drúhtines gífti.
5 Tho géiscotun thie mága   thia drúhtines gináda,
     tho zemo ántdagen sár   so wárun se alle sámant thar.
Sie quámun al zisámane,   thaz kíndilin zi séhanne,
     tház sie iz ouh giquáttin   joh imo námon scáftin.
Stúant tho thár umbiríng   filu manag édiling,
10   sih warun sie éinonti,   wio man thaz kínd nanti.
Sie spráchun thuruh mínna   al éinera stimna,
     theiz wari giáfaronti   then fáter in ther élti;
Quádun, iz so zámi,   er sinan námon nami,
     tház man in ther námiti   thes álten io gihógeti.
15 Tho sprah thiu múater obarlut   (was iru ther sún drut):
     „thiz ist líub kind mín;   Johánnes scal ther námo sin.
Thes fater námon in min wár,   then firságen ih iu sar;
     ir sculut spréchan thaz mín,   sús scal io ther námo sin."
Sie spráchun vilu blíde   zi themo sáligen wíbe,
20   quátun, iz ni zámi;   ni was in ther námo námi.
     „In thínemo kúnne —   zél iz al bi mánne,
     so níst, ther gihógeti,   thaz ío then namon hábeti."

---

conjugem tuam; quod enim in ea natum est, de spiritu sancto est.   21 [pariet . . filium] et vocabis nomen ejus Jesum; ipse enim salvum faciet populum suum a peccatis eorum.

     IX. 1ᵇ—8. 13—14 L. 1, 57 Elisabeth autem impletum est tempus pariendi . . 58 [et audierunt vicini et cognati] ejus, quia magnificavit dominus misericordiam suam cum illa . . 59 [et factum est in die octavo] venerunt (circumcidere; las O. videre?) puerum et vocabant eum nomine patris sui . . 15—16. 19—22 L. 1, 60 [et respondens mater] ejus dixit: nequaquam, sed vocabitur Johannes. 61 [et dixerunt ad illam: quia nemo est in cognatione tua,] qui vocetur hoc nomine.

Gistúatun sie tho scówon   in then fáter stúmmon,
    sie warun bóuhnenti,   wio ér then namon wólti.
25 Nám er in thaz zuíval   thana sár ubar ál;
    tho scréib er, theiz ther líut sah,   so thiu múater gisprah.
Wúntar was thia ménigi   ávur thara ingégini,
    thaz zúnga sin was stúmmu,   thoh warun éinstimmu.
Tho ward múnd siner   sar spréchanter,
30   joh was sih lósenti   theru zúngun gibenti.
Then drúhtin was er lóbonti,   ther thaz was máchonti,
    thes man nihéin io gimáh   in worolti ér ni gisah.
Yrfórahtun tho thie líuti   thio wúntarlichun dáti,
    joh síe gidatun mári   thaz scona séltsani.
35 Állaz thaz gibírgi   inti állo thio búrgi
    joh dales ébonoti —   so wés iz allaz lóbonti.
Joh álle, thie iz gihórtun,   ih ságen thir, wio sie datun:
    sie gikléiptun sar thaz gúat   filu vásto in iro múat;
Sie spráchun filu balde: „was wánist, thaz er wérde?" •
40   thiu zúht was wáhsenti   in drúhtines hénti.

X. CANTICUM ZACHARIAE.

Tho ward ther fáter alter   gótes wihi irfúlter,
    spráh er, thaz uns thie áltun   fórasagon záltun.
„Si drúhtin got gidíurto   therero lántliuto,
    ther únsih irlósta   joh selbo wísota.
5 Zi uns ríht er horn héiles,   nales féhtannes,
    in kúnne eines kúninges,   sines drúttheganes,
Sós er thuruh álle   thie fórasagon síne
    theru góregun wórolti   was io gihéizenti.

23—24. 26—28 *L.* 1, 62 [innuebant autem patri ejus], quem vellet vocari eum; 63 et .. [scripsit dicens: Johannes est nomen ejus; et mirati sunt universi]. *Daxu Beda*: ille mutus intimare vocabulum filii nequivit uxori, sed per prophetiam Elisabeth didicit, quod non didicerat a marito.   29—31ª. 33—40 *nach* *L.* 1, 64 [apertum est eo ejus] et lingua ejus et loquebatur benedicens deum. 65 [et factus est timor super omnes vicinos] eorum et super omnia montana divulgabantur verba haec. 66 et posuerunt omnes, qui audierunt, in corde suo dicentes: [quid, putas, puer iste erit? etenim manus domini erat cum illo].

X.   1—18 *nach L.* 1, 67 [et Zacharias pater ejus impletus est spiritu sancto] et prophetavit dicens: 68 [benedictus] dominus deus (Israel), quia visitavit et fecit redemptionem plebis sue. 69 [et erexit] cornu salutis nobis in domo (David) pueri sui, 70 [sicut locutus est] per os sanctorum, qui a saeculo sunt, prophe-

Ríht er zi uns ouh héilant,   thaz únsih midi fiant,
10   joh álle thie líuti,   thie sint unser áhtenti.
    Nu wílit er ginádon   then unsen áltmagon,
     gihúgit, thaz er hér iz liaz,   thaz er in ófto gihiaz;
    Sos ér gihiaz ju wánne   themo drútmanne,
     thaz ér uns sin gisíuni   in líchamen gábi;
15 Tház wir so gidróste,   fon fianton irlóste,
     únfórahtenti   sin imo thíononti
    In wíhi inti in ríhti   fora síneru gisíhti
     álle dagafrísti,   thi er úns ist líhenti.
    Int ih scál thir sagen, chínd min: thu bist fórasago sín,
20   thu scalt drúhtine   rihten wéga sine;
    Thaz wízin these líuti,   thaz er ist héil gebenti,
     inti se ouh irwénte   fon díufeles gibénte
    (Gináda sino wárun,   thaz wír nan harto rúwun,
     bi thiu íst er selbo in nóti   nu unser wísonti);
25 Mit dróstu ouh thie gispréche,   thie sízzent innan béche,
     únse fuazi ouh ríhte   in síne wega réhte."
    Wúahs thaz kind in édili   mit gote thíhenti,
     joh fástota io zi nóte   in waldes éinote.

XI. EXIIT EDICTUM A CAESARE AUGUSTO.

Wúntar ward tho máraz   joh filu séltsanaz,
    gibót iz ouh zi wáru   ther kéisor fona Rúmu.
Sánt er filu wíse   selbes bóton sine,
    so wíto soso in wórolti   man wári búenti;
5 Thaz sie érdrichi záltin,   ouh wíht es io nirduáltin,
    in bríaf iz al ginámin   int imo es zála irgábin.

---

tarum ejus, 71 [salutem] ex inimicis nostris et de manu omnium, qui oderunt
nos; 72 [ad faciendam] misericordiam cum patribus nostris et memorari testamenti
sui sancti, 73 [jus jurandum], quod juravit ad Abraham patrem nostrum daturum
se nobis, 74 [ut sine timore] de manu inimicorum nostrorum liberati serviamus
illi 75 [in sanctitate] et justitia coram ipso omnibus diebus nostris.   19--28 *nach*
L. 1, 76 et tu, puer, propheta altissimi vocaberis; praeibis enim ante faciem
domini parare vias ejus, 77 [ad dandam scientiam] salutis plebi ejus in remissio-
nem peccatorum eorum. 78 [per viscera] misericordiae dei nostri, in quibus visi-
tavit nos . . 79 [illuminare] his qui . . in umbra mortis s e d e n t , ad dirigendos
pedes nostros in viam pacis. 80 puer autem crescebat et confortabatur spiritu et
erat in desertis . . .
    XI. 2—6 *nach L.* 2, 1 . . exiit edictum a Caesare Augusto, ut describeretur
orbis universus.

„Thaz si gómman joh wíb   (in thíu se wóllen haben líb,
  in thíu se tház gilíezen,   thaz se érdrihes níezen),
Júnger joh álter —   tharána si er gizálter;
10   ni si mán nihein so véigi,   ni sinan zíns eigi
Héime", quad, „zi wáre,   zi sinemo áltgilare,
  so wíto so gisíge   ther himil ínnan then se;
Búrg nist, thes wénke,   noh bárn, thes io githénke
  (in félde noh in wálde),   thaz es ío irbálde.
15 Ellu wóroltenti   zi míneru henti,
  so wár man sehe in waron   stérron odo mánon,
So wara so in érdente   súnna sih biwénte —
  al sit iz bríeventi   zi míneru henti!"
Tho fuarun líuti thuruh nót,   so ther kéisor gibot,
20   zi éigenemo lánte   filu suórgente;
Ouh wídorot ni wántin,   er siro zíns gultin,
  zi nóti thar man wésti   thero fórdorono vésti.
Ein búrg ist thar in lánte,   thar warun ío ginánte
  hús inti wénti   zi édilingo hénti.
25 Bi thíu ward, thi ih nu ságeta,   thaz Jóseph sih irbúrita;
  zi théru steti fúart er   thia drúhtines múater;
Want ira ánon warun thánana   gotes drútthegana,
  fórdoron alte,   zi sálidon gizálte.
Unz síu tho thar gistúltun,   thio zíti sih irvúltun,
30   thaz si chínd bari   zi woralti éinmari.
Sún bar si tho zéizan,   ther wás uns io gihéizan;
  sin wás man allo wórolti   zi gote wúnsgenti.
Wár sinan gibádoti   joh wár sinan gilégiti —
  ni wánu, thaz si iz wéssi   bi theru gástwissi.
35 Biwánt sinan thoh tháre   mit láhonon sáre,
  in thia kríppha sinan légita   bi nóte, thih nu ságeta.
Tho bót si mit gilústi   thio kíndisgun brústi;
  ni méid sih, suntar sie óugti,   then gotes sún sougti.

19—20. 23—28 *L*. 2, 3 [et ibant omnes, ut profiterentur] singuli in suam
civitatem. 4 [ascendit .. et Joseph a Galilaea] de civitate Nazaret in Judaeam
in civitatem David .., eo quod esset de domo et familia David, 5 ut profiteretur
cum Maria desponsata sua uxore praegnante. 29—31. 35—36 *L*. 2, 6 [factum
est autem, cum essent ibi, impleti sunt dies, ut pareret]; 7 et peperit filium
suum primogenitum et pannis eum involvit et reclinavit eum in praesepio, quia
non erat iis locus in diversorio.

Wóla ward thio brústi,   thio kríst io gikústi,
40   joh múater, thiu nan quátta   inti émmizigen thágta;
Wóla thiu nan túzta   inti in ira bárm sazta,
   scóno nan insuébita   inti bi íru nan gilégita!
Sálig thiu nan wátta   int inan fándota,
   joh thiu in bétte ligit ínne   mit súlichemo kínde;
45 Sálig thiu nan wérita,   than imo fróst derita;
   árma joh hénti   inan hélsenti!
Er nist in érdringe,   ther ira lób irsinge,
   noh mán io so gimúati,   ther irzélle ira gúati;
Dág inan ni rínit,   ouh súnna ni biscínit,
50   ther iz ío bibringe,   thóh er es biginne!
Wanta ira sún guato   díurit sia gimúato,
   ist ira lób joh giwáht,   thaz thu irrímen ni máht;
Múater ist si máru   joh thíarna thoh zi wáru,
   si bar uns thúruhnahtin   then hímilisgon drúhtin.

M y s t i c e.

55 Drúhtin queman wólta,   tho man alla wórolt zalta,
   thaz wír sin al gilíche   gibriefte in hímilriche.
In kríppha man nan légita,   thar man thaz fíhu nerita,
   want er wílit unsih scówon   zí then éwinigen góumon.
Ni wari thó thiu giburt,   tho wurti wórolti firwúrt;
60   sia sátanas ginámi,   ób er tho ni quámi.
Wir wárun in gibéntin,   in wídarwerten héntin;
   thu uns hélpha, druhtin, dáti   ze thero óberostun noti!

XII. PASTORES ERANT IN REGIONE EADEM.

Tho wárun thar in lánte   hirta háltente,
   thes féhes datun wárta   widar fíanta.
Zi ín quam bóto sconi,   engil scínenti,
   joh wúrtun sie inlíuhte   fon hímilisgen líahte.
5 Fórahtun sie in tho gáhun,   so sinan ánasahun,
   joh híntarquamun hárto   thes gotes bóten worto.

---

39 *nach L.* 11, 27 beatus (venter, qui te portavit et) ubera, quae suxisti!
55—58 *Gregor homil.* 8, 1 quid est, quod nascituro domino mundus describitur,
nisi .. quia ille veniebat in carne, qui electos suos adscriberet in aeternitate? ..
Duri praesepis angustia continetur, ut nos per caelestis regni gaudia dilatet.

XII. 1—5ᵃ *L.* 2, 8 et pastores erant in regione eadem vigilantes et custo-
dientes .. super gregem suam. 9 et ecce angelus domini stetit juxta illos, et
claritas dei circumfulsit illos, et timuerunt timore magno.

Sprah ther gótes boto sár: „ih scal iu sagen wúntar;
    iu scal sin fon góte heil,   nales fórahta nihéin.
Ih scál iu sagen ímbot,   gibot ther hímilisgo got;
10   ouh níst, ther er gihórti   so fronisg árunti.
Thes wirdit wórolt sinu   zi éwidon blídu,
    joh ál giscaft, thiu in wórolti   thesa érdun ist ouh drétenti.
Níuwiboran habet thiz lánt   then hímilisgon héilant,
    theist drúhtin krist gúater,   fon júngeru múater
15 In Béthlem — thiue kúninga,   thie wárun alle thánana;
    fon ín ward ouh gibóraniu   sin múater, magad scóniu.
Ságen ih iu, gúate man,   wio ír nan sculut fíndan,
    zéichan ouh gizámi   thuruh thaz séltsani.
Zi theru búrgi faret hínana,   ir fíndet, so ih iu ságeta,
20   kínd níwiboranaz,   in krípphun gilégitaz."
Thó quam, unz er zi ín tho sprah,   éngilo hériscaf,
    hímilisgu ménigi,   sus alle síngenti:
In hímilriches hóhi   si gote gúallichi,
    si in érdu fridu ouh állen,   thie fól sin guates wíllen!

Mystice.

25 Sie kúndtun uns thia frúma frúa   joh lértun ouh thar sáng zua;
    in hérzen hugi thu ínne,   wáz thaz fers sínge:
Ni láz thir innan thina brúst   arges wíllen gilúst,
    thaz er fon thír nirstríche   then fridu in hímilriche.
Wir sculun úaben thaz sáng,   theist scóni gotes ántfang,
30   wanta éngila uns zi bílide   bráhtun iz fon hímile.
Bíscof, ther sih wáchorot   ubar krístinaz thíot,
    ther íst ouh wirdig scónes   éngilo gisíunes.
Thie éngila zi hímile   flugun síngente
    in gisíht frono;   thar zámun se scono.

7—9ᵃ. 11 *L.* 2, 10 et dixit illis angelus: nolite timere; [ecce enim evan-
gelizo vobis gaudium] magnum, quod erit omni populo. 13—20 *nach L.* 2, 11
[quia natus est vobis hodie salvator], qui est Christus dominus in civitate David;
12 et hoc vobis signum:] invenietis infantem pannis involutum et positum in
praesepio. 21—24 *L.* 2, 13 [et .. facta est cum angelo] multitudo militiae
caelestis, laudantium deum et dicentium: 14 [gloria in excelsis (*Vulg.* altissimis)]
deo, et in terra pax hominibus bonae voluntatis! 31—32 *Gregor homil.* I, 8
quid est, quod vigilantibus pastoribus angelus apparet, .. nisi quod illi prae
ceteris videre sublimia merentur, qui fidelibus gregibus processo sollicite sciunt?
Dumque ipsi pie super gregem vigilant, divina super eos gratia latius coruscat.
33—34 *L.* 2, 15 .. [*discesserunt ab iis angeli in celum*].

XIII. PASTORES LOQUEBANTUR AD INVICEM.

Spráchun tho thie hírta,   thie selbun féhewarta
(sie áhtotun thaz ímbot,   thiu selbun éngiles wort):
„Ílemes nu álle   zi themo kástelle,
thaz wír ouh mit then gówon   thaz gotes wórt scowon,
5 Thaz drúhtin dúan wolta   int iz hérą in worolt sánta;
ja óugtą uns zi érist thaz gibót   ther ginádigo got.“
Tho fuarun sie ílenti   joh filu gáhonti;
irhúabun sie sih fílu frua,   sie thahtun hárto tharzua.
So sie tho thára quamun,   thia múater gisáhun,
10 in ira bárm si sazta   barno bézista;
Joh ther siu thára fuarta,   thar íro zueio húatta;
thaz scólta sin bi nóti,   thaz er in thíonoti.
Gisáhun sie thaz wórt thar   joh irkántun iz sar,
thaz thie éngila in iróugtun,   thar sie thes féhes goumtun.
15 Álle, thie iz gihórtun,   hárto sie iz intríetun,
joh fórahtun mér ouh habetun,   so thie hírta thiz giságetun.
Thiu múater barg mit fésti   thiu wórt in iru brústi,
in hérzen mit githáhti   thiz ébono áhtonti,
Wio thiu wórt hiar gágantin,   thiu er fórasagon ságetin,
20 joh thíz al mit gizámi   ouh thárazua biquámi.
Fúarun sar thes sínthes   thie hirta héimortes,
thero wárono worto   blídtun sie sih hárto.
Sie iz állaz thar irkántun,   so thie éngila in gizáltun,
thes lóbotun sie iogilicho   drúhtin gúallicho.

XIII. 1ª. 3—7. 9—11 L. 2, 15 .. pastores loquebantur ad invicem: [trans-
eamus Bethlehem] et videamus hoc verbum, quod dominus ostendit nobis. 16 [et
venerunt festinantes] et invenerunt Mariam et Joseph et infantem (positum in
praesepio). 13—18 L. 2, 17 [videntes autem cognoverunt] de verbo, quod dictum
erat illis .. 18 et omnes, qui audierunt, mirati sunt et de his, quae dicta erant
a pastoribus ad ipsos. 19 [Maria autem conservabat omnia verba] haec conferens
in corde suo. 21—24 L. 2, 20 [et reversi sunt] pastores glorificantes et lau-
dantes deum in omnibus, quae audierant et viderant, sicut dictum est ad illos.

XIV. DE CIRCUMCISIONE PUERI ET DE PURGATIONE SANCTAE MARIAE.

So ther ántdag sih tho óugta,   thaz siu thaz kínd sougta,
tho scóltun siu mit wíllen   then wízod irfúllen,
Then sítu ouh, then io thie áltun   fórdoron irvúltun;
thes namen wéstun sie ouh giwánt,   híazun inan héilant,
5 So ther éngil iz gizálta   int in iz zéigota,
   er sí zi theru gibúrti   thes kindes háft wurti.
Ist wóla so giméinit,   wanta er then líut heilit;
   ther engil kúndt iz er tho sár,   joh gispúnot ist ther námo thar.
Wízzod thero líuto   gibót in filu nóto
10 (thaz wír ouh nu mit wíllen   io émmizigen fúllen),
So welih wíb so wari,   thaz thégankind gibári,
   thaz si únreini thera gibúrti   fíarzug dago wurti;
Sih ínnan thes inthábeti,   in themo gótes hus ni bétoti;
   after thíu thanne sár   gióugti thaz kínd thar;
15 Tház kind ouh, thaz wurti   fon gómmannes gibúrti;
   bi thíu ni drafun thárasun   thiu thíarna, noh ther íra sun.
Si quám thoh, so si scólta,   so ther wízzod iz gizálta,
   so thia fárt iru ni wéritun   thia dága, thie wir nu ságetun.
Siu fúarun fon theru búrg úz   zi themo drúhtines hús,
20 thes gibótes siu githáhtun,   thaz kind ouh thára brahtun;
Wánta was iz thégankind,   thes wibes érista kind
   (ih scál iu sagen wúntar):   iz was gótes suntar;
Thaz síu ouh furi thaz kínd sar   ópphorotin góte thar,
   so ther wízzod hiaz iz máchon,   zua dúbono gimáchon.

XIV. 1ª. 3—6 L. 2, 21 et postquam consummati sunt dies octo, ut circumcideretur puer, vocatum est nomen ejus Jesus, [quod vocatum est ab angelo,] priusquam in utero conciperetur.   7—8 Mt. 1, 21 [ipse .. salvum faciet populum suum].   9—18 Hrab. homil. V, 584ᶜ praecepit namque lex, ut mulier, quae suscepto semine peperisset filium, immunda esset septem diebus .., deinde etiam XXXIII diebus ab ingressu templi .. abstineret, donec quadragesimo die filium cum hostiis ad templum Domini deferret ... Profecto patet, quia lex illam, quae sine virilis susceptione seminis virgo peperit, una cum filio .. neque immundam describat, neque per hostias doceat esse mundandam. Sed beata genitrix .. legalibus subdi non refugit institutis.   18—24 L. 2, 22 et [postquam impleti sunt dies purgationis Mariae (Vulg. ejus)] tulerunt illum in Jerusalem, ut sisterent cum domino, 23 (sicut scriptum est ..:) quia omne masculinum adoperiens vulvam sanctum domino vocabitur; 24 et ut darent, secundum quod dictum est in lege domini, par turturum aut duos pullos columbarum.

XV. DE OBVIATIONE ET BENEDICTIONE
SYMEONIS.

Thar was ein mán alter,   zi sálidon gizálter;
 er was thíononti thár   góte filu mánag jar.
Er was góteforahtal,   joh rehto er lébeta ubar al,
 béitota er thar súazo   thero drúhtines gihéizo.
5 Ther gótes geist, ther mo ánawas,   ther gihíaz imo tház,
 thaz kríst er druagi in hénti   er sines dáges enti;
Er tothes io ni chóreti,   er er then dróst habeti;
 thiu wíhi gotes géistes   giwérota inan thes gihéizes.
Tho quam ther sáligo man,   in sinen dágon was iz frám,
10 in hús, thaz ih nu ságeta,   thar er émmizigon bétota.
Múater thiu gúata   thaz kind ouh thára fuarta;
 thar gáganta in gimúato   Symeón ther gúato.
Ginéig er imo filu frám   joh húab inan in sinan árm,
 tho spráh ouh filu blíder   ther alto scálc siner:
15 „Nu lázist thu mit frídu sin,   so gihíaz mir io thaz wórt thin,
 mit dágon joh ginúhtin   thinan scálc, druhtin;
Wánta thiu min óugun   nu thaz giscówotun,
 thia héili, thia thu uns gárotos,   er thu wórolt worahtos;
Lioht, thaz thar scínit   inti alla wórolt rínit,
20 joh gúallichi githíuto   therero lántliuto.“
Wúntorota sih tho hárto   thiu múater thero wórto,
 thiu in allen thén stuntun   gispróchanu wurtun,
Joh thér thar was in wáni,   thes kindes fáter wari,
 bitháht er siu iogilícho   filu fórahtlicho.
25 Tho wíhta siu ther álto,   thar fórna ju ginánto,
 joh spráh ouh zi theru múater   ther fórasago gúater:

XV. 1. 3—7 L. 2, 25 [et ecce homo erat in Hierusalem, cui nomen
Symeon], et homo iste justus et timoratus, exspectans consolationem Israel, et
spiritus sanctus erat in eo; 26 et [responsum accepit Symeon a spiritu sancto]
non visurum se mortem, nisi prius videret Christum Domini.   8—20 L. 2, 27
[et venit in spiritu in templum] et cum inducerent puerum . . parentes ejus . . .,
28 ipso accepit eum in ulnas suas (et benedixit deum) et dixit: 29 [nunc dimittis
servum tuum, domine,] secundum verbum tuum in pace, 30 quia viderunt oculi
mei salutare tuum, 31 quod parasti (ante faciem omnium populorum; vgl. vielmehr
Ephes. 1, 4 elegit nos in ipso ante mundi constitutionem), 32 lumen ad revela-
tionem gentium et gloriam plebis tuae (Israel).   21—23. 25—26. 29—31 L. 2, 33
et [erat pater Jesu (Vulg. ejus) et mater admirantes] super his, quae dicebantur
de illo. 34 [et benedixit illis Symeon] et dixit ad Mariam matrem ejus: [ecce.

„Nim nu wórt minaz   in herza, mágad, thinaz,
    joh hug es hárto ubar ál,   thu thíarna, theih thir ságen scal.
Thiz kínd ist untar mánne   zi mánegero falle,
30   joh then zirstántnisse,   thie zi líbe sint giwísse,
In zéichan filu hébigaz;   thoh firspríchit man thaz.“
    thiu frúma ist hiar iróugit,   so wémo iz ni gilóubit:
Drúhtin ist er gúater,   joh thíarna ist ouh sin múater;
    er tod sih anawéntit,   in themo thrítten dage irsténtit;
35 Férit er ouh thánne   ubar hímila álle,
    ubar súnnun líoht   joh állan thesan wóroltthiot.
Er químit mit giwélti,   sar so ist wóroltenti,
    in wólkon filu hóho,   so scówon wir nan scóno.
Mit ímo ist sin githígini   joh éngilo ménigi;
40   er habet thár, ih sagen thir tház,   thíng filu hébigaz.
Óffan duat er tháre,   thaz wir nu hélen híare;
    ist iz úbil odowar: unforhólan ist iz thár.
Thie ungilóubige   thie ábohont iz álle,
    firspréchent io zi nóti   thio wúntarlichun dati.
45 „Joh wuntot férah thinaz   wáfan filu wássaz,
    bítturu pina   thia selbun séla thiṅa.
Thu sihis sún liaban   zi mártolonne zíahan;
    so ríuzit thir thaz hérza   thuruh míhila smerza.
Thar sprichit filu manno,   thaz se ér ju halun lángo;
50   giborgan níd in mánne —   al óugit er sih thanne.“

XVI. DE ANNA PROPHETISSA.

Ánna hiaz ein wíb thar,   si thíonota thar mánag jar,
    ált was si járo   ju filu mánegero.
Si was fórasagin gúat,   zi gote ríhta si iru múat,
    wítua gimúati   gihíalt si fram thio gúati.

---

42 odo unar V.   49 iu V. — XVI, 2 ioh filn V.

---

positus est hic in ruinam] et in resurrectionem multorum in Israel [et in signum,
cui contradicetur].   32 — 44 scheinen einer Homilie entnommen.   45 — 49 L. 2, 35
[et tuam ipsius animam] pertransibit gladius (dazu Beda: restat intellegi, gladium
.. hoc est dolorem dominicae passionis ejus animam pertransisse, quae Christum
.. ut sua carne procreatum non sine doloris affectu potuit videre crucifigi), [ut
revelentur ex multis cordibus] cogitationes.
    XVI. 1—4. 7—14 L. 2, 36 [et orat Anna prophetissa] ..; haec processerat
in diebus multis et [vixerat cum viro suo septem annis] a virginitate sua: 37 et

5 Sid si thárben bigan   thes líobes zi iro gómman,
   so hábeta si in githáhti,   war si then dróst suahti.
Zi themo gotes hús fuar si sár,   joh léita si ira dága thar,
   kúmta thár thaz ira sér,   ni ruahta gómmannes mér;
Déta si tho then githánc   zi gotes thíonoste ana wánc
10   joh thíonota íogilícho   thar gote dríulicho.
Si állo stunta bétota   joh filu ouh fásteta,
   gótes willen húatta   joh thíonost sinaz úabta.
Dáges inti náhtes   fléiz si thar thes réhtes;
   in júgundi ward si wítua,   mit thísu irálteta.
15 Tho quam si in thésen stunton,   thi ih zálta bi then álton,
   thaz kíndilin si thar gisáh   joh lob ouh drúhtines spráh.
Si kundta thár, sos iz wás,   thaz ín thiu fruma quéman was,
   sálida zi líbe,   gómmanne joh wíbe;
„Álte joh júnge —   in thíu er tharzua githínge,
20   níotot er sih líbes   joh éwiniges líobes.“
So síu tho thar irfúltun,   so in thio búah gizaltun,
   sie flízzun sar thes sínthes   thes iro héiminges.
Thaz kínd wuahs untar mánnon,   so lília untar thórnon;
   so blúama thar in crúte,   so scóno theh zi gúate.
25 Wízzi théh imo ana sár,   thaz was gilúmflih in war;
   sih wísduames irfúlta,   so gótes sún scolta.
Gótes geist imo ánawas;   ni tharft thu wúntoron thaz,
   want iz wás imo anan hénti   zi síneru giwelti.

XVII. DE STELLA ET ADVENTU MAGORUM.

Nist mán nihein in wórolti,   thaz sáman al irságeti,
   wio manag wúntar wurti   zi theru drúhtines gibúrti.
Bi thíu, thaz ih irduálta,   thar fórna ni gizálta,
   scál ih iz mit wíllen   nu súmaz hiar irzéllen.

---

haec vidua usque ad annos octoginta quatuor, quae [*non discedebat de templo,
jejuniis et obsecrationibus serviens nocte ac die*].   15—20 *L.* 2, 38 [et haec (*die
Übersetzung deutet auf* hac) ipsa hora superveniens] confitebatur domino et loque-
batur de illo omnibus, qui expectabant redemptionem Israel.   21—22 *L.* 2, 39
[*et ut perfecerunt omnia*] secundum legem domini, reversi sunt in civitatem
suam . .   23—28 *frei nach L.* 2, 40. [*puer autem crescebat*] (*Cant. cant.* 2, 2 sicut
lilium inter spinas) et confortabatur plenus sapientia, et gratia dei erat in illo.
Dazu Beda (V, 222): quod deus aeternus erat, nec confortari indigebat, nec
habebat augeri.

5 Tho drúhtin krist gibóran ward,   thes méra ih ságen nu ni thárf,
   thaz blidi wórolt wurti   theru sáligun gibúrti;
Thaz ouh gidán wurti,   si in éwon ni firwúrti
   (iz wás iru anan hénti,   tho dét es druhtin énti):
Tho quamun óstana in thaz lánt,   thie irkantun súnnun fart,
10 stérrono girústi;   thaz wárun iro lísti.
Sie éiscotun thes kíndes   sar io thés sinthes,
   joh kúndtun ouh tho mári,   thaz er ther kúning wari;
Warun frágenti,   war er gibóran wurti,
   joh bátun io zi nóti,   man in iz zéigoti.
15 Sie zaltun séltsani   joh zéichan filu wáhi,
   wúntar filu hébigaz, ´ wanta er ni hórta man thaz,
Thaz io fon mágadburti   man gibóran wurti;
   inti ouh zéichan sin scónaz   in hímile so scínaz.
Ságetun, thaz sie gáhun   stérron einan sáhun
20 joh dátun filu mári,   thaz er sín wari.
„Wir sáhun sinan stérron,   thoh wir thera búrgi irron,
 joh quámun, thaz wir bétotin,   gináda sino thígitin.
Óstar filu férro   so scéin uns ouh ther stérro;
   ist íaman hiar in lánte,   es íawiht thoh firstánte?
25 Gistirri záltun wir io,   ni sáhun wir nan ér io;
   bi thiu bírun wir nu giéinot,   er niwan kúning zeinot.
So scríbun uns in lánte   man in wórolti alte;
   thaz ír uns ouh gizéllet,   wio iz íwo buah singent.“
So thísu wort tho gáhun   then kúning anaquámun,
30 híntarquam er hárto   thero sélbero worto;
Joh mánniliches hóubit   wárd es thar gidrúabit,
   gihórtun úngerno,   thaz wír nu niazen gérno.
Thie búachara ouh tho tháre   gisámanota er sare,
   sie was er frágenti,   war kríst giboran wurti.

XVII. 5. 9—13. 21ᵃ. 22—23 *Mt.* 2, 1 [cum natus esset Jesus in Bethlehem
Judae .. ecce magi ab oriente venerunt] dicentes: 2 [*ubi est, qui natus est, rex*]
Judaeorum? [vidimus enim stellam ejus in oriente] et venimus adorare eum. *Zu*
9. 27 *vgl. Alcuin div. off.* V: magi .. ut erant edocti in cursu astrorum, animad-
verterunt, hanc esse stellam, quam olim Balaam .., cujus traditionem seque-
bantur, praedixerat ita adfuturam ..; hi .. geneses dierum hominum per duo-
decim sidera caeli describebant, siderum quoque cursu nascentium
mores eventusque praedicabant. *Hrab. de universo* XV, 4 primum stellarum
interpretes magi nuncupabantur ..; siderum cursu nascentium mores .. praedicare
conantur .., constellationes Latini vocant. 29—31. 33—38 *Mt.* 2, 3
[audiens autem Herodes rex turbatus est] et omnis Hierosolyma cum illo; 4 [et

35 Er sprah zen éwarton   sélben thesen wórton;
   gab ármer joh ther rícho   ántwurti gilícho.
Thia burg nántun se sár,   in féstiz datun álawar
   mit wórton, then ér thie áltun   fórasagon záltun.
So er giwísso thar bifánd,   war drúhtin krist gibóran ward,
40 tháht er sar in fésti   mihilo únkusti.
Zi ímo er ouh tho ládota   thie wísun man, theih ságeta,
   mit ín gistuant er thíngon   joh filu hálingon.
Thia zít éiscota er fon ín,   so ther stérro giwon was quéman zi in;
   bat síe iz ouh birúahtin,   bi thaz selba kínd irsúahtin.
45 „Gidúet mih", quad er, „ánawart   bi thes stérren fart;
   so fáret, eiscot tháre   bi thaz kínd sáre!
Sin éiscot íogilícho   joh filu giwáralicho,
   slíumo duet ouh thánne   iz mir zi wízzanne.
Ih wíllu faran béton nan   (so ríet mir filu mánag man),
50 thaz íh tharzúa githinge   joh imo ouh géba bringe."
Lóug ther wénego mán,   er wánkota thar filu frám;
   er wólta nan irthuésben   joh uns thia frúma irlesgen.
Thaz ímbot sie gihórtun   joh iro férti íltun;
   yrscéin in sar tho férro   ther séltsano sterro.
55 Sie blídtun sih es gáhun,   sár sie nan gisáhun,
   joh filu fráwalicho   sin wártetun gilícho.
Léit er sie tho scóno,   thar was thaz kínd·frono,
   mit síneru ferti   was er iz zéigonti.
Thaz hús sie tho gisáhun   joh sar tharaín quamun;
60 thar was ther sún guater   mit síneru muater.
Fíalun sie tho frámhald,   thes guates wárun sie báld,
   thaz kínd sie thar tho bétotun   joh húldi sino thígitun.

---

43 éigiscota V.   47 íolícho V.

---

congregans omnes principes sacerdotum et scribas] populi sciscitabatur ab eis, ubi
Christus nasceretur. 5 [at illi dixerunt: in Bethlehem] Judae; sic enim scriptum
est per prophetam . . 41—43. 46—49ª. 51—52 Mt. 2, 7 tunc Herodes [clam
vocavit magos (Vulg. clam vocatis magis)] diligenter didicit ab eis tempus stellae,
quae apparuit eis 8 [et mittens illos in Bethlehem] dixit: ite et interrogate dili-
genter de puero; . . renunciate mihi, ut et ego veniens adorem eum. Dazu Hrab.:
finxit se vultu et verbis eum adorare velle, quem invida cogitatione tractabat
occidere. 53—57. 59—63. 65. 71—72 Mt. 2, 9 [qui cum audissent regem,
abierunt,] et ecce stella (dazu Hrab.: haec stella nunquam ante apparuit) . . ante-
cedebat eos, usque dum veniens staret supra, ubi erat puer. 10 videntes autem

Indátun sie tho tháre   thaz iro dréso sare,
    réhtes sie githáhtun,   thaz si̧e imo géba brahtun;
65 Myrrun inti wírouh   joh gold scínantaz ouh,
    géba filu mára;   sie súahtun sine wára.

Mystice.

Ih ságen thir thaz in wára,   sie móhtun bringan méra;
    thiz wás sus gibari,   theiz géistlichaz wári.
Kúndtun sie uns thánne,   so wir firnémen alle,
70   gilóuba in giríhti   in theru wúntarlichun gífti:
Thaz er úrmari   uns éwarto wari,
    ouh kúning in gibúrti   joh bi̧ unsih dót wurti.
Sie wurtun sláfente   fon éngilon gimánote,
    in dróume sie in zélitun   then weg, sie fáran scoltun;
75 Thaz síe ouh thes ni tháhtin,   themo kúninge sih náhtin,
    noh gikúndtin thanne   thia frúma themo mánne.
Tho fúarun thie ginóza   ándara stráza
    hárto ílente   zi éiginemo lánte.

XVIII. MYSTICE.

Mánot unsih thisu fárt,   thaz wír es wesen ánawart,
    wir únsih ouh birúachen   inti eigan lánt suachen.
Thu ni bíst es, wan ih, wís: thaz lánt thaz heizit páradis;
    ih meg iz lóbon harto,   ni girínnit mih thero wórto.
5 Thóh mir megi lídolih   sprechan wórtogilíh,
    ni mag ih thóh mit worte   thes lóbes queman zi énte.
Ni bist es ío giloubo,   sélbo thu i̧z ni scówo;
    ni mahtu i̧z óuh noh thanne   yrzellen íomanne.
Thar ist líb ana tód,   líoht ana fínstri,
10   éngilichaz kúnni   joh éwinigo wúnni.
Wir éigun iz firlázan;   thaz mugun wir ío riazan
    joh zen ínheimon   io émmizigen wéinon.

---

stellam gavisi sunt . . 11 [et intrantes domum] invenerunt puerum cum matre ejus
[et procidentes adoraverunt eum et apertis thesauris suis] obtulerunt ei munera:
aurum, thus et myrrham. Dazu Beda: in auro regalis dignitas ostenditur Christi,
in thure ejus verum sacerdotium, in myrrha mortalitas carnis. 73 -- 78 Mt. 2, 12
[et ammoniti in somnis] (Vulg. responso accepto in sommis,) ne redirent ad He-
rodem, [per aliam viam reversi sunt] in regionem suam.
    XVIII. 1—3. 11—15. 33—44 Hrab. zu Mt. 2: in eo, quod magi faciunt
admoniti, nobis profecto insinuant, quid faciamus. Regio quippe nostra paradisus

Wir fúarun thanana nóti   thuruh úbarmuati,
  yrspúan unsih so stíllo   ther unser múatwillo.
15 Ni wóltun wir gilós sin,   harto wégen wir es scín,
  nu riazen élilente   in frémidemo lante;
  Nu ligit uns úmbitherbi   thaz unser ádalerbi,
  ni níazen sino gúati;   so duat uns úbarmuati!
  Thárben wir nu, léwes,   líebes filu mánages
20   joh thúlten híar nu nóti   bíttero ziti.
  Nu birun wir mórnente   mit séru hiar in lánte,
  in mánagfalten wúnton   bi únseren sunton;
  Árabeiti mánego   sint uns híar io gárawo,
  ni wollen héim wison   wir wenegon wéison.
25 Wolaga élilenti,   hárto bistu hérti,
  thu bist hárto filu suár,   thaz ságen ih thir in álawar!
  Mit árabeitin wérbent,   thie héiminges thárbent;
  ih haben iz fúntan in mír,   ni fand ih líebes wiht in thír;
  Ni fand in thír ih ander gúat,   suntar rózagaz muat,
30   séragaz herza   joh mánagfalta smérza!
  Ob uns in múat gigange,   thaz unsih héim lange,
  zi thémo lante in gáhe   ouh jámar gifáhe:
  Farames, so thíe ginoza,   ouh ándara straza,
  then wég, ther unsih wénte   zi éiginemo lánte.
35 Thes selben pádes suazi   suachit réine fuazi;
  si thérer situ in mánne,   ther tharána gange:
  Thu scalt haben gúati   joh mihilo ótmuati,
  in hérzen io zi nóti   waro káritati;
  Dua thir zi giwúrti   scono fúriburti,
40   wis hórsam io zi gúate,   ni hóri themo muate;
  Ínnan thines hérzen lust   ni láz thir thesa wóroltlust,
  fliuh thia géginwerti: so quimit thir frúma in henti!
  Húgi, wio ih tharfóra quad,   thiz ist ther ánder pad;
  gang thésan weg, ih sagen thir éin,   er giléitit thih héim.
45 So thú thera héimwisti   níuzist mit gilústi,
  so bistu góte liober,   ni intratist scádon niamer.

---

est, ad quem Jesus cognito redire per viam, qua venimus, prohibemur. A regione
otenim nostra superbiendo, inoboediendo .. discessimus; sed necesse est, ad eam
flendo, oboediendo, vis'ibilia contemnendo atque appetitum carnis refrenando
redeamus. Per aliam viam ad nostram regionem regredimur, quippe qui a paradisi
gaudio per dilectamenta discessimus, ad hoc per lamenta revocamur.

XIX.   DE FUGA JOSEPH CUM MATRE IN AEGYPTUM.

Jóseph io thes sínthes	er húatta thes kíndes;
was thíonostman gúater,	bisuórgeta ouh thia múater.
Ther engil spráh imo zúa:	„thu scalt thih héffen filu frúa;
fliuh in ántheraz lánt,	bimíd ouh thesan fiant!
5 In Aegýpto wis thu sár,	unz ih thir zéigo avur thár,
wanne thu bigínnes	thes thines héiminges.
Ni laz iz ny úntarmuari,	thia muater thára fuari;
thaz kínd ouh iogilicho	bisuorge hérlicho.
Ther kúning wilit slíumo	inan suachen íngriuno
10 mit bízenten suérton,	nálas mit then wórton.
Húgi filu hárto	thero mínero wórto;
in hérzen giwaro wártes,	thaz thu úns thia frúma haltes!“
Er fuar sar théra ferti	náhtes mit giwúrti,
thaz íz ni wurti mári	joh baz firhólan wari,
15 Er ouh baz ingíangi,	siu wáfan ni bifíangi;
bi thiu was er so éracar	joh hárto filu wáchar.
Siu fúart er, noh ni duálta,	in lánt, thaz ih nu zálta;
thar was ther sún guato,	unz starb ther gótewúoto.
Thó ward thar irfúllit,	thaz fórasago síngit
20 fon gote séltsanaz	joh wúntar filu wáraz:
Er quád, er wolti hérasun	sinan éinigan sún
ladon thánana ir lante,	er sinan líut halte.
In búachon duat man mári,	er fiar jar thár wari;
súme quédent ouh in wár,	tház es warin zuéi jar.
25 Thia gilóuba, ih sagen thir wár,	thia láz ih themo, iz lísit thar;
ni scríbu ih hiar in úrheiz,	thaz ih giwísso ni weiz.
Ob ih giwísso iz wésti,	ih scríbi iz hiar in fésti;
thoh mag man wízan thiu jár,	wío man siu zélit thar.

---

9 ingiriuno *V.*

XIX.   1—10 *Mt.* 2, 13 ecce [apparuit angelus domini] in somnis [Joseph dicens:] surge et accipe puerum et matrem ejus et [fuge in Aegyptum] et esto ibi, usque dum dicam tibi; [*futurum est enim, ut Herodes quaerat puerum*] ad perdendum eum.   13. 17—19. 21—22 *Mt.* 2, 14 [qui consurgens accepit puerum] et matrem ejus nocte et secessit in Aegyptum 15 et [*erat ibi usque ad obitum Herodis; ut impleretur, quod dictum est . . . per prophetam*] dicentem: [*ex Aegypto vocavi filium meum*].

XX. DE OCCISIONE INFANTUM.

So Heród ther kúning tho bifánd,   thaz ér fon in bidrógan ward:
    inbrán er sar zi nóti   in mihil héizmuati;
Er santa mán mánage   mit wáfanon garawe,
    joh dátun se ana féhta   mihila sláhta.
5 Thiu kínd gistuatun stéchan,   thiu wíht ni mohtun spréchan,
    joh wúrtun al fillórinu   míthont gibórinu;
So sih thaz áltar druag in war   thánan unz in zuéi jar,
    so wit thaz géwimez wás,   ni firlíazun sie nihéinaz.
Thie múater thie rúzun,   joh zahari úzfluzun,
10   thaz wéinon was in léngi   hímilo gizéngi;
Thie brústi sie in óugtun,   thaz fahs thána rouftun;
    nist ther ío in gahi   then jámar gisáhi.
Sie zalatun siu ío ubar dág,   thár iz in theru wágun lag,
    joh anan themo bárme   thera múater zi hárme;
15 Nist wíb, thaz io gigíangi   in merun góringi,
    odo merun grúnni   mit kíndu io giwúnni!
Inclóub man mit then suérton   thaz kínd ir then hánton
    joh zi iro léidlusti   ném iz fon ther brústi.
Ira férah bot thaz wíb,   thaz iz múasi haben líb;
20   ni funtun thía meina   gináda niheina.
Wíg was ofto mánegaz   joh filu mánagfaltaz,
    ni sáh man ío, ih sagen thir tház,   thésemo gilíchaz;
Iz ni habent lívola,   noh iz ni lesent scribara,
    thaz júngera wórolti   sulih mórd wurti.
25 In then álten éwon   so ságet thesan wéwon,
    thar zaltaz ér ubarlut   ther selbo drúhtines drút;
Er quad, man gihórti   wéinon theso dáti
    filu hohen stímmon   wíb mit iro kíndon.
Quád, sie thaz ni wóltin   (súntar siu sih quáltin),
30   noh dróst gifahan líndo   so mánagero kíndo;

---

13 Siu V.

XX. 1—3. 5—8 Mt. 2, 16 tunc [videns Herodes, quod illusus esset a magis] iratus est valde et mittens occidit omnes pueros, qui erant in Bethlehem et in omnibus finibus ejus [a bimatu et infra] . .   25—30 Mt. 2, 17 [ut adimpleretur (*Vulg.* tunc adimpletum est), quod dictum est per Hieremiam prophetam] dicentem: 18 [vox in Rama audita est] ploratus et ululatus multus; Rachel plorans filios suos et [noluit consolari] . . .

Ther iro kúning jungo   ni míd iz io so lángo,
    thaz wíg er ni firbári,   in thiu sin zít wari.
Er giscéintaz filu frám,   so ér zi sinen dágon quam;
    tho goz er bi únsih sinaz blúat,   thaz kuning ánder ni duat.
35 Nu folget ímo thuruh tház   githígini so mánagaz,
    thaz thér nist hiar in líbe,   ther thia zála irscribe.

XXI. DE MORTE HERODIS.

Tho ęrstarp ther kúning Heród,   joh hina fúarta inan tod,
    mit tódu er dága fulta,   ther io in ábuh wolta:
Thar Jóseph was in lánte   hina in élilente,
    quam ímbot imo in dróume,   er thes kíndes wola góume;
5 Thia múater ouh bibrínge   zį iro héiminge,
    joh wison héimortes   éiganes lantes.
„Ni si thír es“, quad er, „nót,   ther iro fíant ther ist dót;
    bi thiu ili io thés sinthes   thes iro héiminges.
Fuar er sár heimort,   firnam ouh gérno thiu wort;
10   sáman mit ther múater   so fuar ther sún guater.
Tho gihort er mári,   thar ander kúning wari;
    joh ouh théro worto   híntarquam er hárto.
Kért er tho in fíara   in eina búrg ziara;
    thaz kínd er scóno thar irzóh   joh then fíanton intfloh.
15 Wúahs er filu zíoro   in wízzin wola skíoro,
    in wísduam theh io thánne   mit góte joh mit mánne.

XXII. CUM FACTUS ESSET JESUS ANNORUM XII.

Sǫ er thó ward áltero,   zuiro séhs jaro:
    sie flízzun, thaz sie gíiltin   zen hóhen gizítin.

XXI. 1. 3 — 13 *Mt.* 2, 19 [defuncto autem Herode] ecce angelus domini apparuit in somnis Joseph in Aegypto dicens: 20 surge et accipe puerum et matrem ejus et vade in terram Israel; defuncti sunt enim, qui quaerebant animam pueri. 21 [qui consurgens accepit puerum] et matrem ejus et venit in terram Israel; 22 [audiens autem, quod Archelaus regnaret] in Judaea ... timuit illo ire; et .. [*secessit in partes Galilaeae*] 23 et veniens habitavit in civitate, quae vocatur Nazaret. 15 — 16 *L.* 2, 40 puer autem crescebat .. 52 et proficiebat sapientia, aetate et gratia apud deum et homines.
XXII. 1 — 2. 5. 7 — 9 *nach L.* 2, 42 et cum factus esset annorum duodecim. ascendentibus illis Hierosolymam secundum consuetudinem diei festi, 43 con-

Thie zíti sint so héilag,   thaz man irzéllen ni mag;
   wir fórahtlicho iz wéizen   joh óstoron héizen.
5 Zen wíhen zitin fúarun,   so siu giwón warun,
   thes wízodes gihúgitun,   thaz kind mit ín frumitun.
So síe tho thar gibétotun,   thie fira giéntotun,
   so íltun sie héim sar,   drof ni' duáletun thar.
Thaz kínd giduálta thia fart,   ni wúrtun siu es ánawart
10   joh then éinegon sun   góumilosan líazun.
Jósep wanta frúater,   er wári mit ther múater;
   si wanta in álawari,   thaz er mit ímo wari.
Ni si thih thés wuntar: thiu wíb thiu giangun súntar;
   thie gómman fuarun thánne   in themo áfteren gange;
15 Thiu kind thiu fólgetun,   so wédar so siu wóltun,
   líafun miti stíllo,   sos in was múatwillo.
Sus mit únredinu   so wúrtun siu bidrógenu;
   gigíangun si es in érnust,   in thráta mihila ángust.
So siu tho héim quamun,   sih úmbi bisáhun
20   sar ío thés sinthes: so místun siu thes kíndes.
Sie súahtun untar kúndon   joh untar gátilingon,
   ni fúntun sie nan wergin thár,   sie ni bráhtun nan sar;
Tho híntarquam thiu múater   (ther sún ther ist so gúater!),
   joh rúartun thio iru brústi   tho manago ángusti.
25 Thio slúag si mit then hánton,   bigan iz hárto anton,
   kumta séro then grun;   iz was ira éinego sun.
Siu wuntun érnustin,   mit grozen ángustin
   sar io thía wila;   hébig was in thiu íla.
Theru muater wás es filu not,   bi thiu íltun siu sar wídarort;
30   rúarta sia thiu smérza   ínnan ira hérza;
Siu fúarun filu gáhun   zi theru búrg, thar siu wárun;
   tho thes thrítten dages sár,   so fúntun siu thaz kínd thar.

---

summatisque diebus cum redirent] remansit puer Jesus in Hierusalem, et non
cognoverunt parentes ejus.   11—16. 21—22 L. 2, 44 [existimantes autem illum
esse in comitatu . . requirebant eum inter cognatos] et notos. *Dazu Beda*: filiis
Israel moris fuerit, ut temporibus festis vel Hierosolyma confluentes vel ad pro-
pria redeuntes seorsum viri, seorsum autem feminae . . incederent, infan-
tesque vel pueri cum quolibet parente indifferenter ire potuerint, ideoque beatam
Mariam vel Joseph vicissim putasse, puerum Jesum . . cum altero parente rever-
sum.   27ª. 31—38 L. 2, 45 et . . [regressi sunt in Hierusalem], 46 et . . post
triduum [invenerunt illum in templo] sedentem in medio doctorum, audientem

Er was thár, er giang sar ín   mit then brédigarin,
    sih fúagt er io zi nóte   zi themo hérote;
35 Er lósota iro wórto   joh giwáro hárto,
    in mítten saz er éino   inti frágeta sie kléino.
Wúntar was sie hárto   thes júngen kindes wórto,
    joh lósetun mit giwúrti   thero sinero ántwurti.
In lánte warun mánage   wísduames biládane;
40   ni was er ío so mari,   ni thiz bifóra wari!
So síu gisah then líoban man,   int iru thaz hérza biquam,
    tho spráh si zi themo kínde   mit gidróstemo sinne:
„Wio wárd, thaz ih ni wésta,   manno líobosta,
    tház thu hiar irwúnti   mir úntar theru hénti;
45 Joh tház thu hiar giduáltos,   min múat mir so irfáltos,
    min sún guater,   thera éinigun muater?
Ruarta míh ouh thes thiu mér   in min hérza thaz ser,
    thaz ih iz ér ni westa,   so gáhun thin firmísta!
So ih erist místa thin, sún,   so ílt ih sar hérasun,
50   joh hintarquám ih sar thín,   thu bist éinego min!
Wir warun suórgenti   ther thíneru gisúnti;
    waz mág ih quedan méra,   min éinega séla?“
„Waz íst“, quad er, „so hébigaz,   thaz ir mih súahtut bi thaz?
    ja límphit mir, theih wérbe   in mines fáter erbe.“
55 Siu so héim quamun,   es wíht ni firnámun
    zi nihéineru héiti,   waz ér mit thiu méinti.
Untarthío was er ín,   ni was er drúhtin thes thiu mín,
    noh sin giwált sih wánota,   thaz er in thíonota.
Er wólta unsih léren,   wir unsan fáter eren,
60   joh thia múater tharmít;   bi thiu íst iz hiar gibílidit.
Thaz kind théh io filu fram,   so sélben gotes súne zam,
    in wáhsmen joh giwízze   uns állen io zi núzze.

---

illos et interrogantem eos. 47 [stupebant autem omnes, qui eum audiebant] super prudentia et responsis ejus.   **41—44.** 51 *nach* L. 2, 48 et videntes admirati sunt, et dixit mater ejus ad illum: [fili, quid fecisti nobis sic?] ecce (pater tuus et) ego dolentes quaerebamus te.   53—60 *L.* 2, 49 et ait .. [quid est, quod me quaerebatis?] .. in his, quae patris mei sunt, oportet me esse. 50 et ipsi non intellexerunt verbum, quod locutus est ad eos. 51 et descendit cum eis et venit Nazaret et erat subditus illis. *Dazu Beda:* quia deus et homo est, nunc excelsa deitatis, nunc infima praefert humanae fragilitatis ..; ut ejus videlicet exemplis admoniti, quid parentibus debeamus. agnoscamus.   61—62 *L.* 2, 52 et [Jesus proficiebat] sapientia et [aetate].

XXIII. DE PRAEDICATIONE JOHANNIS.

Tho thisu wórolt ellu   quám zi theru stúllu,
   ouh zi theru zíti,   thaz kríst sih iru iróugti:
So quam thiu gótes stimna   in thia wúastinna,
   in themọ éinotẹ ínne   zes éwarten kinde;
5 Thaz er fúari thanan frám   úz untar wóroltman,
   then líutin ouh gikúndti   thio drúhtines kúnfti;
  „Thaz er thie wénege   ni fínde so firdáne,
   joh mánnilih thes gáhe,   zi búazu gifahe."
Fúar er tho in thia wórolt in,   liaz thaz wúastweldi sín,
10   joh fuar er kúndenti tház,   so wíto so thaz lánt was:
Zi gilóubu giffangin,   in ríwa gigíangin,
   sih mánnolih bitháhti;   quad, hímilrichi náhti;
Mit wérkon sih gigárotin   joh érlicho imo gágantin,
   elliu wórolt ubar ál,   so man drúhtine scál.
15 Er fuar brédigonti   joh dóufta thio líuti;
   scónọ er iz gisúazta,   thar sih ther líut buazta.
Lis fórasagon áltan,   thar fíndist inan gizáltan,
   thar ward sus ér sin giwáht,   so thú thir thar lésan maht:
Stimma rúafentes   in wúastinnu wáldes;
20   sus thésen worton   ingegin wídarwerton.
Gibot, man áfaloti,   thie wéga gote gároti,
   thia héristraza inskíere   ouh scóno gizíere.
  „Bérga sculun suínan,   ther nol then dál rinan;
   irfúllent sih zi nóti   thes dales ébonoti.
25 Íst thar wiht so sárphes   odo íawiht ouh so gélphes:
   iz wírdit in giríhti   zi scóneru slíhti.
Thiẹ wéga rihtet álle,   the ze hérzen iu gigánge,
   mit wérkon filu réhten   so ílet sie gislíhten;

---

10 kúndinti *V*.

XXIII. [*Marg. zu* 1 In diebus illis venit Johannes].   1—4 *L.* 3, 1 anno autem XV imperii Tiberii . . 2 factum est verbum domini super Johannem Zachariae filium in deserto.   9—12. 15—16 *L.* 3, 3 [et venit in omnem regionem Jordanis] (*Mt.* 3, 2 dicens: poenitentiam agite, appropinquavit enim regnum caelorum), praedicans baptismum poenitentiae . .   17—30 *L.* 3, 4 sicut scriptum est in libro sermonum Jesajae prophetae: [vox clamantis in deserto: parate viam domino,] rectas facite semitas ejus. 5 [omnis vallis implebitur] et omnis mons et collis humiliabitur. [et erunt prava] in directa et aspera in vias planas. *Dazu*

Ób iz werde wánne,   thaz er tharána gange,
30   tház er iu zi grúnne   tharána ni firspúrne.
    Ni wárd er io zi mánne,   ni ér gisehe wánne
    (ouh ellu wórolt ubar lánt)   then drúhtines héilant!"
    Fúar er mit ther brédigu,   mit míhileru rédinu
    joh ráfsta sie iogilícho   filu kráftlicho.
35 Er spráh zi then, es rúahtun,   thie sinan dóuf suahtun,
    zi líutin filu mánagen   joh wórton filu hébigen:
    „Wer óugta iu", quad, „fillórane,   fon nátaron gibórane,
    thaz ír intfliahet héile   themo gotes úrdeile?
    Ni thárf es man bigínnan,   so er síh biginnit bélgan,
40   er wérgin sih gibérge   fon sinemo ábulge.
    Biginnet góte thankon,   thaz mégit ir biwánkon
    theso égislichun grúnni,   ir nátarono kúnni!
    Thu scált thih io mit dríwon   fora góte riwon,
    theiz thír si wáhsenti   in síneru gisíhti.
45 Ni dróstet iuih in thiu thíng,   thaz íagilih ist édiling,
    odo fórdorono gúati   biscírmen thiwo dáti.
    Gót mag these kísila   joh álle these félisa
    joh these stéina alle   irquígken zi manne,
    Thaz síe sint ouh in áhta   thera íuwera sláhta,
50   joh béziron zi nóti   theru íuweru gúati.
    Ist thíu ákus ju giwézzit,   zi theru wúrzelun gisézzit,
    ouh hárto gislímit   thémo, then si rínit.
    Nist bóum nihein in wórolti,   nist er frúma beranti,
    suntar siu nan suénte   inti fiur ánawente;
55 Bi thiu búazet iuih slíumo,   ouh mánnilih sih ríwo,
    joh hárto nemet góuma,   thaz ír ni sit thie bóuma."
    Húgget therero wórto   (thúrfti sint es hárto!),
    thaz íagilih bimíde,   inan thiu ákus ni snide;

Beda: omnis, qui fidem rectam et bona opera praedicat, .. venienti domino ad corda audientium viam parat.   31—32 *L.* 3, 6 [et videbit omnis] caro salutare dei.   35—40 [dixit ad Pharisaeos: genimina viperarum] *L.* 3, 7 dicebat ergo ad turbas, quae exibant, ut baptizarentur ab eo (*vgl. Mt.* 3, 7 multos .. venientes ad baptismum suum]: genimina viperarum, quis ostendit vobis fugere a futura ira?   43—48 *nach L.* 3, 8 [facite .. fructus] dignos poenitentiae [et ne velitis dicere: patrem habemus Abraham;] dico enim vobis, quia [potens est deus de lapidibus istis] suscitare filios Abrahae.   51—54 *L.* 3, 9 [jam enim securis ad radicem arboris posita est:] omnis ergo arbor non faciens fructum bonum excidetur et in ignem mittetur.

Joh mánnilih sin góume,   thaz sinan ni hóuwe,
60   thaz thu thes wáldes alles   zi̦ áltere ni falles;
Thaz thih thaz fíur wanne   íamer ni brénne,
noh thih dáti thino   in éwon ṇi pino.
Thiz ist gispróchan allaz sús   (thir ságen ih fon ther ákus,
ni wáne theih thir gélbo):   drúhtin ist iz sélbo.

XXIV. INTERROGABANT JOHANNEM TURBAE: QUID FACIEMUS?

Tho bátun nan thie líuti,   er in fon góte riati,
wío sie ingíangin álle   themo égislichen fáḫe.
„Német", quad er, „hárto   goúma thero wórto,
thiu íh iu nu gizélle,   joh íagilih siu irfulle!
5 Ni si mán nihein so féigi,   ther zuei gifáng eigi,
sunter in réhtdeila   gispénto thaz éina;
So wer so̦ ouh múas eigi,   gébe themo, ni̦ éigi;
thaz mit mínnu gidúa   joh gib thaz drínkan tharzua!
Wírket óuh thaz tharmít,   thaz wízzod iuih lérit,
10   noh úngidan bilíbe,   thaz ther fórasago scribe;
Mit thíu gidúet ir widar gót,   tház er iu ginádot;
joh, ób ir es bigínnet,   thio húldi giwinnet!"
Wir scúlun thiu wórt ahton,   thara hárto ouh zúa drahton,
joh scúlumes siu irfúllen   mit míhilemo wíllen.
15 Thaz er se híar lérit,   theist zi̦ úns nu gikérit;
ni múgun wir thar wénken,   wir scúlun iz bithénken!
So wer mánno so sih búazit   joh súnta sino ríuzit,
thaz thanne wárlicho dúat: gihóufot er mo mánag guat;
Ouh thanne irfúllit ana nót,   thaz got hiar óbana gibót:
20   ther ist (ih ságen thir ubarlút)   sélben druhtines drút.

---

60. 63—64 *Gregor hom.* 20, *Hrab. zu Mt.* 3 *und Beda zu L.* 3, 9: arbor est universum genus humanum; securis est redemptor noster, qui velut ex manubrio et ferro constat, teneturque ex humanitate, sed incīdit ex divinitate.

XXIV. 1—7 *nach L.* 3, 10 et inte̦rrogabant eum turbae dicentes: quid ergo faciemus? 11 respondens autem dicebȧt illis: [qui habet duas tunicas,] det non habenti; et qui habet escas, similiter faciat. 9—12 *aus L.* 3, 12—14; 8ᵃ. 9—10 *mit Rücksicht auf Mt.* 22, 37 diliges dominum deum tuum .. 39 diliges proximum tuum, sicut te ipsum; in his duobus mandatis universa lex pendet et prophetae.

XXV. VENIT JESUS A GALILEA AD JOHANNEM.

Fon themo héiminge   quam kríst zi themo thínge,
    thaz Johánnes thar ingágenti,   mit dóufu inan gibádoti.
Híntarquam tho slíumo   ther fórasago díuro.
    álfol sprah er wórto   joh wídorota iz hárto.
5 „Drúhtin", quád er, „wio mag sín   (ja bín ih smaher scálg thin!),
    thaz thih hénti mine   zi dóufenne birine?
Zi thiu scalt thú mih rínan   joh doufen scálk thinan;
    wio meg ih biwánen thanne míh,   theiz si min ámbaht ubar thíh?"
Zi ímo sprah tho líndo   ther gotes sún selbo,
10   kúndta imo, er iz wólta,   iz ouh so wésan scolta.
„Laz iz sús thuruh gán,   so wir éigun nu gispróchan;
    uns límphit, wir mit wíllen   gúatalih irfúllen."
Slíumo er iz irfúlta,   so drúhtin krist wólta;
    tho doufta er ínan thuruh nót,   soso er mo sélbo gibot.
15 Tho ward hímil offan,   then fáter hort er spréchan,
    joh zált er thar gimúati   thes selben súnes guati.
„Thiz íst min sún diurer,   in hérzen mír ouh líuber;
    in imo líchen ih mir ál,   theih inan súlichan gibár.
Ádam er firkós mih   joh sélbon ouh firlós sih;
20   ih wane, thérer fulle   állaz, thaz ih wílle.
Gifúar er, so er ni scólta,   joh déta, so ih ni wólta;
    therer wílit avur ál,   so sun min éinigo scal."
Gisáh er queman gótes geist   fon hímilríche, so thu wéist;
    in kríst er sih gisídalta,   so slíum er nan gibádota.
25 Er was dúbun gilíh;   tház was so gilúmflih
    thuruh thia íra guati   joh thaz mámmunti.

XXV. 1—13 *nach Mt.* 3, 13 tunc venit Jesus a Galilaea .. ad Johannem,
ut baptizaretur ab eo. 14 [Johannes autem prohibebat eum] dicens: [ego a te
debeo baptizari,] et tu venis ad me? 15 respondens autem Jesus dixit ei: [sine
modo;] sic enim decet nos implere omnem justitiam. [Tunc dimisit eum.]
14—22 *nach L.* 3, 21 Jesu baptizato .. apertum est caelum [*Marg. zu* 15 *nach*
Mt. 3, 16 aperti sunt caeli] .. *Mt.* 3, 17 et ecce vox de caelis dicens: [hic est
filius meus dilectus,] in quo complacui mihi. *Dazu Hrab.*: primus Adam ab
immundo spiritu deceptus .. gaudia regni caelestis amisit; secundus Adam a
spiritu sancto .. glorificatus ejusdem regni lumina reseravit. 23—30 *nach*
Mt. 3, 16 .. et [vidit spiritum dei descendentem] sicut columbam et venientem
super se. *Dazu Hrab.*: bene spiritus reconciliator in columba apparuit, ut ..
eum mansuetum mitemque .. doceret esse futurum ..; columba a malitia fellis
aliena est .., nullum ore vel unguibus laedit.

Thar nist gállun ana wíht,   ouh bítteres níawiht;
  mit snábulu ni wínnit   ouh fúazin ni krímmit.
So ist ther héilego géist;   thiu sconi ist al in ímo meist,
30 súaznissi inti gúati   joh mámmunti gimúati.

XXVI. MORALITER.

Ther dóuf uns allen thíhit;   thaz wazar theist giwíhit,
  sid druhtin kríst quam uns héim   inti iz mit sinen lídin rein.
Sid ér tharinne bádota,   then brunnen réinota:
  sid wácheta allen mánnon   thiu sálida in then úndon.
5 So wer mánno so gilóufe   zi themo héilegen dóufe,
  hiar mag er lérnen ubar ál,   wio er gilóuben scal.
Thu lisist híar in alawár: then sun, then dóufta man thar;
  thar sprah ther fáter, so thu wéist;   thiu duba was ther gótes geist.
In dóufe, the unsih réinot   ther ginádigo got,
10 so ist thisu kráft allu   zir héilegun undu.
Thaz scúlun wir gilouben   joh hárto iz uns gilíuben,
  thaz uns in gótes wihe   ther douf io wóla thihe;
Tház wir gangen héile   fon thémo bade réine,
  thiu gilouba unsih ouh réhte   in thíonost sinaz ríhte.

XXVII. COGITANTIBUS TURBIS, NE FORTE JOHANNES ESSET CHRISTUS, ET QUOMODO MISERUNT PRINCIPES AD EUM.

Thie líuti datun mári,   thaz Johannes kríst wari,
  joh warun áhtonti,   theiz wóla wesan móhti;
Sie áhtotun thia gúati   joh sine gómaheiti,
  ouh híntarquamun méra   theru kréftigun léra.
5 Wanta ér ni was so hébiger,   thaz er mo líbi thes thiu mér;
  in wísduame so wáhi,   ther ímo iz untarsáhi;
Alle thie fúristun   joh thie júngistun,
  árme joh ríche   giangun imo al gilíche!

    XXVI. 1—2. 5—8 *Hrab. zu Mt.* 3, 16 dominus sacrosancti sui corporis
intinctu baptismi lavacrum dedicavit . . ergo filius dei baptizatur in homine,
spiritus dei descendit in columba; pater deus sonat in voce; sanctae et individuae
trinitatis in baptismo declaratur mysterium.
    XXVII. 1—2. 9—10. 12ᵇ *L.* 3, 15 existimante autem populo et cogi-
tantibus omnibus in cordibus suis de Johanne, ne forte ipse esset Christus

Tho sántun in then stúnton   thie ríchun lántwalton
10   sélbun ouh thie fúriston   joh thie wísoston
(Wánu, sie iz intríatin   int iz bi thíu datin;
    ther mán was filu mári!)   irfrágen, wer er wári.
Sie thaz árunti giríatun   joh iro férti iltun.
    tho spráchun sie bi hérton   sus thésen worton:
15 „Bistu kríst guato?   ságe uns iz gimúato,
    tház wir hïar ni duéllen,   thaz árunti ni mérren."
Jáh er thó, sos iz wás,   ni giang in strít umbi tház,
    in lóugna noh in bága   súlichera frága:
„Ni bín ih kríst", quad er zi ín,   „noh ih es wírdig ni bín;
20   ni giduant iz mán alle,   theih so hóhan mih gizélle."
Ni wánu, iz wola intfïangin   joh náhor ouh gigíangin;
    fragetun sie ávur thuruh nót,   so man in héime gibot:
„Oba thu Helías avur bíst,   ther uns kúnftiger ist,
    thaz gizéli du uns nu sár,   thaz wír iz avur ságen thar."
25 Then námon er irkánta,   só man nan ginánta;
    tho gab er zi ántwurte tház,   thaz ér ther selbo mán ni was.
„Ther gómo, then ir záltut   joh námahafto nántut,
    ni bin ih thér; ih sagen iu éin: bi jaron químit er iu héim."
„Gidua únsih", quádun, „thoh nu wís,   oba thu fórasago sís?
30   uns záltun sie ofto wáhaz   joh manag séltsanaz."
Gúates er in ónda,   sós er wola kónda;
    bi thiu gáb er mit giwúrti   suazaz ántwurti:
„Ni bín ih thero manno,   the ir éiscot nu so gérno;
    noh then námon, in min wár,   then ni félgu ih mir sár:"
35 Sprachun se ávur sliumo   joh thrato íngriuno
    (gáhero wórto),   frágetun nan hárto.
„Thes gidúa thu nu unsih wís,   wer thoh mánno thu sís;
    thaz wír iz thén gizaltin,   thie unsih héra santin."
Gáb er mit giwurti   in ávur ántwurti;
40   thaz dét er iogilícho   filu báldlicho.

J. 1, 19 . . [miserunt Judaei ab Hierosolymis] sacerdotes et levitas ad eum (*vgl.* 24 et qui missi fuerant, erant ex pharisaeis), ut interrogarent eum: tu quis es? 17—19ᵃ. 23—42 *nach J.* 1, 20 [et confessus est] et non negavit, et [confessus est: quia non sum . . Christus]. 21 et interrogaverunt eum: quid ergo, [Helias es tu? et respondit: non. Propheta es tu? et dixit: non sum]. 22 dixerunt ergo ei: [quis es? ut responsum demus] his, qui miserunt nos. . . 23 ait: [ego vox clamantis] in deserto; dirigite viam domini, sicut dixit (Isajas) propheta.

„Ih bin wúastwaldes   stimma rúafentes;
    rihtet góte sinan p̣ád,   so ther fórasago quad!“
Ni firnámun sie thia léra,   bi thiu fragetun si̲e ávur mera;
    nirthróz se thero wórto,   sie insázun iz hárto.
45 „Ziu féristu inti dóufist,   nu thu ther héilant ni bist,
    noh théro manno ouh thánne,   in therọ ámbaht iz gigange?“
Gab er gómilicho   in ántwurti iogilícho,
    óffonotạ in sar tház,   theiz sin ámbaht was.
„So wér so wilit mánno,   so dóufu̲ ih inan gérno,
50   ouh íagilichan wíhu,   thero úndono ṇi irzíhu.
Ir ni thúrfut thoh bi thíu;   ther man ist nú untar íu,
    thaz sínu wort giméinent,   waz thisu wérk zeinent.
Wiht ni wízut ir sín;   thaz ist thoh árunti min,
    tház ih iu gizálti,   wáz er hera wólti.
55 Áfter mír so químit er,   inti allo zíti was er ér;
    so wér sọ in lante ist fúristo,   thes ist er hérosto.
So hoh ist gómaheit sín,   thaz mih ni thúnkit, megi sín,
    theih scúahriomon síne   zinbíntanne biríne;
Oda íh giknewe súazo   fóra sinen fúazon
60   zi thíu, thaz ih inklénke   thie ríomon, thier gischrénke.
Er doufit thíh, so thu iz ni wéist,   thuruh then héilegan géist,
    joh réinot iuih sáre   in skínentemo fíure.
Hábet er in hánton   sina wíntwanton,
    tház er filu kléino   thaz sin kórn reino;
65 Sin dénni gikérre,   thiu spríu thána werre,
    thaz thaz kórn scine,   int iz gábissa ni ríne;
Thaz ér iz filu gárawo   in sinu gádum sámano,
    joh thiu spríu thanne   in fíure firbrénne.“
Ih weiz, thie boton ríetun,   so thaz árunti gidátun,
70   thaz sie sih irhúabin   inti héimortes fuarin.

43ᵇ. 45—51. 53ᵃ *nach J.* 1, 25 et interrogaverunt .. : [*Cur* (*Vulg.* quid) *ergo baptixas, si tu non es Christus*] neque Helias, neque propheta? 26 respondit eis Johannes dicens: [ego baptizo in aqua; medius autem vestrum stetit,] quem vos nescítis.   55. 57—60 *J.* 1, 27 . . [ipse est, qui post me venit] (*Vulg.* venturus est), qui ante me factus est; [cujus ego non sum dignus, ut solvam] ejus corrigiam calceamenti (*Mc.* 1, 7 cujus non sum dignus procumbens solvere corrigiam calceamentorum).   61—68 *L.* 3, 16 . . lipse vos baptizabit in spiritu] sancto [et igne;] 17 [cujus ventilabrum in manu] ejus, et purgabit aream suam et congregabit triticum in horreum suum, paleas autem comburet igni inextinguibili.

XXVIII. SPIRITALITER.

Mit állen unsen kréftin   bíttemes nu drúhtin,
   er únsih uns zi léide   fon then gúaten ni giscéide;
Tház wir fon then blíden   mit léidu ni giscéiden,
   wir únsih in then ríuon   ni múazin io biscówon;
5 Thaz si̯ uns thiu wíntworfa   in themo úrdeile hélfa,
   iz únsih mit giwélti   ni firwáe unz in énti;
Joh in fíure after thíu   thar ni brínnen io so spríu,
   wir mit ginádon sinen   then wéwon bimíden;
Thaz hírta sine uns wárten   inti únsih io gihálten
10   joh únsih ouh nirwánnon   uzar then gótes kornon;
Wir únsih muazin sámanon   zen gotes drútthéganon,
   mit wérkon filu riche   zi themo hohen hímilriche,
In hoho gúallichi,   theist avur thaz hímilrichi;
   bimíden theso grúnni   thuruh thio éwinigon wunni,
15 Joh múazin mit then drúton   thes hímilriches níoton,
   then spíhiri iamer súazan   mit sálidon níazan,
Thaz héilega kórnhus,   thaz wir ni fáren furdir úz,
   mit sínen unsih fásto   fréwen thero résto;
Joh wir thar múazin untar ín   blíde fora góte sin
20   fon éwon unz in éwon   mit then héilegon sélon! Amen.

Explicit liber evangeliorum primus theotisce conscriptus.

---

5 élfa V.

XXVIII. **5. 10** *Beda zu L.* 3, 17 per ventilabrum discretio justi examinis..
figuratur; .. pauca grana superis recipienda mansionibus.

INCIPIUNT CAPITULA LIBRI SECUNDI.
DE VERBO SINE PRINCIPIO ET QUIBUSDAM SIGNIS ET DOCTRINA EJUS.

Incipiunt capitula libri secundi.

Expliciunt capitula libri II. Incipit liber secundus.

I. IN PRINCIPIO ERAT VERBUM.

Er allen wóroltkreftin   joh éngilo giscéftin,
  so rúmo ouh so in áhton   mán ni mag gidráhton;
Er sé joh hímil wurti   joh érda ouh so hérti,
  ouh wíht in thiu gifúarit,   thaz siu éllu thriu rúarit:
5 So was io wórt wonanti   er állen zitin wórolti;
  thaz wír nu sehen óffan,   thaz was thanne úngiscafan.
Er alleru ánagifti   theru drúhtines giscéfti,
  so wés iz mit gilústi   in theru drúhtines brústi.
Iz was mit drúhtine sar,   ni brást imos ío thar,
10   joh ist ouh drúhtin ubar ál,   wanta ér iz fon hérzen gibar.
Then ánagin ni fúarit,   ouh énti ni birúarit,
  joh quam fon hímile óbana —   waz mág ih sagen thánana?
Er máno ríhti thia náht,   joh wurti ouh súnna so glát,
  ódo ouh hímil, so er gibót,   mit stérron gimálot:
15   So was er io mit ímo sar,   mit imo wóraht er iz thar;
     so wás ses io gidátun,   sie iz allaz sáman rietun.
Er ther hímil umbi   sus émmizigen wúrbi,
  odo wólkan ouh in nóti   then liutin régonoti:
     So was er io mit ímo sar,   mit imo wóraht er iz thar;
20   so wás ses io gidátun,   sie iz allaz sáman rietun.
Tho er déta, thaz sih zárpta,   ther hímil sus io wárpta,
  thaz fúndament zi hóufe,   thar thiu érda ligit úfe:
     So wás er io mit ímo sar,   mit imo wóraht er iz thar;
     so wás ses io gidatun,   sie iz allaz sáman rietun;
25 Ouh hímilrichi hóhaz   joh páradys so scónaz,
  éngilon joh mánne   thiu zuei zi búenne:

I. 1ᵃ. 5ᵃ. 7--10 *J.* 1, 1 in principio erat verbum, [et verbum erat apud deum, et deus erat verbum; 2 hoc erat in principio apud deum (*dieser Satz widerholt als Marginale zu* 14. 19. 23. 27)].   22 *vgl. Ps.* 103, 5 fundasti terram super stabilitatem suam.   25—26 *vgl.* Alcuin, interrogatio II in Genesin: quot creaturas rationales condidit deus? duas, angelos et homines; et caelum angelis et terram hominibus habitationem.

So was er io mit ímo sar,   mit imo wóraht er iz thar;
so wás ses io gidatun,   sie iz allaz sáman rietun.
So er thára iz tho gifíarta,   er thesa wórolt ziarta,
30   thar ménnisgon gistátti,   er thíonost sínaz dáti:
So was er io mit ímo sar,   mit imo wóraht er iz thar;
so wás ses io gidatun,   sie iz allaz sáman rietun.
Sin wórt iz al giméinta,   sus mánagfalto déilta
al io in thésa wisun   thuruh sinan éinegan sun.
35   So waz so hímil fuarit,   joh érdun ouh birúarit,
joh in séwe ubar ál: got détaz thuruh ínan al;
Thés nist wiht in wórolti,   thaz got ana ínan worahti,
thaz drúhtin io gidáti   ána sin giráti.
Iz ward állaz io sár,   soso er iz gibót thar,
40   joh man iz állaz sar gisáh,   sos er iz érist gisprah.
Tház thar nu gidán ist,   thaz was io in góte, sos iz ist,
was giáhtot io zi gúate   in themo éwinigen múate;
Iz was in imo io quégkaz   joh filu líbhaftaz,
wíalih ouh joh wánne   er iz wolti iróugen manne.
45   Thaz lib was líoht gerno   súntigero mánno,
zi thíu thaz sie iz intfíangin   int írri ni gíangin.
In finsteremo iz scínit,   thie súntigon rínit;
sint thie mán al firdán,   ni múgun iz bifáhan.
Sie bifíang iz alla fárt,   thoh síes ni wurtun ánawart,
50   so iz blíntan man birínit,   then súnna biscínit.

II.   FUIT HOMO MISSUS A DEO.

Tho sánta got giwáran   gómon filu máran,
mán mit uns giméinan,   sinan drút einan.

---

15 ff. 35—38 *nach J.* 1, 3 [omnia per ipsum facta sunt, et sine ipso factum
est nihil].   39—40 *vgl. Ps.* 32, 9 ipse dixit, et facta sunt; ipse mandavit, et
creata sunt.   41—44 *J.* 1, 4 [quod factum est,] in ipso vita erat; *dazu Alcuin*:
id est .. omne hoc in spiritali factoris ratione quasi semper vixerat et vivit ..,
in qua ab aeterno habuit et habet, quid et quando creavit, qualiter creatum
gubernet ..; ideo ita distinguendum et subinferendum est.   45—50 *nach J.* 1, 4
.. [et vita erat lux hominum, 5 et lux in tenebris lucet, et tenebrae eam non
comprehenderunt, dum magis ab ea comprehensa sunt (*der letzte Satz fehlt Vulg.*)].
Dazu Alcuin: tenebrae stulti sunt et iniqui, quorum caeca praecordia lux aeternae
sapientiae .. manifeste cognoscit, quamvis ipsi radios ejusdem lucis nequaquam
capere per intellegentiam possint; velut si quilibet caecus jubare solis perfun-
datur, nec tamen ipse solem .. aspiciat.
    II.   1—2 *J.* 1, 6 fuit homo missus a deo, cui nomen erat Johannes.

Iz was, ther hiar fórna thie líuti brédigota
 joh sinero wórto sie ráfsta thar so hárto;
5 Zi thémo ouh thie éwarton thie iro bóton santun;
 iz ungidán ni bileip, soso ih hiar fórna giscreip.
Ér quam untar wóroltthiot, thaz er in kúndti thaz líoht,
 joh gizálta in sar tház, thiu sálida untar ín was.
Er lérta thie líuti, thaz mánnilih gilóubti,
10 thaz íagilih instúanti thes sélben liohtes gúati.
Ni was ér thaz líoht, ih sagen thir éin, thaz thar then líutin irskéin,
 suntar quam, sie mánoti joh thánana in giságeti.
Thaz líoht ist filu wár thing, inlíuhtit thesan wóroltring
 joh ménnisgon ouh álle, ther hera in wórolt sinne.
15 Ih ságen thir, wer thaz líoht ist, thaz thu iz báz wízist,
 joh zéllu iz hiar gimúato: ist drúhtin krist ther gúato.
Ér quam in giríhti in thesa wóroltslihti,
 in thiz lánt breita, ál soso er giméinta.
Theist algiwís, nalas wán, theiz thuruh ínan ist gidán;
20 thaz was-nu wórolt scanta, tház sinan nirkánta.
Er quám, sos er skólta (joh wísota, tho er wólta,)
 in éigan joh in érbi, thaz lag al úmbitherbi.
Thie sine lántsidilon — sie dátun, so ih thir rédinon:
 ni wás, ther nan intfíangi, in gilóuba gigiangi;
25 Zi gilóubu sih giwánti, thaz ínan ouh irkánti,
 odo inan éreti ubar ál, so man gotes sún skal.
Thie ínan thoh irkántun joh múates sih biwántun —
 giéreta er se in thén sind, tház sie warin gótes kind.
Ni quámun sie fon blúate noh fon fléislichemo múate;
30 sie wárun er firlórane, nu sint fon góte erbórane.
In búachon ist nu fúntan: thaz wort theist mán wortan,
 iz ward héra in worolt fúns joh nu búit in úns;

---

7. 9. 11—12 *J.* 1, 7 [hic venit .., ut testimonium] perhiberet de lumine, ut
omnes crederent per illum. 8 [non erat ille lux,] sed ut testimonium perhiberet
de lumine. 17—26 *J.* 1, 9 [erat .. lux vera,] quae illuminat omnem hominem
venientem in hunc mundum. 10 [in mundo erat, et mundus per ipsum factus] est,
et mundus eum non cognovit. 11 [in propria venit, et sui eum non receperunt].
Dazu Beda: multi eum .. non credendo respuerunt. 27—34 *J.* 1, 12 [quotquot
autem receperunt eum,] dedit eis potestatem filios dei fieri .., [qui non ex san-
guinibus] neque ex voluntate carnis, .. sed ex deo nati sunt. 14 [et verbum
caro factum est] et habitavit in nobis; [et vidimus gloriam ejus,] gloriam quasi
unigeniti a patre, [plenum gratia et veritate].

Wir sáhun sinaz ríchi   joh sina gúallichi,
    thaz was scóni al so frám,   so sélben gotes súne zam.
35 Ist sin gúati ubar ál,   so in kinde zéizemo scál,
    then fater éinigan in nót   drútlicho mínnot;
Follan gótes ensti   (sélb so iz man giwúnsgti!),
    wáres inti guátes   joh drúhtines gimúates.

III. RECAPITULATIO SIGNORUM IN NATIVITATE CHRISTI.

Er quam uns súlih hera héim,   thes nist lóugna ñihéin,
    thaz duent búah festi;   nu níazet mit gilústi.
Tharána sint giscríbene   úrkundon mánage,
    drúta síne in alawár,   sélbo maht thu iz lésan thar;
5 Wúntar filu mánagaz,   thaz wir iz bithénken thes thiu bâz,
    thaz ward állaz mari,   theiz únfarholan wari.
Wio mag sin méra wuntar,   thanne in théru ist, thiu nan bár,
    thaz sí ist ekord éina   múater inti thíarna?
Ni wárd si io in gibúrti,   thiu io súlih wurti;
10   in érdu noh in hímile,   thiu íamer sia irbílide.
Maht lésan, wio iz wúrti   zi theru drúhtines gibúrti,
    thaz éngil mit giwúrtin   iz kúndta sar then hírtin;
Joh theiz ni wás ouh bóralang,   thaz hériskaf mit ímo sang;
    wio éngilo ménigi   fúar thar al ingégini.
15 Thie hírta irhúabun sih sár,   joh fúntun sie thaz kínd thar;
    gisíuni iz ni duálta,   so ther éngil in gizálta.
Thie mági quamun gáhun,   thaz kíndilin sie.sáhun,
    sie bráhtun imo in hánton   dréso ir iro lánton.
Sie quamun fílu ferro,   iz zéigota in ther stérro;
20   wio mág thaz sin firlóugnit,   thaz hímil theru wórolti ougit?
Er kúndta uns thaz in alanót,   thaz ánderę uns ni zéinont,
    thaz góuma mann es námi;   bi thiu was er séltsani.

III.   7 [de matre virgine].   11 — 13 [de eo, quod angelus pastoribus]
L. 2, 10 evangelizo vobis magnum gaudium ... 13 et subito facta est cum angelo
multitudo militiae caelestis, laudantium deum.   15 — 16 [de eo, quod pastores
invenerunt, sicut dixit angelus] *L.* 2, 16 venerunt festinantes et invenerunt ..
infantom.   17 — 20 [de magis .. de stella] *M.* 2, 1 .. ecce magi ab oriente
venerunt .. 11 et apertis thesauris suis obtulerunt ei munera: aurum, thus et
myrrham.

Symeón ther gúato   joh Ánna quam gimúato,
  sie giangun kúsgo ingegin úz   thár zi themo gótes hus;
25 Sie kúndtun thar then líutin,   thóh si es tho ni rúahtin,
  thaz ín was queman hérasun   ther gotes éinigo sun.
Ther evangélio ouh giwúag,   wio man thiu kíndilin irsluag,
  wio kúrt in was thes líbes fríst,   tho siu irstúrbun thuruh kríst.
Maht lésan ouh hiar fórna,   wio er kóson bigonda
30 wíslichen wórton   mit then éwarton.
Thiu wórt thiu wurtun mári,   thoh er tho kínd wari;
  theru múater ságeta er ouh tho tház,   theiz állaz sines fáter was.
Thie líuti irquamun hárto   Johánnis selbes wórto;
  ther lántliut al githágeta   thar er fon ímo sageta.
35 Sie wúrtun ál giruarit,   in múate gidrúabit,
  wánt er deta mári,   thaz druhtin quéman wari.
Thaz sie zi ímo ouh gíangin,   sín ni missifíangin,
  then fíngar thénita er ouh sár,   quad: „thérer ist iz, thaz ist wár;
Thérer ist iuer héili   joh sálida giméini;
40 sit io wákar filu frúa   joh thara gihábet iuih zua!“
Ni wárd io ubar wóroltring   uns giwíssara thing,
  thaz iz ío sus wari   in érdu so mári.
Thoh thisu wúntar ellu   wárin filu stíllu,
  ther búachari iz firlíazi   inti scríban ni híazi:
45 Thaz ther fáter ougta,   thar man then sún doufta,
  thaz éina wari uns núzzi,   hábetin wir thie wízzi.
In thiu wari uns álginuagi,   iz drági uns ni bilúagi,
  fon hérzen iz ni intfúarti   thiu unser úbarmuati.
Sin selbes stímma sprah uns tház,   theiz sun sin éinigo was;
50 wir eigun síne lera,   waz éiskon wir es méra?
Ther selbo héilogo geist —   er óugta iz aftar ímo meist;
  er quam in ínan, thaz man sáh,   tho ther fáter zi imo sprah.
Nu ist drúhtin krist gidóufit,   thiu súnta in uns bisóufit;
  thaz unsih ío sankta,   er ál iz thar irdrángta;

23 [De Symeone et Anna].   25—26 nach L. 2, 34 (Symeon dixit:) ecce
positus est hic in ruinam et in resurrectionem multorum in Israel.   38 (Anna)
loquebatur de illo omnibus, qui exspectabant redemptionem Israel.   27—28 [de
infantibus] nach Mt. 2, 16 ff.   29—32 [de eo, quod sedebat in medio doctorum]
nach L. 2, 46 ff. 49 . . nesciebatis, quia in his, quae patris mei sunt, oportet me
esse?   33—36 [de eo, quod referebat Johannes de Christo] J. 1, 29   [ecce agnus
dei] . . 30 hic est, de quo dixi.   45 [de eo, quod pater et spiritus sanctus
referebant testimonium ei de caelo].

55 Nu gárawemes unsih álle   zi themo féhtanne,
    ingegin widarwínnon   so skúlun wir unsih wárnon.
Thaz íst uns hiar gibílidot,   in kríste girédinot:
    gibádost thu tharínne,   er widar thír io winne.
Er fuar in éinoti,   ni déta er iz bi nóti;
60   thar kórata sin sar hárto   ther selbo wídarwerto.
Thaz det er, thaz thu iz wéssis,   thih thára ingegin rústis,
    want er híar in libe   thin áhtit io zi nide.
Bi thiu ílemes, io gigáhon   zi then drúhtines ginádon,
    er unse wéga irwente   fon themo fíante;
65 Er únsih ni bisoufe   áfter themo dóufe,
    joh íagilih biwénke,   thaz ér nan ni firsénke;
Thes gináda uns scírmen,   joh wir nan ouh irbarmen,
    ther nan sélbo ubarwánt,   so thu thir hiar nu lesan scalt.

IV. DUCTUS EST JESUS IN DESERTUM.

Giléitit ward tho druhtin kríst,   thar ein einoti ist,
    in stéti filu wúaste   fon themo gótes geiste.
Er fasteta únnoto   thar níwan húnt zíto,
    séhszug ouh tharmíti in wár;   so rúarta nan tho húngar
5 Tho sleih ther farari   irfíndan, wer er wári,
    thaz zi irsúachenne ubar ál   sélber ther díufal.
Er tháhta odowila tház,   thaz er ther dúriwart wás,
    er íngang therera wórolti   bisperrit sélbo habeti;
Er thar niheina stígilla   ni firliaz ouh únfirslagana;
10   then íngang ouh ni ríne,   ni si ékordi thie síne,
Thier in themo éristen man   mit sinen lúginon giwan,
    mit spénstin sies gibéitta   joh zi áltere firléitta.
War imo súlih man thihéin   so quami wisheiti héim,
    thia lúchun wolt er fíndan   joh gérno nau giwínnan!
15 Er wolta in álawari,   thaz ér ouh sín wari;
    tho ni wárd imo ther sánd,   ouh wiht thar sínes ni fand.

---

55. 59—62 *Beda zu Mt.* 4, 1 Christus a suo spiritu ductus in desertum locum certaminis voluntate ingreditur .., ut nos accepta in baptismo remissione peccatorum et gratia spiritus sancti contra antiqui hostis insidias accingamur.
    IV. 1—4 *Mt.* 4, 1 tunc Jesus ductus est in desertum a spiritu (sancto *Hrab.*) .., 2 et cum jejunasset quadraginta diebus, postea esuriit. 5ª. 39—⁴40. 43 *Mt.* 4, 3 [et accedens temptator] dixit ei: [si filius dei es, dic, ut lapides] isti panes fiant. *Dazu Hrab.*: dei filius admirandus non est, si ex lapidibus panes

Wíoz io mohti wérdan,   thaz wólt er gerno irfíndan,
    thaz mán io so gizámi   in thesa wórolt quami;
Wio ér thar untar sínen   móhti thaz irlíden,
20   thaz ér ekordi éino   lebeti so réino,
Odo ouh únhono   sih drágeti so scóno
    (sprách er odo déta waz,   tház was al githíganaz);
Fon wélicheru gibúrti   er io súlih wurti,
    war wórolt io giwúnni   sulih ádalkunni.
25 Thoh ér ni wari gúater,   thoh giéiscota er thia múater;
    ni hórt er wergin mári,   wer ther fáter wari.
Wanta ér nan harto fórahta,   in álla wisun kórota,
    bi thiu móht er odo dráhton,   in thésa wisun áhton:
„Oba thíz ist thés sun,   ther líuti fuarta hérasun
30   thuruh thaz éinoti   in mánageru nóti,
Mit wati si thar wérita,   fon hímile sie ouh nérita,
    bi mánagemo járe   sie prúantota tháre:
Nu scephe er ímo hiar brót,   ther hungar dúit imo es nót,
    bílido nu in nóti   thes sines fáter guati!"
35 Untar thésen ahton   joh mánagen gidráhton
    ni wán ih, imo brústi   grozara ángusti.
Thoh er si úbiles so báld   (tház imo io zi scáden ward),
    thoh wán ih, blúgo er rúarti   thia míhilun gúati.
Tho sprah er zi ímo in thésa wis: „óba thu gotes sún sis,
40   quid, these stéina thanne   zi bróte werden álle!"
Nim góuma, waz er wólti,   waz sulih béta skolti,
    waz kriste scólti thaz brot;   ni wás imo es nihein nót!
Uns érrent sine plúagi   bi járon io ginúagi;
    thoh bát er nan zi nóte   thie stéina duan zi bróte.
45 Iz déta imo thiu fásta,   thaz ínan es gilústa,
    thoh wólt er in ther fári   irfíndan, wer er wári.
Thó quad krist: „giscríban ist,   in bróte ginúag nist,
    noh in thíu ginuhti   zi thes ménnisgen zúhti;
Thiu prúanta simo méra   theru drúhtines léra,
50   thiu wórt, thiu er irfínde   fon themo gótes munde."

---

creet, cum hoc quotidie jactis in terram seminibus facit.   **45** *Hrab.* *ebda* nis i
jejunare coepisset dominus, tentandi occasio non fuisset diabolo.   **46** *Beda* zu
Mt. 4 in omnibus suis tentationibus hoc agit diabolus, ut intelligat, si filius dei
sit.   **47—50** *Mt.* 4, 4 qui respondens dixit: scriptum est: [non in solo pane]
vivit homo, sed in omni verbo, quod procedit de ore dei.

Thánana er nan fúarta   in eina búrg gúata,
    fon then stétin thanana úz   zi themo drúhtines hús.
Er ínan in thie wénti   sazta in óbanenti,
    thar ríaf er ímo filu frúa   thrato rúmana zúa:
55 „Oba thu sís“, quad, „gótes sun,   laz thih nídar hérasun
    in lúfte filu scóno,   so scal sún frono.
Iz ist giscríban fona thír,   thaz faren éngila mit thír,
    sie thih biscírmen állan   joh thíh ni lazen fállan;
Sie thín giwaro wárten   jóh thih harto hálten,
60   thaz thin fúaz iowánne   in stéine ni firspúrne “
Er spúnota, soso er wás,   thaz giscríb, thaz er lás,
    er kérta iz iogilícho   zi kriste lúgilicho.
Iz méinit hiar then gotes drút   (in themo férse ist iz lút),
    then éngila iogilícho   haltent blídlicho;
65 Thaz imo wíht ni dérre,   thes wéges ouh ni mérre,
    odo ouh wíht ni duélle   then weg, ther fáran wólle.
Krist, ther drúhtin unser íst,   er ríhtit thaz in wórolt ist;
    ni bitharf thiu sín fuara   thero éngilo stiura.
Ním nu gouma hárto   thes sátanases wórto,
70   wialicha únredina   er zi ímo sprah hiar óbana.
Ob er spráchi ubar ál,   so man zi gótes sune skál,
    spráchi thanne in thésa wis,   thaz wári so gizámlih:
„Oba thu sis gótes sun,   far thanne héimortsun
    hina ubar hímila alle;   so irkénnit man thih thánne.“
75 Thó sprah kríst zi imo sár: „giscríban ist in álawar,
    thaz mánnilih giwéreti,   selb drúhtines ni kóroti.
Ih mag iz wóla midan,   mag hiar nídarstigan;
    ziu scal ih íowanne   gótes koron thánne,
Thaz ih mih híar irréke,   inti hina nídarscrikke,
80   joh fare in lúfte thara zi thír?   sulih únthurf ist es mír!“
Tho fúar er thuruh suórga   mit ímo hohe bérga,
    thar óugta in ánalihi   imo ellu wóroltrichi,

51—53. 55. 57—68 *Mt.* 4, 5 tunc [assumpsit eum . . in sanctam civitatem]
et statuit eum super pinnaculum templi, 6 dixit ei: si filius dei es, mitte te
deorsum; scriptum est enim: quia [angelis suis mandavit] de te, (*L.* 4, 10 ut con-
servent te) et in manibus tollent te, ne forte offendas ad lapidem pedem tuum.
Daxu Beda: haec prophetia est de viro justo; sed male interpretatur diabolus
scripturas, dum ad Christum de angelorum auxilio quasi infirmum loquitur.
75—76 *Mt.* 4, 7 ait illi Jesus: . . [scriptum est: non temptabis dominum deum
tuum].   81—84 *Mt.* 4, 8 . . [assumpsit eum . . in montem excelsum] valde et

Éra joh thiu ríchi   inti manag gúallichi,
  theiz wári mo gizámi   int imo in múat quámi.
85 „Thiz lázu ih", quad, „zi hénti,   zi thíneru giwélti,
  in thiu thu nítharfalles   joh mih béton wolles."
  Er spénit unsih álle   zi míhilemo fálle
  in wórton joh in wérkon;   thaz múazin wir biwánkon.
  Then sálidon sie intfállent,   thie inan béton wóllent,
90   joh thúltent sie in éwon   then mánagfaltan wéwon.
  Tho gab er imo ántwurti,   thoh wírdig er es ni wúrti
  (joh dét er thaz hiar ófto),   filu mézhafto:
  „Far hína, wídarwerto,   ni rúah ih thero wórto;
  in búachon ist irdéilit   joh álleswio giméinit.
95 Thar íst gibotan hárto   sélben gotes wórto,
  thaz mán imo iogilícho   thiono fórahtlicho;
  Man óuh bidráhtoti,   er ánderan ni bétoti,
  in wórolti nihéinan,   ni si selbon drúhtin einan."
  Fuar ther díufal thana sár;   tho warun éngila thár
100   (ni brást iro iowánne)   imo zi thíononne.
  Ther díufal sin ni kórati,   furi mán er nan ni hábeti;
  thie engila quámun thuruh tház,   want er drúhtin iro wás.
  Éllu thisu rédina,   wir híar nu scribun óbana,
  thaz ínan ther wídarwerto   grúazta thero worto —
105 Ni quám iz in sin múat in war   (thaz ni mohta wésan sar),
  odo óuh thes hérzen guati   wiht ínnana birúarti.
  Ni móht er nan birúaren   noh wérgin ouh gifúaren;
  ouh sélbun theso férti   ni wúrtin, er ni wólti.

V. SPIRITALITER.

Wir scúlun uns zi gúate   nu kéren thaz zi múate,
  mit wiu ther díufal so frám   bisueih then ériston man;

---

ostendit ei regna mundi et gloriam eorum. *Dazu Hrab.*: non quod ejus visum
amplificare potuerit, sed vanitatem pompae mundanae quasi speciosam ac desi-
derabilem verbis ostendens.   85 — 86 *Mt.* 4, 9 et dixit ei: [haec omnia tibi dabo,]
si cadens adoraveris me.   91ᵃ. 93. 95 — 96 *Mt.* 4, 10 tunc dicit ei Jesus: [vade,
satanas; scriptum est] enim: [dominum deum tuum adorabis] et illi soli servies.
99 — 101 *Mt.* 4, 11 tunc [reliquit eum temptator (*Vulg.* diabolus);] et ecce angeli
accesserunt et ministrabant ei. *Dazu Hrab.*: nisi hunc diabolus hominem cerneret,
non temptaret; nisi deus super omnia existeret, nullo modo angeli ministrarent ei.
103 — 106 *Hrab. ebda*: ejus mentem peccati delectatio non momordit; atque ideo
omnis diabolica illa tentatio foris, non intus fuit.

Wir sculun dráhton bi tház,   thaz wir giwárten uns thiu báz,
 joh wir iz giwárilicho   bimíden iogilícho.

5 Ádaman then alton   bisuéih er mit then wórton,
   ther júngo joh ther gúato   giréh inan gimúato.

Spúan er io zi nóti   jénan zi úbarmuati,
   zi gíri joh zi rúame,   zi suaremo ríchiduame.

Níazan sáh er inan tház,   thaz ímo ju gisuás was;
10   tho irbónth er imo io thés sindes   thes skonen héiminges.

Fiang er thó, so er then giwán,   mit thíu zi themo ándremo man;
   er bifánd, theiz was niwíht,   ni záweta imo es níawiht.

Er wolta in thémo ana wánk   duan so sámalichan skránk;
   génan so bifált er,   hiar wárd er filu scánter.

15 Themo álten det er súazi,   thaz er thaz óbaz azi,
   gispuan, thaz ér ouh thaz firlíaz,   thaz drúhtin inan dúan hiaz;

Gilih, quad, góton warin,   in thíu sie iz ni firbárin;
   quad, gúat joh úbil wessin,   thes gúates thoh ni míssin.

Bat thésan ouh zi nóti,   thóh er mes ni hórti,
20   (ni dét er iz bi gúate!)   thia stéina duan zi bróte;

Er síh ouh fon ther hóhi   thes huses nídarliazi;
   quad, hérduames irfúlti,   in thiu er nan béton wolti.

In selben wórton, er then mán   tho then ériston giwán,
   so ward er híar (thes was nót!)   fon thésemo firdamnot;

25 Thaz ér theru sélbun ferti   fon uns firdríban wurti,
   ther unsih érist bisuéih   joh zi hérzen gisléih;

In thémo pade ouh fiali   joh sálidon ingíangi,
   ther únsih ju biskránkta,   fon hímilriche irwánta.

VI. ITEM DE EODEM.

Ih állaz, soso ih wólta,   tharfórna ni gizálta
   thaz unser mánagfalta sér;   bi thiu zéllu ih iu nu iz híar mer.

Tho drúhtin themo mán luag,   thes ih hiar óbana giwúag,
   óbaz, theih hiar fóra quad,   thaz er mo hárto firspráh:

V. 5—8. 19—24 *Beda zu Mt.* 4, 9 antiquus hostis contra primum hominem
tribus tentationibus se erexit, id est: gula, vana gloria et avaritia... Iisdem
vitiis secundum vincere tentavit; gula, cum diceret: dic, ut lapides isti panes
fiant; vana gloria, cum dixit: mitte te seorsum; avaritia, quando dixit: haec
omnia dabo tibi, si procidens adoraveris me. Sed eo modo a secundo victus
excessit, quo se primum vicisse gloriabatur.

VI. 3—12 *nach Genes.* 2, 15 deus hominem posuit in paradiso voluptatis...
16 praecepitque ei: ex omni ligno paradisi comede (*vgl.* 1, 29); 17 de ligno autem

5 Hárto sageta er imo tház,   thaz er mo bórgeti thiu baz;
  joh mit thráwon thuruh nót   iz filu wásso firbot.
Quád, ob er iz ázi,   imo úbilo iz gisázi;
  joh ób er iz firslúnti,   fon dóthe ni irwúnti.
Tház imo ouh ni wári   thaz gibót zi filu suári,
10 jóh iz mohti irfúllen   mit gilústlichemo wíllen:
Liaz ínan waltan álles   thes wúnnisamen féldes;
  núzzi thera gúati,   zi thiu er thíz, gihialti.
Thiu nátara iogilícho   spuan siu drúgilicho,
  tház sies wíht nintsázin   joh thaz óbaz azin.
15 In tód, quad, ni gigíangin,   thoh siu tharazúa fiangin,
  noh bi thía meina   in fréisa niheina.
Thaz ér iz ouh ni intríati,   zalta imo thia gúati,
  quad, thánana in quami wízzi   joh mánagfalto núzzi.
Quad, wúrtin thanne indániu   thiu óugun iro scóniu,
20 joh gisáhin thanne tház,   thaz nóh tho siu firhólan was.
Gilíh, quad, wurtin thánne   góton, nales mánne,
  joh thánne in iro brústin   gúat joh ubil wéstin.
Er was thes áphules fróu   joh uns zi léide er nan kóu,
  joh uns zi sére er nan nám;   waz wan ther wénego man ҅
25 Zi wéwen wárd uns iz kund,   thaz er nan scóub in sinan múnd;
  want er nan kóu' joh firslánt,   nu buen ánderaz lánt.
Ward tho ménnisgen wé,   thaz er nan úz thoh ni spe,
  iz wídorort nirwánta   inti únsih so firsáncta.
Inti ér er iz firslúnti,   theiz wídorort irwúnti,
30 joh tház er es firléipti,   iz avur thára kleipti
In then boum, thar si iz nám: ni missigíangin wir so frám;
  harto wégen wir es scín,   thaz ér iz ni liaz in zít sin.
Óba er iz firlíazi,   ódo iz got bilíazi;
  ouh wórolt ni gigíangi   in thesa góringi.
35 Ér gistuant uns méron   then mánagfaltan wéwon,
  bálo, ther uns klíbit   joh léidor nu ni líbit.
Thia frúma er uns intfúarta,   wánt er nan birúarta;
  deta unsih úrwise   fon themo páradyse,

scientiae boni et mali ne comedas; in quocumque enim die comederis ex eo, morte morieris.   13—22 *nach* Genes. 3, 4 dixit autem serpens (ad mulierem): nequaquam morte moriemini; 5 .. aperientur oculi vestri et eritis sicut dii, scientes bonum et malum.   23—58 *Quelle mir unbekannt.*

Erdmann, Otfrid.   5

Fon scínenderu wúnni;   wáz er lewes wúnni!
40   tho irfírta uns mér ouh thaz gúat,   thaz er lóugnen gistúat;
Thaz ér gigiang in bága   thera gótes fraga
joh fon ímo iz wanta,   thaz wíb iz anazálta.
Ob ér sih thoh biknáti;   jáhi, sos er dáti;
zaltiz állaz ufan síh: ni wúrtiz alles so égislih;
45 Íz irgiangi thánne   zi béziremo thínge,
got ginádoti sin;   léidor, thaz ni scólta sin.
Want er es thó ni ward biknát,   nu ist es béziro rat:
tho santa drúhtin sinan sún   fon hímilriche hérasun.
Ér io mán ni gisáh   thera mínna gimáh,
50   thero wérko, er uns irbót,   tho uns was hárto so not.
Then gáb er ana wanka   bi únsih muadun scálka,
thaz sin líaba houbit   bi unsih mánohoubit;
Thoh Ádam ouh bi nóti   zi thiu éinen missidáti,
thaz sulih úrlosi   fora gótę unsih firwási.
55 Nu birun wir gihúrsgte   zi gotes thíonoste,
wir wízun, was ther scádo was,   thaz wír got mínnon thes thiu báz;
Joh bírumes mit rédinu   in zuívalteru fréwidu:
nu wir thaz wízi miden   joh hímilriches bliden.

VII.   STABAT JOHANNES ET EX DISCIPULIS EJUS DUO.

Bigínnu ih hiar nu rédinon,   wio ér bigonda brédigon
joh méistera, ther uns ónda,   sámanon bigónda;
Mit zúhtin sier mo húldta   joh wísduames irfúlta,
sant er thíe tho in alla hánt,   so himil thékit thaz lant.
5 Stuant Johánnes gomono éin   mit sinen júngoron zuein,
gisáh er gangan thárasun   then selben drúhtines sun;
Wás iz ouh giwáro   gótes drut ther máro,
ther gote ríhta filu frám   sine wéga, sos iz zám.
Er fíngar sinan thénita,   then júngoron sar tho zélita
10   joh sár in tho giságeta   thia sálida, in thar gáganta.
„Séhet", quad er, „hérasun,   war geit ther drúhtines sun;
sin lámp, thaz er io méinta   ther wízzod ouh bizéinta.

VII. 1 *Hrab. in Mt. lib. II init*: de initio praedicationis illius aliud exordium sumamus. 5—6. 9ª. 11—12 *J.* 1, 35 .. [stabat Johannes et ex discipulis ejus duo;] 36 et respiciens Jesum ambulantem dixit: [ecce agnus dei].

Oba tház thie liuti nérita   joh húngeres biwérita,
   irrétit thiz mit wórton   thia wórolt fon then súnton.“
15 Thiu wórt sie sar intfiangun   joh after ímo giangun;
   er kérta sih sar widar zín,   quad: „gúate man, waz skel iz sín?“
Spráchun sié tho zi imo sár: „meistar, zéllen wir thir wár,
   wir woltun wízan in giwís,   war thu émmizigen bíruwis.“
„Ih dúan es“, quad er, „rédina,   inti óug iu mina sélida
20   joh iuih únfarholan dúan   állan minan suásduam.“
So sie tho thára quamun,   thaz héimingi gisáhun,
   sie núzzun thera héimwisti   then dág tho mit gilústi.
Théro zueio ánder   was Pétruse gilánger,
   brúader sin gimúater;   nu ist gótes thegan gúater.
25 Imo ílt er sar giságen thaz,   want er mo líobosto was;
   thaz ér ni wurti héilo   (thero frumono) ádeilo.
„Éigun“, quad er, „líobo man,   thia fruma uns fúntan filu fram
   (wízun ouh, theiz wár ist),   selbon drúhtinan krist!
Bruader, zéllu ih thir wár,   ni móht ih mih intháben sar,
30   nih hera giílti zi thír,   thaz thú thara gíangis mit mír;
Thaz íh thih thes gibéitti,   thara zi ímo leitti,
   thaz thu gisáhis then man;   er scal thir líchen filu fram.“
Ér imo iz gizéinta   joh sár zi ímo léitta
   bruader sín, so ih zálta;   dróf her es ni duálta.
35 Druhtin kríst sar zi imo sprah,   so er nau érist gisah:
   Sýmon bistu muates línd   joh bistu ouh dúbunkind;
Pétrus scalt thu héizen,   mit gilóubu iz ouh giwéizen,
   in thiu sis stárk io so stéin,   thaz thú sis miner drút ein.“
Tho wólt er sar in morgan   in Galiléa sinnan;
40   gibot er Phílippuse thár,   thaz er mo fólgeti sar.
Er fand brúader sinan;   ni móht er iz bimídan,
   nub ér iz imo zéliti   joh slíumo sar giságeti.

15—18 *J.* 1, 37 [et audierunt .. duo] discipuli loquentem et secuti sunt Jesum. 38 conversus autem Jesus .. dicit eis: quid quaeritis? qui dixerunt ei: [rabbi] (quod dicitur interpretatum: magister), [ubi habitas?] 19—22 *J.* 1, 39 dicit eis: [venite et videte. Venerunt et viderunt,] ubi maneret, et apud eum manserunt die illo. 23—28 [*Unus ex duobus erat Andreas*] *J.* 1, 40 erat autem Andreas, frater Simonis Petri, unus ex duobus .. 41 invenit hic primum fratrem suum Simonem et dicit ei: [invenimus messiam] (quod est interpretatum: Christus). 33—38 *nach J.* 1, 42 et adduxit eum ad Jesum. Intuitus autem eum Jesus dixit: [tu es Simon, filius Jona] (*Dazu Beda*: Jona lingua nostra dicitur columba); tu vocaberis Cephas; quod interpretatur: Petrus. 39—45 *nach J.* 1, 43 [in crasti-

„Then Móyses", quad, „io ságeta,   joh alt giscríb uns zelita —
   thiu sálida ist uns wórtan,   thaz wír nan eigun fúntan:
45 Fon Názaret then gótes sun,   nu íst er queman hérasun."
   tho sprach er afur zi ímo sar,   quad: „wio mag ío thaz wesan wár?
   Mag íawiht queman thánana,   thaz sí thiheining rédina,
   gúatigiliches   fon lúzili thes wíches?"
   Iz mág thoh sin in wáni,   ther námo ist filu scóni;
50 iz heizit blúama (so thu wéist),   thaz mag thes wánes wesan méist.
   „Biscówo", quad er, „inan sár,   joh kius thir sélbo thaz wár;
   sélbo thenki thánne,   ob ih thir wár zelle."
   So er nan zi ímo brahta,   kríst inan irknáta,
   tho sprách er zi imo skíoro   joh lóbota nan zíorɋ.
55 „In thir háben ih mir fúntan   thegan éinfaltan,
   ther ouh únkusti   ni hábet in theru brústi."
   Gab er mo ántwurti   mit súazeru giwúrti
   (wán, iz quámi imo in sin múat,   thaz er nan zálta so guat):
   „Meistar", ságe mir in wár,   wío bin ih thir kúnd sar,
60 ni sí nu in thereru gáhi   mih ér io ni gisáhi?"
   Sliumo ságeta er mo tház,   tház er mo er kúnd was,
   joh zéihan er mo zálta,   thaz er wóla irkanta.
   „Ih sáh thih, er thih hóloti   joh Phílippus giladoti,
   úntar themo lóube   zi themo fígboume.
65 Irkánta ih thino gúati   ju mánageru zíti
   er ér thih thes gibéitti,   thaz er thih héra leitti."
   „Thú bist", quad er, „hérasun   queman drúhtines sun,
   bist kúning ouh githíuto   therero lántliuto!"
   „Wanta íh thir", quad er, „zálta,   thaz ih thih ér irkanta,
70 nu hábes thu thuruh thie bóuma   féstirun gilóuba;
   Ih zéll iu hiar sus súntar,   ir sehet méra wuntar:
   himil séhet ir indán,   thie éngila ouh hera nídargan.

---

num voluit exire in Galilaeam et invenit Philippum] et dicit ei: sequere me ..
45 invenit Philippus Nathanael et dicit ei: [quem scripsit Moyses] in lege et pro-
phetae, invenimus Jesum (filium Joseph) a Nazareth.   46—51 *nach J.* 1, 46 et
dixit ei: [a Nazareth potest aliquid boni esse?] dicit ei Philippus: [veni et vide].
Dazu Alcuin: Nazareth .. flos interpretatur.   53—64 *J.* 1, 47 vidit Jesus Natha-
nael venientem ad se et dicit de eo: [ecce vere Israelita,] in quo dolus non est.
48 [dicit ei Nathanael: unde me nosti? dicit ei Jesus] .. priusquam te Philippus
vocaret, cum esses sub ficu, vidi te.   67—74 *J.* 1, 49 respondit ei Nathanael
et ait: rabbi, [tu es filius dei,] tu es rex Israel! 50 respondit Jesus et dixit ei:
[quia dixi tibi: vidi te sub ficu,] credis; majus his videbis. 51 .. amen dico

Ni múgut iz bimídan,   sehet ir se stígan
hérot inti thárasun   ubar then ménnisgen sun!"
75 Lis sélbo, wio er gihólota   joh sume ouh zí imo ladota
zi zúhti joh zi wízze   fon themo físgizze.

VIII. NUPTIAE FACTAE SUNT.

After thíu in war mín   so mohtun thrí daga sin;
so thes thrítten dages sár   so wárd thiz, thaz ih ságen thar.
Úaptun thar thie líuti   eino brútloufti
themo wírte joh theru brúti   in sáligeru zíti.
5 Ni ward io in wóroltzitin,   thiu zisámane gihítin,
thaz sih gésto guati   súlihhero rúamti.
Thar was kríst guater   joh sélba ouh thiu sin múater,
óuh man thara ládota   thie júngoron, thier tho hábeta.
Thiu hiun wárun filu fró,   giwerdan móhta siu es thó;
10   sie habetun thár selbon kríst,   ther álles blides fúrista ist.
Thó zigiang thes lídes,   joh brást in thar thes wínes;
María thaz bihúgita,   joh kríste si iz giságeta.
„Ih scal thir ságen, min kínd,   then híon filu hébig thing,
theih míthon ouh nu wésta: thes wínes ist in brésta."
15 Spráh tho zi iru súazo   ther ira sún zeizo
sconen wórton ubar ál,   so sun zi múater scal:
„Wib, ih zéllu thir ein,   waz drífit sulih zi úns zuein?
ni quam min zít noh so frám,   theih óuge, weih fon thír nam·
Sar so tház irscínit,   waz mih fon thír rinit,
20   so ist thir állan then dag   thaz hérza filu ríuag.
Thaz thu zi mír nu quáti   inti eina klága es dati,
mit gótkundlichen ráchon   scal man súlih machon."

---

vobis, [videbitis caelum apertum] et angelos dei ascendentes et descendentes supra
filium hominis.   75 — 76 *Mt.* 4, 19 ff.
    VIII.   1 — 3. 7 — 8 *J.* 2, 1 et die tertia nuptiae factae sunt in Cana Gali-
laeae et [erat mater Jesu ibi;] 2 vocatus est autem et Jesus et discipuli ejus ad
nuptias.   11 — 14 *J.* 2, 3 [et deficiente viro] dicit mater Jesu ad eum: vinum
non habent.   15 — 22 *J.* 2, 4 et dicit ei Jesus: [quid mihi et tibi est, mulier?]
nondum venit hora mea. *Dazu Alcuin:* neque enim matrem suam inhonoraret . .,
sed significat, se divinitate . . non principium temporaliter accepisse . . . .,nondum
venit hora, ut fragilitatem sumtae ex te humanitatis moriendo demonstrem;
prius est, ut potentiam aeternae deitatis virtutes operando patefaciam." Venit
autem hora, ut, quid sibi et matri commune esset, ostenderet, cum eam mori-
turus in cruce discipulo . . commendare curavit.

Thiu muater hórta thaz tho thár;　　si wéssa thoh in álawar,
　　thaz íru thiu sin gúati　　nirzígi, thes siu báti.
25 Gibót si then sar gáhun,　　then thes lídes sahun,
　　so wás so er in giquáti,　　iz íagiliher dati.
Thar stuantun wázarfaz,　　so thár in lante sítu was,
　　then mánnon sus iowánne　　sih zi wásganne.
Thaz warun séhs kruagi;　　zi thíu was thar ginúagi,
30　tho zi thén rachon,　　thio drúhtin wolta máchon.
Thaz méz, wir ofto zéllen　　joh sextari iz nénnen —
　　nam íagilih in redinu　　thrízug stunton zéhinu
Odo zuíro zéhanzug,　　thes duent búah thar gihúgt;
　　warun stéininu thiu fáz,　　siu mohtun wéren thes thiu báz.
35 Gibót tho selbo drúhtin,　　siu wázares irfúltin;
　　thaz dátun sie giwurtig　　unz in óbanentig.
Tho quád er, thaz sie skánctin,　　zi themo héresten sih wantin,
　　ther thero thríosezzo　　was fúristo gimazzo.
Drank ér tho, so nan lústa;　　er wíht es thoh ni wésta,
40　es wiht ni quám imo ouh in wán,　　theiz was fon wázare gidan.
Thie mán thoh, thie thar scanktun,　　iz fílu wola irkántun,
　　theiz wazzar lútaraz was,　　tho sie fúltun thiu vaz.
Then wírt er thara ládota　　joh zi ímo nan gihólota,
　　sih harto wúntorota sin　　bi then frónisgan win.
45 „Ságe mir nu, friunt mín,　　wio dati só bi then win,
　　thih sus es nu inthábetos,　　so lángo nan gispáratos?
Gíbit giwelih mánno,　　ther fríunta frewit gérno,
　　(ih weiz, thu es ínnana bist)　　then fúriston io sar zi érist.
So thie mán sih thanne irwínnent　　joh drúnkanen bigínnent:
50　so skenkit állan then dag　　súlih, sos iz wésan mag.
Ja gispáratos avur thú　　then guaton wín unz in nú!
　　ih scál thir ouh nu ráchon,　　ni drénk ih thes gimáchon.“

23—26 [dicit mater ejus ministris:] quodcumque dixerit vobis, facite. *Daxu Alcuin*: mater tamen sciebat pietatem filii, quod non esset negaturus, quod petebatur; ideo fiducialiter mandavit ministris. 27—29ᵃ. 31—34ᵃ *nach J.* 2, 6. [erant autem ibi lapideae hydriae] sex positae secundum purificationem Judaeorum, [*capientes singulae metretas*] binas vel ternas. 35—38 *J.* 2, 7 dicit eis Jesus: [implete hydrias aqua;] et impleverunt eas usque ad summum. 8 et dicit eis Jesus: et ferte architriclino .. 39—43. 47—51 *nach J.* 2, 9 (ut autem) gustavit architriclinus aquam vinum factum, et non sciebat, unde esset; [ministri autem sciebant,] qui hauserant aquam: [vocat sponsum] ... 10 et dicit ei: [omnis homo·primum bonum vinum ponit,] et cum inebriati fuerint, tunc id, quod deterius est; [tu autem servasti] bonum vinum usque adhuc!

Thiz zéichan deta druhtin kríst   ménnisgon zi érist,
  síd er hera in wórolt quam   joh mannes líchamon nam.
55 Er óugta sina kráft thar   joh sina gúallichi, theist wár;
  tho gilóubtun ekordi éine   thie júngoron síne.

IX. SPIRITALITER.

Thísu selba rédina,   theih zálta nu hiar óbana,
  bréitit siu sih hárto   géistlichero wórto;
Thoh wíll ih es mit wíllen   hiar étheswaz irzéllen,
  thaz wír ni werden éinon   thero goumano ádeilon,
5 Thes wázares gisméken   joh wir then séns intheken,
  thaz frowon lídi thine   fon themo héilegen wine.
Fernémet sar in ríhti,   thaz krist ther brútigomo si,
  joh drúta sine in lánte   zi theru brúti ginante,
Thier in hímilkamaru   irfúllit io mit gámanu
10 blídliches múates   joh éwiniges gúates.
Zéliu ih thir ouh hiar tház   bi thiu stéininun fáz:
  hérza iz sint gidigano   thero gotes drútthegano.
Siu sint ínnana hól,   héileges giscríbes fol,
  mit thiu sie únsih iagilícho   drenkent fráwalicho
15 (Lútaran brúnnon   so scénkent sie uns mit wúnnon;
  skal iz géistlichaz sín,   so skénkent sie uns then gúatan win);
Widar thiu ouh thánne   thie man firnément alle;
  so múgun sie mit rúachon   uns ságen in then búachon.
Séhsu sint thero fázzo,   tház thu es weses wízo,
20 thaz wórolt ist gidéilit,   in séhsu giméinit.

---

53 — 56 [hoc signum fecit Jesus primum] J. 2, 11 hoc fecit initium signorum
Jesus . . . et manifestavit gloriam suam; et crediderunt in eum discipuli ejus.
    IX. 7 — 10 *Beda und Alc. zu J.* 2: in domo harum nuptiarum, quae Christi
et ecclesiae sacramenta figurarent, triclinium, i. e. tres ordines discumbentium . .
inesse describuntur, quia nimirum tres sunt ordines fidelium . ., conjugatorum
videlicet, continentium et doctorum.   10 — 11 *ib.* vasa sex . . corda sunt devota
sanctorum, quorum perfectio vitae et fidei ad exemplum recte credendi ac vivendi
proposita est generi humano per sex seculi labentis aetatis . .; et bene lapidea
sunt vasa, quia fortia sunt praecordia justorum . .; videamus ergo sex hydrias
scripturarum aqua salutari repletas, videamus eandem aquam in suavissimum vini
odorem gustumque conversum. (*Hierauf wird aus jedem der sechs Weltalter eine
Begebenheit nach ihrer buchstäblichen und nach ihrer allegorischen Bedeutung erläutert;
die dritte ist Isaacs Opferung*).

Irsúachist thu thiu wúntar   inti ellu wóroltaltar,
   erzélist thu ouh thia gúati,   waz íagilicher dáti:
Tharana maht thu irthénken,   mit brúnnen thih gidrénken,
   gifréwen ouh thie thíne   mit géistlichemo wíne.
25 Ih zéllu thir in alawár: luzil dránk ih es thar,
   lúzil ih es móhta   joh górag es gismákta;
Ni thúhta mih, theih quámi,   thaz sulih wín wari,
   odo io in ínheimon   zi súazeren goumon.
Nu wíll ih hiar gizéllen,   ein bílidi ginénnen,
30   thaz thaz firstántnissi   uns allen líhtera si.
Druhtin kós imo einan wíni   untar wóroltmenigi,
   mán filu mári,   thaz er sin drút wari.
Gibót, thaz er irslúagi   (in thiu wás imo ginúagi)
   in ópheres wísun   sinan éinigan sun
35 In bérge, the er mo zéinti;   thaz er nan thára léitti,
   es ílti sar in gáhi,   thera líubi ni sáhi.
In ímo er suazo lébeta,   zi hérzen er mo klébeta,
   wárd er mo ouh zi rúame   in sinemo áltduame.
Wárd imo ouh thaz wúntar   zi skonen éron gidan,
40   theiz wúrti ubar wórolt lut,   thaz er bi réhte was sin drút.
Fúart er sar tho thárasun   then sélbon sinan drútsun;
   wólt er sar mit wíllen   thaz sin gibót irfullen.
Thaz kínd, thaz druag thaz wítu mit,   joh er iz hábeta furi niwíht,
   er fon thes fáter henti   tho thar dót wurti.
45 Er avur wídorort ni wáut,   er er nan fásto gibant;
   er suórgata thero wórto,   bi thiu skéint er iz so hárto;
In then álteri er nan légita,   so drúhtin imo ságeta,
   thia liabun séla sina   ufin thia wítavina;
Jóh es ouh ni dualti,   suntar nan firbránti,
50   er al irfúlti thuruh nót,   so druhtin sélbo gibot.
So er thaz suért thenita,   ther éngil imo háreta,
   er híaz inan irwíntan;   thaz kínd lag thar gibúntan.

31—35 *aus Gen.* 22, 1 [tentavit deus Abraham] et . . 2 ait illi: tolle filium tuum unigenitum, quem diligis, et . . offeres eum in holocaustum super unum montium, quem monstravero tibi. 37—38 *nach Genes.* 17, 1. 18, 18. 19. 41—43ª *Gen.* 22, 3 Abraham . . ducens secum . . filium suum . . abiit in locum, quem praeceperat ei deus . .: 6 tulit quoque ligna holocausti et imposuit super (Isaac) filium suum. 45. 47—48 *Gen.* 22, 9 cumque alligasset . . filium suum, posuit eum in altare super struem lignorum. 51—57 *nach Gen.* 22, 10 extenditque

Quád, er sih inthábeti,   ouh wíht imo ni dároti;
   joh tház er iz firbári,   quad, thar ginúag wari;
55 In thíu, quad, wari fóllon   zi erkénnenne mánnon,
   thaz er gót forahta,   tho er súlih werk wórahta;
Joh sínero wórto   er hórta filu hárto,
   tho er in súlih thing gigíang,   so nah zi hérzen gifiang.
Ein' scaf er stántan gisah,   thaz was zem ópphere gimah;
60   er sáh iz thar wérnon   in brámon mit then hórnon.
Thaz gifíang er tho sár   inti óppherota iz góte thar;
   wéhsal gimúati   bi sines súnes guati!
So wer thiz firnéman wolle: héra losen sie álle;
   joh hérazua thénke,   thaz súazo er sih gidrénke.
65 Drahto io zi gúate,   so waz thir gót gibiete;
   ili iz io irfúllen   mit míhilemo wíllen;
Bilido ío filu frám   thesan héilegon man:
   so drínkist thu io mit wíllen   thes lúteren brunnen.
Wil du iz kléinor reken,   in wíne gisméken:
70   fon kríste scalt thu iz zéllen,   gisteist thu tház irwéllen.
Lis sélbo, theih thir rédion,   in sínen evangélion,
   thar lísist thu io zi nóti   so sámalicho dáti.
Láng ist iz zi ságanne,   wio iz químit al zisámane;
   iz mág man thoh irrénton   mit kúrzlichen wórton.
75 Firnim in álawari,   thaz got ther fáter wari,
   joh thaz kínd eino   krístan bizéino;
Then er zi tóde salta   bi únsih, sos er wólta,
   noh themo éinigen ni leip,   io so Páulus giscréip;

---

manum et arripuit gladium . . 11 et ecce angelus domini (de caelo) clamavit:
Abraham, Abraham! . . 12 dixitque ei: non extendas manum tuam super puerum
neque facias illi quidquam; nunc cognovi, quod times doum.   58—62 *Gen.* 22, 13
viditque . . arietem inter vepres haerentem cornibus, quem assumens obtulit holo-
caustum pro filio.   65—72 *B. und Alc. zu J.* 2 audiens, quanta virtus oboedientiae
mercede remuneretur, et ipse oboedientiam discere atque habere satagis . .; in
immolatione filii unici dilecti passionem ejus intellegis, de quo dicit pater: hic
est filius meus dilectus.   75—86 *Beda zu Gen.* 22: quando Abraham immolavit
filium suum, personam habuit dei patris . .; sicut autem Abraham unum filium
suum obtulit et sicut Isaac ipse sibi ligna portavit, ita Christus in humeris por-
tavit lignum crucis . .; Isaac ligatus super struem lignorum ponitur, Christus
suspensus in ligno crucifigitur; quod autem pro Isaac immolatus est aries, signi-
ficat, quod illaesa divinitate manente secundum carnem crucifixus est . .; aries
immolatus cornubus haerebat, crux enim cornua habet: . . ,,spinis autem . . pecca-
torum circumdedit me (Christum) populus hic." *Vgl. Beda* VIII, 213: spinae

Wio er sélbo druag thaz krúzi,   tho er thúlta thaz wízi,
80 joh irstarp tháre   in thes cruces áltare;
Ther líchamo iz thúlta,   thaz gótnissi ni wólta,
   sélb so untar génen thár   ward thaz wéhsal gidan.
Háftetun thie ármon   in thes crúces hórnon,
   thie líuti inan thar námun,   so sélb thie selbun brámun;
85 Sie háftun nan mit wúnton   bi únsen suaren súnton,
   joh hóntún nan bi hérton   mit iro scéltworton.
Firnim in thésa wisun,   thaz ih thir zálta bi then sún:
   ni drunki thu ío in war mín   alabéziron win.
Ni tharft es dróf duellen;   wil du alla wórolt zellen,
90   sus máht thih al bithénken,   in zuá wisun drénken.
Thaz giscríp in ríhti   irfúlli thu io mit máhti:
   so kúalist thu thih ófto   mit brunnen rédihafto;
Joh húgi filu hárto   thero géistlichero wórto:
   so drenkist dráhta thine   mit frónisgemo wine.
95 Thiu fáz thiu namun lídes   zuéi odo thríu mez,
   thaz thu námis in thin múat,   wio thie héilegun duent;
Sie scribent fáter joh then sún   zi héiligeru wísun,
   sumes óuh, so thu wéist,   then selbon héiligon géist.

X. CUR EX AQUA ET NON EX NIHILO VINUM
FECISSET.

Ni wolt ér fon níawihti   (thoh er so dúan mohti,
   ob ér thes wolti thénken)   then selbon wín wirken;
Suntar hiaz mit wíllen   thiu sehs fáz gifullen
   wázares thie síne,   thaz wóraht er thar zi wíne,
5 Thaz man thés io koroti: thie séhs ziti wórolti
   (in gúates nio ni wángta)   mit wisduamu dránkta.

---

iniquos et peccatores significant, qui suspenderunt dominum in cruce. **78ᵇ** *Paulus
ad Rom.* 8, 32 etiam proprio filio suo non pepercit.   89—94 *vgl. zu* 11—20.
95—98 *B. und Alc. zu J.* 2: scripturae sanctae autores et ministri prophetae
modo de patre tantum loquuntur et filio . ., modo etiam spiritus sancti faciunt
mentionem.
   X. 1—6 *B. und Alc. zu J.* 2: potuit quidem dominus vacuas implere
hydrias vino, qui . . cuncta creavit de nihilo . . . dominus vinum in gaudio
nuptiarum non ex nihilo facere voluit; sed hydrias sex impleri aqua praecipiens
hanc (mirabiliter) convertit in vinum, quia sex mundi aetates sapientiae salutaris
largitate donavit.

Thọ uns ward thiu sálida so frám,　　er sélbo in thesa wórolt quam,
　　thaz thiu sin géginwerti　　zi sálidon uns wúrti:
　　Thaz sie lásun er in ríhti　　in thero búahstabo slíhti,
10　joh núzzun tho thie síne,　　so nu wázar ist bi wíne —
　　Deta er iz scónara, al so zám,　　joh zíarara ouh so fílu fram,
　　(wir góum es némen wollen),　　so wín ist widar brúnnen.
　　Thie zi thíu giwizzent,　　zi hérost ouh nu sízzent,
　　iz óuh nu wola wéizent　　joh bíscofa héizent:
15　Sie kíesent uns mit rúachon　　then wín in then búachon
　　joh ínan iogilícho　　uns lobont géistlicho;
　　Sie lóbont inan hárto　　frónisgero wórto
　　joh thánkont es mit wórte　　kriste themo wírte;
　　Want ér unsih fréwita,　　then gúaton win uns spárota,
20　ther fúrdir uns ni wénkit,　　joh géistlicho drénkit;
　　Thaz únsih es gilúste,　　thera fréwida ni bréste,
　　joh wír zi themo gúate　　io wesen fástmuate.

XI. PROPE ERAT PASCHA JUDAEORUM.

Tho fuar ther sún guater,　　thar ínan zoh sin múater
　　in síneru júngi,　　zi theru héimingi;
　　Thar tho théro gango　　ni wás er boralángo,
　　so fúar er fon theru búrg uz　　zi themo drúhtines hus.
5　Er tho sár thara íngiang　　joh filu hébigo iz intfiang,
　　thaz síe ʼiz zugun ófto　　so unrédihafto.
　　Ih ságen thir in wára:　　er fand thar mézalara,
　　joh ouh. múnizara in wár　　so fand er sízzente thar.
　　Só thiu selben krístes kráft　　eina géislun thar gifláht,
10　uzstíaz er se iagilícho　　joh filu kráftlicho;
　　　Er giang ínnan thaz hús　　joh warf sẹ álle thanana úz,
　　　ziwárf állaz thaz girústi,　　ni wás iz io so físti.

7—12 *B. und Alc. zu J.* 2: quantum distat inter aquam et vinum, tantum
distat inter sensum illum, quo scripturae ante adventum salvatoris intellegebantur,
et eum, quem veniens ipse revelavit apostolis. 13—16 *ebd.* (*vgl. zu* II. 9, 7):
supremus ordo est . . doctorum . ., quia doctorum est cognoscere distantiam legis
et evangelii.

　　XI. 1—4 *aus J.* 2, 12 post hoc descendit Capharnaum ipse et mater ejus . .
et ibi manserunt non multis diebus. 13 . . et ascendit Jesus Hierosolymam.
[*Marg. zu* 3: et ingressus in templum; *vgl.* 11]. 7—8 et invenit in templo
vendentes boves et oves et columbas et numularios sedentes. 9—20 *frei nach*

    Thie dísgi, thie thar stúantun,   thar sie tho múnizotun,
    thie stúala ouh, thar sie sázun,   inti iro kóufmazun:
15   Thaz warf er állaz sar in hóuf,   thaz sie firmídin thar then kóuf;
    thiu scáf joh thiu ríndir —   ni hángta er in iz fúrdir.
    Zistíaz er thie skránnon   then selben kóufmannon,
    joh állaz thaz gisídili   so dét er filu nídiri.
    Er werf iz állaz thanana úz,   réinota thaz gótes hus,
20   irfúrbta thiu sin gúati   iro állero úndati.
    „Wérfet", quad er, „thíz hinauz!   iz scólta wesan bétahus,
    joh man drúhtin thanne   io lóboti tharínne;
    Nu dúent iz man ginúage   zi scáhero lúage,
    zi thíobo ánawelti,   thoh mánn es io ni intgúlti.
25 Intérent iz ouh fílu fram   álle these kóufman
    joh these mézelara,   thaz ságen ih iu in wára."
    Ni wárd ther thar tho fúntan,   ther wólti widarstántan,
    thaz zi thíu gigiangi,   zi wéri thoh gifiangi.
    In imo sáhun se odowán   gótes kraft scínan,
30   tház sie thar irfórahtun,   bi thíu sih ouh ni wéritun.
    Spráchun tho thie líuti   joh warun frágenti,
    waz zéichono er in óugti   ingégin thera dáti.
    „Thiz hús", quad er, „ziwérfet   joh scíoro ouh thes gihélfet;
    irsézz ih iz mit lústi   in thrío dágo fristi."
35 Slíumo tho thie líuti   gabun ántwurti,
    álle thie fúriston   joh thie héroston:
    „Thero járo was ju wánne   in themo zímboronne
    (thiu zála ist uns giwíssu)   fíarzug inti séhsu;

J. 2, 15 et cum fecisset (quasi) flagellum de funiculis, omnes ejecit de templo, oves quoque et boves; et numulariorum effudit aes et mensas subvertit *und* (11ª. 14) *Mt.* 21, 12 et intravit Jesus in templum dei . . et [mensas numulariorum et cathedras vendentium columbas] evertit.   21—26 *nach J.* 2, 16 et .. dixit: [auferte ista hinc.]   *Mt.* 21, 13 et dicit eis: scriptum est: domus mea domus orationis vocabitur, vos autem fecistis eam speluncam latronum.   *J.* 2, 16 . . et nolite facere domum patris mei domum negotiationis.   27—30 *Beda homil.* VII, 317: fulgor enim divinitatis splendebat in aspectu humanitatis, atque ideo videntes insolitam claritatem in facie hominis radiantem intuentes terga caedenti dabant et resistere non audebant.   31—34 *J.* 2, 18 responderunt ergo Judaei et dixerunt ei: [quod signum ostendis nobis,] quia haec facis? respondit Jesus . .: solvite templum hoc, et in tribus diebus excitabo illud.   35. 37—44 *J.* 2, 20 dixerunt ergo Judaei: [XL et VI annis aedificatum est] templum hoc, et tu in tribus diebus excitabis illud? *Dazu Beda:* ne nos quoque spiritalem domini sensum carnaliter

Bihéizist thih niwíhtes, thaz thú thaz irríhtes,
40 sar in théru noti in thrío dágo zíti!"
Thaz wír ni missifíangin ouh só ni missigíangin,
 rihta úns then sín hiar filu frám thérer gotes drútman;
Er lérta unsih joh zéinta, thaz drúhtin unser méinta
 (thaz wir ni kértin thanana úz!) thaz sines líchamen hús.
45 Thaz drúhtin habet fúrista joh wíhes líobosta
 ouh wísduames thánne, thaz búit al tharínne;
Thaz ziwúrfun se, les! mit bíttiri tóthes,
 mit wáfanu ana rédina zilóstun sie thia sélida.
Er yrríht iz scíaro joh hárto filu zíaro
50 thes thrítten dáges, so er gihíaz, joh then tód ouh zistíaz;
Er ál iz umbitháhta joh fástor gistátta
 (giwáro ist thaz bithénkit), theiz élichor ni wénkit.
Tho er then tód ubarwán, thes thrítten dages thánan quam
 (braht uns sálida joh gúat, tho er úf fon themo grábe irstuant):
55 Tho irhógtun filu blíde thie júngoron síne,
 thaz er iz ér hiar méinta, joh thiz giscríb iz zeinta.
Gilóubtun sie tho scóno themo giscríbe frono
 joh állero thero wórto, thier híar gisprah so hárto;
Joh fílu ouh in then líutin zi then óstrigen gizítin
60 gilóubtun thar tho gáhun, so sie thíz gisahun.
Ni firlíaz sih krist in wára in thero líuto fara.
 tho zi thémo sinde; sie wárun imo kunde.
Ér irkanta fóllon in ín then iro wíllon
 joh thio húgulusti, thie in wárun in theru brústi.
65 Wízist ana baga: ni was ímo thurft thera frága,
 thaz imo íaman zalti, waz mánnes herza wólti;
Wanta ímo ist al inthékit, thaz mánnes hugu rékit
 joh tház er mit gilústin drégit in then brústin.

---

sentiremus, evangelista subsequenter, de quo templo loqueretur, respondit.
J. 2, 21 . . [dicebat autem de templo corporis sui.] 53—58 *nach J.* 2, 22 [cum
vero resurrexit (*Vulg.*: cum ergo resurrexisset)] a mortuis, [recordati sunt disci-
puli] ejus, quia hoc dicebat, [et crediderunt] scripturae et sermoni, quem dixit
Jesus. 59—60 *J.* 2, 23 cum autem esset Hierosolymis in pascha . ., multi
crediderunt . . videntes signa ejus. 61—68 *J.* 2, 24 [ipse autem Jesus non
credebat semetipsum eis,] eo quod ipse nossot omnes, 25 et quia opus ei non
erat, ut quis testimonium perhiberet de homine; ipse enim sciebat, quid esset in
homine.

XII.   ERAT HOMO EX PHARISAEIS NICHODEMUS NOMINE.

Thar was ein mán fruater   joh édilthegan gúater,
    wás ouh ther gitíurto   fúristo thero líuto.
Ih wán, er therero dáto   híntarquami thráto,
    joh ouh thaz séltsani   zi hérzen imo quámi.
5 Quám er zi imo náhtes,   thar tháht er filu réhtes;
    sie thíngotun bi hérton   sus tho thésen worton:
„Meistar, zéllu ih thir éin: nist thes zuíval nihhein,
    wir wízun thaz gizámi,   thaz thu fon góte quami;
Níst, ther thes bigínne,   thaz súlih io bibringe,
10   gilih sar thémo werke,   mit gót er iz ni wirke!"
Drúhtin krist irkánta,   thaz er mo wár zalta,
    want er gilóubig zi imo quám;   bi thiu zalt er ál, thaz imo zám.
(Nálas thaz er firnámi,   er gotes sún wari;
    firnam er sús thia sina máht;   thaz bizéinot thiu náht.)
15 „Ih ságen thir", quad, „in wára   racha séltsana,
    thiu mánnilichan rúarit,   ther líchamon fuarit.
Ér ni werde wánne   irbóran avur thánne
    (núb er thaz bimíde,   sih hímilriches blíde):
Then íngang er ni rúarit   jóh sih thes ni rúamit,
20   thaz ér sih frewe múates   thes éwinigen gúates."
Híntarquam tho hárto   ther gúato man thero wórto,
    quad, wío iz io mohti wérdan;   er wólta iz gerno irfíndan!
„Wio mag ther mán", quad, „thuruh nót   queman avur wídorort
    álter inti frúater   in wámba thera múater,

XII.   1—4 J. 3, 1 erat autem homo (ex Pharisaeis, Nicodemus nomine)
princeps Judaeorum. *Dazu Beda*: cupiens secreta ejus allocutione plenius discere
mysterium fidei, cujus aperta ostentione signorum aliquatenus jam rudimenta
susceperat.   5—14 J. 3, 2 hic venit ad Jesum nocte et dixit ei: rabbi, [scimus,
quia a deo venisti magister;] nemo enim potest haec signa facere, quae tu facis,
nisi fuerit deus cum illo. *Dazu Alcuin*: necdum tamen ipsum deum esse cognovit;
sed quia, quem magistrum noverat veritatis, studiose docendus adiit, merito ad
cognitionem .. perfecto doctus subiit; .. nox, in qua venit, ipsam ejus .. igno-
rantiam designat.   15. 17. 19—20 *nach* J. 3, 3 [respondit Jesus] et dixit ei: amen,
amen dico tibi: [nisi quis renatus fuerit] denuo, .. 5 non potest introire in
regnum dei. *Vgl. zu* 32.   21 [respondit Nichodemus].   23—26 J. 3, 4 dicit ad
eum (Nicodemus): [quomodo potest homo nasci, cum sit senex?] numquid potest

25 Thaz er zi théru wisun   bimíde so thia fréisun
    joh er thaz biwérbe,   er súlihes ni thárbe?"
Gab er mo ántwurti   mit míhileru mílti,
    joh ér mo iz al gisúazta,   so wés soso er nan grúazta.
„Ih ságen thir in wára   (ni thárft es eiskon méra,
30 ni intwirkit wórolt ellu   thes wíht, thes ih thir zéllu):
Nist, ther in hímilrichi quéme,   ther géist joh wázar nan nirbére;
    ther scóni sina irlúage,   thaz er sih thára fuage.
Thaz hera in wórolt io gisán   fon themo brúzigen man,
    theist allaz fléisg, so thu wéist,   bitharf thera réinida méist.
35 Wázar joh ther gótes geist   scal siu irbéran avur méist,
    in thíu sie thes ginénden,   sih hímilriches ménden.
Ni wúntoro thu thih, friunt mín,   nubiz wóla megi sin,
    núbiz werde wánne,   thaz sih es wórolt mende,
Jóh si iz ni bimíde,   súntar sih es blíde
40 mit scóneru giwúrti,   thera zuísgun gibúrti.
Ther géist ther blasit stíllo,   thara imo ist múatwillo,
    er thánana ni wénkit,   soso imo rát thunkit:
Ferit óuh, so thu iz ni wéist,   ther selbo héilego géist,
    sin kúnft ist iagilícho   ungiséwanlicho.
45 Ni firnímist thu ouh thánne,   war er fáran wolle,
    joh wánana thih ríne   thie selbun kúnfti sine.
Al io súlicha giwúrt   so duat thes géistes giburt
    thén, zi thiu gigángent,   fon imo irbóran werdent."
Tho frágeta ther guato mán,   wio tház io mohti wérdan,
50 joh wío man ouh firnámi   so mihil séltsani.
Scono zált er imo tház   (so drúhtin io giwón was,
    joh tház er tho méinta,   er scóno imo iz gizéinta):
„Thú bist hiar githíuto   méistar therero líuto;
    húgi thoh nu héra méist,   thu thesses wíht sar ni wéist!

---

in ventrem matris iterato introire et renasci?   **27ª.** **29—32** *nach J.* 3, 5 [respondit Jesus:] amen, amen dico tibi (*Mt.* 24, 35 caelum et terra transibunt, verba autem mea non praeteribunt): [nisi quis natus (*Vulg.* renatus) fuerit ex aqua] et spiritu (sancto), .. 3 non potest **videre** regnum dei. *Vgl. zu* 19.   **33—34** *J.* 3, 6 [quod natum est ex carne,] caro est.   **37—41. 43—48** *J.* 3, 7 [non mireris, quia dixi tibi:] oportet vos nasci denuo. 8 [spiritus, ubi vult spirat] ..; sed nescis, unde veniat aut quo vadat (*dazu B. und Alc.*: quia natura invisibilis est); [sic est omnis, qui natus est ex spiritu.] **49. 51—54** *J.* 3, 9 respondit Nicodemus ..: [quomodo possunt haec fieri?] 10 respondit Jesus (*dazu Beda*: non quasi insultare volens ei) ..: [tu es magister in Israel] et haec ignoras!

55 Zéllen wir iu ubar jár,   tház wir wizun álawar,
    tház wir sehen réhtaz;   thiu hált ni intfáhet ir thaz.
  Ób ih thaz irwéllu,   thiz írdisga iu gizéllu,
    noh nihéin nirwelit tház,   thaz thoh gilóube bi thaz:
  Wio mín giloubet thánne,   ób iz wirdit wánne,
60   thaz íh biginne brédigon,   fon hímilriche rédinon?
  Nist mán nihein so ríchi,   ther stige in hímilrichi,
    ni si ther ménnisgen sun,   ther thánana quam ouh hérasun.
  So Móyses ju zi thiu gifíang,   thaz er thia nátarun irhíang
    in theru wúasti thuruh nót,   so druhtin sélbo gibót;
65 Then éittar thar bifíangi,   thaz er thára giangi,
    in thes tóthes gahi   thara zi íru sahi:
  So límphit, thaz man fáhe   joh hóho nan irháhe
    zi súlichera wísun   then selbon ménnisgen sun;
  So wér so thes bigínne,   thaz thárazua githínge:
70   sih nioto fráwes muates   joh éwiniges guates.
  Drúhtin déta, soso zám;   thia worolt mínnota er so frám,
    bi thía so sant er hérasun   then sinan éinogon sun,
  Tház si sih bitháhti,   gináda sina súahti,
    jóh ouh thes giflízzi,   thaz si íamer sin ginúzzi.
75 Ni sánt er nan zi waru   bi nihéinigeru fáru,
    thaz thiu sin sélbes gúati   thia worolt pínoti;
  Odo ínan thes gilústi,   er ménnisgon firthuásbti,
    thaz kráft sin thaz giméinti,   thaz ér in sar irdéilti:
  Sunter se zi ímo leitti   joh álle giheilti,
80   .in thíu se thes bigínnen,   thaz sie zi ímo thingen.
  Ther mit gilóubu thaz gidúat,   thaz zi imo gikérit sinaz múat:
    nist themo sér bizeinit   noh léides wiht giméinit;

55—60 J. 3, 11 amen, amen dico vobis, quia [quod scimus, loquimur] et
quod vidimus, testamur, et testimonium nostrum non accipitis. 12 [si terrena
dixi vobis, et non creditis:] quomodo, si dixero vobis caelestia, credetis?
61—62 J. 3, 13 et [nemo ascendit in caelum,] nisi qui descendit de caelo, filius
hominis . . .   63—64. 67—70 J. 3, 14 et [sicut Moyses exaltavit serpentem] in
deserto, ita exaltari oportet filium hominis, 15 ut omnis, qui credit in ipsum
[Marg. zu 69 ut omnes crederent in ipsum] . . habeat vitam aeternam.   71—72
nach J. 3, 16 [sic enim dilexit deus mundum,] ut filium suum unigenitum daret, . .
75—80 frei nach J. 3, 17 [non enim misit deus filium suum . . , ut judicet mundum,]
sed ut salvetur mundus per ipsum.   81—89 J. 3, 18 [qui crediderit (Vulg. credit)
in eum, non judicatur; qui autem non crediderit (Vulg. credit)] jam judicatus est,
[quia non crediderunt (Vulg. credit) in nomine unigeniti] filii dei. 19 et dilexe-

Ther avur thés ni wartet, in theru úngiloubu̧ irhártet:
théist ju sar giméinit, thaz thémo ist giwísso irdéilit:
85 Bi thíu sie ni gilóuptun in then gotes éinogon sun,
in sinan éinboronon, in múate iz woltun wídoron;
Noh ni mínnotun so fram thaz líoht, thaz hera in wórolt quam,
so síe duent in giwíssi thaz selba fínstarnissi.
Sie sint úbil thrato wérko joh thero dáto;
90 míchil ist ir úbili thuruh thaz hérza frávili.
Ther ni thuingit sinaz múat joh thaz úbil al gidúat:
zéllu ih thir in alawár, ther házzot io thaz líoht sar
(Bi thíu, thaz siner scímo ni meldo dáti sino;
thaz er iz zi ímo io fuage, thes scáden wiht ni lúage);
95 Ther avur wóla wirkit, er álleswio iz bithénkit:
er lazit scínan siu ana wán, siu sint mit drúhtine gidan."

XIII. DE QUESTU DISCIPULORUM JOHANNIS, CUR JESUS BAPTIZARET; ET DE RESPONSIS EJUS.

Fuar druhtin brédigonti joh tóufta̧ ouh tho thie líuti;
gizáltun thaz Johánne thie júngoron selbon síne.
„Méistar, ther zi thír, so i̧z zám, thuruh ámbaht thinaz quám —
ther liut nu zi imo loufit, joh ér se alle toufit!"
5 „Ih gíhu", quad er, „in íuih (tház ir hortut quédan mih,
ni ságen iz nu ouh thes thiu mín), tház ih selbo kríst ni bin.
Ih bin selbes bóto sin, fora imo ist bótoscaf ouh mín,
tház ih fon niwíhte then liut zi wége rihte.

---

93 meldon V.

---

runt] homines [magis tenebras quam lucem; erant enim eorum mala opera.]
91—96 *nach J.* 3, 20 [omnis .., qui mala (*Vulg.* male) agit, odit lucem .., ut non
arguantur ejus opera: 21 qui autem facit veritatem,] venit ad lucem, ut mani-
festentur opera ejus, quia in deo sunt facta.
 XIII. [*Marg.* ʒu 3: Dicebant discipuli Johannis: magister, qui erat tecum,
baptizat.] 1—4 *aus J.* 3, 22 venit Jesus .. in terram Judaeam .. et illic ..
baptizabat .. 25 facta est autem quaestio ex discipulis Johannis .. 26 et vene-
runt ad Johannem et dixerunt ei: rabbi, qui erat tecum trans Jordanem, ecce hic
baptizat, et omnes veniunt ad eum! 5—7 *J.* 3, 27 respondit Johannes ...:
28 [ipsi .. testimonium mihi perhibetis, quia dixi (*Vulg.* quod dixerim): non
sum .. Christus,] sed quia missus sum ante illum.

Ther brút habet, in war mín,   ther scal ther brútigomo sin,
10 joh héltit er thia mínna   bi sina drútinna.
Sin fríunt thar thés fartes   steit, lóset sines wórtes,
   joh hórit er mit mínnu   thes brútigomen stimnu.
Er wíhtes ni firséchit,   thes ér mo zuagispríchit,
   húgit iogilicho   zi theru stímmu fráwalicho.
15 Theist thaz mínaz heila múat   joh óuh min fréwida so gúat,
   in ímo sint mir fóllo   thia mina fréwida allo!
Er scal wáhsan thrato   sínes selbes dáto,
   thaz mínu werk suínen   ingegin kréftin sinen.
Ther fon ther érdu hinana íst,   ther scal spréchan, thanana er íst,
20 er scál giwisso ráchon   fon írthisgen sáchon;
Ther ávur ni ferit thánana   joh quam fon hímile óbana —
   gistentit hárto sin giwált   ubar ellu wóroltlant!
Min brédiga thiu níst,   ni si tház mir sus gibótan ist;
   thaz ér avur lérit,   thaz síhit er al joh hórit.
25 Thóh ni wóllent líuti   intfáhan thaz gimúati,
   in hérzen thaz ouh úaben,   thaz síe mo thoh gilóuben.
Thie thoh zi thíu gigahent,   gilóuba sina intfáhent:
   giduent sie lútmari,   thaz ér io drúhtin wari.
Ther fater mínnot sinan sún,   then sánt er selbo hérasun
30 joh géb imo al zi hénti,   zi síneru giwélti.
Ni mízit er ímo sinaz gúat,   so er uns súntigon duat,
   er ímo thaz giméine,   then sinan géist deile;
Want ér sin selbes kínd ist: thaz imo allíebesten íst,
   (giwísso ságen ih iu tház),   thaz gíbit er imo allaz álangaz.
35 Ther mán, sih thaz gilérit,   thia gilóuba in ínan kerit —
   giduat er húgu sinan   in éwon filu blídan;

---

9. 11—12. 15—16 *J.* 3, 29 [qui habet sponsam,] sponsus est; [amicus . . ejus (*Vulg.* sponsi) . . stat et audit eum;] gaudio gaudet propter vocem sponsi; [hoc ergo gaudium meum impletum est].   17—22 *J.* 3, 30 [illum oportet crescere, me autem minui. 31 . . . qui de terra est, . . de terra loquitur; qui autem de coelo venit, super omnes est].   24—28 *J.* 3, 32 et [quod vidit et audivit,] hoc testatur, [et ecce (*fehlt Vulg.*) testimonium ejus nemo accepit (*Vulg.* accipit)]; 33 qui accepit ejus testimonium, signavit, quia deus verax est.   29—34 *aus J.* 3, 34 quem enim misit deus, (verba dei loquitur); [non enim ad mensuram dat deus spiritum]. *Dazu Alcuin:* hominibus ad mensuram dat, unico filio non dat ad mensuram . .; mensura divisio quaedam bonorum est. 35 [pater diligit filium] et omnia dedit in manu ejus.   35—38 *J.* 3, 36 [qui credit in filium,] habet vitam aeternam; [qui autem non credit (*Vulg.* incredulus est)] filio, non videbit vitam,

Themo avur, tház ni gidúat,   quimit séragaz muat,
  joh wónot inan úbari   gotes ábulgi!"
Ni lag Johánnes noh tho in wár   in themo kárkare thar,
40 tho thíz ward sus gibrédigot,   fon ímo al so girédinot.

XIV. JESUS FATIGATUS EX ITINERE.

Sid tho thésen thingon   fuar krist zen héimingon,
  in selbaz géwi sinaz;   thio buah nénnent uns tház.
Thera férti er ward irmúait,   so ofto fárantemo duit;
  ni lazent thie árabeit es fríst   themo, wárlicho mán ist.
5 Fúar er thuruh Samáriam,   zi einera búrg er thar tho quám,
  in themo ágileize   zi éinemo gisáze.
Tho gisaz er múader,   so wir gizáltun hiar nu ér,
  bi einemo brúnnen   (thaz wir ouh púzzi nennen).
Ther evangélio thar quit,   theiz móhti wesan séxta zit;
10 theist dages héizesta   joh árabeito méista.
Thie júngoron iro zílotun,   in kóufe in múas tho hóletun,
  tház sie thes giflízzin,   mit selben kríste inbizzin.
Unz drúhtin thar. saz éino,   so quam ein wíb thara thó,
  tház si thes gizíloti,   thes wázares gihóloti.
15 „Wíb", quad er innan thés,   „gib mir thes drínkannes;
  wírd mir zi gifúare,   thaz íh mih nu gikúale!"
„Wio mág thaz", quad si, „wérdan   (thu bist júdiisger mán,
  inti ih bin thésses thietes!),   thaz thú mir so gibíetes?"
Thaz óffonot Johannes thár,   bi hiu si só quad in wár,
20 bi wíu si thaz so zélita,   thaz drínkan so firságeta:

---

sed ira dei manet super eum.   39 *J.* 3, 24 [nondum enim missus fuerat Johannes
in carcerem].
   XIV. 1—9 *nach J.* 4, 3 reliquit Judaeam et abiit iterum in Galilaeam; *dazu
Alc.*: quod fatigatus venit . ., infirmitatem carnis significat, quia homo hominibus
. . apparere dignatus est. 4 oportebat autem eum transire per Samariam; 5 venit
ergo in civitatem Samariae . . 6 erat autem ibi fons Jacob. Jesus ergo fatigatus
ex itinere sedebat sic supra fontem; hora erat quasi sexta. *Dazu Alc.*: id est
medio die, unde jam incipit sol iste visibilis declinare ad occasum. 11 *vorweg-
genommen aus J.* 4, 8 [discipuli . . ejus abierunt (*Vulg.* abierant) in civitatem,] ut
cibos emerent.   13—15 *J.* 4. 7 [venit mulier . . . haurire aquam; dicit ei Jesus:
mulier (*fehlt Vulg.*), da mihi bibere].   17—18. 21—22 *J.* 4, 9 dicit ergo ei
mulier . .: [quomodo tu, Judaeus cum sis,] bibere a me poscis, quae sum mulier
Samaritana? [non enim utuntur (*Vulg.* coutuntur) Judaei Samaritanis].

6*

Wánta thio zua líuti ni eigup múas gimúati
wérgin zi iro mázze in éinemo fázze.
„Óba thu", quad er, „dátist, thia gotes gíft irknátis,
joh wér thih bitit thánne ouh hiar zi drínkanne:
25 Thu batis ínan odo sár, er gábi thir in alawár
zi líebe joh zi wúnnon spríngentan brúnnon."
„Ni hábes", quad si, „fró min, fazzes wíht zi thiu heraín,
thu herazúa gilepphes, wíht thésses sar giscépphes.
Waz mag ih zéllen thir ouh mér? ther púzz ist filu díofer;
30 war nimist thu thánne ubar tház wazar flíazzantaz?
Fúrira, wán ih, thu ni bíst, thanne únser fater Jácob ist;
er dránk es, so ih thir zéllu, joh sinu kínd ellu.
Er wóla iz al bitháhta, thaz er mit thíu nan wihta,
joh gáb uns ouh zi núzzi thésan selbon púzzi."
35 Quad unser drúhtin zi iru thó: „firnim nu, wíb, theih rédino;
firním thiu wórt ellu, thiu íh thir hiar nu zéllu.
Ther thuruh thúrst githénkit, thaz thésses brunnen drínkit —
nist láng zi themo thínge, nub ávur nan thúrst githuínge;
Ther ávur untar mánnon niuzit mínan brunnon,
40 then íh imo thánne gibu zi drínkanne:
Thúrst then mer ni thuíngit, want er in ímo spríngit;
ist imo kúali thrato in éwon mámmonto."
„Thu mohtis", quád siu, „einan rúam joh ein gifúari mir gidúan,
mit themo brúnnen, thu nu quíst, mih wénegun gidránktist;
45 Theih zes púzzes diufi sus émmizen ni líafi,
theih thuruh thíno guati bimidi thio árabeiti."
„Hólo", quad er, „sar zi érist thinan gomman, thar er íst;
so zílot iuer héra sar, ih zellú iu béthen thaz war."
„Ih ni hében", quad siu, „in wár wiht gómmannes sár."
50 gab ántwurti gimúati sínes selbes gúati:

23—26 *J.* 4, 10 respondit Jesus . .: [si scires donum dei,] et quis est, qui
tibi dicit: da mihi bibere, tu forsitan petisses ab eo, et dedisset tibi aquam
vivam. 27—32. 34 *J.* 4, 11 dicit ei mulier: [domine, neque in quo hauries
habes,] et puteus altus est; unde . . habes aquam vivam? [numquid . . major es
patre nostro Jacob,] quid dedit nobis puteum, et ipse ex eo bibit et filii ejus (et
pecora ejus)? 35—42 *J.* 4, 13. respondit Jesus et dixit ei: [omnis, qui bibit ex
aqua hac,] sitiet iterum; qui autem biberit ex aqua, quam ego dabo ei, non
sitiet in aeternum, 14 sed aqua . . fiet in eo fons aquae salientis (in vitam aeter-
nam). 43—48ᵃ *J.* 4, 15 dicit. ad eum mulier: [domine, da mihi hanc aquam,]
ut non (sitiam neque) veniam huc haurire. 16 dicit ei Jesus: vade, [voca virum
tuum] et veni huc. 49—54 *J.* 4, 17 respondit mulier et dixit: [non habeo virum.]

„Thu sprachi in wár nu, so zám, thú ni habes gómman;
 giwisso zéllu ih thir nú: finfi hábetost thu jú.
Then thu afur nú úabis joh thir zi thíu liubis —
 want ér giwisso thín nist, bi thiu spráchi thu, so iz wár ist."
55 „Min múat", quad si, „dúat mih wís, thaz thu fórasago sís;
 thinu wórt nu zelitun, thaz mán thir er ni ságetun.
Unsere áltfordoron thie bétotun hiar in bérgon;
 giwisso wán ih nu thés, thaz thú hiar bita ouh súaches.
Quédet ir ouh Júdeon nu, thaz sí zi Hierosólimu
60 stát filu ríchu zi thiu gilúmpflichu!"
„Wíb", quad er, „ih ságen thir, thaz gilóubi thu mir:
 quément noh thio zíti ménnisgon bi nóti,
Thaz ir noh híar, noh ouh thár ni betot then fáter, thaz ist wár.
 giwisso, ir bétot alla fríst thaz iu únkundaz íst;
65 Wir selbe béton avur thár, tház wir wizun álawar;
 wanta héil, so ih rédion, thaz químit fon then Júdion.
Thoh químit noh thera zíti fríst joh óuh nu géginwertig íst,
 thaz bétont ware bétoman then fater géistlicho frám;
Want er súachit filu frám thráto rehte bétoman,
70 thaz sie nan géistlicho béton iogilícho.
Ther géist ther ist drúhtin mit fílu hohen máhtin;
 mit wáru wilit ther gótes geist, tház man inan béto meist."
Sí nam gouma hárto thero drúhtines wórto
 joh kérta tho mit wórte zi diafemo ántwurte.
75 „Ein mán ist uns gihéizan joh scal ouh kríst heizan,
 uns duit sin kúnft noh wánne thaz al zi wízanne;
Irréchit uns sin gúati allo théso dati,
 ouh scóno joh giríngo mánagero thíngo."

---

dicit ei Jesus: [bene dixisti,] quia non habes virum; 18 quinque enim viros
habuisti, et nunc quem habes, non est tuus vir; hoc vere dixisti. 55. 57.
59—60 J. 4, 19 . .: domine, video, quia propheta es tu [Marg. zu 55: domine,
ut video, propheta es tu]. 20 patres nostri in monte hoc adoraverunt, [et vos
dicitis, quod Hierosolymis est] locus, ubi adorare oportet. 61—72 J. 4, 21 dicit
ei (Jesus): mulier, crede mihi, quia venit hora, quando neque in monte hoc
neque in Hierosolymis adorabitis patrem. 22 vos adoratis, quod nescitis; [nos
adoramus, quod scimus,] quia salus ex Judaeis est. 23 [sed venit hora et nunc
est.] quando veri adoratores adorabunt patrem in spiritu (et veritate); nam et
pater tales quaerit, qui adorent eum. 24 [spiritus est deus;] et eos, qui ado-
rant eum, in spiritu et veritate oportet adorare. 75—77 J. 4, 25 dicit ei mulier:
[scimus, quia Messias veniet] (Vulg. scio, quia Messias venit), qui dicitur Chri-
stus; cum ergo venerit ille, nobis annunciabit omnia.

Gáb iru mit mílti   tho druhtin ántwurti:

80 „thaz bin íh, giloubi mír,   ih hiar spríchu mit thír!"

Tho quamun thie júngoron innan thes,   sie wuntar was thes thínges,

sih wŭntorotun harto   iro zueio wórto;

Thaz síh liaz thiu sin díuri   mit ótmuati so nídiri,

thaz thaz éwiniga lib   lérta thar ein armaz wíb.

85 So slíumo siu gihorta tház,   firwarf si sár io thaz fáz,

ílta in thia búrg in   zen liutin, ságeta thiz al ín.

„Quémet", quad si, „séhet then mán,   ther mir thaz állaz brahta frám;

mit wórton mir al zélita,   so waz sih mit wérkon sitota.

Scal iz kríst sin, fro min?   ih spríchu bi then wánin;

90 thaz selba spríchu ih bi thíu,   iz ist gilíh filu thíu.

Bi then gidóugnen séginin   so thúnkit mih, theiz megi sín;

er ál iz untarwésta,   thes míh no io gilústa."

Sie íltun tho bi mánne   fon theru búrg alle,

íltun al bi gáhin,   tház sie nan gisáhin.

95 Innan thés batun thár   thie júngoron then méistar,

tház er thar gisázi   zi dágamuase inti ázi.

Er quad, er múas habeti,   sos ér in thar tho ságeti,

mit súazlichen gilústin,   thóh sies wiht ni wéstin.

Ín quam tho in githáhti,   tház man imo iz bráhti,

100 unz se odo wárun zi theru búrg   koufen iro nótthurft.

„Mín múas ist", quad er, „fóllo   mines fáter willo,

theih émmizen irfúlle,   so wáz so er selbo wólle.

Ir quedet in álawari,   thaz mánodo sin noh fíari,

thaz thanne sí, so man quít,   reht árnogizit.

105 Nu sehet, mit then óugon   biginnet úmbiscowon:

nist ákar hiar in ríche,   nub ér zi thiu nu bléiche;

79—80 *J.* 4, 26 [respondit (*Vulg.* dicit ei) Jesus: ego sum, qui loquor tecum].
81—84 *J.* 4, 27 et continuo venerunt discipuli ejus et mirabantur, quia cum
muliere loquebatur . . . *Dazu Beda*: bonum mirabantur, non malum suspicabantur.
85ᵇ—89ᵃ. 93—94 *J.* 4, 28 [reliquit .. hydriam suam mulier] et abiit in civitatem
et dicit illis hominibus: 29 [venite et videte hominem,] qui dixit mihi omnia,
quaecunque feci; [numquid ipse est Christus?] 30 [exierunt .. de civitate] et
veniebant ad eum.   95—99. 101—102 *J.* 4, 31 [interea rogabant .. discipuli]
dicentes: rabbi, manduca. 32 ille autem dicit eis: [ego cibum habeo] manducare,
quem vos nescitis. 33 dicebant ergo discipuli ..: numquid aliquis attulit ei man-
ducare? 34 dicit eis Jesus: [meus cibus est, ut faciam voluntatem] ejus qui
misit me ..   103—106 *J.* 4, 35 [nonne vos dicitis, quod adhuc IV menses sunt
ad messem (*Vulg.* et messis venit)?] ecce .. [levate oculos vestros] et videte
regiones, quia albae sunt jam ad messem.

Ni síe zi thiu sih máchon,   sos íh iu hiar nu ráchon,
    thaz frúma thie gibúra   fuaren in thia scúra.
Íh santa íuih árnon;   ir ni sátut tho thaz kórn,
110   gíangut ir bi nóti   in ándererọ árabeiti."
Gilóubta thero líuto   fílu thar tho thráto,
    thie thara zí imo quamun,   thia léra firnámun.
Gimuatfágota er tho ín,   was zuene dága thar mit ín;
    mílti sino ịz dátun,   so síe nan thar tho bátun.
115 Gilóubta iro ouh tho in wára   fílu harto méra,
    wanta sin sélbes lera   thiu wás in hartọ méra.
Spráchun sie tho blíde   zi thémo selben wíbe,
    thiu erist thára in thia búrg   déta sina kúnft kund:
„Ni gilóuben wir in wára   thuruh thia thína lera,
120   nu uns thiu frúma irreimta,   thaz ér uns selbo zéinta;
Nu wízun in alawari,   thaz er ist héilari,
    thaz ér quam hera zi wórolti,   er ménnisgon ginériti."

XV. FAMA EXIIT, QUOD IN GALIAEAM VENIT.

Fúar tho druhtin thánana   sid tho thérera redina,
    sid tho thémo thinge   zi themo héiminge.
Es máru wort tho quámun,   so wit so Sýri warun,
    so wít so Galiléa bifiang;   ther liut ingégin aller gíang;
5 Thaz mári ward ouh mánagfalt   ubạr Júdeono lant,
    ubar líuti manage,   thie fúarun al zisámane.
Sie gérotun al bi mánne   inan zi rínanne,
    joh sih zen sínen guatin   io étheswaz gifúagtin.
Thie bráhtun imo ingégini   síechero manno ménigi,
10   bifangan mit úmmahtin   joh míssilichen súhtin;

109—110 *J.* 4, 38 [ego misi vos metere,] quod vos non laborastis; alii labo-
raverunt, et vos in laborem eorum introistis.   111—114 [ex civitate autem illa
multi crediderunt] *J.* 4, 39 . . multi crediderunt in eum Samaritanorum . . 40 cum
venissent ergo ad eum Samaritani, rogaverunt eum, ut ibi maneret; et [mansit
ibi II dies].   115—117. 119—121 *nach J.* 4, 41 et multo plures crediderunt in
eum propter sermonem ejus; 42 et mulieri dicebant: quia jam [non propter tuam
loquelam credimus;] ipsi enim . . scimus, quia hic est vere salvator mundi.
     XV. 1—2 *J.* 4, 43 post duos autem dies exiit inde et abiit in Galilaeam.
3—11ª *Mt.* 4, 24 et abiit opinio ejus in totam Syriam . . 25 et secuti sunt eum
turbae multae de Galilaea . . *L.* 6, 17 . . et multitudo copiosa plebis ab omni
Judaea (et maritima et Tyri et Sidonis), 18 qui venerant . . 19 et omnis turba

Sie héilt er, sos er móhta,　　thio súntą ouh thána fluhta,
　leh in líb inti gúat　　joh harto fráwalichaz múat.
So er thó gisah thia ménigi　　al quéman imo ingégini,
　mit ougon blíden er sie intfïang　joh úfan einan bérg giang.
15 So druhtin sélbo thar gisáz　　(thes uns íamer ist thiu báz,
　·wir iamer blíde in wara　　súlichera léra!):
Tho gíangun thie gisuáson　　náhor, so sie múasun,
　liob héreron mine,　　thie júngoron sine.
Indét er tho then sinan múnd,　　theist íamer ubar wórolt kund,
20　tharínne lag, so er wésta,　　dreso díurista.
Bigónd er thaz tho spénton　　sínes selbes wórton,
　det er then líutin mit thiu dróst,　then júngoron thoh zi hérost;
Síe bigan er scówon　　fráwalichen óugon,
　grúazt er sie zi gúate　　sus suáslichemo múate:

XVI.　DE VIII BEATITUDINIBUS.

„Sálig birut ir árme,　　in thiu thaz múat iz wolle,
　in thiu ir thie ármuati　　githúltet io mit gúati;
Wanta íuer ist, ih sagen iu tház,　　thaz hímilrichi hóhaz,
　thiu wúnna joh ouh mánag guat;　bi thiu mag sih fréwen íuer múat.
5 Sálige thie mílte　　joh muates mámmunte,
　thie iro múates waltent　　joh brúaderscaf giháltent;
Búent sie in wára　　érda filu mára;
　then híar then bú biwirbit,　　er íamer thar nirstirbit.
Sálig sint zi gúate　　thie rózegemo múate,
10·　wanta in firtílot thaz sér　　dróst filu mánager;

---

quaerebat eum tangere, quia virtus ab eo exibat. *Mt.* 4, 24 . . et obtulerunt ei
omnes male habentes, *L.* 6, 19 . . et sanabat omnes [*Marg.*: et sanavit eos].
13—15ª. 17—19ª. 21—24 *Mt.* 5, 1 [videns . . turbas,] ascendit in montem; [et
cum sedisset, accesserunt ad eum discipuli] ejus. 2 et [aperiens os suum] doce-
bat eos . . *L.* 6, 20 et ipse elevatis oculis in discipulos suos dicebat:
　　XVI. 1—4 *Mt.* 5, 3 [Beati pauperes spiritu], *daxu Beda*: id est voluntaria
paupertate humiles; et istis congruit spiritus timoris. *L.* 6, 20 beati pauperes,
quia vestrum est regnum dei. 5—8 *Mt.* 5, 4 [beati mites,] quoniam ipsi pos-
sidebunt terram. *Daxu Hrab.*: non terram Judaeae, nec terram istius mundi, sed
. . significat terra illa quandam soliditatem et stabilitatem hereditatis perpetuae,
ubi anima per bonum affectum tanquam loco suo quiescit sicut corpora in terra;
ipsa est requies et vita sanctorum. 9—10 *Mt.* 5, 5 [beati, qui lugent,] quoniam
ipsi consolabuntur.

Joh gifréwit in thaz múat   hárto filu mánag guat,
firtílot in thia smérza   joh rózagaz hérza.
Gúataliches wáltent,   thie thurst joh húngar thultent,
thie io thes réhtes gingent,   joh thárazua githíngent;
15 Sie werdent étheswanne   mit séti es filu fólle,
thaz gúates sie ginúagon   éigun unz in éwon.
Salig thie ármherze,   joh thie ármu wihti smérze,
then múat zi thiu gigánge,   thaz iro léid sie irbarme;
Sie quement scíoro ana nót,   thár man in ginádot,
20 thar man gihéilit iro múat   joh filu líebes giduat.
Iu ist sálida giméinit,   in thiu ir herza réinaz eigit;
ir sculut mit súlichen óugon   selbon drúhtin scowon;
Ir scúlut io thes gigáhen,   mit súlichu íuih náhen,
mit réinidon ginuagen   zi drúhtine íuih fúagen.
25 Thie frídusame ouh sálig,   thie in herzen ni éigun niheinaz wíg,
mit thíu sie thaz giweizent,   sie gotes kínd heizent;
Got gíbit in zi lónon   then selbon námon sconon,
joh dúit in thaz gimúati   mit thes námen guati.
Sálig, thie in nóti   thultent árabeiti,
30 then man bi íro guati   duit ofto wídarmuati;
Sie wérdent filu riche   in themo hohen hímilriche,
in thíu sie iz iogilícho   firdragen fráwalicho.
Ni dúet iu iz ouh zi rúachon,   oba iu thie líuti flúachon;
íu quimit sálida thiu mer,   thaz síe so ahtent íuer.
35 Thanne se zéllent thuruh mih   al úbil anan íuih
(thaz ni híluh íuih):   thaz líegent sie ál thuruh mih.
Blíthet íuih múates   joh harto fréwet íuih thes,
íu ist in hímile thuruh tház   mihil lón garawaz;
Iro ánon ouh so dátun,   thero fórasagono áhtun;
40 bi thiu ni lázet iu iz in wár   wesan hárto filu suar.

13—15 *Mt.* 5, 6 [beati, qui esuriunt et sitiunt justitiam,] quoniam ipsi saturabuntur. 17ᵃ. 19 *Mt.* 5, 7 [beati misericordes,] quoniam ipsi misericordiam consequentur. 21—22 *nach Mt.* 5, 8 [beati mundo corde,] quoniam ipsi deum videbunt. 25ᵃ. 27 *Mt.* 5, 9 [beati pacifici,] quoniam filii dei vocabuntur. 29—32 *nach Mt.* 5, 10 [beati, qui persecutionem] patiuntur propter justitiam, quoniam ipsorum est regnum caelorum. 33—40 *nach Mt.* 5, 11 [beati estis, cum maledixerint] vobis et persecuti vos fuerint et dixerint omne malum adversum vos, mentientes propter me. 12 [gaudete et exultate,] quoniam merces vestra copiosa est in caelis. Sic enim persecuti sunt prophetas, qui fuerunt ante vos.

XVII. VOS ESTIS SAL TERRAE, ET: VOS ESTIS LUX MUNDI.

Ir bírut mihil wérda   salz therera érda,
íueraz giráti   scal salzan wóroltdati;
Tház sie mit then wúnton   nirfúlen in then súnton,
noh mit thémo meine   ni werden zi áz eine;
5 Ir síe, so ih íuih héize,   gidúet mir filu súaze,
joh io mír in múate   sie líubet zi gúate.
Oba iz zi thíu wirdit,   thaz thaz sálz firwirdit:
wer fíndit untar mánne,   mit wiu man gisálze iz thanne?
Zi wíhtu iz sid ni hílfit,   ni si tház man iz firwírfit;
10   zi thíu ist iz thoh gimúati,   theiz dréten thar thie líuti.
Ir birut óuh ubar thaz   in lioht scínantaz
in thesemo érdringe,   thaz worolt írri ni ge.
Nist búrg, thaz sih gibérge,   thiu sténtit ufan bérge,
in hóhemo nólle,   thoh siz gérno wolle.
15 Ni brénnit man ouh thuruh tház   giwísso sinaz líohtfaz,
tház er iz biwélze,   mit múttu bistúrze;
Suntar thés gihelfe,   thaz er iz irhéffe
úfan hohaz kérzistal,   thaz iz líuhte ubar al.
Sáma ni mag iz wérdan,   tház ir sit gibórgan;
20   ófan weset thrato   íues selbes dáto!
Ni liuhte líoht íuer,   man íuih lóbon thes thiu mér,
odo man thío mehti   zéllen íu zi kréfti;
Suntar, thie siu scówon,   sih fora góte frowon,
joh góte thero wérko   mánnilih githánko!

XVII. 1—6 *Mt.* 5, 13 vos estis sal terrae. *Daxu Hrab.*: terrae nomine humana natura significatur, in salis vero verbi sapientia;... apostolos suos caelesti ac divina sapientia plenos sal terrae salvator nominat; .. item quia sal ad condiendos cibos carnesque siccandos aptum est, rite demonstrat, quod per praedicationem evangelii .. humana natura exclusis vermibus (*las O. vulneribus?*) et putredine peccatorum illaesa servatur conditori suo per ejus custodiam mandatorum. 7—10 *Mt.* 5, 13 .. [quod si sal evanuerit,] in quo salietur? ad nihil valet ultra, nisi ut mittatur foras et conculcetur ab hominibus. 11—13 *Mt.* 5, 14 [vos estis lux mundi] (*daxu Hrab.*: mundus .. obscurabatur ignorantiae tenebris, cui per apostolos scientiae lumen venit); [non potest civitas abscondi] supra montem posita. 15—18 [nemo accendit lucernam] *L.* 8, 16 nemo .. lucernam accendens operit eam vase .., sed supra candelabrum ponit, *Mt.* 5, 15 .. ut luceat omnibus, qui in domo sunt. 21—24 *Mt.* 5, 16 [sic luceat lux vestra] coram hominibus, ut videant opera vestra bona et glorificent patrem vestrum ..

XVIII. NOLITE PUTARE, QUIA VENI SOLVERE LEGEM.

Ni wánet, thaz gizámi, thaz ih zi thíu quami,
 ih mih in thíu rachi, then wízzod firbrachi,
Ódo, so ih nu rédino, thehein thero fórasagono;
 súntar, ih mit thúlti siu bédiu wola irfúlti.
5 Giwísso, ih sagen íu in álawar, thaz ni híluh íuih sar:
 ni éigut ir merun gúati, thanne thiz héroti —
Ni gifáhit íuih ío thaz héil, thaz eigit hímilriches deil,
 zi themo scónen lante ío íuer fúaz giwente.
Wízut ir thia rédina (thio búah thio sagent thánana),
10 wio ther wízzod thuruh nót alten líutin gibot?
Sie quédent, er giwúagi, thaz mán mán ni sluagi;
 quit, gót sih belge thráto súlichero dáto.
Íh zell íu afur thánana mínes selbes rédina,
 selbon bán minan, then íh heizu afur scríban:
15 Thaz mánnilih gibórge, sih zi íamanne ni bélge,
 joh ouh thaz bimíde, er mán nihein ni níde.
Thaz selba wérk weltit, er génaz baz gihéltit,
 mit giháltnissu giwéizit, thaz wízzod inan héizit,
Óba thu thes bigínnes, thaz thu géba bringes,
20 gífti gimuate zi themo gótes biete;
Yrhugis thar thoh éines man, ther thir si irbólgan,
 thoh iz so lúzil wári, in muat thir ér ni quami:
Ni biut iz fúrdir thara mér; far, bisúani thih er!
 iz ist ér (ih sagen thir tház) góte filu léidaz.

XVIII. 1—4 *Mt.* 5, 17 nolite putare, quoniam veni solvere legem aut pro-
phetas; (non veni solvere,) sed adimplere. *Dazu Hrab.*: venit illa complere iram
tollens et vicem talionis excludens. 5—8 *Mt.* 5, 18 amen quippe dico vobis . .
20 [nisi abundaverit justitia vestra plus quam scribarum et pharisaeorum,] non
intrabitis in regnum caelorum. 9—12 *nach Mt.* 5, 21 audistis, quia [dictum est]
antiquis: [non occides;] (qui autem occiderit, reus erit judicio). 13—16 *aus*
Mt. 5, 22 [ego autem dico vobis:] quia omnis, qui irascitur fratri suo, (erit reus
judicio); qui autem dixerit: racha, (reus erit concilio). 19—21. 23 *Mt.* 5, 23
[si . . offers munus tuum ad altare] et ibi recordatus fueris, quia frater tuus
habet aliquid adversum te, 24 relinque ibi munus tuum ante altare et vade prius
reconciliari . .

XIX. QUI VIDERIT MULIEREM, ET: ·NON
JURARE, ET: INIMICOS.

Zalt er óuh tho thuruh nót,   wio ther wízzod gibot,
  giwísso thar gifúaro,   thaz mán nihein ni húoro.
„Íh", quad, „avur ságen iu,   ther wib biscówot zi thíu,
  thaz sar in thémo friste   zi thíu nan es gilúste:
5 Er húorot sia giwáro   in herzen jú sar suáro
  mit únreinemo múate;   nirgéit imo iz zi gúate.
Thaz mán sih ni firsuérie,   thaz, wan ih, wízod werie;
  mínu wort thiu wérrent,   tház ir sar ni suérrent.
Thaz ist giwára mera,   thaz ságen ih íu in wára;
10   man báz in so giwártent   jóh sih baz giháltent.
Ther wízod gibiutit grázzo,   man sinan fiant hazzo,
  joh íagilicher mánno   sinan fríunt minno.
Wio íh iu hiar gibíete,   thaz hóret ío zi gúate;
  ih íuih nu ni hílu thaz,   harto sízit íu iz baz.
15 Íuan fiant minnot,   so gibíutit druhtin gót;
  mínnot io thie grázzo,   so wér soso íuih házzo.
Betot gérno io bi thíe,   so wer so iu úbilo gidue,
  thaz ir gót io thuruh nót   in thésen datin bílidot.
Sit io in dátin filu línd,   tház ir weset gótes kind;
20   si drúhtin iu zi bílide,   ther búit ufan hímile.
Er lazit súnnun sina   scínan filu blída,
  joh régana gilíche   allemo érdriche;
Giwísso, thaz ni híluh thih,   thoh sínt thie liuti míssilih,
  féhemo muate,   úbile joh gúate.

XIX. 1—5 *nach Mt.* 5, 27 dictum est . .: non moechaberis. 28 ego autem
dico vobis, quia omnis, qui viderit mulierem ad concupiscendum eam, jam moe-
chatus est eam in corde suo. 7—10 *Mt.* 5, 33 . . dictum est . .: non perjurabis . .
34 ego autem dico vobis [non jurare] omnino. *Hrab. zu Mt.* 6 pejerare enim non
potest, qui non jurat; . . ne quisquam . . assiduitate jurandi in perjurium per
consuetudinem delabatur.   11—13ª. 15—28 *nach Mt.* 5, 43 audistis, quia dictum
est: diliges proximum tuum et [odies (*Vulg.* odio habebis) inimicum tuum].
44 [ego autem dico vobis:] diligite inimicos vestros, benefacite his, qui oderunt
vos, et orate pro persequentibus et calumniantibus vos, 45 ut sitis filii patris
vestri, qui in caelis est; [qui solem suum oriri facit] super bonos et malos et
pluit super justos et injustos. 46 [si enim diligatis eos,] qui vos diligunt, quam
mercedem habebitis? nonne et publicani hoc faciunt?

25 Oba iu thio mínna sint nu héiz   zi then, ir bìrut filu zéiz:
    ziu scal iu lón sin thanana gúat?   thaz ouh héithiner duat;
    Thaz fullent óuh filu frám   selb thie súntigun man:
    sie lazent ín io then in múat,   so wer so in liobes filu duat.

XX. ATTENDITE, NE JUSTITIAM VESTRAM FACIATIS CORAM HOMINIBUS.

Oba thu ármen wihtin   duest drost mit éregrehtin
    joh thir wólles ana rúam   elemósyna giduan;
Odo wérk guatu   joh drúhtine gimúatu
    wólles io mit wíllen   fora góte irfúllen:
5 Dúa, so ih thir zéllu,   thiu selbun thíng ellu
    gibórgenero werko,   thaz thir es gót githanko;
Ni duas thu só, ih sagen thir éin: lon ni.hábes thu es nihéin,
    ouh fona góte ana wánk   so ni químit thir es thank.
Oba thu in réhtredina   thir wírkes elemósyna
10 (thir zéllu ih ein gizámi):   ni duaz zi lútmari.
Líchicera in wara   thie duent sia lútmara,
    ófono untar mánne,   thaz sie se lóbon thanne;
Sie eigun, wízit ir thaz,   thár thaz lon állaz;
    ih sagen iu in álawara: ni wírdit in es méra.

XXI. QUOMODO SIT ORANDUM, ET DE ORATIONE DOMINICA.

Óba thu ouh bigínnes,   thaz thu zi góte thinges,
    ínti thu githénkes,   thaz thin gibét wirkes:
Thaz si in hérzen thanne,   thaz thír es wiht ni intfálle;
    gidóugno in themo múate,   theiz thír irge zi gúate!

XX. 1 — 14 *frei nach Mt.* 6, 1 attendito, ne justitiam vestram faciatis coram hominibus; . . alioquin mercedem non habebitis apud patrem vestrum, qui in caelis est. 2 [cum . . facis elemosynam,] noli tuba canere ante te, sicut hypocritae faciunt in synagogis et vicis, ut honorificentur ab hominibus; amen dico vobis: receperunt mercedem suam. *Dazu Hrab.:* ab hominibus, inquit, receperunt mercedem suam; *zu* 5 — 6 *vgl. Mt.* 6, 4 . . ut sit elemosyna tua in abscondito, et pater tuus . . reddet tibi.

XXI. 1 — 8 *Mt.* 6, 6 tu autem cum oraveris, intra in cubiculum tuum et clauso ostio ora patrem tuum (*dazu Beda:* id est: revertere in mundam cordis

5 In hérzen si iz scono,   thaz iu es gót gilono,
  si ther githáng iu festi   ínnan theru brústi;
Thaz io bi themo méine   thaz múat si fasto héime,
  then húgu in then githánkon   ni lázet wergin wánkon!
Ni lazet fáran iu thaz múat,   so then dríagarin duat;
10 úmbi kérit sih thaz múat,   sélb so mo ther háls duat;
Thaz duent sie állaz zi thíu,   ther liut se lóbo bi thíu,
  joh sie se éren thuruh tház;   bi thiu nist es wíht in thiu baz.
Wéist thu, weih thir rédinon: thaz selba lób theist thaz lón;
  giwisso wízist thu thaz: in thíu gisteit iz állaz.
15 Thanne ir bétot, wizit tház,   duet iz kúrzlichaz,
  ni rúachit druhtin hárto   thero mánagfalton wórto;
In hérzen betot hárto   kúrzero wórto
  joh lútoro tháre,   thaz iz gót gihore!
Thaz lón laz imo állaz,   thaz thes gibetes si thiu báz,
20 thaz thu in théra dati   ni firlíasest thie árabeiti.
Ir ni thúrfut bi thíu;   got irkénnit in iu,
  ér ir imo iz zéllet,   állaz, thaz ir wóllet.
Gináda sina grúazet,   so minu wórt iu iz súezent,
  mines sélbes lera   (ni thárf es wesan méra);
25 Sos ih íuih ubar ál   hiar nu léren scal;
  firfáhent iogilícho   thiu iz allaz gáralicho:
Fáter unser gúato,   bist drúhtin thu gimýato
  in hímilon io hóher;   wíh si námo thiner!
Biquéme uns thinaz ríchi,   thaz hoha hímilrichi,
30 thára wir zua io gíngen   joh émmizigen thíngen!
Si wíllo thin hiar nídare,   sos ér ist ufin hímile;
  in érdu hilf uns híare,   so thu éngilon duist nu tháre!

---

conscientiam et claude ostium carnalium et phantasmatum, .. ut intimo corde ad
patrem spiritalis dirigatur oratio; *Hrab.*: ut inclusa pectoris cogitatione ..
oremus dominum) .. et pater. tuus .. reddet tibi.   9—14 *nach Mt.* 6, 5 non
eritis sicut hypocritae, qui amant .. in angulis platearum stantes orare, ut
videantur ab hominibus; amen dico vobis: receperunt mercedem suam.   15—18.
21—22 *Mt.* 6, 7 [orantes autem nolite multum loqui,] (sicut ethnici; putant enim,
quod in multiloquio suo exaudiantur).   8 [scit enim pater vester,] quid opus sit
vobis, antequam petatis eum.   23. 27—28 *Mt.* 6, 9 sic ergo vos orabitis: [pater
noster,] qui es in caelis, sanctificetur nomen tuum.   29—30 *Mt.* 6, 10 [adveniat
regnum tuum]; *dazu Hrab.*: nostrum quidem regnum petimus advenire, a deo
nobis promissum.   31—32 *Mt.* 6, 10 .. [fiat voluntas tua,] sicut in caelo (*dazu
Hrab.*: id est: sicut in angelis, qui sunt in caelis), et in terra.

Thia dágalichun zúhti   gib híut uns mit ginúhti
   joh fóllon ouh, theist méra,   thínes selbes lera!
35 Scúld bilaz uns állen,   so wír ouh duan wóllen,
   súnta, thia wir thénken   joh émmizigen wírken!
Ni firláze unsih thin wára   in thes wídarwerten fára,
   thaz wír ni missigángen,   thara ána ni gifállen!
Lósi unsih io thánana,   thaz wir sin thíne thegana,
40   joh mit ginádon thinen   then wéwon io bimíden! Amen.
Ob ir in múat iu lazet,   thaz súnta ir io bilázet;
   so dilont síno guati   thio iuo míssidati;
Ther thar afur só ni dúat   (lazet quéman iu iz in múat!):
   gizélit sint themo in thráti   allo thio úndati.

XXII. NEMO POTEST DUOBUS DOMINIS SERVIRE; ET: NON COGITANDUM IN CRASTINUM.

Ni mag thaz mán duan nihéin,   thaz thiono héreren zuein,
   thaz er irfúlle io follon   bédero willon;
Ni thúrfut ir bigínnan,   thaz ír ouh megit bríngan,
   thaz ir góte thionot   joh thóh thia wórolt minnot.
5 In múate si iu giféstit,   thaz múases iu ni brístit;
   mit suórgon ouh ni rátet,   mit wíu ir íuih wátet.

33—34 *Mt.* 6, 11 [panem nostrum] quotidianum da nobis hodie. *Dazu Hrab.*: panis quotidianus aut prò his omnibus dictus est, quae hujus vitae necessitatem sustentant .. aut pro spiritali cibo ..; praecepta scilicet divina, quae quotidie oportet meditari et operari. **35** *Mt.* 6, 12 et dimitte nobis debita nostra, sicut et nos dimittimus (debitoribus nostris). 37—38 *nach Mt.* 6, 13 et [ne nos inducas] in tentationem; *dazu Hrab.*: multi autem .. ita dicunt: ne nos patiaris induci in tentationem ..; qua in precatione ostenditur, nihil contra nos adversarium posse, nisi deus ante permiserit. 39—40 *Mt.* 6, 13 .. [libera nos] a malo; *dazu Hrab.*: quod .. in hac vita .. non sperandum posse fieri, sed tamen aliquando futurum sperandum est. 41—44 *Mt.* 6, 14 [si] enim [dimiseritis hominibus] peccata eorum, dimittet et vobis pater caelestis delicta vestra; 15 si autem non dimiseritis hominibus, nec pater vester dimittet vobis peccata vestra.

XXII. 1. 3—4 *Mt.* 6, 24 nemo potest duobus dominis servire; .. non potestis deo servire et mammonae. 5—8 [nolite... solliciti esse (*Mt.* 6, 31)] *Mt.* 6, 25 ne solliciti sitis animae vestrae, quid manducetis; neque corpori vestro, quid induamini. Nonne [anima plus est, quam esca;] et corpus plus quam vestimentum?

Fúrira ist thiu séla,   thaz múas ni si iu méra;
   thes líchamen dati,   thánne sin giwáti!
Séhet these fógala,   thie hiar flíagent óbana;
10   zi ákare sie ni gángent   joh ouh wíht ni spínnent;
Thoh ni brístit in thes   (zi wáru thoh ginúages),
   ní sie sih ginérien   joh scóno g werien.
Biginnet ánascowon   thio frónisgon blúomon,
   thar líuti after wége gent,   thie in themo ákare stent;
15 Sálomon ther rícho   ni wátta sih ·gilícho,
   thaz ságen ih iu in alawár,   so ein thero blúomono thar.
Nu er tház so wilit wérren,   thaz míthont scal irthórren,
   thie fógala ouh zi wáre,   thie íu sint úndiure:
Wio harto míhiles mer   suórget druhtin íuer?
20   thu mo líabara bist,   thanne al gifúgiles, thaz ist!
Er gidúit (thaz thu wéist),   thaz thu nákot ni geist,
   joh ouh gíbit thir thia wíst,   thu húngiru nirstírbist.
Gidúan ni mahtu in wára   thih mínniron noh méra,
   hár nihéin, hugi ouh thés,   thu iz álleswio gifárawes.
25 Bi thiu laz thia suórga (theist es gúat) themo, thih súlichan gidu
   mit wáti er thih io wérie   joh émmizigen nérie.
Er wéiz ana zuíval,   thaz ir es bithúrfut ubar ál,
   ni múgut ouh firlázan,   ni ir súlih sculit níazan.
Súachet io mit máhti   thes hímilriches ríhti;
30   iu biquímit, ih sagen iu tház,   thaz ándaraz állaz.
Nist iuer nihéin (thaz ist wár!)   so hárto sulih dúfar,
   thin kind thih bitte brótes,   thaz thu mo stéina bietes;

9ᵃ. 10—12 *nach Mt.* 6, 26 [respicite volatilia caeli,] quoniam non serunt, neque metunt (*dazu* 28 lilia . . non laborant, neque nent); et pater vester caelestis pascit illa.   13. 14ᵇ—16 *nach Mt.* 6, 28 . . [considerate lilia agri] . . . 29 nec Salomon in omni gloria sua coopertus est sicut unum ex istis.   17—20 *aus Mt.* 6, 30 [si autem foenum agri,] quod hodie est, et cras in clibanum mittitur, deus sic vestit (*rgl. Mt.* 10, 29: nonne duo passeres asse veneunt?), quanto magis vos . .! *Mt.* 10, 31 multis passeribus meliores estis vos.   21—28 *aus Mt.* 6, 27 quis autem vestrum   potest adjicere ad staturam suam . .? *und Mt.* 5, 36 non potes unum capillum album facere aut nigrum. *Dazu Hrab.* 42ᵇ: illi ergo etiam tegendi corporis curam relinquite, cujus videtur cura factum esse, ut tantae staturae corpus habeatis. *Mt.* 6, 31 nolite ergo solliciti esse, dicentes: quid manducabimus, aut quid bibemus, aut quo operiemur? 32 . . [scit enim pater vester,] quia his omnibus indigetis.   29—30 *Mt.* 6, 33 [Quaerite . . regnum dei] et justitiam ejus, et haec omnia adjicientur vobis.   31—36 [Quis ex vobis patrem petit panem (*L.* 11, 11) *Mt.* 7, 9 Quis est ex vobis homo, quem si petierit filius

Ouh gibórges thu thés,   bítit er thih físges,
  ni biutist thía meina   nátarun nihéina;
35 Ni bíutist ouh in wára   scórpion (thia zála),
  harto bórgest thu thés,   bítit er thih éies.
Nu ir bírut thes giwón,   ir frúma gebet kíndon,
  joh ál, thaz in líchet,   thaz ír se ni bisuíchet:
Wío harto míhiles mer   gíbit druhtin íuer
40   gúat, ob ir mo fólget   joh inan bítten wollet?
Bittet ágaleizo   joh hárto filu héizo:
  thaz ságen ih iu in alawár,   thia fruma gíbit er íu sar.

XXIII. OMNIA QUAECUNQUE VULTIS, UT FACIANT VOBIS HOMINES; ET: CAVENDUM A FALSIS PROPHETIS.

Nu léru ih íuih hárto   kúrzero wórto,
  wio ír giduet fóllon   then drúhtines wíllon.
Ni dúa (zéllu ih thir éin)   widar mánno nihein
  wíht in worolti álles,   ni so thu thír wolles;
5 Mit thíu ir thanne irfúllet,   thaz fórasagon síngent,
  joh wírket iogilícho   then wizod fóllicho.
Wártet iu io hárto   fon dríagero wórto,
  fon fórasagon lúggen;   thes scúlut ir io gihúggen.
Sie sínt iu in ánaratin   in scáfinen giwátin,
10   thar buent ínne in wáre   wólva filu suáre.
Ni múgun sie iu wánkon,   séhet zi iro wérkon
  joh in álathrati   scówot iro dáti;
Ni dúit man untar mánnon,   thaz thrúbon lese ir thórnon;
  in hiafon fígon thanne,   thóh man es bigínne.

---

suus panem, numquid lapidem porriget ei? 10 aut, si piscem petierit, numquid
serpentem porriget ei? *L.* 11, 12 aut si petierit ovum, numquid porriget illi
scorpionem? 37. 39 — 40 *Mt.* 17, 11 si ergo vos ... nostis bona data dare filiis
vestris: quanto magis pater vester .. dabit bona petentibus se?
    XXIII. 3 — 6 *nach Mt.* 7, 12 omnia .., quaecumque vultis, ut faciant vobis
homines, et vos facite illis; [haec enim] est [lex et prophetae]. 7 — 14 *nach*
Mt. 7, 15 [attendite a falsis prophetis,] qui veniunt ad vos in vestimentis ovium,
intrinsecus aqtem sunt lupi rapaces. 16 [a fructibus eorum] cognoscetis eos:
[numquid colligunt] de spinis uvas, aut de tribulis ficos?

15 Úbil boum birit tház,   thaz ímo ist io gisláhtaz;
      so dúat ouh ther gúato,   iz límphit so gimúato.
    Then úbilon sie brénnent,   iz mán ouh al so wóllent;
      then gúaton áfur ana wan   lázent sie mit frídu stan.
    In hímil al ni géngit   (joh iz gót ni hengit,
20   iz wírdit noh giwéizit!),   thaz mih drúhtin heizit;
    Giwisso wízit ana wan: thie lázit man thar íngan,
      thie híar giwirkent fóllon   mines fáter willon.
    Ih ságen iu in alawár: klagont mánage sih thár
      mit séren mánagfalton   joh léidlichen wórton;
25 Quit íogilih in thráti,   thaz er zéichan dati
      in mínes namen námati,   thaz ih thoh thés gihogeti.
    Ih zéll in thanne in gáhun,   thaz sie mir kúnd ni warun,
      theih er sie hál ju lango,   ni rúach ih iro thíngo;
    „Fare in álethrati,   so wer so io úbil dati,
30   fon mír in alagáhe   joh sih mir ni náhe!“

XXIV. CONCLUSIO LIBRI SECUNDI.

    Thiz lerta kríst in wara   joh mánagfalto méra;
      ih ságen thir zi wáre: maht sélbo iz lesan tháre,
    Sina mánunga álla   joh léra filu fólla
      thráwa ouh filu suára,   thaz ságen ih thir in wára.
5 Ni mág man thaz irzéllen,   thóh wir es bigínnen;
      thera léra guati   was hárto thiu gimuati.

---

15 — 17 *nach Mt.* 7, 17 . . arbor bona fructus bonos facit, mala autem arbor
fructus malos facit; 18 non potest arbor bona fructus malos facere, neque arbor
mala fructus bonos facere. 19 omnis . . [arbor, quae non facit fructum] bonum,
excidetur et in ignem mittetur. 19ᵃ. 20ᵇ — 22 *Mt.* 7, 21 [*non* omnis, qui dicit
mihi: domine, *domine,*] intrabit in regnum caelorum; sed qui facit voluntatem
patris mei . ·   23 — 30 *aus Mt.* 7, 22 [multi dicent mihi in illa] die: domine,
domine, nonne in nomine tuo ... virtutes multas fecimus? 23 et tunc confitebor
illis: quia nunquam novi vos (*daxu Hrab.*: signanter. dicit: confitebor, quia
multo ante tempore dicere simulaverat: non novi vos; .. scire dei aliquando
cognoscere dicitur, aliquando approbare; .. scit ergo reprobos, quos cognoscendo
judicat, .. tamen quodammodo dicit: non novi vos, non approbo vos); [discedite
a me, qui operamini iniquitatem.
    XXIV. 1—4 *Verweisung auf Mt.* 7, 24 — 29.

So er zi thíu tho gifíang,   fon themo bérge er nídar giang,
    fólgete mo githíuto   al ménigi thero líuto.
Er sélbo tho giméinta,   thar hórngibruader héilta
10 mit sinen wórton gahun,   thar al·thie líuti iz sahun;
Tház sies wola lústi,   thiu léra in wari fésti,
    thia se thár innan thés   hortun míthontes;
Thaz síe irwáchetin frúa   joh hogtin hárto tharazua,
    jóh iz wari fésti   ínnan iro brústi;
15 Thaz in thiu múat ni wánkon,   sin fásto in then githánkon,
    in húge joh in múate   zi allemo ánaguate.
Dua drúhtin uns zi núzze,   thaz uns iz wóla sizze;
    biscírmi unsih thes léides,   fon thínen ni giscéides;
Tház wir ni bifállen   fon thinen líobon allen,
20 fon selben drúton thinen, thia zála wir bimíden!
Giréino uns thia githánka,   wir bírun thine scálka,
    mit ginádono ginúhti   fon súntono súhti;
Hált unsih in nótin   fon allen wídarmuatin,
    thaz múazin wir biwánkon   then ábahen githánkon!
25 Biscírmi unsih in thráti   fon alleru úndati,
    fon égislichen súhtin   mit thínes selbes máhti!
Thinu wórt hiar óbana,   thi uns zéllent alla rédina —
    tharazúa firlih uns múates   joh húges filu gúates;
Firlíh uns, druhtin, állen,   thaz wir thaz thín io wollen,
30 mit wérkon io irfúllen,   thaz thínu wort uns zéllen;
Thaz wir tharzúa húggen,   in hérzen uns iz léggen,
    wíht'es ni firléiben,   ni wir iz thár gikleiben!
Firdríb fon uns in thráti   allo míssodati,
    thiz féstino uns in múate, theiz úns irge zi gúate,
35 Thaz wír tharana wérkon   mit wákaren githánkon,
    joh wír thaz io áhton   mit lúteren gidráhton!
Ther scádo fliehe in gáhe,   joh thíz sih uns io náhe,
    joh mit thíu giwerkon,   thaz thu úns es muazis thánkon;

7—16 *nach Mt.* 8, 1 cum . . descendisset de monte, secutae sunt eum turbae
multae. 2 et ecce leprosus veniens . . ⁚ 3 et extendens Jesus manum tetigit
eum dicens: volo; mundare! et confestim mundata est lepra ejus. *Dazu Hrab.*:
recte post praedicationem atque doctrinam signi offertur occasio, ut per virtutem
atque miracula praeteritus apud audientes sermo firmetur. 21—22 *Hrab. ib.*:
typice vir iste peccatis languidum genus designat humanum.

7*

Thaz wir mánahoubit   zi thínen sin gifúagit,
40   thie thíonost thin hiar dátun,   so síe thih, druhtin, bátun;
Jóh wir wesen blíde   in themo éwinigen líbe,
    mit scalkon thínen iamer   (wir ni géron wihtes mér),
Mit éngilon thínen;   thaz wir then wéwon miden,
    in hímilriche in ríhti   in thíneru gisíhti;
45 Fon éwon unz in éwon   mit then drútselon
    fon wórolti zi wórolti   sín thih iamer lóbonti!   Amen.

                 Explicit liber secundus.

INCIPIUNT CAPITULA LIBRI TERTII.
DE MIRACULIS DOMINI.

Expliciunt capitula libri tertii. Incipit liber tertius.

I. PRAEFATIO LIBRI TERTII.

Mit selben krístes segenon   wíll ih hiar nu rédinon
  in einan lívol suntar   thiu séltsanun wuntar
(Fon themo wúntarliche),   thiu er' déta hiar in ríche,
  unz ér was hiar in wórolti,   er tóthes bi unsih kóroti;
5 Thiu zéichan séltsanu,   súmu thoh zi wáru,
  wanta, thoh er wólle,   nist mán, ther siu al irzélle.
Ni scríbu ih nu in alawár,   so sih ther órdo dregit thár,
  súntar so thie dáti   mir quément in githáhti.
Gináda ih sina férgon   mit fórahtlichen suórgon,
10   er ouh in thésemo werke   zéichan sinaz wírke;
In thesen búachon wanne   ih áwiggon ni gánge,
  ih réhto joh hiar scóno   giscribe dáti frono.
Er déta, thaz hálze líafun   joh stúmme man ouh ríafun:
  er dúe, theih hiar ni hínke,   thes sénses ouh ni wénke;
15 Hórngibruader heile: er míh ouh hiar giréine,
  fon éitere joh fon wúnton: fon mínen suaren súnton!
In ín irhuggu ih léwes   léides filu séres;
  ríuzit mir thaz hérza,   thaz dúat mir iro smérza.
Drúhtin, fon then stánkon,   thaz muaz ih sér biwánkon,
20   mih ním (ni dua iz zi spáti!),   so Lázarum thu dáti!
Fon tóthe inan irquíctos,   then líchamon irwágtos:
  irquicki in mír, theist méra,   thia mína muadun séla;
Theih híar in libe irwízze,   zi thinemo dísge ouh sizze,
  so er déta after thíu,   ih muazi thíngen zi thiu;
25 Tház ih io mit rúachon   zi góumon si in then búachon,
  tharana húgge ouh fóllon   thínes selbes wíllon!
Joh tház ih hiar nu zéllu,   thin gíft ist iz mit állu;
  thie wízzi dua mir méron   zi thínes selbes éron;

I.   1—2 *vgl. Hrab. im Matth.* V, 47 g: . . jam exhinc tertium (librum) de
principio miraculorum ejus inchoantes.   5—6 *vgl. Joh.* 20, 30 multa quidem et
alia signa fecit Jesus . ., quae non sunt scripta in libro hoc. 21, 25.

Ni rih súnta, druhtin, mino in thíu,   suntar mir wízzi lih zi thíu;
30   ni fréwit wiht hiar unser múat,   so thin áblazi dúat!
Líndo, liobo druhtin mín,   laz thia késtiga sin;
    gilóko mir thaz minaz múat,   so muater kíndiline dúat.
Thóh si iz sero fílle,   níst, ni si ávur wolle
    (súntar si imo múnto),   theiz íaman thoh ni wúnto.
35 Thia hánt duat si fúri sar,   ob iaman rámet es thar;
    gihúgit sar thés sinthes   thes íra lieben kíndes.
Mit hénti siu mo scírmit,   mit theru si iz míthont fillit;
    ni mag giséhan ira muat,   thaz imo fíant giduat.
Ther selbo fáter ouh so dúat;   thoh er mo sére sinaz múat,
40   thoh dúat er mo avur bithérbi   thaz sinaz ádalerbi.
Scírmi, druhtin, mir ouh só,   theih sí thin scálk giwisso;
    thin hánt mih ouh biwérre,   thaz fíant mir ni dérre!
Firlíh ouh mir githínges,   thes mines héiminges;
    wis fáter mir joh múater,   thu bist min drúhtin guater!

II.   ERAT QUIDAM REGULUS.

Tho kríst in Galiléa quam,   ward thaz tho mári, sos iz zám,
    joh ward gikúndit sin giwált   ubar állaz thaz lant.
Ein kuníng giéiscot iz in wár   joh fúar ingegin ímo sar;
    waz mag ih zéllen thir es mér?   sin sún was filu siecher.
5 Bat, ér sih sar irhúabi,   mit imo héim fuari,
    thaz er thár gimeinti,   then sún imo gihéilti.
Quad, er io bi nóti   lagi dáwalonti
    joh wári in theru súhti   mit grozeru únmahti.
Gab er mo ántwurti   mit míhileru mílti;
10   mit wórton wolt er súazen   thia gilóuba in imo búazen.
„Ir zéichan ni giscówot,   thanne iu wírdit so nót,
    wuntar séltsanu,   ni gilóubet ir zi wáru.“
Wanta ob er gilóubti ubar ál,   só iz bi rehte wésan scal,
    in hérza imo quámi,   so iz fora góte zami:

II.   1—7 *aus* J. 4, 45 cum ergo venisset in Galilaeam, exceperunt eum
Galilaei, quum omnia vidissent, quae fecerat . . . 46 . . et erat quidam regulus,
cujus filius infirmabatur (Capharnaum). 47 hic cum audisset, quia Jesus adve-
niret, . . abiit ad eum et [rogavit] (*Vulg.* rogabat) eum, [ut descenderet et sanaret
filium ejus;] incipiebat enim mori. 9ª. 11—17 [respondit Jesus] J. 4, 48 dixit
ergo Jesus ad eum: [nisi signa et prodigia videritis, non creditis]. *Daxu Beda*

15 Gilóubt er selbo thánne,   so zimit gótes manne,
    thaz íagiwar ist drúhtin   mit sínes selbes máhtin;
Thaz thén ni tharf man béiten,   after stétin leiten,
    ther so kréftiger íst,   bihábet thaz in wórolti ist.
„Drúhtin", quad er, „zilo thín,   oba thu ginádon wili mín;
20   thin gúatiz er biwérbe,   er mir ther sún irsterbe."
    Sprah druhtin zi ímo sinaz wórt,   tház er fuari héimort,
    tház er fuari thárasun;   quad, funti gánzan ʼsinan sún.
    Gilóubt er themo wórte   joh kérta sih zi lánte,
    sar bi thémo thinge   zi themo héiminge.
25 Unz ér fuar áhtonti   thes sélben wortes máhti,
    gágantun imo blíde   thie holdun scálka sine;
    Záltun imo ouh innan thés   thráto filu líebes,
    thaz rehto in álawari   sin sun ginéran wari.
    Thia zít er éiscota tho   (was er es hárto filu fró),
30   thia stúnta ouh mit giwúrti,   wanne imo báz wurti.
    „Hérero, zéllen wir thir tház: tho síbunta zit thes dáges was,
    gésteren, so sie sáhun,   tho ward er gánzer gahun.
    Ni zuivolo múat thinaz,   sus fíndist thu iz gidánaz;
    findist zi álaware   then liobon dróst sus tháre."
35 Yrkánta tho ther fater sár,   theiz thiu zít was in wár,
    thaz imo iz drúhtin so gilíaz,   thia selbun gánzida gihíaz;
    Gilóubta sar tho sélbo   ther kuning írdisgo tho
    mit sínemo githígine   themo hímilisgen kúninge.

III.   MORALITER.

Thiz íst uns úngizami,   so íh iz nu firnámi,
    noh ni químit uns thiz gúat   in unser ármilichaz múat;
Thoh hábet er uns gizéigot,   joh ouh mit bílide gibót,
    wio wir thoh dúan scoltin,   óba wir iz wóltin.

---

und Alcuin: si perfecte credidisset, procul dubio scıret, quia non esset locus, ubi
non esset deus.   19 — 23 *nach J.* 4, 49 dicit ad eum regulus: [domine, descende,
priusquam moriatur] filius meus.   50 dicit ei Jesus: [vade, filius tuus vivit. cre-
didit homo] sermoni .. et ibat.   25 — 32 *nach J.* 4, 51 [jam autem eo descen-
dente] servi occurrerunt ei et nunciaverunt dicentes, quia filius ejus viveret.
52 [interrogavit] (*Vulg.* interrogabat) ergo [horam] ab eis, in qua melius habuerit;
et dixerunt ei: quia heri hora septima reliquit eum febris.   35 — 37ᵃ. 38ᵃ *nach*
J. 4, 53 [cognovit .. pater, quia illa hora erat,] in qua dixit ei Jesus: filius tuus
vivit; et credidit ipse et domus ejus tota.

5 Ju quam ein scúldheizo   bi nótthurfti héizo,
     bat, ér sin wórt gimeinti,   er sinan skálk heilti;
     Er quad, er sélbo quami,   then úmmahtin binámi,
     thoh géner thara ni géroti   sin selbes géginwerti.
     Ther kúning bat, er quámi: ni was kríste thaz gizámi;
10   ther scúldheizo es ni gérota: er thara thoh fáran wolta!
     Hiar stréwit thiu sin gúati   in uns thio úbarmuati,
     thia únsera dúmpheit,   so wár so iz io zi thíu gigeit.
     Wir lázemes uns líchan   mán then filu ríchan,
     firmónames zi nóti   anderero ármuati;
15 In ín ist uns gimúati   góld joh diuro wáti,
     ni némen in thía ahta   manno scálkslahta.
     Ni bidráhtot unser súmilih,   thaz wir bírun al gilih,
     éinera gibúrti,   thoh íz sid súlih wurti;
     In súmen duen zi nídiri   thera giscéfti ébini,
20   in súmen thuruh thia éra   ist uns ther scáz mera.
     Bi thiu hábet unz iz selbo gót   hiar fórna nu gibílidot,
     natúra in uns ni flíehen   joh zi ébine gizíehen:
     Er wolta sínes thankes   wíson thar thes scálkes;
     zemo súne, sih nu zálta,   giládoter ni wólta.
25 Ob únsih avur ladot héim   man ármer thehéin,
     thuruh úbarmuati in wár   so suíllit uns thaz múat sar;
     Thes wizun thánk thanne   ríchemo manne,
     githankon wórton sinen   joh díofo imo ouh giní[g]en.

IV. PROPE ERAT PASCHA JUDAEORUM.

Thio zíti sih bibráhtun,   thaz óstoron tho náhtun;
     fúar tho druhtin héilant   in Hierosólimono lant.

III. 5—10 *aus Mt.* 8, 5 . . accessit ad eum centurio rogans eum 6 et dicens: domine, puer meus jacet in domo et male torquetur. 7 et ait illi Jesus: ego veniam et curabo eum. 8 et respondens centurio ait: domine, non sum dignus, ut intres sub tectum meum. *Daxu Hrab.* V, 49: alibi ad sanandum reguli filium venire noluit, ne divitias honorasse videretur; hic, ne conditionem sprevisse servilem, ad centurionis famulum mox ire consentit. 11—22 *Alcuin zu J.* 4, 53 quid est hoc, nisi quod superbia nostra retunditur, qui in hominibus non naturam, qua ad imaginem dei facti sunt, sed honores et divitias veneramur? . . increpata est ergo superbia nostra, quae nescit pensare homines propter homines. IV. 1—14 *J.* 5, 1 post haec erat dies festus Judaeorum, et ascendit Jesus Hierosolymam. 2 [est autem Hierosolymis probatica piscina,] quae cognominatur

Thar quád man, thaz tho wári　　　fihuwíari,
　so iz thio búah thar zéllent,　　　in kríahhisgon nan nénnent;
5 Wánta man sus wánne　　　wuasg thaz fléisg tharinne,
　thánne man so wólta,　　　zemo óphere scolta.
Thén bifiangun úmbi　　　pórzicha fínfi,
　thie lagun fól al mannes　　　síaches inti hámmes.
Thie selbun béitotun thár　　　(wízist thaz in álawar),
10　thes warun fárenti,　　　thaz sih thaz wázar ruarti.
Engil gótes guato　　　fuar thar ín gimuato,
　thaz wázar er yrscútita　　　joh in zi héile iz gárota.
Ther thánne thaz gisítota,　　　thar érist inne bádota:
　so ward er sar io gánzer,　　　fon so wíu so er er was hálzer.
15 Thar zi thén gizaltan　　　gisáh er einan áltan
　kúmigan suaro　　　ju mánagero járo.
Wangta zuéin (ih sagen thir tház),　　　thero jaro fíarzug ni was,
　tház er lag zi wáre　　　in thémo selben sére.
Thie langun zíti krist gisáh　　　jóh ouh selbo zi ímo sprah,
20　ób inan giwúrti,　　　thaz er héil wurti?
Ódo er wanta, méinti,　　　zi themo wázare imo zéinti;
　tho kúmt er sina fréisun　　　sus in thésa wisun:
„Drúhtin", quad er, „gúato!　　　nist níaman thero fríunto,
　thaz mír zi thiu gihélfe,　　　in thaz wázar mih firwérfe;
25 Ih ílu thara in thráti,　　　min úmmaht duit iz spáti;
　thara ándere er gigáhent,　　　thaz bád mir untarfáhent."
„Stant úf", quad er, „gihori mír,　　　joh nim thin bétti mit thir,
　thes sár nu thu ginéndes　　　joh gáng ouh thines síndes!"
So er érist sinu wórt insuab,　　　er thaz bétti sar irhúab,
30　joh sar iz thána fuarta,　　　so slíumo er thiu gihórta.

---

hebraice Bethsaida (dazu Alc.: vulgo autem probatica, id est pecualis piscina
fertur appellata, quod in ea sacerdotes hostias lavare consueverint), [quinque
porticus habens]; 3 in his jacebat multitudo magna languentium, .. claudorum ..,
expectantium aquae motum. 4 [angelus] autem [domini descendit] (Vulg. descen-
debat) secundum tempus in piscinam et movebat aquam; qui ergo primus descen-
disset post motum aquae, sanus fiebat, a quocunque languore tenebatur. 15—18
J. 5, 5 [erat] autem quidam [ibi homo XXXVIII annos habens] in infirmitate sua;
dazu Beda: quadragenarius numerus pro perfectione .. solet accipi; a quo duo
minus habet, qui dei et proximi dilectione vacuus incedit. 19—33 [cognovit
Jesus, quia multum tempus haberet] J. 5, 6 hunc cum vidisset Jesus .. et cogno-
visset, quia jam multum tempus habebat, dicit ei: vis sanus fieri? 7 respondit
ei languidus: [domine, hominem non habeo,] ut, cum turbata fuerit aqua, mittat
me in piscinam; [dum venio enim ego,] alius ante me descendit. 8 dicit ei

Yrstuant er úf tho snello, so was krístes willo;
 er sar zi thíu tho gifiang, mit themo bétte thana giang.
Thes dáges was in wára sámbazdages fíra,
 tho drúhtin thio únganzi nám fon themo kúmigen man.
35 Quádun tho thie líuti, er únrehto dati,
 thaz er únnotag intéreta then·díuren dag.
„Ther míh“, quad er, „héilta, er sús iz al giméinta;
 giwisso ságen ih iz iu, er hiaz mih gángan mit thiu.“
Frágetun se thuruh nót, wer ther wári, theiz gibót;
40 er sar zi théra fristi quad, es wíht ni westi.
Drúhtin selbo in wára giang sár in eina fíara,
 ér joh sin githígini súntar fon ther ménigi.
Fand er áfter thiu then mán, thó er in thaz hús quam,
 thar ther líut io bétota, gináda gotes thígita.
45 „Ja bístu“, quad er, „héiler, nu ni súnto thu mér;
 mit thiu thin múat sih wérie, thir wírs ni gibúrie.“
Er tho in álawari then líutin deta mári,
 tház iz was ther héilant, ther inan thes séres inbant.

V. MORALITER.

Hiar múgun wir instántan (thaz éigun wir ouh fúntan),
 thaz quement úmmahti fon súntono suhti.
Tho er mo firbót thio dáti, thaz er ni súntoti,
 thes giwárteti, thaz wírs imo ni wúrti:
5 Tho ríht unsih thiu rédina, thaz wír uns warten thánana,
 thaz súht ni derre uns méra then lídin joh thera séla.

---

34 — 37 *radiert* V; *aus* P *ergänxt.*

Jesus: [surge, tolle lectum (*Vulg.* grabatum) tuum] et ambula. 9 et statim sanus
factus est homo et sustulit grabatum suum et ambulabat; [erat autem sabbatum]
in illo die. 35. 37 — 48 *nach J.* 5, 10 [dicunt (*Vulg.* dicebant) Judaei .. : sab-
batum est,] non licet tibi tollere grabatum tuum. 11 respondit eis: [qui me fecit
sanum,] ille mihi dixit: tolle grabatum tuum et ambula. 12 interrogaverunt ergo
eum: quis est ille homo, qui dicit tibi ff. 13 is autem .. nesciebat, quis esset;
[Jesus autem (*Vulg.* enim) declinavit a turba] constituta in loco. 14 [postea in-
venit eum] Jesus [in templo] et dixit illi: ecce sanus factus es; jam noli peccare,
ne deterius tibi aliquid contingat. 15 [abiit ille homo et nuntiavit Judaeis,] quia
Jesus esset, qui fecit eum sanum.

 V. 1 — 6 *B. und Alc. zu J.* 5, 14 quibus verbis aperte demonstratur, quia
propter peccata languebat; .. unde et cauto praemonuit, ne amplius peccando
gravioris sibi sententiam damnationis contraheret.

Bi súslicho dáti   so áhtun sin thie líuti,
    joh íagilih in imo ráh,   thaz er then sámbazdag firbrah.
Er wialt thera fíra, so iz gizám;   thaz iro nihéin ni firnám,
10   thaz ér mit sinen máhtin   was thes dáges druhtin.
Sie ahtun óuh bi thiu sin mér,   wanta in thaz wás filu sér,
    quádun, dati mari,   thaz got sin fáter wari,
Jóh er ío bi nóti   sih druhtine ébonoti
    in wérkon io gilíchan   noh wergin míssilichan.
15 Iz íst so giwísso,   thóh sie iz ábahotin só,
    thoh iro múates herti   iz émmizigen zúrnti
Joh io in ábuh kerti   thio drúhtines dati,
    thiu zéichan filu máru;   thaz wízist thu zi wáru.
Giwerdo únsih, druhtin, héilen   mit líoben drúton thinen,
20   joh uns gidua thu syazo   thio unse thúrfti grozo;
Thaz uns ni wése thaz zì suár,   wir únsih io firdrágen hiar
    joh scóno untar mánnon   io émmizigen minnon!

VI.   ABIIT JESUS TRANS MARE GALILEAE.

Tház ih hiar nu zéllu,   thaz weiz thiu wórolt ellu,
    wúntar filu máraz   joh thrato séltsanaz,
Wio krist nam fínf leiba   joh zuene físka tharazua,
    fon thén gab follon múases   finf thúsonton mánnes.
5 Fuar drúhtin inti síne   úbar einan lántse;
    thio búah iz thar zéllent   joh Galiléa iz nennent.
Bi manegemo séltsane   joh wúntoron zi wáre
    fuar ímo thar ingégini   mihil wóroltmenigi.
Únfirslagan héri in war   fúar ingegin ímo thar,
10   worolt míhil, so gizám,   wíb inti gómman.
Nam drúhtin sine thégana   inti gíang mit in tho thánana
    in einan bérg hoho;   mit ín gisaz thar scóno.

---

7 — 10 [Judaei persequebantur Jesum, quia in sabbato faciebat hoc signum]
J. 5, 16 propterea persequebantur Judaei Jesum, quia haec faciebat in sabbato;
dazu B. und Alc.: non intellegentes, quia carnalia legis decreta paulatim erant
spiritali interpretatione mutanda . . *Vgl. Mt.* 12, 2: discipuli tui faciunt, quod
n o n l i c e t facere sabbatis . . . 8 d o m i n u s est filius hominis etiam s a b b a t i.
11 — 13 [Ideo magis persequebantur eum, quia dicebat se filium dei] *J.* 5, 18
propterea ergo magis quaerebant eum Judaei interficere, quia . . et patrem suum
dicebat deum, aequalem se faciens deo.
     VI. 5 — 14 *J.* 6, 1 . . abiit Jesus trans mare Galilaeae . . 2 et [sequebatur
eum multitudo magna,] quia videbant signa, quae faciebat . . 3 [subiit] ergo

Wáz iz ouh giwísso	fora einen óstoron so,
théso selbun dáti,	fóra theru wihun zíti.
15 So er thó mit sinen óugon	then líut bigonda scówon,
thia selbun ménigi gisáh,	zu Phílippus er sús sprah:
„War múgun wir nu bigínnan,	mit kóufu brót giwinnan,
thaz ther líut gisazi,	únz er hiar nu gázi?“
Korata er thía warba	thera wéichun gilouba;
20	thoh wést er, sos er scólta,	waz er es dúan wolta.
Er quád, ni mohti wérdan,	mit kóufu sie biwérban
„mit míhilemo scázze,	ther líut zi thiu gisízze,
Thaz íagilichen thánne	thoh foller múnd werde,
then múnd zi thiu irréchen,	thes brótes wiht gisméken!“
25 Andréas sprah tho éiner	Pétruse gilánger,
brúader sin gimýato,	ther kristes thégan guato:
„Hiar ist knéht einer,	ni wéiz ih wiht es híar mer,
ther drégit hiar in sinan nót	fínf gírstinu brot
Ouh zuene físga tharmit;	theist zi thíu thoh niwíht,
30	thaz man súlih biete	themo mánagfalten thíete.“
„Dúet“, quad ér tho ubarlút,	„thaz hiar gisízze thér líut;
unz er hiar giréstit,	thes brótes in ni brístit.“
Thar was in álawari	gráses ouh gifúari,
mámmunti ginúagaz;	thia buah zéllent uns tház.
35 So thaz héri tho gisáz,	thaz brot giségonotaz áz:
iz wúahs thar théra ferti	in múnde joh in hénti;
Iz wúahs in alagáhun,	thar sie alle zúasahun,
sih mérota iz ginóto	zi séti thero líuto;

[in montem] Jesus et ibi sedebat cum discipulis suis; 4 erat autem proximum
pascha, dies festus Judaeorum. 15—24 J. 6, 5 [cum sublevasset] ergo [oculos]
Jesus et vidisset, quia multitudo maxima venit ad eum, dixit ad Philippum:
[unde ememus panem] (*Vulg*. panes), ut manducent hi? 6 [hoc] autem [dicebat
tentans eum;] ipse enim sciebat, quid esset facturus. 7 respondit ei Philippus:
[ducentorum denariorum] panes non sufficiunt eis, ut unusquisque modicum quid
accipiat. 25—31. 33—35 J. 6, 8 [dicit] ei unus .., [Andreas,] frater Simonis
Petri: 9 [est puer unus hic,] qui habet quinque panes hordaceos et quinque
pisces; sed haec quid sunt inter tantos? 10 dixit ergo Jesus: [facite homines
discumbere; *erat ibi fenum multum*] (*Vulg*. erat autem foenum multum in loco) ..
discubuerunt ergo viri numero quasi quinque milia. 11 .. et cum gratias egisset,
distribuit discumbentibus ... 36—37ª *vgl. hymn. epiph. domini* (*Mone* I, 75.
Daniel I, 14) 23 edentium sub dentibus in ore crescebat cibus; 29 inter manus
frangentium panis rigatur profluus.

Zi súazeru gilústi,   thaz ín es thar ni brústi,
40   álten inti júngen   joh selb then wíbon allen.
Er sélbo ouh tho giméinta,   thie físga in thar gidéilta,
   thie wuahsun óuh thuruh nót,   io so sélbaz thaz brot.
Só sie thar tho gázun,   thie in themo gráse sazun,
   joh mánnilih thar sát ward,   so sie thes brótes giward :
45 Gibót tho druhtin sínen,   thaz wóla sie thes giílen,
   thie líuti thes firwásin,   thie brósmun thar gilásin,
Thaz sie giháltan wurtin   jóh ouh ni firwúrtin;
   thar lásun sie tho álle   zuélif korbi fólle.
Thie líuti, thar in gáhun   thiz zéichan tho gisáhun,
50   bigóndun mit githánkon   tho drúhtine thánkon.
„Thiz“, quádun, „ist giwáro   ther fórasago máro
   (mit iawihtu álles wio iz níst),   ther kúnftig héra in wórolt ist!“
Er múases sid gab fóllon   fiar thúsonton mánnon,
   seti síbun broto   mit físgon ouh gimúato;
-55 Joh ward thero áleibo   thero físgo joh thero léibo
   (ni frázun sie iz állaz)   sibun kórbi ubar tház!

VII. SPIRITALITER.

Drúhtin min ther gúato,   nu ríhti mih gimúato,
   zi thísu mir then húgu dua   joh thaz hérza tharzua,
Tház ih hiar gizéine,   waz thiu thin góuma meine,
   mit géistlichen rédinon   then thínen liobon thégenon!
5 Giwisso wízzun wir tház,   theiz fora then óstoron wás,
   tho drúhtin wolt es wáltan,   fon themo grábe irstántan;
Símes ouh giwísse,   fora themo irstántnisse
   mit mínnon io ginúagen   zisámane únsih fúagen!
Scówomes ouh thánne,   wára druhtin gánge,
10   wir únsih imo io náhen,   thaz wír ni missifáhen.

41] *J.* 6, 11 . . [similiter et ex piscibus,] quantum volebant.   43—52 *nach*
J. 6, 12 [ut autem impleti sunt,] dixit discipulis suis: [colligite .. fragmenta,] ne
pereant. 13 collegerunt ergo et impleverunt duodecim cophinos . . . 14 illi ergo
homines [cum vidissent .. signum,] dicebant: quia [hic est vere propheta,] qui
venturus est in mundum.   53—56 *aus Mt.* 15, 36 accipiens septem panes et
pisces .. dedit .. 37 et saturati sunt, et quod superfuit de fragmentis, tulerunt
septem sportas .. 38 erant autem quatuor milia hominum.
   VII. 5—12 *Beda homil. dom. IV. quadrag.*: propinquante pascha . . ad-
juncta fratrum caterva .. dominum toto corde sequamur quoque actionum itinere

Ni si uns wíht méra,   thánne thiu sin léra;
  ni mínno wiht so súazo,   io so spór thero fúazo!
Galiléa, thaz ih quád,   theist in frénkisgon rád,
  thaz sih io úmbi zerbit   joh émmizigen wérbit.
15 Ther sé ist zéssonti,   sih sélbon missihábenti,
  stózot sih io in thráti   mit mihileru únstati.
Thiu méinent, wio sih zérbit   joh thisu wórolt werbit;
  mit úngimachu thuruh nót   sih émmizigen stózot.
Tho selben drúhtines máht   súlih untar fúaz drat,
20 mit sínes selbes tódu   úbarfuar thiu bédu:
Tho folgeta ímo thuruh tház,   so er ufan hímile gisaz,
  gilóubtun sino gúati   manogo wóroltliuti.
Thes sarphen wízodes nót   bizéinont thisu fínf brot,
  mit thíu er io in nóti   thuángta thie líuti.
25 Gidar ih zéllen ubarlút: hért ist gerstun kórnes hut,
  ist óuh, so ih forn ju wésta,   sínes léibes krusta;
Thoh findu ih mélo tharínne,   in thíu ih es bigínne,
  joh brósmun súaza in alawár,   thes senses léib indue ih thár.
So ist ther wízzod alter   úzana hérter;
30 thar ist ínne manag gúat,   thaz géistlicho uns io wóla duat.
Thaz deta drúhtin, thaz man wéiz,   tho er thia krústun firsléiz;
  thaz man thia frúma thar gisáh,   tho er thia ríntun firbrah.
Thie selbun físga zeinent,   waz fórasagon méinent;
  thiu góuma losget tháre,   so físg in themo wáge.
35 Óba thu ra rúachis,   thu thar sia díofo suachis;
  joh thar irfísgot thinaz múat   harto mánagfaltaz gúat.

---

23 bizéinot *VP*.   31 *radiert V, aus P ergänxt.*

---

ingressus sit, diligentissime contemplemur, ut vestigia ejus sequi mereamur.
13—22 *vgl. B. und Alc. zu J.* 6, 1 mystice mare turbida et tumentia seculi hujus
volumina significat, in quibus pravi quilibet injuste delectati, quasi profundis
dediti pisces, mente ad superna gaudia non intendunt; unde bene idem mare
Galilaeae, i. e. rota cognominatur ... sed abeuntem trans mare Galilaeae Jesum
multitudo maxima sequebatur ... quia, .. postquam .. fluctus vitae corruptibilis
adiit, calcavit, transiit, maxima eum mox multitudo credentium secuta est
nationum.   23—28 *B. und Alc. zu J.* 6, 5 quinque panes, quibus multitudinem
populi saturavit, quinque sunt libri Moysis ...; qui bene hordacei fuisse
referuntur propter nimium austeriora legis edicta et tegumenta literae grossiora,
quae interiorem intelligentiam spiritalis sensus quasi medullam celabant.   33—48
ebda duo autem pisces .. psalmistarum .. et prophetarum scripta significant,
quorum uni canendo, alteri colloquendo suis auditoribus futura Christi et ecclesiae

Ther knéht, ther thaz allaz drúag,   er es wíht ni giwúag,
    er ímo iz ni ginúzta,   furi ándere ouh ni sázta;
So duent thie Júdeon in wár: sie drágent iro búah thar,
40   noh ín thia fruma níazent,   noh ándere ni lázent.
Thaz spéntot druhtin híare,   thaz ságen ih thir zi wáre;
    nim es hárto gouma,   thiz sínt thio selbun góuma.
Thaz spéntot er in múate   uns zi allemo ánaguate
    joh ouh wórolti ubar ál,   er unsih wíht es ni hál.
45 Waz fórasagon zéllent   joh uns thie sélmi singent
    ouh gibót thaz álta,   er géistlicho uns iz zálta;
Thaz spéntot er nu líutin   mit géistlichen dátin,
    mit géistlicheru léru,   thaz ságen ih thir zi wáru.
Ob iz war zi thíu gigat,   thaz man thia díufi ni firstát,
50   thero brósmono kléini   joh thes brótes reini:
Lésent zi ín thia rédina   thie hóhun gotes thégana;
    in giscríp iz kléibent,   thaz míne gilichon léibent.
So wár so iz ío zi thíu gigeit,   thaz mín gilícho iz ni firstéit:
    in búah sie iz duent zisámane,   giháltan thar zi hábanne;
55 Thaz man iz lése tháre   giháltan ío bi járe,
    thaz síe uns scono zélitun   inti in thie kórbi legitun.
Sie éigun thaz giwéizit,   bi hiu man sie kórbi heizit,
    wanta thiu íro guati   hiar thultit ármuati.
Kórp theist scálklichaz fáz;   thoh ni rúachent sie bi tház,
60   ni mán sie sus íowánne   zi kórbin ginenne;

---

53 míno V.

---

sacramenta narrabant ..; puer, qui quinque panes et duos pisces habuit nec
tamen hos esurientibus turbis distribuit .., populus est Judaeorum .., qui scrip-
turarum dicta clausa secum tenuit, quae tamen dominus ... cunctis nationibus
.. porrexit.   49—56 ebda quod .. jussit discipulos colligere, quae superaverunt
fragmentorum, ne perirent, hoc profecto signat, quia pleraque sunt arcana divi-
norum eloquiorum, quae vulgi sensus non capit; nonnulla, quae per se quidem
minus docti assequi nequeunt, sed a doctoribus exposita mox intelligere queunt;
haec ergo necesse est, ut .. diligenter scrutando colligant et ad eruditionem
minorum suo dicto vel scripto faciant pervenire ...., qui haec domino donante
interpretando colligere norunt.   57—62 B. und Alc. zu J. 6, 13 per duodecim
cophinos fragmentorum plenos omnis doctorum spiritalium chorus exprimitur, qui
obscura literarum ... mandata literis suo pariter ac turbarum usui conservare
jubentur. hoc ipsi fecere apostoli et evangelistae .., hoc sequaces eorum eccle-
siae toto orbe magistri ..., qui quamlibet hominibus suspecti, caelestis tamen
gratiae sunt pane fecundi; nam servilia cophinis solent opera fieri.

Wánta sie sint álle   thera krístes lera fólle,
  thia selba kléinun wizzi   thia scríbent sie uns zi núzzi.
Thaz gras sint ákusti,   thes líchamen lústi;
  sie blýent hiar in mánne   sar zerthórrenne.
65 Wir scúlun thes bigínnan,   súlih gras io thuíngan
  jóh thio sino súazi   al drétan untar fúazi,
Thaz siu mit thémo werke   al untar úns irwélke
  joh síh ouh widar réhte   fúrdir zi úns ni irrihte.
Ni múgun wir, thoh wir wóllen,   thoh wír es ouh bigínnen,
70 zi then kristes góumon sizzen,   wir sélbon ni giwizzen.
Firdrít, so ih quád, thia súazi   al úntar thine fúazi,
  thaz siu thir wíht ni derre,   thera góuma ni gimérre.
So thu thaz thánne giduas,   so wehsit thir thaz kristes múas
  in múnde joh in múate   zi thínes selbes gúate.
75 Lís thir mit giwúrti   in thero búahstabo hérti,
  grúbilo in giríhti   in thes giscríbes slihti:
Thar findist thu ío thuruh nót   filu géistlichaz brót
  úntar themo gikrúste,   in thíu thih es wóla luste.
Oba thu iz thíko filu dúas: so wéhsit thir thaz kristes múas
80 émmizigen thanne;   so quimit iz wóla manne.
So thú io in thía redina   thar lángor sizis óbana:
  so thir ther ábaho githank   welket mér ana wank;
Joh sih thaz grás thar untar thír   min irríhtit widar thír,
  thio argun gilústi   gébent thir furdir frísti;
85 Joh findist thu óuh ana tház   thar dréso filu díuraz,
  then fórasagon máron,   ther sih thiu brót hiaz meron.
Thie líuti datun mári,   thaz fórasago er wári;
  quam úns gilóuba hérasun,   thaz ér ist selbo gótes sun.
Er wérd unsih giblíden   io zen góumon sinen,
90 húngere biwérien   joh ouh fon tóde nerien!

---

71 thino *V*.

63—68 *B. und Alc. zu J.* 6, 10 foenum .. concupiscentia carnalis intelligitur,
quam calcare et premere debet omnis, qui spiritalibus alimentis satiari desiderat;
omnis enim caro foenum, et omnis ejus gloria tanquam flos foeni. 71—74 *ebda*
florem foeni conterat, id est ·.... voluptates carnis edomet .., quisquis panis
vivi cupit suavitate refici; quisquis supernae gratiae dapibus renovari cupit,
ab infirma vetustate deficiat. 87—90 *B. und Alc. zu J.* 6, 14 recte quidem dice-
bant dominum prophetam magnam ..; nos certiore agnitione veritatis et fidei ..
dicamus: quia hic est vere mediator dei et hominum ff.

VIII. VOLUIT EUM POPULUS REGEM FACERE, ET QUOMODO AMBULABAT SUPER MARE.

Wóltun tho thie líuti   fáhan nan bi nóti,
   giwísso, thaz ni hílu ih thih,   duan zi kúninge ubar síh.
Er flóh in thaz gibírgi,   thaz ér sih thar gibúrgi;
   giwísso, er détaz thuruh tház,   bi thiu sin zít noh tho ni was,
5 Thaz er nóh tho wolti   sin kúning mit giwélti
   ófono zi wáre;   bi thiu flóh er sie tho tháre:
Er tho then júngoron gibot,   tház sie fuarin wídorort,
   thaz sie ouh giwár warin   joh ubar thaz fár fuarin.
Síe ouh tho so dátun,   joh ángusti sie rúartun;
10   mihil úngiwitiri   wás in harto wídari.
So síe in thaz scíf gigiangun,   sie wétar sar bifíangun;
   joh féritun sie giwáro   in then úndon filu suáro.
Ther wint thaz scíf fuar jágonti,   thie undon blíuenti;
   wás in thrato hérti   thaz wétar in theru férti.
15 Druhtin after ín tho giang,   so ther líut tho zigiang,
   joh thíe nan firlíazun,   thie thar zen góumon sazun.
Gíang er after ín tho sar   oba themo wázare thar,
   fásto oba ther úndu,   so wír duen hiar in érdu;
Giang er wégerihti,   súahta sin gikníhti,
20   sine líebun thégana   in then úndon thar tho óbana.
Bizóh se, tho iz zi dáge want,   er sie quámin in lant,
   unz sie in álathrati   wárun in ther nóti.
Sie mér ouh hintarquámun,   so síe nan tho gisáhun;
   firnámun in giwári,   theiz ein gidróg wari.
25 Sie tho lúto irháretun   thuruh thia suárun fórahtun,
   thuruh thaz míhila úngimah,   wanta ér man súlih ni gisáh,
Thaz mán io thes githáhti,   thaz súlih io bibráhti,
   ódo ouh thaz gidáti,   thaz wazar er so drati.

VIII. 1—6 *J.* 6, 15 Jesus ergo cum cognovisset, quia venturi essent, ut raperent eum et facerent regem (*dazu B. und Alc.*: hoc erat ...: praevenire velle tempus regni ejus), fugit .. in montem ..   7—14 [jussit discipulis ire trans fretum] *nach Mt.* 14, 22 et statim jussit Jesus discipulos ascendere in naviculam et praecedere eum trans fretum ..; navicula autem in medio mari jactabatur fluctibus; erat enim contrarius ventus.   15ᵃ. 17—25 [ambulabat Jesus supra mare] *nach Mt.* 14, 25 [quarta .. vigilia noctis venit ad eos] ambulans super mare; 26 et videntes eum super mare ambulantem turbati sunt dicentes: quia phantasma est; et [prae timore clamaverunt].

Sprah tho drúhtin innan thíu,   quad: „wiht ni fórahtet ir iu;
30   gihábet iuih báldo,   bin íh giwisso iz sélbo!"
So Petrus tház tho gisáh,   fon themo skíff er zi imo spráh;
    gruazta báldo (ih sagen thir tház)   then méistar, so er giwóu was.
„Drúhtin", quád er, „oba thu íz bíst   joh sélbo thu thar géngist,
    thanne", quad, „gibíut mir,   thaz ih quéme thara zi thir."
35   „Quím!" quad druhtin zi imo in wár;   wiht ni duálta er es sar,
    nub er zi gánne in thrati   sih fon themo skífe dati.
Er erist wóla sih gifnah;   so er avur then wínt tho gisah,
    joh waz thio úndun worahtun,   so rúartun inan fórahtun.
Ther se nan sár tho sankta,   so imo ther hugu wankta;
40   ni drúag inan tház zuíval,   so thiu gilóuba ubar ál.
„Drúhtin", quad er, „hílf mir,   theih thuruh quéme thara zi thír,
    theih híar nu ni firwérde,   firlóran ouh ni wérde!"
Er sína hant tho thénita,   then sinan knéht thar nerita,
    ráfsta nan tho wórto   thera úngilouba hárto;
45 Ziu er scólti io thes githénken   joh múates io giwénken
    ouh forahten tódes suari,   unz er mit ímo wari.
In thaz skíf er giang tho zi ín,   ni fórahtun síe in thes thiu mín;
    tho ward in théru stulli   thaz wétar filu stílli.
Inan ál tho betota,   thier fón then fréison retita,
50   quádun ouh, sos iz íst: „thu sélben gotes sún bist."

IX. OPTULERUNT EI OMNES MALE HABENTES.

Ther líut tho géiscota thaz,   thaz drúhtin thara quéman was;
    ingégin fuarun fólkon   zen séltsanen wérkon.

29—36 *Mt.* 14, 27 statimque Jesus locutus est eis dicens: habete fiduciam, [ego sum;] nolite timere. 28 respondens autem Petrus dixit: [domine, si tu es,] jube me ad te venire super aquas. 29 at ipse ait: [veni!] et descendens Petrus de navicula ambulabat super aquam, ut veniret ad Jesum. 37b—39. 41. 43—44 [cum vidisset ventum] *nach Mt.* 14, 30 videns vero ventum validum timuit; et cum coepisset mergi, clamavit dicens: [domine, adjuva me!] (*Vulg.* salvum me fac!) 31 et continuo Jesus [extendit (*Vulg.* extendens) manum] apprehendit eum et ait illi: modicae fidei, quare dubitasti? 47—50 *Mt.* 14, 32 et cum ascendissent in naviculam, cessavit ventus. 33 qui autem in navicula erant, [venerunt et adoraverunt eum] dicentes: vere filius dei es!

    IX. 1—12 *nach Mt.* 14, 35 et [cum cognovissent] eum viri loci illius, miserunt in universam regionem illam et obtulerunt ei omnes male habentes (*vgl. die*

Sie quamun ál zisamane,   thiu zéichan thar zi séhanne,
  manag séltsani;   bi thiu wérd iz thar so mári.
5 Sie brahtun úmmahti   joh ellu krúmbu wihti
  ouh hórngibruader suáre,   thaz ságen ih thir zi wáre;
  Blínte joh ouh dóube   (thaz mánnilih gilóube),
  ouh thara zi ímo quamun,   thie in únwizzin warun.
  Sie wúnsgtun, muasin rínan   thoh sinan trádon einan
10 in sínen giwátin;   thaz méra sie ni bátin.
  So wér so nan birúarta,   er fruma thána fuarta;
  sálida inti héili   thas wás in thar giméini.
  Sie héili thar io scúafun,   thie mit gilóubu riafun,
  álles guates io ginúht,   wanta ér ist thisu wóroltzuht;
15 Wanta ér giscuaf thesa érda   joh hímilisga wúnna
  ouh then sé hiar nídana;   bi thiu gíang er thar so óbana.
  Thaz was bi thíu, in war mín: ther selbo wág, ther was sín,
  ther selbo sé, thaz ist war;   bi thiu nintwéih er mo thár;
  Er was io in théra fristi   zi sinen fúazon fésti,
20 nintweih imo iowanne   zi sínes selbes gánge.

X. DE MULIERE CHANANAEA.

Sus in wége quam ein wíb,   wéinota thaz íra lib,
  fólgeta in then lóuftin   mit grozen ánaruaftin.
Ni quam er drúhtine   fon héidinemo wibe
  in gánge odo in lóufti   sulih ánaruafti.
5 Si quam rúafenti,   kúmta thio iro thúrfti,
  klágota ira wéwa   bi ira dóhter liaba.
Mit míhilon ríuwon,   io so wíb sint giwón,
  io mér inti mér   zálta imo thaz ira sér.
„Ginádo, druhtin", quad si, „mír,   bi thiu rúafu ih zi thir,
10 hélfa thino uns ráten,   Davídes sun thes gúaten!
Min dóhter ist mit séru   in únwizzin zi wáru;
  ther díufal ist iru ínne,   ther fíant ist io mánne."

Aufzählung Mt. 4, 24) 36 et rogabant eum, ut vel fimbriam vestimenti ejus tan-
gerent; et [quicunque tetigerunt, sanati (*Vulg.* salvi facti) sunt].

    X. 1. 9—12 [venit mulier Cananaea] *Mt.* 15, 22 et ecce mulier Cananaea a
finibus illis egressa clamavit dicens ei: [miserere mei,] domine, [fili David:] filia
mea male a daemonio voxatur.

Thaz fuar si rédinonti,   after ímo harenti;
 klágota iogilícho   thia dohter wénaglicho.
15 Thiu drúhtines mílti   ni gab es ántwurti;
 thaz wíb io suslih rédota,   sélbo druhtin thágeta.
Tho sprachun thár, so gizám,   thie wolawílligun man,
 thie selbun drúta sine   húlfun themo wíbe.
„Frumi, drúhtin, thaz wib,   thaz si unsih láze haben líb,
20 si héra sus ni lóufe   joh after úns ni ruafe.
Ja hilfist thu io mit willen   thesen líutin allen,
 ríchen joh ármen;   laz sía thih ouh irbármen!"
„Ih ni bín", quad er tho zi ín,   „giséntit hera in wórolt in,
 ni si théih gidue githíuti   thie mines fáter liuti;
25 Íro ist filu irwórtan,   ni sínt ouh noh nu fúntan;
 ih quam bi théru noti,   theih thie gisámanoti."
Si was es ágaleizi   joh fíal in sine fúazi,
 klagota io thaz ira sér,   thaz iz irbármeti inan mér.
„Drúhtin", quad si, „hílf mir!   then drost wéiz ih in thir;
30 ginádo in therera ríuwi   thinera múadun thiuwi!
Heili dóhter mina   thuruh gináda thina,
 dúa mir thaz gimúati   thuruh thin sélbes guati!"
„Níst", quad er tho, „fruma tház,   thaz man zúkke thaz maz
 then kíndon ir then hánton   inti wérfez úz then húnton."
35 „Drúhtin", quad si, „al ist iz só,   thaz wízzun wir giwísso;
 álle man nintnéinent,   thaz thínu wort giméinent.
Giléchont thoh thie wélfa   (theist lába in joh ouh hélfa),
 thero brósmono sih fúllent,   thie fon then dísgin fallent,
Thar héreron thie wíse   sízzent zi iro múase;
40 gismékent thoh thía méina   thera selbun áleiba."
Thera gilóubun fésti   irkánt er in ther brústi;
 was drúhtine iz gimúati,   joh lóbota sus thio gúati:

---

15. 17—20 *nach Mt.* 15, 23 [qui non respondit ei] verbum. et accedentes
discipuli ejus rogabant eum dicentes: [domine (*fehlt Vulg.*), dimitte eam,] quia
clamat post nos.   23—26ᵃ *Mt.* 15, 24 ipse autem respondens ait: [non sum
missus nisi ad oves,] quae perierunt, domus Israel.   27—30ᵃ [at illa cecidit
ad pedes ejus] *Mt.* 15, 25 at illa venit et adoravit eum dicens: domine, adjuva me!
33—40 *nach Mt.* 15, 26 qui respondens ait: [non est bonum sumere] panem filiorum
6t mittere canibus. 27 at illa dixit: [etiam, domine;] nam et [catelli edunt] de
micis, quaê cadunt de mensis dominorum suorum. *Dazu Hrab.*: mensa quidem
est scriptura sacra.

„In thiu wérk minu   so ist stárk gilóuba thinu;
  nu wérden al thio dáti,   so thú mih hiar nu báti.“
45 Tho ward bi théru wilu   thiu dóhter sar io héilu;
   gibot iz kríst guater,   thes bát iru thiu múater.

XI. MORALITER.

Si hábeta, so er wésta,   gilóuba filu fésta;
  thaz giscéinta si thár,   thaz ságen ih thir in álawar.
Fúar si thérero dato   rédihaftor thráto
  joh báz in thereru nóti,   thanne ther kúning dati.
5 Er bát, thaz druhtin fúari,   thar ther sún wari,
  joh er thar giméinti,   tház er nan thár gihéilti.
Ni deta síu es avur mér,   giklágota ekrodo ira sér,
  thaz ira mánagfalta léid,   joh sih es wiht thar ni méid.
Ni bat si thés, thaz ist wár,   thaz er fuari thára sar;
10 ni wánu, si ouh thes tháhti,   thaz siu sia thára brahti;
Suntar sús betota,   gináda sino thígita,
  gilóubta, er sia gihéilti,   ób er iz thár giméinti,
Joh ób er thaz gidáti,   thaz er sin wórt giquati,
  thaz sár io sin gizámi   thera dóhter biquámi.
15 Giwisso wízist thu tház,   bi thiu giscéinta siu thaz;
  sliumo fúar si sar héim,   so ér gisprah sin wórt ein.
Hábeta siu óuh in thia stúnt   filu míhila thult,
  thúltigaz hérza   úbar ira smérza.
Selbo kríst, so er wólta,   zi húnton er sia zálta,
20 ni gab si thóh ubar ál   io thes rúaffennes stal;
Sih wíht ouh thes ni scámeta,   thaz er thaz rédinota,
  ni firlíaz ouh in ther nóti,   ni si imo fólgeti;
Ni si ávur thaz irwéliti,   then nót imo gizéliti,
  thia thúrft imo giklágoti   io after rúafenti;

---

43 — 45 *Mt.* 15, 28 tunc respondens Jesus ait illi: [o mulier,] magna est fides
tua; fiat tibi, sicut vis. et [salvata (*Vulg.* servata) est filia ejus] ex illa hora.
    XI. 1 — 2. 9 — 16 *Beda homil. II quadrag.*: habebat namque magnam fidei
perfectionem . . .; cum pro filia rogans non illam secum adducit, non dominum
ad eam venire precatur, constat apertissime, quod eum verbo salutem posse dare
confidit, cujus praesentiam nullam requirit.   17 — 26 *cbda* habet patientiae
virtutem non exiguam, quae domino ad primam petitionem ejus non respondente
verbum nequaquam a precibus cessat, sed ampliore instantia auxilium`. . pietatis
ejus implorat . .; habet autem etiam constantiae et humilitatis insigne prae-

25 Selbon kríst thar bétota   joh sinaz wórt ouh lóbota,
   intfiang iruz zi gúate   mámmuntemo múate.
  Bi thiu gihólota siu thár,   wízist thaz in alawár,
   wanta si hábeta sulih múat,   thera dóhter thaz gúat;
  Giwan mit ágaleize,   mit míhilemo flize
30   sar io thía wila   thia héilida ana duála;
  Joh fúar si sines wórtes   fro tho héimortes;
   joh si sár githageta,   gilóubta, thaz er ságeta.

XII.   VENIT JESUS IN PARTES CAESAREAE PHILIPPI.

  Bigan drúhtin eines rédinon   gisuáso mit then théganon,
   frágeta sie mit mínnon   fon then wóroltmannon;
  Éiscota sie in thráti,   waz thiu wórolt quati,
   waz sie fon ímo redotin   joh wío fon imo zélitin.
5 „Wíht", quad er, „ni hélet mih,   thes ih nu frágen iuih;
   giwísso ságet mir iz ál,   thes iuih éiscon hiar nu scal.
  Waz quít fon mir ther líutstam?   thaz gizéllet mir nu frám;
   wer quédent sie theih sculi sín   odo ouh rácha wese mín?"
  Sie imo rédinotun,   wáz sies alle hórtun,
10   zaltun míssilih gimáh,   wío ther liut fon ímo sprah.
  „Súme", quadun, „duent sie wís,   tház thu Hieremías sis;
   Johánnem sume ouh nénnent   joh thih zi thíu gizellent.
  Quedent súm giwaro,   Helías sis ther máro,
   ther thiz lánt so tharta,   then hímil so bispárta;
15 Ther jú ni liaz in nótin   régonon then líutin,
   thuángta sie giwáro   hárto filu suáro.
  Joh spréchent hiar in ríche   thie liuti ouh súmiliche,
   thu sís giwisso héiler   thero fórasagono éiner,
  Thie jú bi alten wóroltin   then liutin wúntar zelitin,
20   kúnftigo dáti   joh drúhtines girati."

cipuum, quae canibus comparata a domino ne sic quidem ab instantia precandi desistit.

    XII.   1 — 4 *nach Mt.* 16, 13 . . ot interrogabat discipulos suos dicens: [quem dicunt homines esse filium hominis?]   9ᵃ. 11 — 13. 17 — 18 *nach Mt.* 16, 14 at illi dixerunt: [alii Hieremiam, alii Johannem] (*Vulg.* alii Johannem baptistam, alii autem Eliam, alii vero Jeremiam) [aut unum ex prophetis].

„Nú", quad er, „ni hélet mih,   wio ír firnoman eigit míh,
    nu sie bi míh so zéllent,   so hárto missihéllent!"
Deta éiner thes tho rédina,   firspráh thie selbun thégana;
    Pétrus spráh thar ubarlút,   ther furisto drúhtines drut:
25 „Uns állen thaz giwís ist,   tház thu selbo kríst bist,
    fon góte uns quami hérasun,   selbo drúhtines sun."
Githánkota er mo hárto   théro selbon wórto
    joh géreta ínan, wizist tház,   ouh filu hóho ubar thaz.
„Thir gáb nu", quad, „zi gúate   min fáter thaz zi múate;
30   ni theiz mán gidati,   thaz thu nu súlih quati.
Nu wíllu ih thir gihéizan: Pétrus scalt thu héizan,
    thaz thu in gilóubu, ih sagen thir éin,   sis so fésti io so stéin;
Thar ih óba wille,   thie mine líobon alle,
    gizímboron thaz min hús,   thaz sie nirgángen thanan úz.
35 Nirméginot sih, wizist tház,   thiu hellipórta ubar thaz,
    díufeles girústi;   iz sténtit in ther fésti.
Thir willu ih géban innan thés   slúzila hímiles,
    tház thu waltes álles   thes selben ínganges;
Thaz then thie dúri sin bidán,   thie tharín ni sculun gán,
40   joh ouh thén inslíazes,   thie thú tharzua gilíazes.
Gibínt then man mit wórton: ther stánte so in then bánton;
    ni wíll ih themo ouh wídoron,   then thú gisteist intrédinon;
So wás so thu es bizéines,   in érdu hiar giméines,
    so wesez ál in hímile,   thir níaman thes ni wídire!"

21—26 *Mt.* 16, 15 dicit illis Jesus: [vos autem, quem me esse dicitis?] 16 [respondit Petrus] (*Vulg.* respondens Simon Petrus dixit; *daxu Hrab.*: licet caeteri apostoli sciant, Petrus tamen respondet pro caeteris): [tu es Christus, filius dei] vivi.   27. 29—36 *Mt.* 16, 17 respondens autem Jesus dixit ei: [beatus es, Simon] .., quia caro et sanguis non revelavit tibi, sed pater meus .. 18 et· ego dico tibi, quia [tu es Petrus] (*daxu Hrab.*: secundum metaphoram petrae recte ei dicitur .., quia ille videlicet firma ac tenaci mente adhaesit), et super hanc petram aedificabo ecclesiam meam, et [portae inferi] non praevalebunt adversus eam.   37—44 *nach Mt.* 16, 19 et [tibi dabo claves regni caelorum;] et [quodcunque ligaveris] super terram, erit ligatum et in caelis; et quodcunque solveris super terram, erit solutum et in caelis.

XIII. PRAECEPIT, NE CUI DICERENT, QUIA IPSE ESSET CHRISTUS; ET INCREPATIO PETRI; ET DE VISIONE IN MONTE.

Er tho then júngoron gibót,   thaz sie iz hálin thuruh nót,
théiz ni wurti mári,   thaz er kríst wari.
Zált er in tho fóllon   then sinan múatwillon
joh ouh hárto filu frám,   bi híu er hera in wórolt quam.
5 „Mih scál man", quad, „gifáhan,   ufan krúzi hahan,
bispíuan joh bifíltan   joh héistigo biscóltan.
Dúent thaz these fúriston   joh thie héreston,
ergébent mih zi nóte   frémidemo thíete.
Ih irstán after thíu   (drof ni fórahtet ir iu,
10 nist iz láng zi waré:)   thes thrítten dages sare."
So Pétrus thaz tho wésta,   er inan súntar rafsta
joh ouh fílu harto   súlichero worto:
„Ni giwáhin es, druhtin, fúrdir;   ginado sélbo thu thoh thir,
thaz wórolt ni bifinde,   thaz thir io súlih werde!
15 Drúhtin, thu iz ni wólles,   thaz thú so io bifálles;
joh thu iz sélbo firbíut,   thaz thir ni dúe so ther liut,
Thu únsih so bisuíches,   thaz thu uns ío gisuiches;
gót iz ni giwérde,   thaz thir io súlih werde!"
Gab ér tho ántwurti,   thaz Pétrum thuhta hérti,
20 thaz ínan tho giwísso   rúarta filu wásso.
„Far after mír thanne,   thu sátanas zi mánne!
thu thes girátes wiht ni wéist,   thaz selbo drúhtin wilit méist.
Hábet er giméinit,   mit mir thia wórolt heilit,
ni még iz werdan álles;   thu quíst, thaz thu iz ní wólles!

XIII. 1—3ª. 5—10 *Mt.* 16, 20 tunc praecepit discipulis suis, ut nemini dicerent, quia ipse esset Jesus Christus. 21 exinde coepit Jesus ostendere discipulis suis, quia oporteret eum ire Hierosolymam et multa pati (*vgl. Luc.* 18, 32 tradetur gentibus et illudetur et flagellabitur et conspuetur) a senioribus (et scribis) et principibus sacerdotum et occidi et tertia die resurgere; [*Marg. zu* 5 flagellabunt; *zu* 9 tertia die resurgam]. 11—14 [increpabat eum Petrus] *Mt.* 16, 22 et assumens eum Petrus coepit increpare illum dicens: [absit a te,] domine; non erit tibi hoc. *Dazu Hrab.*: assumit eum . . vel separatim ducit . . et coepit increpare illum amantis affectu . .: absit a te domine; vel, ut melius habetur in Graeco: propitius esto tibi, domine . . . 19ª. 21—22. 25 *nach Mt.* 16, 23 qui conversus dixit Petro: [vade post me, satanas] . .; quia [non sapis] ea, [quae dei sunt, et (*Vulg.* sed)] ea, [quae hominum].

25 Sint mer thir mánnes dati,   thanne sín girati;
   sos iz thíh githunkit,   nales so ér githenkit.
   So wér so wolle mánno   gan after mír io gerno:
   firlóugn er filu fóllon   then sinan múatwillon;
   Joh neme krúzi sinaz   tharazúa ouh ubar tház,
30 fólge mir io thánne,   thar ih fora ímo gange.
   Waz hílfit nu then muadon mán,   ther hiar gihéret so frám,
   thaz sínt imo untar hénti   ellu wóroltenti;
   Oba er in thía wila   firlíusit sina séla,
   joh sih sélbon thuruh nót   mit súnton firdámnot?
35 Ni mág er, thaz ist al niwíht,   findan wéhseles wiht
   in allen ríchin, thaz ist wár;   er sélbo scal iz wesan thár.
   Wanta drúhtin giltit,   so er sin úrdeili duit,
   állen, so sie dátun   joh hiar giwérkotun.
   Hiar stantent súme untar íu   (giwisso ságen ih iz iu),
40 thie tóthes ni koront ér   noh ni thúltent thaz sér,
   Ér sie sehent scóno   then gotes sún frono
   in sunnun ánaliche   in sínemo riche."
   Er ahto dágon after thíu   (thaz zellu ih híar nu bi thíu,
   thaz thu thir sélbo leses thár   thaz séltsana wuntar,
45 Zi thiu er sár tho.gifíang),   er úfan einan bérg giang;
   thar lisist thu ouh ana wán,   thaz thrí er hiaz mit ímo gan;
   Joh sie thar in gáhun   scóni sino sáhun,
   wio sie ouh mit únredinon   in wóltun thar gisélidon.
   Ther fáter iz gisúazta,   then sinan líobon grúazta,
50 quad, er wári (weist es mér!)   éinego síner.
   Móyses giwaro,   Helías ouh ther máro
   fon heilegero ménigi   quámun thara ingégini.

27—36 *Mt.* 16, 24 . . [qui (*Vulg.* si quis) vult venire post me,] abneget
semetipsum et tollat crucem suam et sequatur me . . 26 [quid enim proficit
(*Vulg.* prodest) homini,] si mundum universum lucretur, animae vero suae detri-
mentum patiatur? aut quam dabit homo commutationem pro anima sua? *Vgl.*
dazu Hrab.: pro Israel datur commutatio Aegyptus, Aethiopia. 37—42 *Mt.* 16, 27
filius enim hominis . . reddet unicuique secundum opera ejus. 28 amen dico vobis,
[*sunt*] quidam [*de hic stantibus, qui non gustabunt mortem,*] donec videant filium
(hominis) venientem in regno suo. 43ª. 45ᵇ—50 *aus Luc.* 9, 28 [*post*] haec
verba fere [*dies VIII,*] et [*assumpsit Petrum*] et Jacobum et Johannem et ascendit
in montem . . 32 . . et evigilantes viderunt majestatem ejus . . 33 . . et ait
Petrus: . . faciamus tria tabernacula . ., nesciens quid diceret . .; 35 et vox facta
est . . dicens: hic est filius meus dilectus . . 51—58 [*apparuit ei Moyses et*
Helias; vgl. Mt. 17, 3]. *L.* 9, 30 et ecce duo viri loquebantur cum illo, erant autem

Zélit thir iz Lúcas,   waz iro thíng thar tho wás,
  waz sine scálka in feste   thar kósotun mit kríste.
55 Thie júngoron thar tho gáhun   thera scóni hintarquámun,
  joh sie tho théro dato   irfórahtun sih thráto;
  Er in sélbo gibot,   thaz sie iz hálin thuruh nót,
  unz thiu sín guati   uf fon tóde irstuanti.

XIV. BREVIS AMMONITIO DE SIGNIS.

Thes nist zála, noh ouh rím,   wio manag wúntar ist sín,
  wio manag séltsani   ist ubar wórolt mari.
  Thaz duent lútmari   thie scríptora fiari,
  thie scríbent evangélion;   lis sélbo, theih thir redion.
5 Thar máhtu ana fíndan,   wío er ouh einan gómman
  irquícta in theru báru,   thaz ságen ih thir zi wáru;
  Irquíct er ouh, so móht er,   thes héresten dóhter
  in themo hús zi libe   then híon zi liabe.
  Unz drúhtin selbo thára giang,   ein wib er iz untarfíang;
10   si ganz sih thána fuarta,   so slíumo siu nan rúarta,
  Thoh ni wás giwisso ér   árzat nihéiner,
  thoh si ira al spéntoti,   ther húlfi iru in theru nóti.
  So druhtin thárasun tho fúar,   so ínan ira fáter spuan;
  bi thia dóhter dati,   so ér nan thar tho báti
15 (Thráng inan thiu ménigi,   thiu thár was tho ingégini,
  thár thie selbun líuti   drúhtin krist zi nóti!):
  Bigonda génu dráhton,   in ira múate ouh áhton,
  si sih zi thíu gifiarti,   tház siu inan birúarti
  (Thoh bi thía meina   thia trádun ekord éina);
20   si iz zi thíu gisítoti,   thaz méra wiht ni géroti —

Moyses et Helias 31 visi in majestate, et dicebant excessum ejus, quem com-
pleturus erat in Jerusalem .. 34 et timuerunt intrantibus illis in nubem; vgl.
Mt. 17, 6 et audientes discipuli .. timuerunt valde. Mt. 17, 9 .. et praecepit iis
Jesus dicens: nemini dixeritis visionem, donec filius hominis a mortuis resurgat.
     XIV. 5 — 6 aus L. 7, 11—15.   7 — 8 aus L. 8, 41 venit vir ... et ipse
princeps synagogae .. rogans eum, ut intraret in domum ejus ... 51 et .. non
permisit intrare secum quemquam nisi .. patrem et matrem puellae; vgl. Mc. 5, 22. 40.
9 — 28 frei combiniert aus Mc. 5, 24 et abiit cum illo. L. 8, 42 [factum est autem
(Vulg. et contigit), dum iret, a turba (Vulg. turbis) comprimebatur;] 43 et mulier
quaedam ... quae in medicos erogaverat omnem substantiam suam (Mc. 5, 26
omnia sua) neque ab ullo poterat curari, 44 accessit retro et tetigit fimbriam

Thaz sár io mit giwúrti　　si wola gánz wurti;
　joh ób iz zi thíu wurti,　　thaz blúat iru firstúlti!
Si iz zi thíu bibrahta　　joh drúhtine sih náhta,
　joh iz zi thíu gifiarta,　　thes giwates trádon ruarta.
25 Mit míhileru ílu　　so wárd si sár io heilu,
　sar io thía warba　　in allen ánahalba.
Sar gab stál, thaz ist wár,　　mer zi rínnanne thár
　brúnno thes blúates;　　so fúalta sar thes gúates.
Sih drúhtin kerta wídorort,　　ther thia héili thar gibót,
30　joh frágeta bi nóti,　　wér nan thar tho rúarti.
„Ziu ist, drúhtin!“ quad tho Pétrus,　　thaz thu es éiscos nu sús,
　joh thu therero dáto　　fráges nu so thráto?
Thih thringit mán bi mánne　　in thésemo selben gánge,
　álle these líuti;　　thu fráges, wer thih rúarti?“
35 „Íh“, quad er, „infúalta,　　thaz étheswer mih rúarta;
　ih irkánta, ih ságen thir,　　thia kraft hiar fáran fona mir.“
So síu tho thaz gihórta,　　thaz er iz ántota,
　joh thiu selba dát sin　　ni móhta tho firhólan sin;
Joh er tho spráh ubar ál　　bi frúma, thía si thar firstál,
40　tho míthont in theru frísti,　　thaz wánta si, er ni wésti:
Quam siu fórahtalu sár　　joh zálta mo thiu wérk thar,
　jáh tho thar gimúato　　sínes selbes dáto;
Thero drúhtines wérko　　joh óuh iro githánko,
　bi hiu si irbáldota so frám,　　jóh zi thiu si thára quam;
45 Joh ziu si fáreta,　　thaz si thia trádun ruarta.
　gilóuba iz deta in wára;　　ni gidórst es ruaren méra.
„Fár“, quad er tho, „innan thés,　　tohter, héimortes
　mit frídu joh mit gúatu,　　mit gilóubu so gihéiltu.

---

vestimenti ejus .., *Mt.* 9, 21 dicebat enim intra se: [*si tetigero fimbriam vestimenti*
(*Vulg.* tantum vestimentum) *ejus*,] salva ero. *Mt.* 9, 22 .. et salva facta est mulier
ex illa hora. *Mc.* 5, 29 et confestim siccatus est fons sanguinis ejus; et sensit
corpore, quia sanata esset a plaga. [*Marg. zu* 23 et cum tetigisset eum, sanata
est]. 29—31ᵃ. 33—36 *Mc.* 5, 30 et statim Jesus conversus ad turbam ajebat:
L. 8, 45 quis est, qui me tetigit? [*Marg. zu* 29 conversus Jesus dixit: quis me
tetigit?] .. [respondit (*Vulg.* dixit) Petrus]: praeceptor, [turbae te comprimunt]
et affigunt, et dicis: quis me tetigit? 46 et dixit Jesus: tetigit me aliquis; nam
ego novi virtutem de me exiisse. 37—46 *nach L.* 8, 47 [videns autem illa (*Vulg.*
mulier), quia non latuit,] tremens venit .. et, ob quam causam tetigerit eum,
indicavit coram omni populo, et quemadmodum confestim sanata sit. 47—50
L. 8, 48 at ipse dixit ei: filia, fides tua salvam te fecit, vade in pace *Mc.* 5, 34 et
esto sana a plaga tua.

Gilóuba thin in wára   thiu déta thih hiar héila,
50   thiu déta thaz gizámi,   thu hiar thia fruma nami."
Maht lésan in theru rédinu   zéichan filu mánagu,
    giwísso, so ih thir zéllu,   thiu er deta sáman ellu:
Wio fuarun thiu díufilir úz   thar zi Pétruses hus,
    tho drúhtin thaz giméinta,   er sina suígar heilta.
55 Thie síechun quamun álle   tho zemo ábande;
    firdreib er ál thio suhti   joh iro úmmahti.
Ér gibot then wínton,   then undon zéssonton;
    so slíum er es. giwúag thar: sie gistíltun in sar;
Tho sin githígini zi imo ríaf,   tho ér in themo skífe sliaf,
60   irwágtun thuruh fórahta: tho er thaz zéichan worahta.
Héilt er ouh ju blínte,   thie wárun mórnente,
    thie sus in wége gahun   míthont zi ímo quamun;
Thíe ouh zi imo súnnun,   thie mit díufele wúnnun,
    hórngibruader thánne,   thie héilt er sár io alle.
65 Lis thir Mátheuses déil,   wio ward ein hórngibruader héil;
    in Lúcases deile,   wio zéhini wurtun héile.
Thár sint ouh gizálte   béttirison álte,
    úmmahtige mán;   thie heilt er ál, so gizam.
Firdílota er in súntar   thia súnta, thaz was wúntar;
70   firgáb in thiu sin gúati   thio iro míssodati.
Thara ouh zúa gifuagi   blíntero ginúagi,
    hálzero ménigi   joh krúmbero gisámani;
Thie ih al irzéllen ni mag,   thoh ih tharzúa due then dág,
    ouh thaz jár allaz   joh minaz líb ubar thaz.
75 Thaz was in ínouon   joh úze in then gówon;
    so wár so sie sih klágotun   joh míthont imo gágantun:
So heilte se álle druhtin sár,   thaz ságen ih thir in alawár;
    er blíder thána wanta,   so wér so zi imo nándta.
So wer so thés ruahta,   thaz frúma zi imo súahta
80   (wízist iz in alawár):   es ni brást imo thár;

53—56 aus Mt. 8, 14 cum venisset in domum Petri, vidit socrum ejus
jacentem .. 15 et tetigit manum ejus, et dimisit eam febris .. 16 vespere autem
facto obtulerunt ei multos daemonia habentes .. et omnes male habentes curavit.
57—60 aus Mc. 4, 38 et erat ipse in puppi .. dormiens; et excitant eum .. 39 et
exsurgens comminatus est vento (Mt. 8, 26 imperavit ventis et mari), et facta est
tranquillitas magna .. 40 .. timuerunt timore magno ..   61—62 aus Mt. 9,
27—30.   63 aus Mt. 8, 28---32.   64—66 aus Mt. 8, 2—3.   L. 17, 12—14.

Want ér ist selbo wúnno   joh álles gúates brunno;
állaz guat zi wáre   so flóz fon imo tháre
Allen líutin io ginúag,   so wér so es thanne thar giwúag;
ther thara in thíu giliafi,   thaz thara zi ímo riafi.

85 In súslicha rédina   so sánt er zuelif thégana
(ni thoh zi wóroltruame),   zéichan ouh zi dúanne;
Thaz sie díufal fluhtin   in ármilichen súhtin
joh in állen nótin   húlfin io then líutin.

Gibót, thaz sie firnámin,   ouh wíht mit ín ni namin,
90 tho zi thémo friste   in zi wégeneste
Séchil noh thia málaha,   thaz sús sie fuarin thánana;
noh óuh ni fúartin in thiu thíng   mit ín niheinan pénding;
Thaz sie zi thíu gifiangin,   sus mit stábon giangin,
mit gértun in henti   harto ílenti;

95 Thaz síe ouh thes ni rúahtin,   zua dúnichun in súahtin,
noh ouh in théra gahi   managfalt giscúahi.
Déta in thaz zi núzze,   thaz fuarin sie éinluzze
untar wóroltmannon   zi súslichen thingon.

„Wíht", quad, „ságen ih iu thaz,   ni nemet scázzes umbi tház,
100 iu lazet únthrata   thero wóroltliuto míata.
Éra thesses wérkes   gab ih iu mínes thankes,
ir mir (wízut ir thaz)   ni gabut dróf umbi thaz;
Ír ouh thaz ni wóllet,   thaz ir zi thíu giganget
odo ouh zi thíu giloufet,   thaz ír es wiht firkóufet!"

105 Bi súslicho dáti   so áhtun sin thio líuti;
fáretun thes férahes   sine fíanta innan thés,
Jóh sie datun mári,   thaz er firnóman wari,
joh er then díufal habeti,   bi thíu thiz allaz sítoti.

---

81 uuunno *und* brunno *vertauscht* V.

85—88 [duodecim discipulos misit praedicare et signa facere] *L.* 9, 1 convocatis autem duodecim apostolis dedit illis .. potestatem super omnia daemonia,
Mt. 10, 1 .. ut ejicerent eos et curarent omnem languorem et omnem infirmitatem.
89—98 *nach Mc.* 6, 8 et praecepit eis, ne quid tollerent in via, nisi virgam
tantum, non peram, non panem, neque in zona aes; sed calceati sandaliis; ot
ne induerentur duabus tunicis (*darüber Hrab. homil.* V, 675 e quid eos monuit,
nisi non dupliciter, sed simpliciter ambulare?); *vgl. L.* 10, 4 nolite portare
sacculum neque peram neque calceamenta.   99—104 *nach Mt.* 10, 8 .. gratis
accepistis, gratis date.   105—108 *nach Mc.* 3, 22 et scribae, qui ab Hierosolymis
descenderant, dicebant: quoniam Beelzebub habet, et quia in principe daemoniorum ejicit daemonia; *vgl. J.* 10, 20 daemonium habet et insanit.

Tház firdruag er állaz   joh ouh méra ubar tház,
110   al thiz úngimuati   thúruh sino gúati;
Thuruh sino mílti   was er in mámmunti,
    óugta in io in giwíssi   mihil súaznissi.
Er ougta in ío filu frám,   bi híu er hera in wórolt quam
    mit wérkon in girihti   bi sinera éregrehti,
115 Mit wérkon filu fóllon,   thoh sie óugtin argan wíllon,
    émmizen thiu ménigi   ávur thára ingegini;
Níd filu hébigan,   then firdrúag er allan.
    wanta nídigaz muat   hazzot émmizen thaz gúat,
Hazzot ío thio gúati   thuruh úbarmuati,
120   nintfáhent thés gilústi   thio ármilichun brústi.

XV. AMBULABAT JESUS IN GALILEAM.

Thie Júdeon méid er tho bi tház   thuruh then míchilan haz,
    wanta sie wárun thuruh nót   sines tóthes giéinot;
In Gálilea er wóneta,   ni thóh thuruh thia fórahta,
    er áltaz, sos er scólta,   unz er thia zít wolta.
5 Sih náhtun eino zíti,   thaz man tho fíroti
    eina wéchun thuruh nót,   so ther wízzod gibot,
Thaz ther líut zi flíze   sazi wéchun úze
    mit spísono ginúhtin;   so ín gibot jú druhtin.
Iz ward ér ju, ana wán,   zi einen gihúgtin gidan
10   thera sámanungu,   zi éineru mánungu,
Tház sie thes irhógetin   joh iro múat io manotin,
    wio fon Egýpto fuarun,   thie fórdoron iro wárun;
Wío sie in thésa redina   warun ana sélida,
    in hútton giwaro   sazun fíarzug jaro.
15 Tho bátun sine síbbon,   so ofto mága sint giwon,
    thén ist io gimúati   thero náhistono gúati;
Lértun sie nan, einan rúam   thaz er gidáti imo, einan dúam,
    ímo ein gizámi,   thaz er zeru fíru quami;

XV.   1—3ᵃ *J.* 7, 1 post haec autem ambulabat Jesus in Galilaeam; non
onim volebat in Judaeam ambulare, quia quaerebant eum Judaei interficere.
5—14 *J.* 7, 2 erat autem in proximo dies festus Judaeorum scenopegia; *dazu Alc.*:
est dies festus, quo Judaei .. in tabernaculis sub ramis arborum habitare diebus
soptem jubebantur ad memoriam habitationis in eremo .., quem Judaei magna
solemnitate celebrabant, velut reminiscentes beneficiorum domini, qui eos eduxit
do terra Aegypti.   15ᵃ. 17—26 *nach J.* 7, 3 [dixerunt .. fratres ei (*Vulg.* ad eum

Tház er thar giscéinti   thia sina gómaheiti,
20   mit zéichonon gidáti,   thaz inan ther líut irknati;
Joh ouh thaz fólk instúanti   sínes selbes gúati,
    thie júngoron ouh irknátin   bi thésen selben dátin.
„Ni dúit thaz", quadun, „íoman,   ther sih ófonon scál,
    ér sar thes githénke,   gidóugno sulih wírke."
25 Ni gilóuptun, so se scóltun,   thie tház fon imo wóltun,
    in ímo was in méra   thisu wóroltera.
Firságet er in thaz gizámi;   sin zít, quad, noh ni quámi,
    er sih mit gúalliche   iróugti in themo ríche.
„Ni mag thiu wórolt, wizit tház,   haben in íu theheinan ház,
30   in ábuh kéren zi iu thaz múat,   só ther liut zi mír duat.
Wanta íh zellu in nóti   iro ármilichun dáti,
    thio míssidat, so ságen ih;   bi thiu inkúnnun sie mih."
Quad, thaz síe thara fúarin,   joh iro zítiz warin;
    sie síh tho sar irhúabun,   zen wíhen zitin fúarun.
35 Er áfter thiu gidóugno,   nales ófono tho,
    fuar thára mit then sínen   zen stétin filu wíhen.
Thie Júdeon ágaleizo   súahtun, nan thar héizo,
    sie warun éisconti,   war er wésan scolti.
Thar ward thó, ih ságen thir,   múrmulunga míhil;
40   spráchun thar tho hérton   míssilichen wórton.
Súm fon imo záltun,   thie thar wóla woltun,
    mit wórton joh mit múate   lóbotun nan zi gúate;
Ándere thaz in záltun,   thie in ábuh woltun,
    quádun, ni gisuíchi,   nub er then líut bisuichi;
45 Joh ér se thes gibéitti,   zi áltere firléitti,
    zi áltemo wéwen,   „oba síe mo wollent hóren."

---

fratres ejus): transi hinc] et vade in Judaeam, ut et discipuli tui videant opera
tua, quae facis. 4 [nemo quippe in occulto quid facit] et quaerit ipse in palam
esse ..; 5 neque enim fratres ejus credebant in eum.   27—36 *nach* J. 7, 6 dixit
ergo eis Jesus: [tempus meum nondum advenit] ... 7 non potest mundus odisse
vos; me autem odit, quia ego testimonium perhibeo de illo, quod opera ejus
mala sunt. 8 [vos ascendite] ad diem festum hunc! ego autem non ascendo, quia
meum tempus nondum impletum est ... 10 ut autem ascenderunt fratres ejus,
tunc et ipse ascendit ad diem festum, non manifeste, sed quasi in occulto [*Marg.*
zu 35: ascendit occulte post haec].   37—44 *nach* J. 7, 11 [Judaei .. quaerebant
eum] .. et dicebant: ubi est ille? 12 et murmur multum erat in turba de eo.
[Quidam] enim [dicebant: quia bonus est;] alii autem dicebant: non, sed seducit
turbas.

Ni spráchun, thie thaz záltun,   thie sino gúati nantun,
    worton óffonoro   bi fórahtun thero Júdeono;
Joh thaz héroti   sulih ri ábahoti,
50   thaz ín iz ni wari zála,   thaz ságen ih thir in wára;
Joh íagilih thes wángti,   in fiantscaf ni giángti
    in súlichemo nóte   fon themo hérote.

XVI. JAM DIE FESTO MEDIANTE.

Tho thiu wécha, so got gibót,   was hálbu gifírot,
    in thaz hús tho druhtin gíang   joh thar zi léru gifiang.
Thar brédigota scóno   ther gotes sún frono
    thie líuti io thar bi nóti   joh selb thaz héroti.
5 Sie tho wúntar gifiang,   so iz zi thíu tho gigíang;
    hintarquámun innan thés   thes sines wísduames
Joh sinero kúnsti,   wio er thio búah konsti;
    hintarquámun thes ouh mér,   wanta er ni lérneta sio er.
Ni sáhun sie nan sízen   untar scúalarin [ér],
10   noh klíban themo mánne,   ther se inan lérti wanne.
Drúhtin sprah tho zi ín sar   joh iróugta in thaz wár,
    yróugt er in thár filu frám,   wánana thiu frúma quam.
„Thisu léra minu,   wízit, nist si mínu;
    er thera léra weltit,   fon thémo ih bin giséntit.
15 So wér so wolle thénken,   then gótes willon wírken,
    joh húggen ío thuruh nót,   thaz er sélbo gibót:
Yrkénn er thesa léra   joh séhe tharána in wára,
    si fon góte queme thír   od ih sia éigine mir.
Ther fon ímo saget wáz: ther súachit io thaz sínaz,
20   wílit thes gigáhen,   thaz sínaz io gihóhen;

47—48 J. 7, 13 [nemo tamen palam loquebatur de illo (*Vulg.* eo)] propter
metum Judaeorum.
    XVI. 1—3ᵃ. 5—8 J. 7, 14 jam autem die festo mediante ascendit Jesus
in templum et docebat. 15 et [mirabantur] Judaei, dicentes: [quomodo hic literas
scit,] cum non didicerit? 11ᵃ. 13—15. 17—18 J. 7, 16 respondit iis Jesus et
dixit: [mea doctrina non est mea,] sed ejus, qui misit me; 17 si quis voluerit
voluntatem ejus facere, cognoscet de doctrina, utrum ex deo sit, an ego a me
ipso loquar.   19. 21—23 *nach* J. 7, 18 [qui a semetipso loquitur,] gloriam pro-
priam quaerit; qui autem quaerit [gloriam] ejus, qui misit eum, hic verax est ...

Ther avur thára iz wéntit,   súachit thes, nan séntit:
  ther férit iogilícho   in thiu giwáralicho.
Móyses gab iu wízzod,   thes ni wírket ir drof,
  suntar get zisámane   inti rátet mih zirsláhanne.
25 Giwisso wízit ir thaz: Móyses er ni déta thaz,
  mit dátin odo mit wórton   mir wolti wídarwerton."
Thó sprah thara ingégini   ávur thiu selba ménigi,
  ñazun úz in waron   thes selben múates wewon.
„Thu habes then díufal in thir;   giwísso, thaz firnémen wir!
30   wér ist, thes hiar thénke,   thaz thir tód giwirke?"
Gab ántwurti er then líutin,   thoh síe nan ni éretin;
  er zálta, bi hiu si es flízun,   joh uuáz sie imo alle wízun:
„Ih deta ein wérk maraz,   giwisso wízit ir thaz,
  theih bi einan mán gimeinta,   in sámbazdag gihéilta.
35 Gibot Móyses, ir ni mídet,   nir iu kínd bisnidet;
  thaz gibót was thoh mér   bi alten fórdoron er.
Wirdit thaz ouh ana wán   ofto in sámbazdag gidán,
  zi thíu thaz sie giflízen,   thaz sin gibót ni slizen;
Joh thaz ouh héili thanne   quéme themo mánne
40   joh ouh sálida ginúag,   want es ther wízzod giwuag.
Nu ir sámbazdag ni mídet,   nir iu kínd bisnídet,
  thaz man irfúlle thuruh nót,   so ther wízzod gibót:
Ziu ist thánne iu wídarmuati   thísu selba gúati,
  theih einan mán allan   in thén dag deta héilan?
45 Nirdeilit únrehto,   thaz iaman ádal ahto;
  duet rehtaz úrdeili   úns zuein hiar giméini!
Zi ímo thih ni bílgis,   oba thu in sámbazdag thaz dúis;
  ouh ni bélget widar míh,   óba ih duan so sámalih."

---

19 [nonne Moyses dedit vobis legem?] et nemo ex vobis facit legem. 20 quid me
quaeritis interficere?   27. 29—31ª. 33—44 J. 7, 20 respondit turba et dixit:
[daemonium habes;] quis te quaerit interficere? 21 respondit Jesus et dixit eis:
[unum opus feci,] et omnes miramini. 22 [dedit Moyses ob hoc (*Vulg.* propterea
Moyses dedit vobis) circumcisionem,] ñon quia ex Moyse est, sed ex patribus
(*daxu Beda*: Abraham quippe primus accepit circumcisionem a domino); et in
sabbato circumciditis hominem. *Dazu B. und Alc.*: quia circumcisio pertinet ad
aliquod signum salutis ..; aliquid enim per Moysen in illa constitutione circum-
cisionis salubriter constitutum est.   41—46 J. 7, 23 [si circumcisionem accipit
homo in sabbato,] ut non solvatur lex Moysi: mihi indignamini, quia totum homi-
nem sanum feci in sabbato? 24 [nolite judicare secundum faciem,] sed justum
judicium judicate!

Quadun súmiliche   fon thémo selben ríche:
50 „thíz ist, then sie zéllent   joh then sie sláhan wollent!
Er sprichit ófono hiar nu zi ín   joh filu báldo untar in;
    er dúit hiar untar ín then strít,   inti iro nihéin es wiht ni quít.
Sie thaz ábahotun,   thaz sie then héime habetun,
    then se er irsláhan woltun;   inti in nú sus gistiltun?
55 Firsteit thaz héroti,   thaz er si kríst zi noti?
    thaz mihil únredina íst;   wir wizun wóla, wanan er ist.
Wir wizun in thía ahta   álla sina sláhta,
    fáter inti múater;   scolt ér sin kríst guater?
Thanne uns kríst quimit héim,   ni weiz iz mánno nihein,
60   thes kúnnes gizami,   wánana er selbo quámi.“
Riaf er thó ubarlút,   thar iz hórta ther líut;
    quad, inan irknátin untar ín,   „joh wizut wóla, wanana ih bín.
Wizit tház ouh filu frám,   theih fon mir sélbemo ni quám;
    ist wárhaft, ther mih sánta,   ni wízut sin giwánta.
65 Ni weiz íh inan thes thiu mín,   wánt ih ouh fon ímo bin,
    joh er mih sánta hera zíu;   ir ni gilóubet thoh bi thíu!“
Fáhan sie nan wóltun   joh thóh in thes gistúltun;
    iz ouh wóla so gizám,   bi thiu sin zít noh ni quam.
Fílu thero líuto   giloubta in drúhtinan tho,
70   joh spráchun ouh in ríhti,   wio thaz wésan mohti,
Thaz selben krístes guati   mera wúntar dati,
    méra gizami,   sar so er sélbo quami.
Thie fúriston thaz gihórtun   joh ein giráti datun
    mit wórton tho ginúagi,   tház man nan gifíangi.

49—52. 55—60 *J.* 7, 25 dicebant ergo quidam ex Hierosolymis: [nonne hic
est, quem quaerunt interficere?] 26 et ecce palam loquitur, et nihil ei dicunt!
[numquid vere cognoverunt principes, quia hic est Christus?] (*Vgl. J.* 6, 42 . .
nonne hic est Jesus . ., cujus nos novimus patrem et matrem?) 27 sed hunc
scimus, unde sit; [Christus autem [cum venerit,] nemo scit, unde sit. 61—68
J. 7, 28 [clamabat] ergo [Jesus] in templo docens et dicens: et me scitis, et unde
sim, scitis, et a me ipso non veni; sed est verus, qui misit me, quem vos
nescitis. 29 [ego scio eum,] quia ab ipso sum, et ipse me misit. 30 [quae-
rebant] ergo [eum apprehendere,] et nemo misit in illum manus, quia nondum
venerat hora ejus.   69—73ᵃ *J.* 7, 31 de turba autem multi crediderunt in eum
et dicebant: [numquid Christus, quum venerit, plura signa facit (*Vulg.* faciet),
quam quae hic facit? 32 audierunt Pharisaei . . 73ᵇ—74 *aus J.* 7, 32. 45—53.

XVII. PERREXIT JESUS IN MONTEM OLIVARUM.

Áfter wórton managen   joh léron filu hébigen
(thaz was kráftlichaz wérk)   so gíang er in then óliberg.
Er filu frua in thaz hús quam   joh lerta se ávur (so imo zám)
scónero wórto   joh mánagfalten hárto.

5 Zi then héroston állen   so sprach er wórton follen
scónera brediga;   hort ál ther liut thia rédia.
Sie thára tho in fárun,   so sie úbilwillig wárun,
eina húarrun brahtun,   so sio in ábuh thahtun;
Brahtun sía tho in thaz thíng,   thara in míttan then ring,

10   in mítte thie líuti,   tház man iru irdéilti;
Frágetun zi wáre   unsan drúhtin sare
thérera selbun dáti,   joh waz er es giquati.
„Meistar, wízist, thaz thiz wíb   firworaht hábet ira lib;
bifángan ist si in thráti   in huares úndati.

15 Selbo Móyses er quít,   thaz wíb, thaz hiar súlih duit —
es mán nihein ni hélfe,   mit stéinon sia biwerfe.
Nu zéli uns avur fóllon   hiar then thínan willon,
thaz thínaz girati,   wáz iz theses quáti;
Thaz wir wízin ans wánk   then thínes muates githánk;

20   thu unsih ni héles wiht thes   joh únsih es giríhtes!
Sie spráchun thaz in wáru   bi éineru fáru,
sie wóltun thar gifúagen,   thaz síe nan mohtin rúagen;
Joh thia sína guati   gilástoron bi nóti,
sinu wórt wisu   sus zi thérera wisu;

25 Wanta unser drúhtin zalta   ginada io mánagfalta
ginádigero wórto,   fúalen wir es hárto!
Quáti er, man sia líazi,   wanta ist gináda suazi,
thes úrdeiles inbúnti,   iz álleswio ni wúrti:

---

1 Er áfter *V.*   8 sio = sie io *V.*   9 mítten *V.*

XVII. 2b—4 *J.* 8, 1 Jesus autem perrexit in montem oliveti. 2 et diluculo iterum venit in templum, et omnis populus venit ad eum, et sedens docebat eos. 7ª. 8ª. 9—17 *J.* 8, 3 [adducunt] autem scribae et pharisaei [mulierem in adulterio deprehensam] et statuerunt eam in medio. 4 et dixerunt ei: [magister, haec mulier] modo deprehensa est in adulterio. 5 [in lege autem] Moyses mandavit nobis hujusmodi lapidare; [tu ergo quid dicis?]   21—34 *J.* 8, 6 hoc autem dicebant tentantes eum, ut possent accusare eum. *Dazu B. und Alc.*: ut, si et

Sie zígin nan in wára,   thaz er thia áltun lera,
30   then wízzod, so man hórti,   in abuh rédinoti.
    Quát er ouh bi nóti,   thaz man sia stéinoti:
      so wídorit er in wáru   sines sélbes leru;
    Ódo spráchin bi tház,   ther er ginádiger was,
      thaz súazes er gilérti,   zi sárphidu iz bikérti.
35   Sélbo druhtin nídar sah,   tho man zímo thiz gispráh;
      in érdu thó, so man wéiz,   mit themo fíngare reiz.
    Sie frágetun tho héizo   joh avur ágaleizo;
      irríht er sih mit thúltin   mit thesen ántwurtin:
    „So wér“, quad, „untar íu si,   thaz er súntiloser sí,
40   ther werfe, zélluh iu éin,   in sia then ériston stein.“
    Er sih sar nídar neigta,   so slíumo er thiz giméinta,
      mit themo fíngare avur réiz   joh íagilih sar úzsmeiz.
    Nihein tharínne bileib,   unz er thar nídare tho scréib;
      íagilih sin zílota,   unz er so nídar stareta;
45   Joh iagilih zi thiu giffiang,   ein after ánderemo giang,
      sih thanana úz tho ffartun,   só sie thaz gihórtun;
    Wanta íagilíh tho thar instúant,   thaz thér man scólta wesan gúat,
      zi gúaten sih gizéliti,   ther súntigan so quéliti.
    Tház ni warun síe in war,   bi thiu so skíuhtun se thár,
50   sar io thés sindes   inzúgun sih thes thínges.
    Ward drúhtin thar zi léibu   joh sí ekrodo éinu;
      was iru sér thaz ira múat,   noh thar in míttemen stuant.
    „Wíb“, quad er, „nu zéli mir: war sínt, thie wídorotun thir,
      thie sih zi thíu hiar fuagtun,   so leidlícho nu rúagtun?
55   Firmónet thih hiar nu íaman?“   si gab ántwurti, so zám:
    „níaman“, quad si, „drúhtin;   theist al mit thínen mahtin!“

---

ipse hanc lapidandam decerneret, deriderent eum quasi misericordiae, quam semper
docebat, oblitum; si lapidari vetaret, striderent in eum dentibus suis et quasi
fautorem scelerum legisque contrarium velut merito damnarent. 35—42ª [Marg.
zu 35: inclinavit se; *zu* 37 perseverantes interrogabant eum] J. 8, 6 .. Jesus autem
inclinans se deorsum digito scribebat in terra. 7 cum autem perseverarent inter-
rogantes eum, erexit se et dixit eis: [qui sine peccato est vestrum,] primus in
illam lapidem mittat. 8 et [iterum inclinavit se (*Vulg.* se inclinans)] scribebat in
terra. 43—50 J. 8, 9 audientes autem [unus post unum exiit (*Vulg.* exibant)].
Dazu Alcuin: ac si dixisset: si Moyses mandavit mulierem hujusmodi lapidare,
videte, quia non peccatores, sed justos facere praecepit. 51—58 *nach* J. 8, 9 ..
et [remansit solus Jesus et mulier] in medio stans. 10 erigens autem se Jesus
dixit ei: mulier, [ubi sunt, qui te accusabant?] nemo te condemnavit? 11 quae

„Noh íh", quad er, „firmónen thih;   nu gank thu frámmort inti síh,
    thaz thu bigóumes iamer thír,   thaz thu ni súntos furdir."
Ginádo, druhtin, thu ouh mín,   íh bin suntig scálk thin,
60   bin súntig in githánkon   joh léidlichen wérkon!
Waz wari rácha mínu,   ni wari gináda thinu,
    thuruh thio míno ubili   joh mánagfalto frávili?
Hilf, drúhtin, mir in nóti,   so thu híar nu dati
    thésemo armen wíbe,   thaz húarlust mir ni klíbe;
65 Thaz íh ni missigánge   joh zi thír io thinge,
    joh ih si, drúhtin, io, mín,   émmiziger scálk thin!
Áfur zalta in drúhtin tház,   thaz er ist líoht irwélitaz,
    joh sínero dato   unlástarbarig thráto;
Yróugt er in thar mánag guat;   wiht ni gíang in es in muat,
70   thera frónisgun léra   ni gíang in wiht in óra.

XVIII. QUIS EX VOBIS ARGUET ME DE PECCATO?

Untar wórton mánagen   joh thíngon filu hébigen
    mit sínes selbes máhtin   zi ín tho sprah sus drúhtin:
„Wer íst", quad, „híar untar íu,   thaz mih ginénne zi thíu,
    ther untar íu thaz wolle,   thaz súnta in mih gizélle?
5 Oba ih iu ságen hiar thaz wár,   bi híu ni gilóubet ir mir sár,
    bi hiu nintdúat sih iuer múat,   thar ih iu zéllu thaz guat?
Ther fon góte ist, wizit tház,   ther horit wórt sinaz,
    joh rihtit ío filu frúa   sin selbes hérza tharzua.
Ni bírut ir fon imo in wár,   bi thiu ni hóret ir iz sar,
10   noh ni químit iu in múat   thaz sinaz mánagfalta guat."
Bigondun sie ántwurten   wórton filu hérten,
    worton úngiringon   mit ímo thar tho thíngon.
„Waz", quádun, „missiquédan wir,   oba ther díufal ist in thir?
    wir zéllen thir es ouh mér: bist élibenzo frémider!"
15 „Wízit", quad er, „ubar ál   ni háben ih then díufal,
    gibórgen ih thes réino,   thaz ér nist min giméino,

---

dixit: nemo, domine. dixit autem Jesus: [nec ego te condemnabo;] vade et jam
amplius noli peccare.   67—68 *aus* J. 8, 12 iterum ergo locutus est eis Jesus
dicens: [ego sum lux mundi;] *vgl.* 46 quis ex vobis arguet me de peccato?
    XVIII. 3—5. 7. 9 *J.* 8, 46 quis ex vobis arguet me de peccato? si veri-
tatem dico vobis, quare non creditis mihi? 47 [qui est ex deo,] verba dei audit;
propterea vos non auditis, quia ex deo non estis. 11—15. 17—23 *nach J.* 8, 48
[responderunt .. Judaei] ..: nonne bene dicimus nos, quia Samaritanus es tu et

Suntar éren ubar ál   minan fáter, so ih scál;
    thaz ni híluh iuih: ir intéret avur mih!
Ni sýah ih hiar nu ríchi   noh mino gúallichi,
20   min fáter thaz giméinit   joh er ouh sélbo irdeilit!
Giwisso wízit ir thaz: thie haltent wórt minaz,
    mit wíllen thaz irfúllent,   thaz minu wórt in zellent —
Ni fórahten sie then wéwon;   nirstérbent sie in éwon,
    ni wírdit in thaz úngimah,   so ih hiar míthont gisprah."
25 Sie gabun ántwurti   mit grozeru úngiwurti,
    mit míchilemo níde   so wurtun sie úmblide:
„Nu wízun wir, waz iz íst: thaz thu in únwizzin bíst,
    thaz wéltit thin ubar ál   sélber ther díufal!
Ábraham ther máro   ther ist dót giwaro,
30   thie fórasagon gúate   thie sínt ouh alle dóte;
Thanne quístu, ther gidúit,   thaz thínaz wort giméinit,
    so wér so thaz biwérbe,   er íamer sar nirstérbe!
Bistú nu zi wáre   furira Ábrahame?
    ouh thén, man hiar nu zálta   joh sie alle tod bifalta?
35 Nu bigín uns rédinon,   wémo thih wolles ébonon,
    wénan thih zélles ana wán,   nu gene al éigun sus gidán?"
Er gáb in thes mit thúlti   suazaz ántwurti,
    ríhta sies in war mín,   thoh wíht sies ni firnámin:
„Óba ih mih mit rúachon   biginnu éino gúallichon,
40   mit suórgon dúan ouh thanne tház: thaz ist niwíht allaz.
Min fáter ist, ther tház giduat,   ther mir gifórdorot thaz gúat,
    gifórdorot er vóllon   then minan múatwillon;
Then quedet ír, weist es mér,   thaz er si drúhtin unser;
    zi thíu ir inan nénnet   joh wíhtes thoh nirkénnet!
45 Íh irkennu inan ío;   spríchu ih avur álleswio,
    bin ih thanne in lúginon,   gilicher íuen redinon;

---

daemonium habes? **49** respondit Jesus: [ego daemonium non habeo;] sed hono-
rifico patrem meum, et vos inhonorastis me. **50** [ego . . non quaero gloriam
meam;] est, qui quaerat et judicet! **51** amen, amen dico vobis: [si quis sermo-
nem meum servaverit,] mortem non videbit in aeternum. **25ᵃ. 27—35** *J.* 8, 52
[responderunt (*Vulg.* dixerunt ergo) Judaei:] nunc cognovimus, quia daemonium
habes. [Abraham mortuus est et prophetae;] et tu dicis: si quis sermonem meum
servaverit, non gustabit mortem in aeternum! **53** [numquid . . major es] patre
nostro [Abraham,] qui mortuus est? et prophetae mortui sunt! [quem te ipsum
facis?] **37. 39—48** *nach J.* 8, 54 [respondit Jesus:] si ego glorifico me ipsum,
gloria mea nihil est; [est pater meus, qui glorificat me,] quem vos dicitis: quia

Ih wéiz inan giwísso,   thaz nist álles suntar só,
  joh ih in wára mina   gihaltu léra sina!
Ábraham ther álto   er blídta sih thes hárto,
50   er thés sih muasi frówon,   then mínan dag biscówon;
Gisah er dág minan,   thes fréwita er húgu sinan;
  thes blidt er hérza sinaz,   giwisso wízit ir tház!"
Sie namun thía meina   thes líchamen góuma,
  sáhun sinaz áltar;   bi thiu wás sies filu wúntar.
55 „Thú ni bist giwáro   noh alter fínfzug jaro
  hiar untar wóroltmanne;   war sáhi thu inan thánne?"
Gab druhtin ántwurti   mit súazlicheru mílti,
  wólta thes bigínnan,   thaz muat zi wége bringan.
Er huab in úf tho thaz múat,   so er uns émmizigen dúat,
60   zi thes gótnisses gúati;   thaz was in úngimuati.
  „Ih ságen", quad, „iu in war mín: er ímo so ist thaz wésan min;
  íh bin mit giwúrti   er, thanne ér io wurti.
Warun zíti mino,   er wúrin io thio síno;
  min wésan, wízit ir tház,   er ímo filu rúmaz!"
65 Ni móhta thó thaz iro múat   firdragan thaz éwiniga gúat,
  thia éwinigun léra;   wízist thaz in wára.
Thaz stéinina hérza   rúarta tho thiu smérza,
  ruarta thó thiz selba léid,   thaz émmizigen frúma meid.
Námun sie tho stéina   sar io thío méina,
70   thaz slíumo sies gihúlfin   joh inan ánawurfin;
Thaz sie gikúaltin in thaz múat,   so man in fíante duat,
  in thiu giráchin iro zórn;   sie thahtun ér thes filu fórn.
Gibárg er sih zi wáre   joh giang ouh úz tho sáre
  úzar iro hánton   fon sinen fíanton.

---

deus noster est, 55 et non cognovistis eum; [ego autem scio (*Vulg.* novi) eum;]
et si dixero, quia non scio eum, ero similis vobis, mendax. sed scio eum et
sermonem ejus servo.   49—62 *J.* 8, 56 [Abraham] pater vester [exultavit,] ut
videret diem meum; vidit et gavisus est. *Dazu B. und Alc.*: carnales mentes
audientium .. in eo solam carnis aetatem pensant. 57 dixerunt ergo Judaei ad
eum: [quinquaginta annos nondum habes,] et Abraham vidisti? *Dazu B. und Alc.*:
quos benigne redemptor noster a carnis suae intuitu submovet et ad diviñitatis
contemplationem trahit. 58 dixit eis Jesus: amen, amen dico vobis, [antequam
Abraham fieret, ego sum]. 65—74 *J.* 8, 59 [tulerunt .. lapides,] ut jacerent
eum (*dazu Beda*: sustinere ista aeternitatis verba mentes infidelium non valentes
ad lapides currunt; *zu* 67 *vgl. Ezech.* 11, 19 auferam cor lapideum de carne eorum.)
[Jesus autem abscondit se] et exivit de templo.

XIX. MORALITER.

Hiar mánot unsih druhtin kríst,   so sin giwónaheit íst;
  hiar lérit unsih dát sin,   thaz wir thúltige sin.
Nist untar úns, theiz thúlte,   thaz únsih íaman skélte,
  theist sar fílu redi,   thaz wír thar sprechen wídari.
5 Ni wollen óuh ubar tház   firdragan zórn nihéinaz,
  uns thúnkit in giwíssi,   thaz iz hónida si,
  Tház wir thes bigínnen,   wir hónida gihéngen,
  oda in thes wórtes wige   wiht íamanne firsuige.
  Thaz duat uns úbarmuati,   nálas unsu gúati,
10   mihilu gélpfheit   joh unser hérza gimeit.
  Lérne hiar thia gúati,   wio unser drúhtin dati;
  sínes selbes mílti   joh muates mámmunti.
  Híar ist ana fúntan,   thaz ér hiar ward biscóltan,
  joh er íro worto   intéret ward hiar hárto.
15 Sie quátun io zi nóti,   thaz er then díufal hábeti;
  thaz firdrúag er allaz,   selbo lísist thu thir tház.
  Dét er ouh tho méra: óugt in sina léra
  giwísso thara ingégini,   thár thera selbun ménigi.
  Sie iz allaz ábahotun,   thie thár iz tho gihórtun,
20   er wolta in ío mit wíllen   mámmonto gistíllen.
  Er zéigota in in alawár   thio sino éwinigi thár,
  thia sina hóhun gibúrt;   thaz wás in allen úngiwurt.
  Sie líafun zi iro stéinon   sar io thén meinon;
  mit then io thén wilon   so wóltun sie nan pínon!
25 Tho méid er sie mit thúlti,   theiz uns zi frúmu wurti,
  thaz émmizen in nótin   wír so sáma datin.
  Ni wólt er wiht thes spréchan,   thoh ér sih mohti réchan,
  sie dúan ouh, obar wólti,   innan ábgrunti.
  Wír duen avur zi érist   só wir mugun wírsist;
30   brístit uns thera dáti,   so thréwen wir zi nóti.

XIX.   5—8 B. und Alc. zu J. 8, 49 nobis innuitur, .. ut eo tempore, quo
a proximis ex falsitate contumelias accipimus, eorum etiam vera mala taceamus.
17—22 ebda zu J. 8, 50 cum malorum perversitas crescit, non solum frangi prae-
dicatio non debet, sed etiam augeri; quod suo dominus exemplo nos admonet,
qui, postquam habere daemonium dictus est, praedicationis suae beneficia largius
impendit; .. sed .. semper reprobi de beneficio pejores fiunt.   27—32 ebda zu
J. 8, 59 dominus .. si divinitatis suae potentiam exercere voluisset, tacito nutu
mentis eos .. in poena subitae mortis obrueret; .. quid autem nobis hoc exemplo

Fúrira ist in wára   thiu drúhtines lera;
  so ih hiar fórna giwúag,   er sine fianta firdrúag.
Bílidon thaz ouh álle,   so wer so wóla wolle,
  so wér so thes githénke,   then díufal biskrénke!
35 Thaz ist kúsgi joh ouh gúat;   habe mámmuntaz múat,
  in thíu ni giwánko,   thaz thir es gót githanko;
Thaz er híar in libe   avur thír noh libe,
  thu thuruh thiu sínu bilidi   firdrégist thero manno frávili.

XX. DE CAECO NATO.

Gisah tho drúhtin einan mán   blíntan gibóranan;
  wás er fon gibúrti   in thera selbun ungiwurti.
Frágetun tho thánana   thie síne holdun thégana,
  óba thiu selba blínti   fon súnton sinen wúrti,
5 Odo iz firwórahtin ouh ér   fáter inti múater,
  sie fram so súntig warin,   thaz súlih kind gibárin.
Gab er tho wórton bliden   ántwurti then sínen,
  zálta in thia úngimacha,   thes sélben mannes sácha:
„Ni sint theso úmmahti,   tház er iz firwórahti,
10 ni dátun ouh giwáro   iz wérk thero fórdorono;
Suntar wárd iz bi thíu   (giwisso ságen ih iz iu),
  thaz wurti in ímo thuruh tház   gótes werk io scínaz.
Mir límphit, thaz ih thénke,   theih sinu wérk wirke,
  thes, mih zi thíu wanta,   hera in wórolt santa;
15 Unz ther dág scinit   joh náht inan ni rínit,
  noh mán ni thultit únmaht   thera fínsterun naht.
Thiu naht, thiu químit ubar tház   (giwisso wízit ir thaz),
  thaz mán nist, ther in gáhe   zi wérke gifáhe;
Ódouh thurfi thénken,   thaz mégi er wiht giwírken
20 in themo fínstarnisse;   thés sin sie ío giwisse.

---

loquitur, nisi ut etiam cum resistere possumus, iram superbientium humiliter
declinemus?
    XX. 1—6 [vidit dominus caecum natum] *J.* 9, 1 et praeteriens Jesus vidit
hominem caecum a nativitate. 2 et interrogaverunt eum discipuli ejus: [rabbi,
quis peccavit,] hic aut . parentes ejus, ut caecus nasceretur? **7—18** *J.* 9, 3
respondit Jesus: [neque hic peccavit] neque parentes ejus, sed ut manifestentur
opera dei in illo. 4 [me oportet operari opera ejus,] qui misit me, [donec] dies
est; venit nox, quando nemo potest operari.

Unz íh bin hiar in wórolti,   so bin ih líoht beranti
zi frónisgen thíngon   allen ménnisgon."
Wóraht er tho ein hóro in war   mit sineru spéichelu sar;
thaz kléibt er ímo, so er es ni bát,   in thero óugono stat.
25 Nánt er ímo ein wázar,   hiaz faran wásgan iz thar,
mit wásgu, so iz gizámi,   thaz horo thána nami.
Er fuar sár, so er es giwúag   jóh thaz horo thána thuag,
brahtą imo sélben guat gimáh,   want er scóno gisah.
Tho híntarquamun gáhun,   thie nan ér gisahun;
30 ni wóltun nan irkénnen   joh sús gistuantun zéllen:
„Ist thiz ther bétalari in war,   ther hiar saz blínter ubar jár,
thér bi sino thúrfti   hiar deta uns ánaruafti?"
Quadun súme thero knéhto: „iz ist ther sélbo rehto
(giwisso wízit ir tház),   ther blínter untar úns saz."
35 Súme datun mári,   thaz iz thér ni wari,
quádun iogilícho,   theiz wari sín gilicho.
„Ih bín iz", quad er, „wizit tház,   ther blínt hiar bétolonti saz;
ih io mit stábu noti   giang weges gréifonti
Zi mánniliches wénti   io brotes bétolonti,
40 klágota io bi nóti   min selbes ármuati."
Thio ármilichun wizzi   was thes tho firiwizzi,
was sies wúntar thrato,   joh frágetun thero dáto.
„Ságe uns nu giwáro,   wio síhist thu so zíoro?
joh wer thir dáti thia máht,   thaz thú so scono séhan maht!"
45 „Thes zelluh íu", quad er, „giwánt: then wír thar heizen héilant!
íh wiht zímo thes ni spráh;   so er mih híar tho gisáh,
Sar io thía warba   so spé er in thia érda,
githuar ein hóro thar in wár   inti kléipta mir tharána sar.
So ih thaz hóro thana thúag,   thes er mir sélbo giwuag,
50 so quam gisíuni míner;   theist gótes thang joh síner!"

21—28 *J.* 9, 4 [quamdiu in mundo sum, lux sum mundi]. 6 haec cum
dixisset, expuit in terram et [fecit lutum ex sputo] et linivit lutum super oculos
ejus. 7 et dixit ei: vade, lava in natatoria Siloe ..; [abiit] ergo [et lavit] et
venit videns. 29—37ᵃ *nach J.* 9, 8 [itaque vicini] et qui viderant eum prius..,
dicebant: nonne hic est, qui sedebat et mendicabat? alii dicebant: quia hic est.
[*Marg. zu* 35 alii dicebant, quia non est]. *J.* 9, 9 alii autem: nequaquam, sed
similis est ei. [Ille autem dixit (*Vulg.* dicebat): quia ego sum].   43—50ᵃ *nach*
J. 9, 10 dicebant ergo ei: [quomodo aperti sunt tibi oculi?] 11 respondit: [ille
homo, qui dicitur Jesus,] lutum fecit et unxit oculos meos, et dixit mihi: vade
ad natatoria Siloe et lava. Et abii, [lavi, et video].

„Dua únsih", quadun, „wísi,　　wár ther selbo mán si."
　er sar zi théra fristi,　　quad, es wíht ni westi.
Leittun sie nan ubar tház,　　thar thaz héroti was,
　thára zi themo thínge,　　zi thero fúristono rínge.
55 Thie búah duent thar mári,　　theiz sámbazdag tho wári,
　tho kríst thes wolta thénken,　　thiz selba wúntar wirken.
Tho frágetun thie fúriston　　joh thie héreston,
　wío er in thera gáhi　　so scóno gisáhi.
„Ih sagen íu", quád er, „thaz ist wár:　er kléipta mir ein hóro thar,
60　gisah ih sár, so iz gizám,　　so slíumo, so ih iz thána nam."
Sum quad, er dáti widar gót,　　joh er firbráchi sin gibót;
　„thaz sin únwizzi so wíalt,　　thaz er then sámbazdag ni híalt."
Thanne ʃuh fon ther ménigi　　spráchun thara ingégini,
　(áhtotun iz réinor　　joh hárto filu kléinor), .
65 Wio súntig man thaz móhti　　odouh zi thíu so dohti,
　thaz er in thérera noti　　súlih zeichan dáti!
Thar was strít umbi tház　　joh gislíz hébigaz;
　thie úbile joh, thie dóhtun,　　sih giéinon thar ni móhtun.
Bigóndun thes tho bágen　　joh genan ávur fragen
70　joh worton únsuazen　　bigóndun inan grúazen:
　„Waz quis thú fon themo mán,　　ther thir gilíubta so frám,
　ther thir so múatfagota,　　thaz líoht thir heim gihólota?"
„Er ist", quad, „gótes holdo,　　thes zíhuh inan báldo,
　gihéizit mir thaz mínaz muat,　　thaz er ist fórasago guat."
75 Ni móhtun sie gilóuben　　thia selbun dát ubar thén,
　thaz ér in thera gáhi　　so níwanes gisáhi,
Er thar zi stéti warun　　thiu sélbun, thiu nan bárun,
　fáter inti múater,　　thar ouh ther sún guater.
Sie híazun thiu gan fúri sar,　　thaz siu gizáltin thaz wár,
80　thaz siu álleswio ni dátin,　　in thíu sie nan irknátin.

51—54 J. 9, 12 et dixerunt ei: [ubi est ille?] Ait: nescio. 13 [adducunt
eum ad pharisaeos,] qui caecus fuerat.　55—63. 65—67 nach J. 9, 14 [erat
autem sabbatum,] quando lutum fecit Jesus et aperuit oculos ejus. 15 iterum
ergo [interrogabant] eum Pharisaei, [quomodo vidisset;] ille autem dixit eis:
lutum mihi posuit super oculos, et lavi, et video! 16 dicebant ergo ex phari-
saeis quidam: [non est hic homo a deo,] qui sabbatum non custodit. alii autem
dicebant: [quomodo potest homo peccator] haec signa facere? et [scisma erat inter
eos]. 69—77 nach J. 9, 17 dicunt ergo caeco iterum: [tu quid dicis de eo], qui
aperuit oculos tuos? Ille autem dixit: quia propheta est. 18 [non crediderunt]
ergo Judaei de illo, [quia caecus fuisset et vidisset,] donec vocaverunt parentes
ejus, qui viderat.

„Bigínnet", quadun, „scówon   giwáralichen óugon;
    ist thiz kínd iuer,   ther blínter ward gibóraner?
Ir bedu datut mári,   thaz er tho blínt wari,
    joh ímo in thera frísti   thes gisíunes gibrústi.
85 Nu ságet uns in thráti,   wer avur thíz dati,
    thaz ér nu mag giscówon   so lúteren óugon?"
Bigóndun sie tho rénton   fórahtelen wórton,
    síe in thar tho zélitun,   wio síe iz firnoman hábetun.
„Wir wízun, ságen wir íu éin,   thes nist lóugna nihein,
90   súlih so wir wárun,   thaz wir nan blíntan barun.
Nist kúnd uns thaz giráti,   wer thiu óugun imo indáti;
    thes léwen ouh ni wóllen,   so wír íu hiar nu zéllen.
Fraget ínan es in wár;   er hábet ju thaz áltar,
    thaz er in thésen thingon   firspréchan mag sih sélbon!"
95 Thiu selbun ántwurti   gábun sie bi nóti,
    sie fórahtun in thráto   thérero selbun dáto.
Ther liut déta, so man wéiz,   míhilan úrheiz,
    in thémo warun féste   wídar selben kríste:
So wér so thaz irwéliti,   zi kríste nan gizéliti,
100   er íamer sar bi nóti   iro thárbeti.
Bi thiu wúrfun siu in ínan sar   thiu selbun ántwurti thar,
    wánta sie thaz fórahtun,   thaz sie untar ín er wórahtun.
Síe tho therero dáto   ángustitun thráto,
    wás in harto úngimah,   thaz ther blínto gisah.
105 Ladotun ávur tho then man,   ther thes gisíunes biquam,
    quádun, sih thera dáti   noh tho báz biknati.
„Thank es góte filu frám   ni kér iz ufan thésan man;
    wir wízun inan dáto   firdánan filu thráto."

---

95 Thio selbon V.

81—86 J. 9, 19 et interrogaverunt eos, dicentes: [hic est filius vester,]
quem vos dicitis, quia caecus natus est? [quomodo] ergo nunc [videt?]   87—91.
93—101 J. 9, 20 [responderunt] eis parentes ejus et dixerunt: Scimus, quia hic
est filius noster, et quia caecus natus est. 21 .. quis ejus aperuit oculos, nos
nescimus; [ipsum interrogate;] aetatem habet, ipse de se loquatur. 22 [haec
dixerunt] parentes ejus, [quia timebant] Judaeos: jam enim conspiraverant Judaei,
ut si quis eum confiteretur esse Christum, extra synagogam fieret; 25 [*propterea
dixerunt parentes*] ejus: quia aetatem habet, ipsum interrogate.   105—109. 113.
116b *nach* J. 9, 24 [vocaverunt] ergo [rursum hominem,] qui fuerat caecus, et
dixerunt ei: [da gloriam deo;] nos scimus, quia hic homo peccator est.

Er gab tho ántwurti   then líutin mit giwúrti,
110   zálta, wes er fúalta   joh waz thar ínan ruarta;
Sih thar tho báldo firspráh,   ther er io mán ni gisah,
fóra themo líute   mit míchilemo nóte.
„Únkund ist mir thráto,   ob er si úbil dato;
rúerent mih in thráti   thio sino wóladati.
115 Ih wánt, ih scolti nóti   sin iamer mórnenti
blíntilingon hóno;   nu síhuh afur scóno.
Mir déta thaz gimúati   sínes selbès gúati,
nam míh fon úmmahtin   bi sinen éregrehtin.“
Sie ávur tho ginóto   éiscotun thero dáto
120   fon thémo selben wérke   fóra themo fólke,
Wío mo so gizámi   gisíuni sin biquámi,
joh séhenti avur wúrti,   ther blínt was fon gibúrti.
„Waz wollet ír nu“, quad er, „thés?   ih ríht es iuih álles;
waz scal es ávur thanne   nu so zi frágenne?
125 Ih zalta iu nú thaz wára,   waz wóllet ir es méra?
zíu sint iuo wízzi   thes mera fíruwizzi?
Ir wóllet odo in wár mín   werdan júngoron sin,
thaz ír bi thaz so báget   joh émmizigen fráget!“
Inbrústun sie zi nóti   tho sar in héizmuati,
130   bigóndun imo thráto   flúachon tho ginóto.
„Thú sis jungoro sín,   thaz quéme ouh thir in múat thin!
bimídan thu ni wólles,   suntar thu ímo folges!
Fólgen wir in wára   Móyseses léra,
fullen wízzod sinan   joh wollen thésan midan.
135 Wir wizun álle thaz gimáh,   thaz got zi Móysese sprah,
joh ougt er ímo follon   then sinan múatwillon.
Wanana thérer avur íst,   thes wíht uns sar io kúnd nist;
ni wízun wir in wára   sínes selbes fúara.“
Oba thu scówost thaz múat,   thánne nist thaz wórt guat,
140   wanta wántun harto thés;   thaz síe mo batin úbiles.

25 [respondit (*Vulg.* dixit ergo eis) ille: si peccator est, nescio;] unum scio, quia,
caecus cum essem, modo video.   119. 121—123. 127 [interrogabant, *quomodo
vidisset*] J. 9, 26 dixerunt ergo illi: quid fecit tibi? quomodo aperuit tibi oculos?
27 respondit eis: [dixi vobis jam et audistis;] quid iterum vultis audire? numquid
et vos vultis discipuli ejus fieri?   130—140 J. 9, 28 [maledixerunt ei] et dixe-
runt: tu discipulus illius sis; [nos .. Moysi discipuli sumus]. 29 nos scimus,
quia Moysi locutus est deus; [hunc autem nescimus,] unde sit. *Dazu B. und
Alc.*: maledictum est, si cor discutias, non si verba perpendas.

In réhtemo múate   erge úns iz io zi gúate,
  thaz wír io muazin blíde   wesan scálka sine!
Bigónd er in tho rédion   sélb these evangélion,
  joh mit thésen rédinon   sie ófono bredigon:
145 „Thaz íst“, quad er, „nu wúntar,   thaz ir nirknáhet then man,
  ther mir so frám giliubta,   thiu óugun mir inlíuhta.
Wer horta ér io thaz gimáh?   ih sunnun ér ni gisah;
  thoh scówot ir nu álle,   theih síhu, al soso ih wílle.
Ninthéizit mir iz muat mín,   ni ther fon góte sculi sín,
150   es álleswio ni thénkit,   ther súlih werk wírkit.
Giwisso wéiz thaz unser múat,   wio got then súntigen duat,
  thaz ér se sar ni hórit   ouh wiht sih zi ín ni kerit;
Er avur thémo liubit,   ther sinan wíllon uabit,
  joh thémo ist io gimúati,   ther wónet in ther gúati.
155 Leset állo buah, thio sín: ni fíndet ir in war mín
  fon eristera wórolti,   ther er io súlih worahti!
Er ouh mit hórowe iz biklán,   ni giéiscota er thaz wóroltman;
  thaz dét er ouh tho súntar,   .   theiz wari méra wuntar.
Ih ságen iu híar ubarlút: ni wári therer gótes drut,
160   fon ímo quami ouh súntar,   ni dát er sulih wúntar!“
Sie irbúlgun sih in wára   thera frónisgun léra,
  thero scónero wórto;   sus spráchun zi imo ouh hárto:
„Thú bist al hóner,   in súnton gibóraner
  mit allen únredinon;   thu únsih thanne bredigon?
165 Sie inan slíumo tho in wár   wúrfun fon in úz sar,
  er íro sid zu nóti   íamer thárbeti;
Joh er bi tház mari   firméinsamot wári,
  íamer giscéidan,   want er deta in dág leidan.
Drúhtin tho gihórta,   wio er thar wérnota;
170   joh ér bifand iz állaz,   thaz sie firwúrfun nan bi thaz.

143—146. 151—156. 159—160 *nach* J. 9, 30 respondit ille homo et dixit
eis: [in hoc enim mirabile est, quia noscitis,] unde sit, et aperuit meos oculos.
31 [scimus .., quia peccatores deus non audit;] sed si quis dei cultor est et
voluntatem ejus facit, hunc exaudit. 32 [a saeculo non est auditum,] quia quis
aperuit oculos caeco nato. 33 [nisi esset hic a deo,] non poterat facere quidquam.
163—165 J. 9, 34 responderunt et dixerunt ei: [in peccatis natus es totus,] et tu
doces nos? et [ejecerunt eum] foras.   169—173ª J. 9, 35 [audivit Jesus, quia
ejecerunt eum] foras; et cum invenisset eum, dixit ei: [tu credis in filium dei?]
Dazu B. und Alc.: videbat oculis tantum, sed corde adhuc non videbat ..; modo
lavát Christus faciem cordis.

So drúhtin inan tho gisáh,   er sélbo sar tho zi ímo sprah
  (thera séla deta er giméini   thes líchamen héili):
„Gilóubistu in then gótes sun,   ther quam fon hímile herasun?"
  gab er ántwurti thó   (was thes gisíunes filu fró):
175 „Wer íst iz", quad er, „drúhtin?   theih mit gilóubu werde sín!"
  er sélbo, soso iz dóhta,   scónon es giríhta:
„Iz ist in álanahi,   tház thu nan gisáhi,
  joh ist, gilóubi thu mir,   ther hiar spríchit nu mit thir."
„Jáh ih", quad er, druhtin, dúan;   giloub ih fásto in thinan dúam!"
180 frámhald fial tho thárasun   joh bétota then gótes sun.
  Si áhtun sin zi nóti   bi súslicho dáti,
  then níd gideta ouh méra   thiu filu hoha léra.
  Sar after thén meinon   so wóltun sie nan stéinon;
  thaz ward ál io thuruh tház,   want er in zálta, wer er wás,
185 Mit wórton iz giméinta,   mit zéichonon giscéinta;
  ál thaz iro frúma was —   sie ni rúahtun bi thaz!

XXI. SPIRITALITER.

Firlíhe mir nu selbo kríst,   ther únser liobo drúhtin ist,
  thaz íh nu hiar giméine,   wénan ther mán bizeine,
Ther blínter ward gibóraner   joh wíht ni mohta séhan ér,
  er ther súntoloso mán   thaz hóro in thiu óugun giklan;
5 Er ér zi thíu iz gifiarta,   mit hánton sinen rúarta
  thes bétalares óugon,   thaz ér sid mohti scówon.
Allaz mánkunni   thaz thúlta grozo grúnni,
  ouh ubar mánag úbilaz   finstarnissi séraz;
Súnta filu suáro   thaz ságen ih thir giwáro,
10 ni líazun se unsih frówon,   thaz rehta líoht biscowon.
Thiu blínti uns, wan ih, wúrti   fon Ádames gibúrti,
  ouh ménnisgon állen   fon súnton, then wir fállen.
Gisáh tho druhtin nóti,   thio unsero ármuati,
  thio blíntun gibúrti,   er uns ginádig wurti.

174—180 J. 9, 36 respondit ille et dixit: [quis est, domine,] ut credam in
eum? 37 et dixit ei Jesus: [et vidisti eum,] et qui loquitur tecum, ipse est.
38 at ille ait: [credo domine!] et procidens adoravit eum.   181—186 aus J. 9,
39—41. 10, 1—30. 31 sustulerunt ergo lapides, ut lapidarent eum.
      XXI. 7—12 B. und Alc. xu J. 9 genus humanum est iste caecus; haec
enim caecitas contigit in primo homine per peccatum, de quo omnes originem
duximus, non solum mortis, sed etiam iniquitatis. 13—22 ebda vidit ergo ho-
minem caecum .. a nativitate; omnes enim homines .. originali peccato caeci,

15 Nót héiz ih hiar tház,   want es rát tho ni wás,
   lába noh gizámi,   fon ímo uns iz ni quámi.
Tho ward thaz wórt sinaz   zi líchamen gidánaz,
   zi fléisges giscéftin   mit állen sinen kréftin.
Tho er zi thíuz gifiarta,   mit súlichu unsih rúarta,
20   mit síneru gibúrti,   theiz uns zi frámu wurti:
Thie dáti uns wola tóhtun,   joh sid giséhan mohtun,
   inlíuhte giwísse   fon themo alten fínstarnisse.
Mánnilih nu lóufe   zi thémo sconen dóufe,
   thara inan kríst tho wánta   joh sélbo thara sánta.
25 Wízist tház in alawár: thaz wazar héizit ouh so thár,
   wanta kríst es weltit,   ther héra ward giséntit;
Ni wurti mán niheiner   fon súnton sinen héiler,
   ther fáter nan ni sánti   joh hera in wórolt wanti.
Inliuht er únsih filu frám   jóh er hera in wórolt quam,
30   thaz uns thiu sín guati   thiu óugun indáti;
Tház wir thaz irkántin,   wara wir gángan scoltin,
   pédin in giríhti   zi sineru éregrehti;
Joh wír nan muazin scówon   óffenen óugon,
   indanemo ánnuzze,   thaz uns iz wóla sizze;
35 Ófenemo múate,   theiz úns irge zi gúate,
   mit thes hérzen ougon   muazin íamer scówon! Amen.

XXII. FACTA SUNT ENCAENIA.

Gistúantun in thera náhi   thes gótes huses wíhi,
   thio sélbun hoho zíti   fírotun thie líuti;
Ther evangélio thar quít,   theiz wari in wíntiriga zít,
   thisu dát ubar ál,   thia íh iu hiar nu ságen scal.
5 Giang tho drúhtin innan thés   in pórziche thes húses;
   ther námo detaz mári,   er Sálomones wári;
Thaz móhta sin in wári   thúruh sina zíari,
   thaz man zi thíu nan zelita,   then námon imo irwélita.

id est cum peccato nati sunt . .; venit filius dei in mundum . . caecitatem humani
generis illuminare . .; expuit in terram, de saliva lutum fecit, quia verbum
caro factum est.   23 — 28 *ebda* mittit illum ad piscinam Siloe . ., quod inter-
pretatur: missus; . . nisi enim ille fuisset missus, nemo nostrum fuisset ab iniqui-
tate dimissus.

    XXII. 1 — 6 *J.* 10, 22 facta sunt autem encaenia in Hierosolymis, et hiems
erat. 23 et [ambulabat Jesus in templo,] in porticu Salomonis.

Thie Júdeon nan bistúantun,   ni wéstun, was sie fúartun;
10   sprachun zí imo in fárun,   so sie giwón warun:
„Wio lángo so firdrágen wir,   thaz thu unsih spénis sus zi thír,
sus nimis éinizen?   wil du íamer thes írwizzen?
Oba krist si námo thin,   thaz laz thanne ófanaz sin;
thaz gizél uns hiar nu sár,   thaz wir wízin thaz war!"
15   „Ob ih iz págen", quad er, „íu,   ir ni gilóubet thoh bi thíu;
ni firnímit íuer múat,   thanne ih iu zéllu thaz gúat.
Thiu wérk, thiu ih wírku innan thés   in namon fáter mines,
irgéhent iogilícho   mih filu fóllicho.
Ir ni gilóubet thoh thiu hált,   thaz ist iu ófto gizált;
20   giwísso ni bírut ir   thero, ih irwéllu zi mir!
Thie ih zi thíu gizellu   joh súntar mir irwéllu:
thie eigun mín io mínna   joh hórent mina stímma;
Íh ouh sie irkénnu,   joh fólgent mir mit mínnu,
gíbuh ouh in war mín   thaz éwiniga líb in.
25 Ni firwérdent sie in éwon,   firmídent ouh then wéwon,
sint fásto ana enti   in mínes selbes hénti;
Ni nímit se ménnisgen ház   (giwisso wízit ir thaz)
unz anan wóroltenti   fon mines fáter henti!
Thes fáter min mir giónsta,   theist álles guates fúrista;
30   nist, tház sih io giébono·   thera sínera gifti frúmono.
Íh inti fáter min   joh thiu éwinigi sín
(ni mithuh íuer nihéin) —   ist únker zueio wésan ein."
Ther liut thia srpácha al firdrúag,   unz sin wórt tho thés giwuag;
tho íltun sar bi nótin,   thaz sie nan stéinotin.
35 Ér gab tho mit thúlti   then liutin ántwurti,
lerta sie ávur tho thaz gúat   joh kert in frámmort thaz múat.
„Ih ougta iu", quad, „gimýatu   manigu wérk guatu,
fon mines fáter guati   súazlicho dáti;

9ª. 10ª. 11—13 nach J. 10, 24 [circumdederunt . . eum Judaei] et dicebant
ei: [quousque animas nostras tollis? si tu es Christus, dic nobis palam].   15—26
J. 10, 25 respondit iis Jesus: [si vobis dixi, (Vulg. loquor vobis et) non creditis].
Opera, quae ego facio in nomine patris mei, haec testimonium perhibent de me.
26 sed [vos non creditis, quia non estis ex ovibus meis].   27 [oves meae vocem
meam audiunt,] et ego cognosco eas, et sequuntur me.   28 et ego vitam aeternam
do eis, et [non peribunt in aeternum,] et non rapiet eas quisquam de manu mea.
27—40 nach J. 10, 29 [pater meus quod dedit mihi, majus omnibus est;] et nemo
potest rapere de manu patris mei.   30 ego et pater unum sumus.   31 sustulerunt
ergo lapides Judaei, ut lapidarent eum.   32 [respondit . . Jesus:] multa bona opera
ostendi vobis ex patre meo: propter quod eorum opus me lapidatis?

Min áhtet ir mit nídu   thuruh thiu wérk minu,
40 íagilih bi mánne   mit iuomo stéinonne!"
Mit úbilemo wíllen   joh múoton filu fóllen
  bigóndun sie sih réchan   joh ávur zimo spréchan:
  „Ni dúen wir bi thia gúati   thir thaz wídarmuati,
  wir dúen iz mer thíu halt,   wanta spríchist, thaz ni scált.
45 Thu bist mán éinfolt,   thu quist, thu wéses avur gót;
  ebonot thin únfruati   sih drúhtines gúati!"
Unser drúhtin ni thiu mín   sprah thaz réhta thar tho zi ín,
  er síe thar tho mánota,   waz thes ther wízzod sageta.
  „Iuo búah", quad, „wéizent,   thaz mán ouh góta heizent;
50 giwisso ságen ih iz iu,   thaz man sie nénnit thar zi thíu.
Nu thie zi góte sin ginánt,   thie búent hiar thiz wóroltlant,
  then gótes wort gizáltun,   waz sie ịu io ságen scoltun;
  Ouh mán nihein ni lóugnit,   thaz giscrib iu thar giquít,
  niz allo wóroltfristi   si io filu fésti:
55 Then got wíhan nanta   inti héra in wórolt santa,
  gab sine ségena alle   in ínan filu fólle —
Ir quédet, thaz thiu wórt min   widar drúhtine sín,
  tház ih thes ginéndu,   mih gótes sún nennu?
Ni dúan ih sinu wérk iu: ir ni gilóubet thoh bi thíu,
60 nóh ir thes ni fáret,   ir iuih thára keret;
Ob íh avur thénku,   theih sinu wérk wirku:
  ob íh ni bin iu thráti,   gilóubet thoh thera dáti;
Tház ir thaz irkénnet   joh ouh gilóuben wollet,
  thaz wir éin sculun sin,   íh inti fáter min!"
65 Fáhan sie nan wóltun,   tho sinu wórt thiz zaltun;
  er giang sar thén stunton   úzar iro hánton.
Tho thaz ward állaz so gidán,   so fúar er ubar Jórdan,
  sie thar gisuáso warin,   unz sino zíti quamin.

41—45 *nach J.* 10, 33 responderunt ei Judaei: [de bono opere non lapidamus
te,] sed de blasphemia, et quia tu, homo cum sis, facis te ipsum deum.   47—55.
57—59 *nach J.* 10, 34 respondit eis Jesus: nonne scriptum est in lege vestra, quia
„ego dixi, dii estis"? 35 [si illos dixit deos, ad quos sermo dei factus est,] et
non potest solvi scriptura: 36 quem pater sanctificavit et misit in mundum —
vos dicitis: quia blasphemas, quia dixi: filius dei sum? 37 [si non facio opera
patris mei,] nolite (*vielleicht las O.* non vultis) credere mihi.   61—67 *nach J.* 10,
38 si autem facio, etsi mihi non vultis credere, operibus credite, ut cognoscatis
et credatis, quia pater in me est et ego in patre. 39 [quaerebant ergo eum appre-
hendere,] et exivit de manibus eorum. 40 et abiit iterum trans Jordanem.

10*

XXIII. ERAT QUIDAM LANGUENS LAZARUS.

Iro ist filu thrato,   thero drúhtines dato,
  joh mánagfalt ouh mánne.   al zi zéllenne;
Thoh wílluh hiar nu súntar   zéllen einaz wúntar;
  iz íst, thaz ni hílih thih,   then ánderen allen úngilih.

5 Lázarus ther gúato   ward kúmig filu thráto
  kréftigera súhti   joh grozera úmmahti.
Thir zell ih híar ubarlút: er was kríste filu drút,
  er was síner liobo,   thes síst thu mir gilóubo.
Er was fon kástelle,   thaz wízun wir ouh álle,

10 thar Mártha was joh Mária,   joh héizit ouh Bethánia.
Thiz was, wízist thu thaz,   thiu jú intbánt·thaz ira fáhs,
  joh wás iru thaz súazi,   mit thiu suárb si kristes fúazi.
Waz mag ih zéllen thir es mér?   thaz wárun sino suéster;
  habetun krístes minna   sin selbes drútinna.

15 Sie sántun bi then brúader   zi kriste kúnden iro sér;
  wás in thar ginúagi,   man ékrod es giwúagi,
Er ékrodi thaz wésti   sar zi théru fristi,
  thia úmmaht, thia er thar thóleta,   then er so mínnota.
„Níst", quad er, „thiu úmmaht   so fram zi tód imo bráht,

20 io so in álawari   zi drúhtines díuri;
Thaz in thera úmmahti   thes gótes sunes máhti
  wérthen filu máro;   thaz wízit ir giwáro."
Hábeta er in war mín   minna líublicho sín
  joh théro zueio wíbo;   thes síst thu mir gilóubo.

25 So drúhtin tho gihórta,   thaz er so zórkolota,
  tho inthábet er sih sár   giwísso zuene dága thar.
Er sprah zen júngoron thó: „wísomes thero Júdono!
  farames ávur thara zi ín,   hína in iro lánt in!"

---

1 Ero ist (ro *auf Rasur*) V.   3 Toh V.

XXIII. 5. 9ᵃ. 10—18 J. 11, 1 erat autem quidam languens Lazarus a Be-
thania, [de castello Mariae] et Marthae sororis ejus. 2 [Maria] autem [erat, quae
unxit dominum]... et ex⁺orsit pedes ejus capillis suis; cujus frater Lazarus infir-
mabatur. 3 [miserunt .. ad eum sorores ejus] dicentes: domine, ecce quem amas,
infirmatur. *Daxu Alcuin* (*vgl. Otfr.* 16—18): non dixerunt: veni; amanti enim tan-
tummodo nuntiatum fuit.   19—28 J. 11, 4 audiens autem Jesus dixit eis: [infir-
mitas haec non est ad mortem,] sed pro gloria dei, ut glorificetur filius dei per
eam. 5 [diligebat] autem [Jesus Martham] et sororem ejus Mariam et Lazarum.

Spráchun tho mit mínnon   thie síne liobon hóldon
30 (si erquámun odo in thráti   thera érerun dáti):
„Méistar", quádun, „hugi thés: sie fárent thines férehes
    mit selb stéinonne;   nu súachist sie afur thánne?"
„Ja sínt", quad er, „bi nóti   zuelif dágo ziti,
    thio iro stúnta werbent   joh themo dáge folgent.
35 So wer so dáges gengit,   giwísso er ni firspírnit,
    want ér sih mit then óugon   fórna mag biscówon;
Drof ni zuívolot ir thés,   bigínnet er es náhtes,
    ni er blíntilingon wérne   joh séro firspúrne!
Mír, quad er, so fólge,   ther réhto gangan wólle,
40 giwissǫ io in álathrati   so scóuu er mín girati!"
Sprah tho drúhtin ubarlút   bi then sínan siachan drút
    wórton ouh tho blíden   zen júngoron sínen:
„Ther unser fríunt guato   sláfit nu gimúato;
    wir scúlun nan irwéken,   fon themo sláfe irréken."
45 „Wóla ist, druhtin", quadun, „tház!   thanne wírdit imo báz;
    nu quimit líhtida imon múat,   so ofto síochemo dúat."
Sie wántun, druhtin méinti,   er sinan sláf zeinti;
    er selbo méinta avur tház,   tház er tho bilíban was.
Det er ófan in tho sár,   wio bi nan gilégan was thaz wár.
50 „ih wille iu iz zéllen", quad er, „ér: ist Lázarus bilíbaner.
Thoh will ih fréwen es nu míh   giwísso thuruh iuih,
    thaz ir gilóubet bi thíu,   wanta ih híar nu wás mit iu;
Joh wéiz thoh thia gimácha,   sínes selbes sácha,
    wio iz állaz fuar tháre;   thaz ságen ih iu zi wáre.

---

6 ut ergo audivit, quia infirmabatur, tunc quidem mansit in eodem loco duobus
diebus; 7 deinde post haec dixit discipulis suis: [eamus in Judaeam] iterum.
29—33. 35—38 J. 11, 8 dicunt ei discipuli: rabbi, nunc quaerebant te Judaei
lapidare, et iterum vadis illuc? 9 respondit Jesus: [nonne XII horae sunt diei?]
si quis ambulaverit in die, non offendit, quia lucem hujus mundi videt; 10 si
autem ambulaverit in nocte, offendit, quia lux non est in eo. 39—40 vgl. J. 8,
12 .. qui sequitur me, non ambulat in tenebris, sed habebit lumen vitae. 41—45.
47—48 nach J. 11, 11 haec ait, et post haec dixit eis: [Lazarus amicus noster
dormit;] sed vado, ut a somno excitem eum. 12 dixerunt ergo discipuli ejus:
[domine, si dormit, salvus erit]. 13 [ille dicebat (Vulg. dixerat autem Jesus) de
morte ejus;] illi autem putaverunt, quia de dormitione somni diceret. 49—52.
55. 57—58 J. 11, 14 tunc ergo Jesus dixit eis manifeste: [Lazarus mortuus est;]
15 et gaudeo proptér vos, ut credatis, quoniam non eram ibi; sed eamus ad eum.
16 dixit ergo Thomas .. ad condiscipulos: [eamus et nos, et (Vulg. ut) moriamur
cum eo].

55 Thóh er nu bilíban si,   farames thóh, thar er sí;
    zi thíuz nu sar gilígge,   thoh er bigrában ligge."
Quad Thómas, ein thero knéhto: „farames wír ouh rehto,
    nu er so wílit selbo in wár,   irstérbemes mit ímo thar!
Nu er then tód suachit,   thes líbes ouh ni rúachit:
60   nu simes gárawe alle   mit ímo zi themo fálle!"

XXIV. VENIT ERGO JESUS ET INVENIT EUM JAM QUATUOR DIES.

Quám tho druhtin héilant   thara in Júdeono lant,
    thar, ther sin fríunt was ju ér,   lag fíardon dag bigrábaner;
Quam ménigi thero Júdeono ér,   dróstun thar thio suéster,
    bátun, sie in gistíltin   fon then únthultin.
5 Mártha thiu gúata,   so síu thia kúnft gihórta,
    firliaz si sár thia menigi   joh ilta kríste ingégini.
Heíme saz thiu suéster   inti kúmta thaz sér,
    wéinota iogilícho   then bruader jámarlicho,
Giwisso thár untar ín   sérlichen záharin,
10   séragemo múate;   irgíang iruz zi gúate.
Mártha sih tho kúmta,   so si zi kríste giilta,
    sérlichero wórto;   sia rúartaz filu hárto.
„Drúhtin", quad si, „quamist thu ér,   wir ni thúltin thiz sér;
    ginádaz thin ni hángti,   thaz tód uns sus io giángti;
15 Theiz io zi thíu irgiangi,   sus náh er uns giffangi,
    sus léides unsih fúlti   joh serera únthulti!
Wéiz ih thoh in thráti,   thoh si thin kúnft nu spati,
    thaz got ist álles thir gilós,   so wés so thu nan férgos;
Joh állaz thin giráti   frúmit sar zi státi,
20   állaz, so thir líob ist   joh so thu sélbo giquíst."
„Ni láz thir iz", quad er, „sér,   irsténtit ther thin brúader;
    zi líb er so gikérit,   thaz múat sih thin ni sérit."

XXIV. 1—7ᵃ *J.* 11, 17 venit itaque Jesus et invenit eum quatuor dies jam
in monumento habentem . . . 19 multi autem ex Judaeis venerant ad Martham et
Mariam, ut consolarentur eas de fratre suo. 20 Martha ergo, ut audivit, quia
Jesus venit, occurrit illi; Maria autem domi sedebat. [*Marg. zu* 5 Martha venit
ad dominum]. 11—20 *nach J.* 11, 21 dixit ergo Martha ad Jesum: [domine,
si fuisses hic,] frater meus non fuisset mortuus. 22 sed et nunc [scio,] quia,
[quaecunque poposceris a deo,] dabit tibi. 21. 23—36 *J.* 11, 23 dicit illi Jesus:
[resurget frater tuus;] 24 dicit ei Maria: [scio, quia resurget in resurrectione] in

„Iz ist, drúhtin", quad si, „só,   gilóubu ih thaz giwísso,
  theiz ouh ínan ni firgéit,   thann éllu worolt úfsteit."
25 Sprah tho drúhtin zi iru sár   (thaz wír gilouben álawar,
  joh ellu wórolt ubar ál   in hérzen thaz io háben scal):
„Ih bin irstántnissi,   thaz wízist thu in giwíssi;
  bin líb ouh filu fésti   zi éwinigeru frísti.
So wér so in mih gilóubit   (theist álles guates hóubit!),
30 zi líb er thoh biwírbit,   síd er hiar irstírbit;
  Inti álle, thaz ni híluh thih,   thie gilóubent in mih
  (ni fórahti drof then wéwon!) —   nirstírbit er in éwon.
  Gilóubist thu, so ih zéllu,   thiu minu wórt ellu?"
  „sint, drúhtin", quad si, „fésti   in mines hérzen brusti;
35 Gilóub ih thaz gimúato,   thaz thu bist kríst ther gúato,
  gótes sun gizámi,   thu hera in wórolt quami."
So si tház gizelita,   thia suéster si sar hóleta:
  „ther méistar", quad si, „híar ist,   gibót thir, thaz thu quámist."
  Úfirstuant si snéllo,   thaz déta ru ther wíllo;
40 ni déta si thes tho bíta,   si slíumo zi imo giílta.
  Ni quám noh tho unser drúhtin   in thaz kástel ín;
  er noh sih thár inthabeta,   thar imo Mártha gaganta.
  Quam then Júdeon thaz in múat,   thaz sí so gahun úfirstuant,
  sie ouh zi thíu gifiangun   joh after íru giangun;
45 Quádun, silti lóufan,   zi themo grábe wuafan,
  tház si thes giflízzi,   sih sáta thar girúzzi.
  Si zi fúaze kriste fíal,   unz thaz múat iru so wíal;
  mit záharin sí thie bigóz,   thar si then brúader liobon róz.
  Iróugta si tho seraz múat,   so wib in súlichu ofto dúat
50 (irbéit si thes er kúmo);   joh sprah zi drúhtine thó:
„Wárist thu híar, druhtin kríst,   ni thúltin wír nu thesa quíst;
  ther brúader min nu lébeti,   joh ih thiz léid ni habeti!"

---

novissimo die. 25 dixit ei Jesus: [ego sum resurrectio] et vita; qui credit in me,
etiamsi mortuus fuerit, vivet; 26 et omnis, qui vivit et credit in me, non morie-
tur in aeternum; [credis hoc?] 27 ait illi: [utique, domine,] ego credidi, quia tu
es Christus filius dei vivi, qui in hunc mundum venisti.   37—42 nach J. 11, 28
et cum haec dixisset [abiit et vocavit] Mariam [sororem suam] . . dicens: magister
adest et vocat te. 29 illa ut audivit, surgit cito et venit ad eum. 30 [nondum]
enim [venit (Vulg. venerat) Jesus in castellum,] sed erat adhuc in illo loco, ubi
occurrerat ei Martha.   45—47ª. 50ᵇ—52 nach J. 11, 31 Judaei ergo . . secuti
sunt eam dicentes: quia [vadit ad monumentum,] ut ploret ibi. 32 Maria ergo
. . cecidit ad pedes ejus et dicit ei: [domine, si fuisses hic,] non esset mortuus
frater meus.

Intsúab er tho thaz úngimah,   so er sa ríazan gisah;
thie líuti ouh ruzun álle,   thie quámun zemo thínge.
55 Thar stúantun thio gisuéster   saman, wéinotun thaz sér;
óugtun thar thia smérza,   thaz íro sera hérza.
Ther fúrist ist alles gúates,   sih drúabta tho thes múates;
sih záharin er ninthábeta,   thar man then brúader klagota.
Thaz drúhtin ouh giscéinta,   waz er mit thíu meinta,
60 thaz ínan so ginóto   irbármeta ther dóto:
Gibót er sie mo zélitin,   wára sie nan légitin.
„drúhtin", quadun se sár,   „sélbo mahtuz séhan thar."
Quam tho drúhtin unser   thara ríazenter,
thára zi themo líoben man,   thár er lag bidólban.
65 Thár lag oba félisa,   so nóh nu in lante ist wísa;
búrdin filu suáru,   thaz ságen ih thir zi wáru.
Wás tho thar ingégini   hárto mihil ménigi,
líutes filu thráto;   in mítten lag ther dóto.
Then jámar allan sáhun,   thie míthont quamun gáhun;
70 thaz úngimah, so rúarta   thie síne selbes fríunta.
Tho áhtotun thie líuti,   wio er nan mínnoti,
tho sie in álagahun   thie záhari gisáhun.
Tho sprachun súmiliche   óuh ir themo ríche
(in ábuh sie iz kértun,   so sie thíz gihortun;
75 Sie áhtotun thaz sinaz sér),   bi hiu er ni bidráhtot iz ér;
bi híu er sih thes léides   er ni wárnoti les;
Bi híu er ni biwúrbi,   thaz ther sin fríunt nirstúrbi,
ther kreftig ér was so frám,   then blínton deta séhentan!
Tho drúhtin mit then óugon   thaz gráb bigonda scówon,
80 worton blídlichen   spráh er tho zen sínen:
„Nemet thána sar then stéin   joh sliumo dúet inan in éin;
inthéket mir thaz kétti,   thes mines fríuntes betti!"
„Drúhtin", quad thiu suéster,   „ther líchamo ist ju fúler
(bi thiu zélluh thir iz ér),   ist fíardon dag bigrábaner."

53—54. 57—58 *nach* J. 11, 33 Jesus ergo, ut vidit eam plorantem, et Judaeos, qui venerant cum ea, plorantes, infremuit spiritu et turbavit se ipsum .. 35 et [lacrimatus est Jesus]. 61—72 *nach* J. 11, 34 et dixit [ubi posuistis eum?] dicunt ei: domine, veni et vide ... 36 dixerunt ergo Judaei: [ecce quomodo amabat eum!] .. 38 Jesus ergo venit ad monumentum; erat autem .. lapis superpositus .. 73. 75b—78 J. 11, 37 quidam autem ex ipsis dixerunt: [non poterat facere, qui aperuit oculos caeci] nati, ut hic non moreretur? 79—86 [Jesus elevatis oculis (*aus* J. 11, 41)] J. 11, 39 ait Jesus: [tollite lapidem]. J. 11, 39 .. dicit ei Martha ..: [domine, jam foetet;] quatriduanus est enim. 40 dicit ei Jesus:

85 „Thih deta ih míthont", quad er, „wís,   oba thu gilóubis,
   thaz thu gisíhis gotes kráft   joh selben drúhtines máht."
   Sie namun thána thuruh nót   then selbon stéin, so er gibot;
   thaz gráb sie thar indátun,   so sinu wórt giquatun.
   Stúant er thar tho nídare,   huab thịụ óugun uf zi hímile,
90 zi thes fater bárme filu frám, thánana er hera in wórolt quam.
   „Fáter", quad, „thir thánkon   mit wórton joh mit wérkon,
   thaz thu émmizen io fóllon   irfúllis minan wíllon.
   Ih hábetạ iz io giwíssaz,   fater, ságen ih thir tház,
   thaz thu álleswio ni dáti,   ni si ál sos ih thih báti;
95 Thoh zélluh thino gúati   thúruh these líuti,
   sie wízin, thu mih sántos   joh hera in wórolt wantos."
   Er sprah tho wórton lúten   thára zi themo dóten,
   zi themo fúlen thegane,   er stúantị ir themo légare;
   Joh er wúrbi thuruh nót   fon béche hera wídorort,
100 fon héllono thiote   avur zi thésemo liohte.
   Quek ward sár imo thaz múat,   jóh fon themo gráb er stuant
   Mit láchanon biwúntan   joh fúnon so gibúntan.
   „Inbintet ínan", quad er sár   tho zen júngoron thár,
   „sliumo irlóset inan thés,   thaz gé er sines síndes."
105 Mánage, thie thar quámun,   then wibon dróst ouh warun,
   gilóubtun sar io gáhun,   so sie tho thíz gisahun.
   Bigondun súmẹ iz zellen   mit úbikemo wíllen
   then fúristen éwarton   zórnlichen wórton
   Joh themo hérote   állemo io zi nóte;
110 so slíumo sie iz gihórtun,   iz allaz ábahotun,
   Ángustitun thráto   thérero selbun dáto;
   thir zéll ih hiar nu súntar: was hárto in leid thaz wúntar.

---

101 grábeịrstuant *V.*

[nonne dixi tibi,] quoniam, si credideris, videbis gloriam dei?   87. 89—96
J. 11, 41 [tulerunt ergo lapidem; Jesus] autem [elevatis .´. oculis] dixit: pater,
gratias ago tibi, quoniam audisti me. 42 [ego autem sciebam, quia semper me
audis,] sed propter populum, qui circumstat, dixi, ut credant, quia tu me misisti.
97—98. 101—104 *nach J.* 11, 43 haec cum dixisset, voce magna clamavit: Lazare,
veni foras! 44 et statim prodiit, qui fuerat mortuus, ligatus pedes et manus
institis, et facies illius sudario erat ligata. dixit iis Jesus: [solvite eum] et
sinite abire.   105—109 *nach J.* 11, 45 [multi .. ex Judaeis,] qui venerant ad
Mariam et Martham et viderant, quae fecit Jesus, [crediderunt] in eum. [*Mary.
zu* 107 quidam abierunt ad sacerdotes] *J.* 11, 46 quidam autem ex ipsis abierunt ad
pharisaeos (*vgl. J.* 11, 47 pontifices et pharisaei) et dixerunt eis, quae fecit Jesus
(*dazu Alc.*: sive adnuntiando, ut et ipsi crederent, sive prodendo, ut saevirent.

XXV. COLLEGERUNT PONTIFICES ET PHARISAEI CONCILIUM.

Thie bíscofa bi nóti   joh al thaz héroti
  thuruh thésa rácha   dátun eina sprácha.
Thára zi themo rínge   joh zi thémo selben thínge
  quam mihil wóroltmenigi   then héreston ingégini.
5 Thie éwarton alle   quámun zi themo thínge
  (sie ni duáltun es tho dróf)   in Káiphases fríthof.
„Waz mugun wir", quádun, „thesses dúan? ther man ther máchot
  mit zéichonon maren   joh thrato séltsanen. [sinan rúam
Álle these liuti   gilóubent io zi nóti,
10   ni si óba wir bigínnen,   thaz súslih wir ni héngen.
Irgeit iz zi ángusti,   oba wír mes duen thie frísti,
  thaz ér in themo múaze   then líutin sih gisúaze;
Gifáhent sih zi ímo thanne   thie gilóubigun álle,
  wóllent haben nóti   zi ímo thaz héroti!
15 So quément Románi ouh ubar tház,   nement thaz lánt allaz
  jóh ouh thes giflízent,   iz ítalaz lázent;
Mit wáfanu unsih thuíngent,   óba sies bigínnent;
  mit kréftigera hénti   duent únsih élilenti.
Wánent sie bi nótin,   thaz wir then úrheiz dátin,
20   jóh wir thes bigínnen,   thaz widar ín ringen."
Gab éiner tho giráti   thuruh thaz héroti,
  bihíaz sih ther thes wáres,   ther bíscof was thes jares.
„Ni bithénket", quad, „in wára   únserero állo zala,
  joh ír ouh wiht thes ni áhtot   ouh dróf es ni bidráhtot,
25 Thaz báz ist, man biwérbe,   thaz éin man bi unsih stérbe,
  joh éiner bi unsih dówe,   ther líut sih thes gifrówe;

    XXV. 1—2. 5—8 J. 11, 47 collegerunt ergo pontifices et pharisaei con-
cilium (vgl. Mt. 26, 3 congregati sunt principes sacerdotum et seniores populi in
atrium principis sacerdotum, qui dicebatur Caiphas) et dicebant: [quid facimus?
quia hic homo multa signa facit].   9—10. 15—18 nach J. 11, 48 si dimittimus
eum sic, omnes credent in eum; et [venient Romani] et tollunt nostrum locum
et gentem.   21—26 [Caiphas respondit] J. 11, 49 unus autem ex ipsis, Caiphas
nomine, cum esset pontifex anni illius, dixit iis: vos nescitis quidquam; 50 nec
cogitatis, quia [expedit vobis, ut unus moriatur] homo pro populo, et non tota
gens pereat.

Thaz si gisúnt ther selbo fólk   thuruh thes éinen mannes dólk,
    thuruh sino éino dóti;   thaz thúnkit mih giráti."
Giwisso wízit: thaz gimáh   fon ímo er súlih hiar ni spráh,
30   thiu sprácha ouh so gizámi   fon ímo hiar biquámi;
Was bíscof er thes járes,   thaz mánota nan thes wáres,
    thes selben stúales era;   sín ni was es mera.
Bi thiu was er fórasago thár,   thoh er ni wésti thaz war;
    er únthankes in. zálta,   wio iz allaz wésan scolta:
35 Thaz drúhtin selbo wólta,   bi unsih stérban scolta,
    joh sines blúetes rínnan   uns síhurheit giwínnan.
Fon thésses dages frísti   so wás in thaz sid fésti
    in múate ginúagi,   tház man nan irslúagi.
Inzóh sih drúhtin tho fon ín,   ni gíang so ófono untar ín
40   joh fuar mit sínen thanana   in eina wúastinna.

XXVI. MORALITER.

Nu kríst in therera rédinu   zéichan duit so ménigu,
    so thie éwarton quátun,   iz al in úbil datun:
Nu duemes wír thaz zuíval   thana sár ubar ál,
    gilóubemes thero dáto;   iz sízit uns so thráto.
5 Kéremes in múate   uns sélben io zi gúate
    frámmortes thia gotes dát,   só siu thar giscríban stat:
Sie ríetun, was sies wóltin   joh was sies dúan scoltin,
    hárto ginóto,   thera selbun gótes dato;
Thoh ni spráchun sie in wár,   thaz sie gilóubtin gote sár,
10   thaz sie iro hérza iz lértin   joh frámmortes iz gikértin.
Wir scúlun unsih sámanon   zi réhteren rédinon,
    wir unsih góte líuben   joh réhtor gilóuben;
Joh quédemes in ríhti,   thaz iz lóbosamaz sí,
    állo sino dáti,   thoh si ín si únthrati.

---

29. 31. 33ª. 35 — 36 *J.* 11, 51 [hoc . . a semetipso non dixit;] sed cum esset
pontifex anni illius, prophetavit, quod Jesus moriturus erat pro gente.   37 — 40
J. 11, 53 [ab illo . . die cogitaverunt eum occidere (*Vulg.* ut interficerent eum)].
54 [Jesus autem (*Vulg.* ergo) jam non in palam ambulabat apud Judaeos,] sed
abiit in regionem juxta desertum.
    XXVI. 7 — 12 *B. und Alc. zu J.* 11, 47 collegerunt concilium et dicebant:
quid faciemus? nec tamen dicebant: credamus . . . quaeramus nos in Christo
vivere, quem illi quaerebant occidere.

15 Sie quádun thes ginúagi,   óba man nan nirslúagi,
    tház sie mit giwélti   wurtin élilenti
  Joh thárbetin thes síndes   thes iro héiminges,
    sar io thés fartes   thes éigenen lántes.
  Wir scúlun avur áhton,   wir wóla iz ni bidráhton,
20   thaz wir thiu wérk éren,   in múat uns siu gikéren —
  Tház wir ana énti   werden élilenti,
    tharben scónes riches,   thes hohen hímilriches;
  Joh birun mórnente   iu suaremo élilente,
    in githuíngnisse;   thes sín wir io giwísse!
25 Thénkemes zi gúate   ouh héilemo múate
    joh frámmortes iz kéren,   thaz Cáiphas wolte léren.
  Er ríat, thaz man biwúrbi,   thaz ther man éino irstúrbi,
    thaz sin éinen dóti   al then líut gihíalti,
  Joh thuruh sínan einan dólk   wari̧ al giháltan ther fólk;
30   mámmonto sázi,   sid er thaz líb firliazi.
  Giwisso wízun wir tház,   thaz úns iz harto wóla saz,
    joh uns iz théh filu frám,   thaz drúhtin hera in wórolt quam;
  Er bi únsih wolta stérban   joh éino thaz biwérban,
    thaz wir nirwúrtin furdir ál,   thuruh then sínan einan fál;
35 Joh únsih thiu sin.gúati   al gisámanoti,
    wir io írri fuarun,   zispréitite warun.
  Thaz ist nu wúntarlichaz thíng   úbar thesan wórol̜tring,
    ubar allo dáti   wúntarlih giráti.
  Thanne wóroltkuninga   stérbent bi i̧ro thégena,
40   in wíge iogilícho   dowent théganlicho:
  So sint se álle gírrit,   thes wíges gimérrit,
    thér in thera nóti   thar imo fólgeti;
  Joh fállent sie ginóton   fora iro fianton,
    úntar iro hánton   spéron joh mit suérton;
45 Sie sint in álathrati   flúhtig thera dáti,
    irquéman thero wérko   flúhtigero githánko.
  Starb afur thérer noti,   er unsih sámanoti,
    joh sines tóthes guati   zisámane gifúagti;
  Joh thuruh sína smerza   wir hábetin baldaz hérza,
50   fianton io thánne   zi widarstántanne;

15—24 *ebda* temporalia perdere noluerunt et vitam aeternam non cogita-
verunt.

Thaz wir fró thes tóthes   faren héimortes
  in éiginaz githíngi   sid thera góringi.
Síd man nan bifálta,   so Cáiphas uns zálta,
  jóh man nan gidótta,   so er thar rédinota:
55 Nu birun fró in múate   bi sínemo einen gúate;
  mit sínemo einen fálle   so irlóst er unsih álle!
Nu buwen báldo thuruh tház   kúningrichi sínaz,
  blíde in giríhti   in síneru gisíhti.
Thaz selba mámmunti   thaz dúit uns thiu sin gúati,
60   want er éino thaz biwárb,   thaz er bi únsih irstárb.
Nu ílemes thes thenken   joh émmizigen wírken,
  thaz imo ío liche   zemo hóhen hímilriche,
Joh unsih thára io alle   bi námen druhtin zélle,
  álle io bi mánne,   er unsih thára nenne;
65 Thaz sin tód ubar ál   ni wése in uns so ídal
  thúruh unsero úbili   joh mánagfalto frávili;
Suntar thés ginénden,   mit sínen iamer ménden,
  mit sínen iamer blíden   jóh iz ni bimíden!
Tház ist in giféstit,   tház in es mer ni brístit;
70   so síz ouh úns allen   mit krístes selbes wíllen!   Amen.

Explicit liber tertius.

INCIPIT LIBER EVANGELIORUM QUARTUS THEOTISCE CONSCRIPTUS.

I. PRAEFATIO LIBRI QUARTI.

Nu thie éwarton bi nóti   máchont thaz giráti,
  joh kristes tódes thuruh nót   ther líut sih habet giéinot;
Bigínnent frammort wísen,   wío sie inan firlíesen,
  joh thaz io thénkit iro múat,   wio sie firthuésben thaz gúat:
5 Nu wíll ih scriban frámmort   (er selbo ríhte mir thaz wórt!),
  wio druhtin sélbo thaz biwárb, er sínes thankes bi únsih stárb;
Wio ér sih thara náhta,   tho sih thiu zít bibrahta,
  thár er thaz tho wólta   joh iz wésan scolta;
Wio er sélbo giang zi hánton   sinen fíanton,
10 was únfluhtig thráto   thero Júdeono dáto.
Er sínes thankes thára quam   joh sie thar lérta filu frám,
  io gidágo forn thíu,   thaz sie irkántin thoh bi thíu,
Thaz ér was druhtin héilant   ubar állaz thaz lánt,
  joh sie álleswio ni dátin,   ni sie inan mínnotin.
15 Tház bigond er rédinon   mit frónisgen bílidon,
  tház sie iz mer intríetin,   zi ímo sih gikértin.
Er zált iz in ouh hárto   ófonoro wórto,
  thia sálida íogilícho   filu súazlicho.
Er zálta ouh dages wúntar   then júngoron sus io súntar;
20 thaz gihíalt er (wizist tház)   harto míhiles baz.
Sie hórtun iz mit wíllen   joh wóltun iz irfúllen;
  tharazúa sie harto tháhtun,   mit wérkon ouh bibráhtun.
Giwisso wízist thu tház: ni scríb ih thaz hiar állaz,
  joh híar ouh ni firláze,   nub íh es waz gigrúaze;
25 Nub íh es thoh bigínne,   es étheswaz gizélle,
  jóh óuh thanne giíle   zi thes krúzonnes héile.
Hiar ouh fórna biléip,   thaz ih iz ál ni giscréip,
  al ni gizálta,   tház ih gerno wólta;
Firliaz ih fílu thrato   sínero dáto,
30 mánagfaltu wúntar   joh sinu zéichan in wár;

Bílidi, thiu er zálta   then líutin, thann er wólta,
léra filu wára,   in alla wórolt mara.
Thaz déta ih bi einen rúachon,   theih líbi in thesen búachon,
thaz iz zi suár ni zálti,   ther iz lésan wolti.
35 Bi thíu firliaz ih thráto   thero drúhtines dáto,
wórto joh wérkes   mines únthankes.
Iz, drúhtin, ni bilíbe,   thaz íh es thoh giscríbe,
ni iz hiar in érdriche   fora thinen óugon liche;
Thaz ih giscríbez hiar so frám,   theiz thír io wese lóbosam,
40   thínera kréfti,   fon thínes selbes gífti;
Ih híar giscribe fóllon   then thinan múatwillon,
thínaz giráti,   thaz thu ubar únsih dati;
Wío thu thultos wízi,   thaz hónlicha krúci
in mánagfalten wúnton   bi únseren súnton
45 Thuruh únser ubili   joh mánagfalto frávili,
thár wir ana lágun   joh hart es scín wagun!
Ni móhtun wir in wára   irthénken thio gináda,
thia thú in thera nóti,   drúhtin, bi únsih dati;
Thaz was ío ana wánk   állaz, druhtin, thíner thank,
50   drúhtin, allaz thín duam,   thaz éwiniga wísduam!
Íz zi thiu ni wúrti,   ni wárin thino mílti,
al bi thínen mahtin   joh hohen éregrehtin;
Thes múaziꝛ niazan íamer   joh midan súntino sér,
fréwen in giríhti   in thíneru gisíhti! Amen.

II. ANTE SEX DIES PASCHAE VENIT JESUS BETHANIAM.

Tho drúhtin thaz giméinta,   er thesa wórolt heilta,
then ménnisgon in nóti   ouh tho ginádoti;
So er thára iz tho bibráhta,   thaz sih thiu zít náhta,
er únsih tho gidrósti,   fon fíanton irlósti:
5 Séhs dagon fora thíu   quám er zi Bethániu,
thar er fon tóthe irwágta,   Lázarum irquícta.

II. 1—6 J. 12, 1 Jesus .. ante sex dies Paschae venit Bethaniam, ubi Lazarus fuerat mortuus, quem suscitavit Jesus. *Beda zu Mc.* 11, 1 apte dominus Hierosolymam venturus ac mundum suo sanguine redempturus primo Bethaniam praesentiae suae dignitate sublimavit.

Tho zemo ábande sár   gáretun sie sin múas thar;
  fró wárun sie sín,   ther willo deta iz fílu scin.
Mártha thiu gúata   thar tho thíonota,
10 si scóno iz al bitháhta,   thaz muas fúribrahta.
Ni wáni, si ouh thes wángti,   ní si thar giscánkti,
  thaz iz ál gizámi   drúhtine biquámi.
Lázarus er was iro éin,   then thiu sálida giréim,
  thaz thar zi dísge sazin,   mit imo sáman azin.
15 Nám Maria nárdon   fílu diuren wérdon
  (was íru thaz thíonost suazi),   thia góz si in sine fúazi.
So siu thaz sálbon tho biwárb,   mit iru fáhse sie gisuárb
  thie selben fúazi frono,   mit lócon iro scóno.
Thiu díuri thera sálba   stank in álahalba,
20 irfúlta thiu ira gúati   thes selben húses witi.
Tház bisprah tho Júdas,   ther io in themo ágeren was;
  quad, mán sia mohti scíoro   firkóufen fílu díuro,
In thíu man thaz irwéliti,   man árme miti nériti,
  jóh man thes gihógti,   ouh nákote githágti;
25 Ouh thén, thar after lánte   farent wállonte,
  tház man then in nóti   mit thiu ginádoti.
Thóh er thaz tho quáti,   ni dét er iz bi gúati,
  odo ínan thie ármuati   wiht irbármeti.
Er was thíob hébiger   joh sékilari síner;
30 wolt ér thar waz irscáboron,   bi thiu bigán er sulih rédinon.
„Láz sia“, quad ther méistar,   „duan thiu wérk, thiu si bigán,
  thaz siu iz nirfúlle nu thiu mín;   ni múaz si, sih bigrában bin.
Mit iu éigut ir ginúhto   io ármero wíhto;
  náles avur míh in war   ni éigut émmizigen hiar.“

---

7. 9. 13—14 *nach J.* 12, 2 [fecerunt autem coenam ibi;] et Martha ministrabat, [Lazarus] vero [erat unus ex discumbentibus] cum eo.   15—20 [*Marg.* *zu* 15 Maria accepit ungentum; *zu* 17 et capillis tersit] *J.* 12, 3 Maria vero accepit libram unguenti nardi pistici pretiosi et unxit pedes ejus capillis suis; [et domus impleta est ex odore] unguenti.   21—23. 27—29 *nach J.* 12, 4 [dixit .. Judas ..: 5 quare hoc unguentum non vendidit (*Vulg.* veniit)] trecentis denariis et datum est egenis? 6 [dixit autem hoc, non quia de egenis pertinebat ad eum,] sed quia fur erat et loculos habens ...   31—34 *J.* 12, 7 dixit ergo Jesus: [sine (*Vulg.* sinite) illam,] ut in diem sepulturae meae servet illud. *Dazu Beda und Alcuin:* ideoque Mariae, cui ad unctionem mortui corporis ejus quamvis multum desideranti pervenire non liceret, donatum est, ut viventi adhuc impenderet obsequium, quod post mortem celeri resurrectione praeventa nequiret. *J.* 12, 8 [pauperes enim semper habetis vobiscum,] me autem non semper habetis.

III.　CUM AUDISSET POPULUS, QUIA VENIT JESUS.

Gihórta tho ther líut thaz,　　thaz drúhtin kríst thara quéman was,
　quám tho thara ingégini　　mihil wóroltmenigi
Nales thén meinon　　bi drúhtinan éinon,
　súntar sie in then fértin　　ouh Lázarum irkántin;
5 Wanta inan drúhtines wort　　fon tóde fuarta wídorort,
　tho quam ther líut mit dríuon　　thaz séltsani scouon;
Thaz sie gisáhin ouh tho tház,　　thaz thér man, ther ju dót was,
　(in selbén míhila giwúrt)　　leben ándera stunt.
Thie furiston éwarton　　gibútun iro wórton,
10　es níaman ni giwúagi,　　ér man nan irslúagi;
　Wanta mánag man in wár　　gilóubta thuruh ínan thar,
　thuruh théso dati　　in selbes gótes guati.
Bi híu se thes ni hógetin,　　óba sie thaz gifrúmitin,
　thaz er nan móhta ana wán　　heizan áfur úfstan;
15 Joh mit théru krefti　　ávur nan irquícti,
　ther ér nan tóde binam,　　hiaz úzer themo grábe gan!
In mórgan tho ther líut ál,　　ther zen óstoron quam
　(thés was mihil ménigi!),　　fúar thara ál ingegini.
Fuar thar ál ingegini　　thes lántliutes ménigi,
20　so ther líut tho giéiscotæ,　　thaz ér thara quéman scolta.
Sie drúagun in then hánton　　pálmono gértun
　ingégin imo rúmo,　　zuig ouh óliboumo;
Mit thiu méintun thie mán,　　thaz ér in tode sígu nam,
　joh er frídes wunnon　　síd gab iamer mánnon.

---

8 leben = lebe in *V.*

III.　1—5 *J.* 12, 9 cognovit ergo turba multa ex Judaeis, quia illic est; et venerunt non propter Jesum tantum, sed ut Lazarum viderent, quem resuscitavit a mortuis.　　9—16 *J.* 12, 10 [cogitaverunt autem principes sacerdotum, ut Lazarum interficerent], 11 quia multi propter illum abibant ex Judaeis et credebant in Jesum. *Dazu B. und Alc.*: o caeca caecorum versutia, .. quasi non posset suscitare occisum, qui poterat defunctum!　　17—22ª. 23 *J.* 12, 12 [in crastinum autem turba] multa, quae venerat ad diem festum, cum audissent, quia venit Jesus Hierosolymam, 13 acceperunt ramos palmarum et processerunt obviam ei. *Dazu B. und Alc.*: significantes victoriam, quia erat dominus mortem moriendo superaturus.　　22ᵇ *wol veranlasst durch Mt.* 21, 1 cum venissent .. ad montem oliveti; *die Quelle der Deutung in* 24 *kenne ich nicht.*

IV. CUM APPROPINQUASSET HIEROSOLYMIS.

Wólt er tho biginnan   zi Hierusalém sinnan,
    tház er thaz biwúrbi,   bi únsih thar irstúrbi.
Thaz was fínf dagon ér,   er er thúlti thaz sér,
    er iz zi thíu irgíangi,   tház man nan gifíangi.
5 Gistúant er tho gibíatan,   want ér thar wolta rítan,
    tház sie thes gizílotin,   imo einan ésil holetin.
Gibot er tház (ih sagen thir éin)   sinen júngoron zuein,
    tház sie sih irhúabin,   zi themo kástelle fúarin.
„Thar wírdit fon iu fúntan   ein ésilin gibúntan,
10   thia irbíntet ir thár   joh brínget ouh thaz fúlin sar.
Ob íaman thes bigínne,   thaz ér iz iu ni hénge:
    saget thio thúrfti imo in wár;   so lázit er iz wésan sar.“
Fúarun sie thó iro pád   joh funtun ál, soso er giquád;
    sie tharazúa tháhtun   joh thaz fúlin bráhtun.
15 Namun sie tho iro wát,   legitun tharúf in gidát,
    in mámmunti int in súazi,   thaz er tharóba sazi.
Thó fleiz thara ingégini   thiu míhila ménigi,
    zi kúninge sie nan quáttun   joh imo then wég thagtun.
Thaz dátun sie bi nóti,   thaz ros ni skránkoloti,
20   jóh iz ni firspúrni,   so ér thera réisa bigunni;
Joh dátun iz in wáru   zi frónisgeru éru,
    zi síneru héri;   er wás in filu díuri!
Níst, ther io gihogeti   in álleru wórolti,
    thaz kúning thihein fúari   mit súlicheru zíeri,
25 Then io líuto dati   so scono giéreti,
    thaz thíonoti imo in wáru   mit súlicheru fúaru!

---

25 gihéreti V.

IV. 1. 5—12 *nach Mt.* 21, 1 cum appropinquassent Hierosolymis .., tunc
Jesus misit duos discipulos (suos *L.* 19, 29; *die Zeitbestimmung* 3 *aus J.* 12, 1 =
IV, 2, 5 *und J.* 12, 12 = IV, 3, 17) 2 dicens eis: [ite in castellum quod contra vos]
est; (*L.* 19, 30 in quod introeuntes) invenietis asinam alligatam et pullum cum ea;
solvite (*L.* 19, 30 ill um = pullum) et adducite .. 3 [et si quis vobis aliquid
dixerit,] dicite, quia dominus his opus habet, et confestim dimittet eos.
13—15 *L.* 19, 32 abierunt autem .. et invenerunt, sicut illis dixit, stantem
pullum .. 35 et duxerunt illum ad Jesum. *Mt.* 21, 7 .. et [imposuerunt super
eum (*Vulg.* eos) vestimenta sua] et eum desuper sedere fecerunt.

Ther selbo líut, thaz ist wár,   bréitta sina wát thar,
    thaz er then wég mit wáti   mámmuntan gidáti;
Thágtun sie imo scíoro   then wég thar filu zíoro,
30   thes íltun sie io zi nóti   thie mán mit iro wáti.
Sie stréwitun, thaz was wúntar,   then wég thar imo súntar;
    séltsani racha,   bréittun iro láchan.
Was, thémo thes gibrústi,   so brách er sar io thie ésti,
    tház er in giríhti   then weg mit thén gislihti.
35 Námun sie thes góuma   inti bráchun thar thie bóuma,
    thaz síe sih thes gifréwetin,   then wég imo gistréwitin.
Thar fuarun mán manage   fóra themo kúninge,
    héri ouh rédihafter   so fólgata tharáfter.
Er reit in mítte, so gizám,   so iz thó zi theru réisu biquam;
40   érlicho, so er wólta   joh selbo kúning scólta.
Húabun sie tho hóhaz   sánk filu scónaz,
    ímo tho gimáchaz   joh filu rédihaftaz:
Thu weltis líutes manages   Davídes sun thes kúninges,
    bist kúning ouh githíuto   therero lántliuto!
45 Zi wórolti si mo héili   joh sálida giméini
    joh frúma in gúallichi   ubar állaz sinaz ríchi!
Giwíhti sí er filu frám,   want er in gótes namen quám;
    ist kúning uns gimúato   selbo kríst ther gúato!
Héili ouh thu thia hóhi   mit théru selbun wíhi,
50   bréiti ouh thinaz ríchi   in thaz·hoha hímilrichi;
Thaz thúnsih hiar giháltes   joh éngilo ouh giwáltes,
    joh selben páradises,   mit giwélti thar irscínes!
Ther selbo líut gúoto   sank giméinmuoto
    thésses liedes wúnna   al éinera stímna.
55 Thaz súngun io zi nóti   thie fórdorun líuti,
    thaz sélba ingégin ouh inquád   thiu áftera hériscaf.
Sie quámun mit githrénge   in thémo selben gánge,
    joh mit théru krefti   in thia búrg in giríhti.

17—18. 33. 35. 37—38. 41. 43ᵇ—45. 47. 49. 55—56 *Mt.* 21, 8 [plurima autem turba straverunt vestimenta sua] in via; [alii autem caedebant ramos de arboribus] et sternebant in via. 9 turbae autem, quae praecedebant et quae sequebantur, clamabant dicentes (*L.* 19, 37 voce magna): [osianna filio David! benedictus, qui venit (*L.* 19, 38 rex) in nomine domini! osianna in excelsis (*Vulg.* altissimis)!]   57—59. 61ᵃ. 63—65 *Mt.* 21, 10 et cum intrasset Hierosolymam, [commota est universa civitas dicens: quis est hic?] 11 populi autem dicebant:

Híntarquamun álle,   thie bíruun tharínne;
60   in múat iz, wan ih, rúarti   thie selbun búrgliuti.
„Wér ist", quadun, „therer mán,   ther unsih drítit hiar so frám,
      mit héri uns sus hiar engit   joh úzar ther búrg thringit?"
Gab ántwurti ther líut sar: „thiz ist ther fórasago in wár!
      fon Názareth ther héilant,   ther thanana héra quam in lánt!"
65   Gíang er in thaz gótes hús,   dreip se ál thanan úz,
      ziwárf er al bi nóti   thio iro bósheiti.
Dáges er se lérta   joh selbo brédigota;
      náhtes was io thánne   in themo óliberge.
Thaz was nu úngimacha   joh égislichu rácha,
70   sie mo ínnowo ni óndun   joh sélidono irbóndun.
Thie fúriston, thiz gisáhun,   es hárto hintarquámun
      joh ouh théro dato   filu sprachun thráto:
„Nist únser racha", quadun, „wíht,   si frámmort wiht ni thíhit;
      ni múaz si thihan wánne   fora thémo selben mánne.
75   After ímo gengit,   óba man thiz gihéngit,
      bi éinera stúllu   thisu wórolt ellu!"

V. SPIRITALITER.

Hiar scál man zellen nóti   thie géistlichun dáti
      in férti int in gánge   joh in thero líuto sange;
Waz thaz fíhu meine,   thiu wát ouh hiar bizéine
      joh thie ésti, thie se zétitun   inti in then wég legitun.
5   Thaz selba fíhu birun wír,   irkenn iz sélbo bi thír;
      thuruh dúmpheiti   so bírun wir iz nóti!
Ésil, wízun wir tház,   theist fíhu filu dúmbaz;
      ni míduh mih thero wórto: ist húarilinaz hárto;
Íz mag ouh in wára   búrdin dragan suára;
10   mag scádon harto lídan,   ni kánn inan bimídan.

[hic est Jesus propheta] a Nazaret Galilaeae! 12 [et intravit] Jesus [in templum]
dei et ejiciebat omnes . . (s. II, 11).   67 — 68 L. 21, 37 erat autem diebus
docens in templo; noctibus vero exiens morabatur in monte, qui vocatur oliveti.
71 — 76 J. 12, 19 [pharisaei autem dixerunt] ad semetipsos: [vıdetis, quia nihil
proficimus; ecce mundus totus post eum abiit!]
     V. 1. 5 Hrab. homil. V, 587 g: opportunum aestimantes, quid haec spiri-
taliter significent vobis intimare. asinus quippe hic . . gentilem populum signi-
ficat, unde nos sumus.   6 — 18 Hrab. zu Mt. 21: est enim animal hoc immun-
dum et prae ceteris paene jumentis magis irrationabile et stultum et infirmum et

Wir wárun io firlórane   joh súntono biládane,
  druagun bi únsen wirdin   thero úmmezlicha búrdin;̣
Joh wárun wir gispánnan,   mit séru bifángan,
  mit úbilu gibúntan,   ni múasun unser wáltan.
15 Wir warun úmbitherbe   joh hárto filu dúmbe,
  so thie sar gót nirknaent   ouh ímo sih ni náhent;
Wárun wir firhúarot   mit ábgoton thuruh nót,
  mit míssidatin mánagen   bigan úns iz harto gáganen.
So er tház tho wolta wérkon,   ginádon sinen scálkon,
20   er unsih héilti thuruh nót,   thaz ther óliberg bizéinot
(Er zeinot hóhi in wara   thera sínera ginása,
  thaz ólei ouh thia slíhti   thera sinera éregrehti):
Tho sant er drúta uns sine héim   mit sínen gibóton zuein
  (thaz bizéinont thare   thie júngoron zuéne),
25 Thaz sie líuti lértin,   untar in sih mínnotin,
  ouh álleswio ni dátin,   mit mínnu got irknátin;
Thaz sie únsih muadon fúntin,   fon úngiloubu inbúntin,
  mit brédigu gibéittin,   thaz sie unsih zímo leittin;
Mit léru sie unsih tháktin,   fon úngiloubu irwáktin,
30   thaz kríste iz wurti súazi,   in hérzen unsen sázi!
Giwísso so firnémen wir,   thaz krist ni búit in thír,
  thia wát sie in thih ni léggen,   mit brédigu bithéken.
Sar so iro síto bilidi   sie thíh gileggent úbari
  (thes gilóubi thu mír):   so buit drúhtin in thír.
35 Er léitit mit gilústi   thih zer héimwisti,
  joh ríhtit unsih álle   zi themo kástelle;
Zi fílu hohen múron   joh zi éiginen gibúron,
  zi fésti thes wíches,   thes hohen hímilriches.

---

ignobile et oneriforum magis; sic fuerunt et homines ante Christum idololatriis et
passionibus immundi et irrationales, verbi ratione carentes, quantum ad deum
stulti.   21 — 22 *ebda* mons oliveti summus spiritalium distributor gratiarum . . .
dominus nos unctione spiritalium charismatum et scientiae pietatisque luce refovet.
23 — 26 *ebda* recte duo mittuntur, sive propter scientiam veritatis et munditiam
operis, sive propter geminae dilectionis, dei videlicet et proximi, sacramentum
toto orbe praedicandum.   27 — 40 *ebda* vestimenta apostolorum sunt praecepta
divina et gratia spiritalis. sicut enim nuditatis turpitudo vestimento tegitur, sic
naturalia mala carnis nostrae praeceptis et gratia divina teguntur . . ; quibus nisi
anima instructa fuerit et ornata, sessorem habere dominum non meretur . . . sal-
vator . . Hierusalem tendit, quando unius cujusque fidelis animam regens vide-
licet jumentum suum ad pacis intimae visionem ducit.

Thaz ander ál, theist niwíht;   theist frides fúrista gisíht,
40 sélben gotes náhwist;   so wóla nan, ther thár ist!
Thiu míhila ménigi,   thia wát thar breitta ingégini:
mártyro hériscaf;   thén weg man fórahten ni thárf!
Sie wurfun nídar ana wánk   iro sélono gifáng,
thes líchamen brúzi;   thes gánges thih nirthrúzzi!
45 Sie sturbun báldo, so man wéiz;   ni dátun sie iz in úrheiz,
ouh ni dátun sulih dúam   thúruh theheinan wóroltruam;
Ther tód was in wúnna   thuruh gótes minna;
iz kríst in deta súazi,   thaz in iz wóla sazi.
Simes wír ouh bálde,   ob es thúrft werde,
50 tház wir thaz irwéllen,   thaz férah bi inan séllen;
Mag únsih thera férti   gilústen mit giwúrti,
nu wir sie híar zi guate   so sehen giérete!
Slíhtit uns ingégini   then wég thiu selba ménigi
mit éstin thero wáldo,   tház wir gangen báldo.
55 Theist giscríb héilag,   thaz wir lésen ubar dág,
mit thi uns then wég, soso zám,   stréwent thie gótes man.
Wir múgun thero wérko   joh fúazi thero githánko,
then húgu wir giwézzen,   thar báldo ánasezzen.
Thar dúent se uns io zi múate   sítu filu gúate,
60 maht lésan io in áhtu   wérk filu réhtu.
Thaz sélba, thaz thie súngun,   thie tharfóra giangun:
thaz sélba inquad in wára   thiu áftera fúara;
Sin drút thehein, ther wúrti   er síneru gibúrti,
farnám, thaz scolti wérdan thaz,   thaz wír nu eigun gárawaz;
65 Firsáhun sih zi wáru   zi síneru ginádu,
so wír ouh iz firnámun,   wir thar sídor quamun.

---

52 gihérete V.

41—52 Alcuin div. off. XIV: turba plurima significat innumerabilem mar-
tyrum exercitum; qui corpora sua pro domino tradiderunt. Hrab. homil. V, 587 h
martyres .., qui corpora sua pro Christo morti tradiderunt, nobisque exemplum
dederunt, .. ut pro Christi fide cuncta adversa patienter toleremus. 53—58 Hrab.
zu Mt. 21 ramos de arboribus caedunt, qui in doctrina veritatis verba .. de eorum
eloquio excerpunt et haec in via dei et auditoris .. humili praedicatione sub-
mittunt. 61—66 Hrab. homil. V, 587 h quod autem illi, qui praeibant, et illi,
qui sequebantur, clamabant: osanna filio David, significat illos sanctos, qui ante
adventum domini in carne praecesserunt, et eos, qui post ascensionem ejus secuti
sunt, concorditer laudes ejus resonasse. Hrab. zu Mt. 21 hunc nos et venisse
credimus et amamus.

VI.   ABIIT JESUS IN BETHANIAM, ET DE
DOCTRINA IN CRASTINUM.

Fúar tho druhtin thánana   zi sélidon in Bethánia,
   in búachon thu iz lésan maht;   thar was er thó thio fiar náht.
Gíang io in mórgan thanan úz   thára zi themo gótes hus;
   maht lésan, wio er dáti   joh wío er se brédigoti
5 (Zi bílide er iro hárta   then fígboum irthárta,
   wánta sie firbárun,   thaz guatu wérk ni barun);
Wio thie scálka sih irhúabun   joh thie gótes boton slúagun
   jóh then adalérbon   sid tho thésen warbon,
Thes héreren sún in wara,   thoh ni hábat er iro méra,
10   joh wurfun úz, so er erist quám,   then éinigon sinan;
Wio óuh thio méindati   nihéin nirbármeti,
   thes héreren fórahta   sie wíht nirégisota;
Sie iz óuh tho giméintun   joh in sélbo irdéiltun,
   thaz man thia frúma in námi   inti ánderen gábi.
15 Ouh zálta in thiu sin gúati   bi eino brútloufti,
   wio kúning ein thio sítota   joh zíoro máchota;
Wío er thaz allaz wórahta   joh scóno iz al bifórata
   sínemo lieben mánne,   themo éinigen kínde;
Wio sine bóton sluagun,   thie thara giládot warun,
20   wánta sie in iz ságetun,   zi góumon thara ládotun.
Tho man zímo thaz tho spráh: er slúag sie sár joh sie ráh;
   ni wás, ther sih firbúrgi;   joh bránta ouh iro búrgi!

VI.   1—3 *nach Mt.* 21, 17 et relictis illis abiit foras extra civitatem in
Bethaniam ibique mansit (*vgl. zu* IV, 4, 3).   18 mane autem revertens in civi-
tatem . .   *L.* 19, 47 et erat docens quotidie in templo.   4 *aus L.* 20, 1—8.
5—6 [de ficu arefacto] *Mt.* 21, 19 . . et arefacta est continuo ficulnea. *Daxu Hrab.*
arborem . ., quam intelligimus synagogam, · . . (invenit) absque ullis fructibus
veritatis.   7—14 [de parabola vineae, ubi occiderunt domini filium] *Mt.* 21, 33
aliam parabolam audite: homo erat paterfamilias, qui plantavit vineam . . .
34 misit servos suos ad agricolas . ., 35 et agricolae . . alium ceciderunt, alium
occiderunt . . 36 iterum misit alios servos . ., et fecerunt illis similiter. 37 novis-
sime autem (*Mc.* 11, 6 adhuc unum habens filium carissimum) misit ad eos filium
suum . .; 38 agricolae autem . . dixerunt inter se: hic est heres . . 39 et appre-
hensum eum ejecerunt extra vineam et occiderunt. 40 . . quid faciet agricolis
illis? 41 ajunt illi: [malos male perdet] et vineam suam locabit aliis agricolis.
Daxu Hrab. interrogat eos, . . ut propria responsione damnentur. . . scripturas
sanctas abstulit a Judaeis et nobis tradidit . .; ista est vinea.   15—26 [rex
fecit nuptias filio suo] *Mt.* 22, 2 simile est regnum caelorum . . regi, qui fecit

Gibót, thaz sies gizílotin   joh ármu wiht irhólotin,
   so war síe tharúze sazin,   mit imo thíe thoh ázin.
25 „Nihéin", quad, thoh thero mánno,   thi ih héra nu bat so gérno
   (thaz ságen ih iu in alawár),   so ninbízit es hiar!
Bédu thisu bílidi   so méinit thio iro frávili;
   sie slúagun, thie sie mánotun,   zi hímilriche ládotun.
Sie woltun dúan in einan dúam   joh gérno imo ángust giduan,
30   frágetun thes síndes   thes kéiseres zínses
Joh frágetun zi wáre   bi eina quénun thare;
   thiu habeta jú (weist es mér!)   zi kárle sibun brúader.
Lis thar in ántreita,   wio scóno er thaz giméinta,
   joh wío er in thar gizálta,   wio thaz al wésan scolta.
35 Er zalta in óuh tho in alawár   thaz iro rúamisal thár,
   thia míhilun giméitheit   (siu was álles zi breit!):
Wío se mínnotun thár,   thaz mán sie hiazi méistar,
   zi góumon, thar sie ouh ázin,   zi hérost io gisázin;
Wio íagilih ouh dáti,   thaz zíarti sin giwáti,
40   joh súahtin fon then líutin,   thaz nígin se in bi nótin.
Mánota er ouh tho súntar   thie sine júngoron in war,
   tház sie thaz firbárin   joh súliche ni wárin.
Quad, sie mit ótmuati   suahtin héroti;
   iz álleswio ni dóhti   joh wérdan ni mohti.
45 Er wíht es ouh tho ni álta   joh manag wé in zálta,
   thaz hórtun síe io thuruh nót,   so Mátheus iz rédinot.
Zált er in sum síban we;   in éinemo ist zi vílu lé;
   sie hábetun ávur thuruh nót   iz sus gimánagfaltot!

---

nuptias filio suo. 3 et misit servos suos vocare invitatos ad nuptias .. 5 illi
autem ... 6 .. et tenuerunt servos ejus et .. occiderunt. 7 rex autem cum
audisset, iratus est; et .. perdidit homicidas illos et civitatem illorum succendit.
8 tunc ait servis suis: .. 9 [ite .. ad exitus viarum] L. 14, 21 (dixit servo suo:
exi) in plateas et vicos .. (23 in vias et sepes) et pauperes .. introduc huc ...
24 dico autem vobis, quod nemo virorum illorum, qui vocati sunt, gustabit coe-
nam meam!   29—34 [zu 29 de censu Caesaris; zu 31 de muliere, quae VII
fratribus nubsit] aus Mt. 22, 15—32 oder L. 20, 20—38.   35—44 nach Mt. 23, 1
tunc Jesus locutus est ad turbas et ad discipulos suos 2 dicens: super cathedram
Moysi sedent scribae et pharisaei .. 5 [omnia .. opera sua faciunt, ut videantur
ab hominibus] .. magnificant fimbrias suas .. 6 amant autem primos recubitus in
coenis .. 7 et salutationes in foro et [vocari] ab hominibus: [rabbi] .. 8 [vos
autem nolite vocari: rabbi] ..; 12 qui autem .. se humiliaverit, exaltabitur.
45—52 [ve vobis scribae et pharisaei hypocritae] aus Mt. 23, 13—31. Im Commentar
des Hrab. ist von den acht Wehrufen einer übergangen, so dass sieben bleiben.

Joh sár in ouh gizálta,   bi híu ín iz wésan scolta,
50   wanta sie ál firliazun,   thaz búah sie dúan hiazun;
Ouh dátun, so sie wóltun,   ál, thaz sie ni scóltun,
   widar gótes ewon: bi thiu zált er in then wéwon.
Firwéiz in ouh tho tháre   bi fórasagon síne,
   wío sie thíe gidottun   joh alle mártolotun;
55 Zalt er óuh then mannon,   wio ér se wolti mínnon,
   ío then selben líutin,   oba síe iz ni wídorotin.

VII. DE DOCTRINA DOMINI IN MONTE AD
DISCIPULOS.

Gíang tho drúhtin thánana,   mit ímo ouh sine thégana,
   óugtun sie imo innan thés   gizímbiri thes húses.
Quad ér: „giwisso ih ságen iu,   thie steina wérdent noh zi thíu,
   thaz síe sint so únthrate,   hiar líggent al zisáte.“
5 Er sáz sid thémo gánge   in themo óliberge,
   frágetun sie nan súntar   (sie wás es filu wúntar):
„Ságe uns, meistar, thánne,   wío thiu zít gigánge;
   zéichan, wio thu quéman scalt joh wio thiu wórolt ouh zigát.“
„Góumet“, quad ér, „thero dáto   joh weset gláwe thrato,
10   thaz iu ni dáron in fára   thie mánegun lúginara.
Yrwéhsit jámarlichaz thíng   úbar thesan wóroltring
   in húngere int in súhti,   in wénegeru flúhti.“
Tho zált in thiu sin gúati   thio selbun árabeiti,
   thíe sie scoltun rínan   thuruh námon sinan;

53—54 *Mt.* 23, 34 mitto ad vos prophetas . ., et ex illis . . occidetis et
crucifigetis et . . flagellabitis.   55—56 *Mt.* 23, 37 Jerusalem, . . quotiens volui
congregare filios tuos . ., et noluisti!

VII. 1—4 [egressus de templo . . ostenderunt ei discipuli aedificationem
templi] *Mt.* 24, 1 et egressus Jesus de templo ibat, et accesserunt discipuli ejus,
ut ostenderent ei aedificationes templi, *Mt.* 24, 2 ipse autem . . dixit illis: .̇.
amen dico vobis, non relinquetur hic lapis super lapidem, qui non destruatur.
3—6ᵃ. 7—9ᵃ. 10—12 [sedente illo super monte interrogaverunt discipuli] *Mt.* 24,
3 sedente autem eo super montem oliveti accesserunt ad eum discipuli secreto
dicentes: dic nobis, quando haec erunt? et quod signum adventus tui et consum-
mationis saeculi? 4 et respondens Jesus dixit eis: [videte, ne quis vos seducat].
5 multi enim venient in nomine meo (11 et multi pseudoprophetae surgent)̇ . .
7 erunt pestilentiae et fames per loca . .; 16 tunc, qui in Judaea sunt, fugiant
ad montes!

15 Mánno haz ouh mánagan   ubar síe gilégenan,
   níd filu stréngan,   so frám sie iz múgun bríngan;
Wío se scoltun fáhan,   zi hérizohon zíahan,
   gibúntan furi kúninga   thie síne liobun thégana.
Det ér in dróst tho álles   thes íro tóthes fálles,
20   quad, théiz ni wári bi álleswaz,   ni si thuruh sínan éinen haz.
„Ni suórget fora themo líute,   thár ir stet in nóte,
   in fórahtun ni wéntet,   waz ir in ántwurtet.
Ih wísero wórto   giwárnon iuih hárto,
   réhtera rédina;   ir birut míne thegana.
25 Ih bin sélbo zi thíu   joh thár ouh spríchu uzar íu,
   giwárnon hérzen guates   joh thráto festes múates!
Ságet in ouh zi wáre,   fon themo éndidagen tháre,
   giwúag in ouh ginóto   thes ántikristen zíto;
Thes githuíngnisses,   thes wórolt thúltit thanne lés;
30   giwísso thaz ni híluh thih: theist zítin allen úngilih!
Sie sínt thanne in wéwen,   in árabeitin séren,
   thaz ér ni ward io súlih fal   ouh iamer wérdan ni scál.
Thaz kúrzit druhtin sáre   thuruh thie drúta sine,
   thuruh then góteleidon   mit sínen ginádon.
35 Duit máno joh thiu súnna   mit fiustere únwunna,
   joh fállent ouh thie stérron   in érda filu férron.
Sih weinot thánne thuruh thia quíst   ál, thaz hiar in érdu ist;
   thúruh thio selbun grúnni   al thiz wóroltkunni!
So séhent se mit githuínge   quéman thara zi thínge
40   fon wólkonon hérasun   then selben ménnisgen sun;
Sine éngila ouh in alawár   sie bláseñt iro hórn thar,
   thaz dúent sie iogilícho   filu kráftlicho;
Thaz síe thes thar giávalon,   sine drúta al sámanon;
   thaz sie quémen thara zi ín,   so war in wórolti sie sín!

15—20 [odio habent vos] *Mt.* 24, 9 tunc tradent vos in tribulationem . .
10 . . et odio habebunt invicem. *L.* 21, 12 . . injicient vobis manus suas et per-
sequentur tradentes . . in custodias, trahentes ad reges et praesides . . 17 et eritis
odio omnibus propter nomen meum. 21—26 *nach Mc.* 13, 9 tradent vos in con-
cilii.s, et in synagogis vapulabitis et ante praesides et reges stabitis propter
me . . 11 et . . [nolite cogitare, quid loquamini] (*L.* 21. 14 non praemeditari, quem-
admodùm respondeatis); *L.* 21, 15 ego enim dabo vobis os et sapientiam, cui
non poterunt resistere. 27—33. 35—44 [de consummatione mundi] *vgl.* 1 *Joh.*
2, 18 antichristus venit . ., unde scimus, quia novissima hora est. *Mt.* 24, 21 erit
enim tunc tribulatio magna, qualis non fuit . . neque fiet. 22 . . sed [propter

45 Thaz iuer íagilih nu quít   bi thesa júngistun zít —
    níst, ther thia gizéino,   ni si min fáter eino;
Ódo iz wizi wóroltman,   wánne iz sculi wérdan,
   wanne iz gót wolle,   thaz wórolt al zifálle.
Thoh wírdit in giwíssi   ér mihil stílnissi,
50   so jú was untar líutin   bi alten Nóes zítin.
So sie thaz wázar thar bifíang,   so er érist thia árcha ingigíang:
  so gáhun quimit hérasun   ther selbo ménnisgen sun.
Bi thíu sit io ginóto   wákar filu thráto,
   wanta ist fírhólan iuih ál,   wánne druhtin quéman scal!
55 Oba ther mán westi,   ther héime ist in ther fésti,
   al thaz úngizami,   wio ther thíob quami:
Er wácheti bi nóti   thanne in théru zíti,
   dribi then thíob thanana úz,   ni liazi irgrában sinaz hús;
Bi thiu wahtet álla thia náht,   thoh er iz dúe ubar máht,
60   thaz er thaz sín ginerie   joh fíanton biwérie.
Duet ír ouh so, so thér duit,   wanta ir ni wízut thia zít;
   sit wákar io, so ih gibót,   thaz ir bimídet then nót!"
Ságeta er tho then líobon   fón then zehen thíornon
   bílidi biquámi   joh thárazua gizámi:
65 Wio thio fínfi fuarun,   thie úngiware wárun,
   ni wárun wola wákar;   bi thiu missigíangun sie thar;
Wio wola iz thén gifuar ouh thár,   thio híar io warun wákar,
   thes hérzen sie hiar wíaltun   joh réino gihíaltun.

---

electos breviabuntur dies illi] . . 29 sol obscurabitur, et luna non dabit lumen
suum, et stellae cadent de coelo . . 30 et tunc [plangent se omnes tribus terrae]
et videbunt filium hominis venientem in nubibus coeli cum virtute multa et ma-
jestate. 31 et [mittet angelos suos] cum tuba et voce magna, et congregabunt
electos ejus a quatuor ventis, a summis coelorum usque ad terminos eorum.
45ᵇ—46. 49—54 Mt. 24, 36 [de die] antem [illa] et hora [nemo scit] . . , nisi
solus pater; daxu Hrab.: aestimandum . . , quod post pugnas, dissensiones, fames,
terrae motus . . brevis subsecutura sit pax. Mt. 24, 37 [sicut . . in diebus Noe,]
ita erit et adventus filii hominis (vgl. Genes. 7, 7 et ingressus est Noe . . in arcam . .
10 cumque transiissent septem dies, aquae diluvii inundaverunt terram). 38 sicut
enim erant in diebus ante diluvium . . usque ad eum diem, quo intravit Noe in
arcam, 39 et non cognoverunt, donec venit diluvium et tulit omnes: ita erit et
adventus filii hominis. 42 vigilate ergo, quia nescitis, qua hora dominus vester
venturus est.   55—61 Mt. 24, 43 [si sciret paterfamilias, qua hora fur venturus
esset, vigilaret utique et non sineret perfodi domum suam. 44 ideo et vos estote
parati, quia qua nescitis hora filius hominis venturus est.   63—68 [de decem
virginibus] aus Mt. 25, 1 simile erit regnum caelorum decem virginibus . . 3 sed

Er zálta ouh bilidi ánder,   thaz sie sih wárnetin thiu mér:
70 wio fuar ein mán richi   in ander kúningrichi;
Wio ér iz er giméinta,   sinaz dréso déilta
   úntar sinen scálkon   zi suórglichen wérkon.
„Gibót, thaz sie iz bifóratin   jóh tharana wórahtin
   wúachar gizámi,   únz ér avur quámi.
75 Thie zuéne es wola zílotun   joh wola iz mérotun,
   ther thrítto was nihein héit   thúruh sina zágaheit.
Er ward firdámnot thuruh nót,   thár man inan pínot,
   giwisso réhto thuruh tház,   want er wákar ni was.
Thie ándere zuene síne   gidét er filu blíde,
80 gifrewet in hárto iro múat,   so guat hérero duat.
Gisázt er sie tho scóno   ubar búrgi sino,
   gideta ér se filu ríche,   thaz in thaz thíonost liche.
Bi thíu sit io wákar   állaz iuer líb hiar,
   dáges inti náhtes   so thénket io thes réhtes;
85 Thaz ir thés ío gíílet,   thia zála bimídet,
   joh ío thes gigáhet,   themo égisen intflíahet;
Tház ir werdet wírdig,   sar so químit minaz thíng,
   thaz ir stét in ríhti   in míneru gisíhti!“
Lert er dáges ubarlút   ofono állan then líut,
90 sie quámun io ginóto   zi ímo sar gizíto.
Fuar thánne mit then knéhton   in then óliberg zen náhton,
   was io thár ubar náht,   so hiar fóra ward giwáht.

---

quinque fatuae . . non sumpserunt oleum secum, 4 prudentes vero acceperunt oleum
in vasis suis cum lampadibus. *Dazu Hrab.*: vascula autem nostra sunt corda . .;
intraverunt ad nuptias, i. e. ubi munda anima puro et perfecto dei verbo foecunda
copulatur.   69 -- 82 [de domino, qui talenta servis dividit — dedit servis suis
bona sua] *aus* L. 19, 12 homo quidam nobilis abiit in regionem longinquam, acci-
pere sibi regnum . . 13 vocatis autem servis suis dedit iis decem mnas (bona sua
Mt. 25, 14) et ait ad illos: negotiamini, dum venio . . . 16 venit autem primus,
dicens: domine, mna tua decem mnas acquisivit; 17 et ait illi: . . eris potestatem
habens super decem civitates. 18 et alter venit, dicens: domine, mna tua fecit
quinque mnas; 19 et huic ait: et tu esto super quinque civitates. 20 et alter
venit, dicens: domine, ecce mna tua! . . 21 timui enim te, quia homo austerus
es . . *Mt.* 25, 26 respondens autem dominus dixit: . . 30 inutilem servum ejicite in
tenebras exteriores; illic erit fletus et stridor dentium.   83. 85 — 92 [ideo dico
vobis: vigilate, *vgl. Mc.* 13, 37] L. 21, 36 vigilate itaque omni tempore orantes,
ut digni habeamini fugere ista omnia, quae futura sunt, et stare ante filium ho-
minis. 37 [diebus docebat populum (*Vulg.* erat autem diebus docens) in templo;
. . [noctibus] vero exiens [morabatur in monte,] qui vocatur [oliveti] (*vgl.* IV, 4, 68).

VIII. APPROPINQUABAT DIES FESTUS AZIMORUM.

Náhtun sih zi nóti   thio hóhun gizíti,
    thio wir hiar fóra zaltun   inti óstoron nántun.
Bigóndun thie éwarton   áhton kléinen wórton,
    dátun ein githíngi,   wío man nan giwúnni.
5 Gibútun fílu harto   sélbero iro wórto,
    so wár so er lántes giangi,   tház man nan gifíangi;
So wér so inan insúabi,   er wíg zi imo irhúabi,
    jóh inan irslúagi,   er er imo io ingíangi;
So wár so er wari thánne,   tház er wari in bánne,
10   si es álleswio ni tháhtin,   ni si álle sin io áhtin.
Ríetun thes ginúagi,   wío man inan irslúagi;
    sie fórahtun ávur innan thés   ménigi thes líutes.
Quádun, iz ni dátin   in then hóhen gizítin,
    tház ther selbo líutstam   thar wíg nirhúabi zi frám.
15 „Wir scúlun“, quadun, „húggen,   thaz síe nan uns nirzúken;
    bi thiu scél iz wesan nóti   in ándero gizíti.“
Júdas iz ouh sítota,   mit in iz áhtota;
    er wolta dúan imo einan dúam,   so ther díufal inan spúan.
Mit ín was sin giráti,   thaz sélbo er inan firláti,
20   mit iro bóton giangi,   thár man nan gifíangi.
„Gimáchon“, quad, „in wára,   thaz thar nist mánno mera,
    ni si ékordo in giríhti   sin emmizig gikníhti.“
Sie imo sár thuruh tház   gihiazun míhilan scaz,
    in thíu er thaz gidáti,   so gisuáso inan giláti.
25 Er iz fásto gihíaz   joh iz óuh ni firlíaz;
    thárazua er húgita   joh ál ouh so gifrúmita.
Sie tháhtun thes gifúares   sid tho frámmortes;
    was ér ouh in ther fári,   ther líut tharmít ni wari.

VIII. 1—4 *L.* 22, 1 appropinquabat autem dies festus azymorum, qui dicitur pascha. . . 3 congregati sunt principes sacerdotum . . 4 et concilium fecerunt, ut Jesum dolo tenerent et occiderent.   11—14 *L.* 22, 2 et quaerebant . ., quomodo Jesum interficerunt; timebant vero plebem. *Mt.* 26, 5 [dicebant autem: non in die festo;] ne forte tumultus fieret in populo.   17—28 *nach L.* 22, 3 [intravit autem satanas in Judam] . . 4 et abiit et locutus est cum principibus sacerdotum et magistratibus, quemadmodum illum traderet eis. 5 et [gavisi sunt et pacti sunt ei pecuniam dare.] *Mt.* 26, 15 constituerunt ei triginta argenteos. *L.* 22, 6 et spopondit et quaerebat opportunitatem, ut traderet eum sine turbis.

IX. VENIT AUTEM DIES AZIMORUM, IN QUA NECESSE ERAT OCCIDI PASCHA.

Gistúant thera zíti guati,   thaz man ópphoroti,
    joh man zi thíu gisazi,   thaz lamp thes náhtes azi.
Tho sant er Pétrusan sár,   Johánnem ouh tharmíti in war,
    gibót, thaz sies gizílotin,   thie óstoron in gigárotin.
5 Bigondun sie ántwurten: „wara múgun wir unsih wénten,
    thaz wír zi thiu gigángen,   wir súliches biginnen?
Wir ni eigun sár, theist es méist,   húses wíht, so thu wéist,
    noh wíht sélidono,   thaz wír iz gimachon scóno.“
„Thes ni brístit“, quad er zi ín,   „fáret in thia burg ín;
10   uns dúat ein man gilári,   líhit sinan sólari.“
Sin íagiwedar zílota   joh fúntun al, so er ságeta;
    ther man bisuórgeta tház   joh léh thaz gádum gárawaz.
Iz was gáro zíoro   gistréwitero stúolo,
    mit réinidu ál so filu frám,   so géstin súlichen gizám.
15 Íltun sie tho hárto sár   sines thíonostes thár,
    thes zilotun se io thuruh nót;   sie hogtun gérno, wio er gibót!
So sie giríhtun allaz tház   joh er zi múase gisaz:
    gibót er, thaz sie sázin,   mit imo al sáman aziu.
Wóla thaz githígini,   thaz nóz tho thaz gisídili,
20   thia súazi sines múases;   giwerdan móhta sie thés!
Ni ward io nihéin ezzan   mit súlichen bisézzan,
    noh disg in álahalbon,   ni si ávur mit then sélbon.
Thár saz, mihil wúnna,   thiu éwiniga súnna,
    ni fon ímo ouh ferron   einlif dágastérron:
25 Drúhtin selbo in wára,   waz zéllu ih thir es méra?
    joh thie mit ímo in nóte   warun wállonte.
Sint sie úntar ménnisgon   after góte fúriston,
    in himilríche ouh, thaz ist wár;   thaz githíonotun se thár.
Irthíonotun se hárto   fruma mánagfalto,
30   thia selbun éra, thih nu quád,   joh éwiniga drútscaf.

IX. 1—6 *nach* L. 22, 7 venit autem dies azymorum, in qua necesse erat occidi pascha. 8 et [misit Petrum et Johannem] dicens: euntes parate nobis pascha, ut manducemus. 9 at illi dixerunt: [ubi vis paremus?]   9—12. 17ᵃ *aus Mt.* 26, 18 at Jesus dixit: ite in civitatem ad quendam .. *L.* 22, 12 et ipse ostendet vobis coenaculum magnum stratum. 13 [euntes] autem [invenerunt, sicut dixit] illis et paraverunt pascha. 17ᵇ—18. 25—26 *nach L.* 22, 14 et cum facta esset hora, discubuit et duodecim apostoli cum illo. *Zu* 21—24. 27—34 *kenne ich keine Quelle.*

Nu íst uns thiu iro gómaheit, so iz zen thúrftin gigeit,
 zi gote wégod hárto joh· thrato mánagfalto.
Ni múgun wir, thoh wir wóllen, iro lób irzellen;
 bi thiu fáhemes mit fréwidu nu frámmort zi theru rédinu.

X. DESIDERIO DESIDERAVI HOC PASCHA.

Bigán tho druhtin rédinon then sélben zuelif théganon,
 then, thár umbi ínan sazun, mit imo sáman azun.
„Thes múases gérota ih bi thíu, thaz ih iz ázi mit íu,
 er ih thaz wízi thulti joh bi iuih dót wurti.
5 Ni drínku ih rehto in wára thes rébekunnes méra,
 fon themo wáhsmen fúrdir, thaz gilóubet ir mir,
Er íh iz so bithénku, mit iu sáman avur drínku
 níuwaz, thaz íu iz líche, in mines fáter riche.“
Nam er tho sélbo thaz brót, bót in iz geségenot,
10 gibót, thaz sies ázin, ál so sie thar sázin.
„Ir ezet“, quád er, „ana wán líchamon mínan;
 allen zéllu ih iu tház, thaz éigit ir giwíssaz.
Nemet then kélih ouh nu zi iu, thaz drinkan déilet untar íu;
 thar drínket ir thaz mínaz blúat, thaz íu in ewon wóla duat.
15 Iz héilit liuto wúnta joh mánagero súnta;
 iz ist mánagfaltaz thíng, yrlósit thesan wóroltring!

XI. ANTE DIEM FESTUM PASCHAE SCIENS JESUS, QUIA VENIT.

So síe tho thar gázun, noh tho zi dísge sazun:
 spíohota ther díufal selbon Júdasan thar.
Dét er, sos er ío. duat, wárf iz hárto in sinaz múat,
 thes náhtes er gisítoti, er drúhtinan firséliti.

  X. 1. 3—8 *L.* 22, 15 et ait illis: desiderio desideravi hoc pascha mandu-
care vobiscum, antequam patiar. *Mt.* 26, 29 dico autem vobis: [non bibam] a modo
[de hoc genimine vitis] (*L.* 22, 18 de generatione vitis) usque in diem illum, cum
illud bibam vobiscum novum in regno patris mei. 9 — 16 [*Marg. xu* 9 et acci-
piens panem; *xu* 13 similiter et calicem (*L.* 22, 20)] *nach Mt.* 26, 26 accepit Jesus
panem et benedixit ac fregit deditque discipulis suis et ait: accipite et comedite;
hoc est corpus meum. *L.* 22, 17 et accepto calice . . dixit: accipite et dividite
inter vos . . . 20 hic est calix novum testamentum in sanguine meo, qui pro vobis
fundetur (*Mt.* 26, 28 qui pro multis fundetur in remissionem peccatorum).
  XI. 1 — 4 *nach J.* 13, 2 et coena facta (*daxu Alc.*: non . . debemus intelli-
gere coenam . . jam consumptam; adhuc enim coenabantur, cum dominus surrexit)

5 Krist mínnota thie síne   unz in énti themo líbe,
  thi ér zi zúhti zi imo nám,   tho er erist brédigon bigan.
  Er wéssa, thaz sin fáter gab,   so wit, so hímil umbi wárb,
  ál imo zi hénti,   zi síneru giwélti;
  West er sélbo ouh, so iz zám,   tház er uns fon góte quam,
10 joh ávur, sos er wólta,   zi ímo faran scólta:
  Er stúant yr themo múase   tho zi themo abande,
  légita sin giwáti,   er in mandát dati.
  Nám er einan sában thar,   umbigúrta sih in wár,
  nam áfter thiu ein békin,   goz er wázar tharin.
15 Fíang tho zi iro fúazin,   gibót, sie stíllo sazin,
  thio síno diurun hénti   wúasgin se unz in énti.
  Druhtin sélbo thaz biwárb,   mit themo sábane ouh gisuárb;
  thíu sin hoha gúati   lerte sie ótmuati.
  So er es érist bigán,   er sar zi Pétruse quam,
20 yrscíuht er filu thráto   súlichero dáto.
  „Ist, drúhtin", quad, „gilúmplih,   thaz thú nu wásges mih;
  inti íh bin eigan scálk thin,   thu bist hérero min?
  Thuruh thin héroti   níst mir iz gimúati,
  thaz io fúazi mine   zi thiu thin hánt birine."
25 Gab er mo ántwurti   mit mámmenteru mílti,
  thaz wérk er thar tho sítota,   iz súazo imo giságeta.
  „Thaz íh nu méinu mit thíu,   unkund hárto ist iz íu;
  iz wirdit étheswanne   thoh iu zi wízanne."
  „Firságen ih iz", quad er, „frám,   ouh ío ni meg iz wérdan,
30 theiz io zi thíu gigange,   theih thíonost thir gihénge."
  „Ni wasgu ih síe", quad er, thír, ni habest thu déiles wiht mit mír,
  ouh bi thía meina   giméinida nihéina!"

---

cum diabolus jam misisset in cor, ut traderet eum Judas .. *L.* 22, 3 [intravit ..
satanas in Judam.]   5—17 *nach J.* 13, 1 Jesus .. [cum dilexisset suos,] qui erant
in mundo, in finem dilexit eos. 3 [sciens, quia omnia dedit ei pater] in manus,
et quia a deo exivit et ad eum vadit, 4 [surgit a coena] et ponit vestimenta sua;
et cum cepisset linteum, praecinxit se. [*Marg. zu* 13 accepit linteum, praecinxit
se] 5 deinde mittit aquam in pelvim et coepit lavare pedes discipulorum et exter-
gere linteo, quo erat praecinctus.   19. 21. 25—31 *J.* 13, 6 [venit] ergo [ad Si-
monem Petrum] (*dazu Beda*: non ita intelligendum est, quod post aliquos ad illum
venerit, sed quod ab illo coeperit); et dicit ei Petrus: [domine, tu mihi lavas
pedes?] 7 respondit Jesus et dixit ei: [quod ego facio, tu nescis modo,] scies autem
postea. 8 dicit ei Petrus: non lavabis mihi pedes in aeternum. respondit ei Jesus:
[et (*fehlt Vulg.*) si non lavero te,] non habebis partem mecum.

„Drúhtin, quád er, „wásg mih ál,　　　ob iz súlih wesan scál,
　　hóubit joh thie fúazi;　　　thin náhwist ist mir súazi;
35 Thaz iz ío ni werde,　　　thaz ih thín githarbe,
　　noh, liobo drúhtin min,　　　theih io gimángolo thin!"
　　Quad tho zi ímo druhtin kríst:　　　„thér man, ther githuágan ist:
　　thie fúazi reino in wára;　　　ni thárf er wasgan méra."
　　So drúhtin tho gideta tház,　　　mit ín er avur sáman saz,
40　　slíumo er in tho zéinta,　　　waz er mit thíu meinta.
　　Er nám er sin giwáti,　　　thó zálta in sar thio dáti,
　　thes selben wérkes guati,　　　tho Júdas es ni hórti.
　　„Wízit", quad er, „thesa dát,　　　thaz si in íuih gigát;
　　thaz ír ni sit zi frávili,　　　thaz zéigot iu thiz bílidi.
45 Ir héizet állaz thaz jár　　　mih drúhtin inti méistar;
　　rehto spréchet ir thár,　　　ih bín ouh só, thaz ist wár.
　　Nu ih súlih thultu　　　widar thíe, thih wáltu,
　　mit súslicheru rédinu　　　then mínen mih sus nídiru:
　　Wio harto mér zimit iu,　　　ir ginozon bírut untar íu,
50　　thaz ein ándremo　　　fúazi wasge gérno,
　　Joh untar íu mit gúati　　　irbietet ótmuati,
　　mit míhilen mínnon　　　iz frámmort zeigot mánnon?"

XII. CONTRISTATUS EST JESUS SPIRITU ET DIXIT EIS DE TRADITIONE EJUS.

　　So ér in gizéigota thár,　　　so ward er únfrawer sár,
　　sih drúabta sines múates,　　　ther fréwida ist alles gúates.
　　Róu thio sino gúati　　　thie wénegun líuti;
　　thes óuh ni was tho duála,　　　thero júngorono zála.
5 „Ih zéllu iu", quad er ubarlút,　　　„alle warut ir mir drút,
　　ih zuélifi iuih zélita　　　joh súntar mir irwélita

33ª. 34ª. 37 — 43 *nach J.* 13, 9 dicit ei . . : [domine, non tantum pedes]
meos, sed et manus et caput. 10 dicit ei Jesus: [qui lotus est,] non indiget, nisi
ut pedes lavet, sed est mundus totus . . . 12 [postquam ergo lavit pedes] eorum
et accepit vestimenta sua, cum recubuisset iterum, dixit eis: [scitis, quid fecerim]
vobis? 45 — 52 *nach J.* 13, 13 vos vocatis me: magister, et: domine; et bene
dicitis, sum enim. 14 [si . . ego, dominus et magister vester] lavi pedes vestros . .,
et vos debetis alter alterius lavare pedes. 15 [exemplum . . dedi vobis], ut quem-
admodum ego feci vobis, ita et vos faciatis.
　　XII. 1 — 2ª. 5 — 6. 11 *J.* 13, 21 cum haec dixisset Jesus, turbatus est spi-
ritu et protestatus est et dixit: amen, amen dico vobis (*J.* 13, 18 ego scio, quos
elegerim), [unus ex vobis tradet me] (*vgl. Mc.* 14, 20 ex duodecim).

Uzar wóroltmenigi,   ir wárit min githígini,
   thaz íh ouh min giráti   iu allaz kúnd dati;
Joh so iz zi thísu wurdi,   thaz ír mir leistit húldi;
10   bi thiu méistig zóh ih iuih,   ir mír ni datit ásuih.
Thoh habet súmilih thaz múat,   mir hinaht ánarati duat,
   joh gíbit mih zi hánton   then minen fíanton."
Sah ein zi ándremo,   in hérzen was in ángo,
   in múate irquamun hárto   thero drúhtines wórto;
15 In múate was in thráti   thie égislichun dáti,
   joh fórspotun zi nóti,   fon wémo er sulih quáti,
Ío untar ín umbiríng;   fon wémo quami súlih thing,
   so wélicho dáti   joh sulih ánarati!
Tho sprachun sie álle fon ín: „ja íh iz, drúhtin, ni bín?
20   ja iz hérza min ni rúarit,   noh súlih balo fúarit?"
Thoh síe sih westin réinan   úzana then éinan,
   gilóubtun sie mer hárto   thero sínero worto.
Quad tho Júdas, ther iz ríat   joh állan thesan scádon bliant;
   er sprah mit únwirdin: „meistar, ja íh iz ni bin?"
25 „Thaz quisdú", quad er sár;   „thoh ságen ih iu in álawar:
   thér man thultit íamer   ´ filu mánagfaltaz sér;
So kráftlichan wéwon   so thúltit er in éwon,
   thaz ímo sazi thánne,   ni wúrti er io zi mánne."
Pétrus bat Johánnan,   thaz er iréiskoti then mán
30   er zi imo irfrágeti,   wer súlih balo ríati.
(Thaz bóuhnita er giwísso,   was náhisto gisézzo;
   thes méisteres in wára   hábetun sie mihila éra;
Wánta thar saz, thágeta   Pétrus, so ih nu ságeta;
   ni gidórsta sprechan lúto   hérosto thero drúto!).

---

32 héra V.

13—19. 21—22 nach J. 13, 22 [aspiciebant .. ad invicem] discipuli, haesitantes
de quo diceret. Mt. 26, 22 et contristati valde coeperunt singuli dicere: [numquid
ego sum, domine?] Dazu Hrab.: et certe noverant apostoli, quod nihil tale contra
-dominum cogitarent; sed plus credunt magistro quam sibi.   23—28 nach Mt. 26, 25
respondens autem Judas, qui tradidit eum, dixit: numquid ego sum, rabbi?
(dazu Hrab.: ut audacia bonam conscientiam mentiretur). ait illi: tu dixisti;
24 .. [verumtamen (fehlt Vulg.) vae .. homini, per quem .. tradetur;] bonum
erat ei, si natus non fuisset homo ille.   29. 31. 33—34 [innuit Petrus Johanni,
dicens: quis est, de quo dicit?] nach J. 13, 23 erat ergo recumbens unus ex disci-

35 Tho frágeta er thio dáti   joh thaz ánarati,
   bat ér in iz giságeti,   fon suórgon sie al irrétiti.
   „Thaz sítot", quad er, „ana nót,   themo ih bíutu thiz brót."
   tho nám er eina snítun thar   inti bot sa Júdase sar.
   After thémo muase   so kleib er sátanase,
40   joh wíalt sin sár ubar ál,   sélbo ther díufal.
   So er zi thíu tho giwánt,   thaz er thia snítun thar firslánt:
   úzgiang sar tho líndo   ther díufeles gisíndo.
   Spráh tho drúhtin zi imo sár   (ni tház er iz gibúti in war!):
   „thaz thu in múate fuaris,   slíumo so giscíari iz."
45 Ni wás thar, ther firstúanti,   waz er mit thíu meinti,
   ouh thia múatdati   thehéino mezzo irknáti.
   Súme firnámun iz in tház,   wanta er sékilari wás,
   thaz híazi er io then wórton   waz ármen wihtin spénton,
   Ódo er thes gisúnni,   zen óstoron waz giwúnni,
50   tház sie thanne hábetin,   thes dáges sih gidrágotin.
   So slíumo sos er úzgiang: finstar náht nan intfíang;
   fon themo líohte was ther mán   in éwon giskéidan.
   Er fuar ílonto   zi fúristen thero líuto,
   máchota zi nóti   thaz krístes ánarati.
55 Bigán sih frewen líndo   ther kuning éwinigo tho,
   thóh er scolti in mórgan   bi ríchi sin irstérban.
   Ni hábat er in thía redina   ni si ékord einlif thégana;
   ih meg iz báldo sprechan,   ther zuélifto was gisuíchan.
   Ni stúant thiu maht thes wíges   in ménigi thes héries,
60   iz was ál in rihti   in sínes einen kréfti.

---

pulis ejus in sinu Jesu . . 24 innuit ergo huic Simon Petrus et dixit ei : quis est,
de quo dicit? *Dazu Alc.*: haec verba Petrus innuit; non sono vocis, sed motu
corporis dicit.   35—38 *nach J.* 13, 25 itaque . . cum recubuisset ille supra pectus
Jesu, dicit ei: [domine, quis est?] 26 respondit Jesus: [ille est, cui ego intinctum
panem porrexero.] et cum intinxisset panem, dedit Judae . .   39—44 *nach J.* 13, 27
et [post bucellam introivit in illum (*Vulg.* eum *F.*) satanas] . . .   30 cum ergo
accepisset ille bucellam, [exivit continuo] . . . 27 . . et dixit illi Jesus: [quod facis,
fac citius]. *Dazu B. und Alc.*: non praecepit Christus facinus, sed praedixit.
45. 47—52 *nach J.* 13, 28 [hoc autem nemo scivit discumbentium,] ad quid dixerit
ei. 29 quidam enim putabant, quia loculos habebat Judas, quod dixisset ei Jesus:
eme ea, quae opus sunt nobis ad festum; aut egenis ut aliquid daret. 30 . . et
erat nox. *Dazu Alcuin:* erat autem ipse nox . . et filius tenebrarum.   53—54 *vgl.*
IV, 8, 19. 55 *beruht auf J.* 14, 28 si diligeretis me, gauderetis utique . . 15, 11
haec locutus sum vobis, ut gaudium meum in vobis sit.

Er quam so rísi hera in lánt   joh kréftiger gígant,
   in éinwigi er nan stréwita,   ther ríchi sinaz dárota;
Then fúriston therera wórolti   nótagan gihóloti,
   in bánt inan gilégiti,   er fúrdir uns ni dériti!

XIII. PETRUM DIXIT NEGATURUM.

Zi sineru spráchu druhtin fíang,   so Júdas thanan úzgigiang;
   thes náhtes er in zálta   reda mánagfalta.
„Giwisso“, quad er, „wízit nú,   kíndilin mínu,
   theih bín mit iu in wára   lúzila wíla,
5 So súachet ir mih héizo   joh harto ágaleizo;
   ni hílfit iuih thiu íla   thanne in thía wila.
Ih lazu, ságen ih íu tház,   gibót alaníwaz:
   ir iuih mínnot untar íu,   so ih iz bílidta fora iu,
Thaz mánnilih irkénne   in themo mínnonne
10 joh ellu wórolt ouh in thíu,   mih méistar habetut zi thíu.“
Súntar gruazt er óuh in wár   Pétrum sinan thégan thar,
   sprah ímo thero wórto   in múat tho filu hárto:
„Símon, húg es ubar ál,   thés ih thir nu ságen scal,
   joh harto thénki tharazúa,   thaz muat in fíara ni dua:
15 Gérota iuer hárto   selb thér wídarwerto,
   thaz múasi er rédan iu thaz múat,   so man korn in síbe duat.
Iz waz hárto égislih;   tho betota ih sélbo bi thíh,
   in gilóubu ni giwángtis   joh múates thih gihártis.
Wis ouh dróst séres,   sár thu thih bikéres,
20 brúadoron thínen,   thaz scádon sie firmíden.“
Ér sprah báldlicho   joh harto théganlicho,
   quad, io gihárteti   mit ímo in theru nóti:

---

63 — 64 *vgl. J.* 12, 31 nuno princeps hujus mundi ejicietur foras . . 14, 30
venit princeps hujus mundi et in me non habet quidquam . . 16, 11 princeps
hujus mundi jam judicatus est.

    XIII. 1^b — 10 *J.* 13, 31 cum ergo exisset, dixit Jesus: . . 33 filioli, adhuc
modicum vobiscum sum. quaeretis me, et . . quo ego vado, vos non potestis
venire. 34 mandatum novum do vobis: ut diligatis invicem, sicut dilexi vos; . .
35 in hoc cognoscent omnes, quia discipuli mei estis, si dilectionem habueritis
ad invicem!   11. 13 — 16. 17^b — 24 *L.* 22, 31 ait autem dominus: Simon, [Simon,
ecce satanas expetivit vos, ut cribraret sicut triticum]. 32 [ego autem rogavi
pro te,] ut non deficiat fides tua; et tu aliquando conversus confirma fratres tuos.
33 qui dixit ei: [domine, tecum paratus sum et in carcerem et in mortem ire].

„Mit thír bin garo, drúhtin,   mit múate joh mit máhtin,
   in kárkari zi fáranne   joh tóthes ouh zi kóronne;
25 Gisuíchen sie thir álle,   nub íh io thíz wolle,
   nub íh giwéizez ubar ál,   so man méistere scal!
Ni sí thir in githánke,   thaz íh thir io giwénke,
   drúhtin min líobo;   thes dúan ih thih gilóubo!“
Tho zálta krist thia hérti,   theiz álleswio wúrti,
30   báldi sines múates   joh éllenes gúates.
   „Pétrus, zellu ih thir tház: thaz wíg thaz ist so hébigaz,
   thaz thú gilougnis hárto   noh hínaht thero wórto;
Tház thu quis zi lézist,   thaz thú mih sar ni wízist,
   joh suéris filu héizo,   ni sís thero ginózo.
35 Thu lóugnis min zi wáre,   er hinaht háno krahe,
   in nótlichemo thínge,   er thaz húan singe;
Lóugnis thrín stunton   mit thínes selbes wórton
   (gihúgi wórtes mines)   thes héreren thines!“
Zi spéri irquam er hárto   súlichero wórto;
40   tho spráh er wórton héizen,   thia kúanheit wolt er wéizen:
   „Drúhtin min ginádig,   thi íh es wurti wírdig,
   mit thíonostu ih biwúrbi,   thaz ih mit thír irsturbi;
Thaz suért ni wari in wórolti   so harto bízenti,
   odo ouh spér thehein so wás,   thaz ih rúahti bi tház;
45 Wáfan ni wári,   thaz ih in thíu firbari,
   ni ih gabi séla mina   in wéhsal bi thia thína;
Ther fíant io so hébiger,   then ih intríati thiu mér,
   thaz mih ío ginotti,   theih thin firlóugneti!“
Sie sprachun álle, so man wéiz,   so sámalichan úrheiz,
50   bihíazun sih zi nóti   thera selbun kúanheiti:
In sélben thaz ni hángtin,   thaz sie imo ío giwangtin;
   thehéin thes múate horti,   in súlicheru nóti.
   „Níst er“, quadun, „tháre,   ther ío thih so irfáre,
   gisúnten uns, thir dérien;   wir wóllen thih in wérien!

    25—28 *Mt.* 26, 33 . . et [si omnes scandalizati fuerint] in te, ego num-
quam scandalizabor (*Mc.* 14, 29 . . sed non ego). `29—32. 35—38 *nach Mt.* 26, 34
ait illi Jesus: amen dico tibi, quia in hac nocte, [antequam gallus cantet,] ter
me negabis. 39—49 *nach Mt.* 26, 35 ait illi Petrus (*dazu Hrab.*: non est teme-
ritas nec mendacium, fides est apostoli Petri et ardens affectus; tantum enim
affectu efferebatur, ut imbecillitatem carnis suae . . non contueretur): [etsi opor-
tuerit me mori tecum, non te negabo]. *J.* 13, 37 [animam. meam pro te ponam].
49 *Mt.* 26, 35 [similiter et omnes discipuli dixerunt].

XIV. JUBET, UT, CUI DESIT, GLADIUM EMAT.

„Thánne ih“, quad er, „sánta,   in min árunti iuih wánta:
   ward iz iowánne,   thaz brústi iu wihtes thánne?“
„Ni wérd iz“, quadun, „drúhtin,   ni wír fúarin mit ginúhtin;
   thoh unser nihéin wiht drúagi,   thoh hábetun wir ginúagi.“
5 „So wer sékil“, quad er, „éigi,   ni sí imo in thiu ginúagi,
   wanta iu nu nót wirdit;   neme thia dásgun tharmit.“
Gibót er tho in then nótin,   thaz sie sih wárnotin,
   thaz nihéin thes fártes   tho thárbeti thar suértes;
So wélih so iz ni hábeti,   gibót er, thes gizíloti,
10   er úmbi thaz in gáhi   thia dúnichun gigábi.
„Thaz héilege io girédotun,   ouh búah fon mir giságetun,
   joh fórasagon zéllent,   thio zíti iz nu irfúllent.“
„Drúhtin“, quádun se sár,   „wir éigun zuei suért hiar
   nu zi thérera fristi   in thina fóllusti.“
15 „Ginúag ist thár“, quad er zín;   „thiu mugun úrkundon sin,
   thaz wír in mugun wérren,   in thíu wir tház wollen;
Nóh ni tharf man zéllen,   in thiu wir tház irwellen,
   ni bunsih wáfan nerien,   gistén wir unsih wérien.“

XV. CONSOLATUR DISCIPULOS DE MORTE EJUS.

Dróst er sie tho wórto   sines tóthes harto,
   er iz zi thíu wurti;   es wárun in tho thúrfti.
„Ni síuz“, quad er, „smérza,   ni ríaze óuh iuer hérza;
   in got gilóubet joh in míh,   giwísso theist gilúmplih.
5 Mines fáter hus ist bréit,   ward wóla then, thara íngeit;
   ther sih thés muaz frówon   joh ínnana biscówon!

XIV. 1—10 nach L. 22, 34 .. et dixit eis: 35 [quando misi vos sine sacculo] et pera et calceamentis, numquid aliquid defuit vobis? 36 at illi dixerunt: nihil! .. dixit ergo eis: [sed nunc, qui habet sacculum,] tollat, similiter et peram; et [qui non habet, vendat tunicam] suam et emat gladium. Dazu Beda (mit Bezug auf Mt. 10, 10, Luc. 9, 3, vgl. III, 14, 89—92): mortis instante periculo (= Otfr. 6ª) .. congruam tempori regulam decernit. 37 .. quod scriptum est, oportet impleri in me. 13. 15ª L. 22, 38 at illi dixerunt: [domine, ecce duo gladii hic.] at ille dixit eis: [satis est]. Dazu Beda: duo gladii sufficiunt ad testimonium sponte passi salvatoris.

XV. 3ᵇ—5ª. 7—14 J. 14, 1 [non turbetur cor vestrum;] creditis (O. las vielleicht credite) in deum, et in me credite. 2 [in domo patris mei mansiones multae sunt; si quo minus, dixissem] vobis, quia vado parare vobis locum.

Thar ist in álawari   mánagfalt gilári
   (húgget therero wórto!)   joh selida mánagfalto.
Wariz álleswar in wár: sliumo ságeti ih iu iz sár;
10   wérgin thaz gizámi: so ih íuih iz ni háli.
Ih faru gárawen iu sár   frónisgo iu stát thar,
   ir thés ni missedrúet,   mit mír thar iamer búet;
Thaz, thar min géginwerti íst,   si iamer iuer náhwist,
   thar ir wízit mina fárt,   thero wégo ouh weset ánawart."
15 Zi ímo sprah tho Thómas,   er ein thero éinlifo was:
   „thes wéges ni birun wir ánawart,   ouh ni wízun thina fárt;
Giríhti unsih es álles,   wara thu fáran wolles."
   thaz wára zált er imo sár   joh spráh ouh zi imo sús in war:
„Íh bin weg réhtes   joh alles rédihaftes,
20   bin ouh líb inti wár;   bi thiu ni gírrot ir'thar.
Nist mán nihein, thaz ist wár,   ther quéme zi themo fáter sar,
   thes íaman inan gibéite,   íh inan ni léite.
Ób ir mih irknátit,   ir sélbon thaz instúantit
   ana lánglicha fríst,   wíolih ouh min fáter ist."
25 Quad tho Phílippus, iro éin   (thiz selba wás imo untar zuéin;
   giloubt er únredina,   ther fáter wari fúrira):
„Then fáter, druhtin, éinon   then láz unsih biscówon
   (thin wórt sin ófto giwúag);   so ist uns álles ginuag."
Nám thoh druhtin thánana   thia selbun únredina;
30   want er in ábuh iz instúant,   kert er mo álleswio thaz múat.
„So mánagfalto zíti   ih mit íu bin hiar in wórolti,
   mit múatu ir mir ni náhet   joh mih nóh nirknáhet?
So wér so thaz irwélle,   then fáter sehan wólle:
   thánne, thaz ni híluh thih,   giwaro sców er anan míh;
35 Thar síhit er thaz édili   joh sínes selbes bílidi;
   giwisso séh er anan míh,   min fáter ist so sámalih!"
Er zalt in óuh tho thar méist,   wio ther héilego géist
   thie wízzi in scolta méron   mit sínes selbes léron;

---

3 .. et accipiam vos ad me ipsum, [ut, ubi sum ego,] et vos sitis; et quo ego
vado, scitis et viam scitis (O. *las beidemal wol* sciatis).   15ᵃ. 16. 18—24 *nach*
J. 14, 5 [dicit ei Thomas:] domine, nescimus, quo vadis; et quomodo possumus
viam scire? 6 dicit ei Jesus: [ego sum via et veritas] et vita; nemo venit ad
patrem nisi per me. 7 [si cognovissetis me,] et patrem meum utique cognovissetis;
et amodo cognoscetis eum ...   25—28 *nach* J. 14, 8 [dicit ei Philippus] (unus
ex apostolis B. *und Alc.*): [domine, ostende nobis patrem,] et sufficit nobis. *Dazu*
B. *und* Alc.: tamquam melior pater esset, quam filius!   31—34. 37—40 *nach*

Nihéinemo ni brústi, ni er alla frúma westi,
40 allaz wár inti gúat, so sélben gotes géist duat.
Zálta in ouh in wára wóroltliuto fára,
árabeiti mánago, thio ín tho warun gárawo.
Lért er sie mit wórton, wio thaz firdrágan scoltun;
quad, after théru thulti zi mámmunte in iz wúrti.
45 „Ir ni thúrfut“, quad, „bi thíu; fridu lázu ih mit íu,
mámmunti ginúagaz, drof ni suórget bi tház!
Ni lázu ih iuih wéison, ih iuer ávur wison;
gidróstu ih iuih scíoro mit fréwidu alazíoro.
Ir bírut, thaz nist wúntar, fríunta mine súntar,
50 drúta mine in álawár; zi thiu so kós ih iuih sár.
Theist gibót minaz zi íu: ir iuih mínnot untar íu,
joh íagilih thes thénke, thero mínnono ni wénke.“
In tho druhtin zélita, want ér se selbo wélita,
mánota sie thes náhtes mánagfaltes réhtes.
55 Er hábet in thar gizáltan dróst mánagfaltan
fon sin sélbes gúati, so slíumo so er irstúanti.
Quad, after théra fristi in níamer sin ni brústi,
joh sie íamer, sar tház wúrti, wárin mit giwúrti
So er se lérta thó in thera náht, so thú thir thar lésan maht,
60 gizóh se thar tho fóllon sélbo in sinan wíllon:
Úf zi hímile er tho sáh joh sélben gotes lób sprah,
bifálah tho thie thégana in sines fáter segana;
Thaz ér mo sie gihíalti, unz er fon tóthe irstuanti,
ér sie thanne sánti, in thíonost sinaz wánti.

J. 14, 9 dicit ei Jesus: [tanto tempore vobiscum sum,] et non cognovistis me!
Philippe, qui videt me, videt et patrem ... 26 .. spiritus sanctus .. vos docebit
omnia .., quaecunque dixero vobis. 41—42 *mit Bezug auf J.* 15, 19 .. odit vos
mundus. 20 .. si me persecuti sunt, et vos persequentur. *Vgl. J.* 16, 2. 43—44
vgl. J. 16, 20 .. vos contristabamini, sed tristitia vestra vertetur in gaudium.
45b *aus J.* 15, 27 [pacem relinquo vobis]. 47—48 *nach J.* 14, 18 [non relinquam
vos orphanos,] *vgl. J.* 16, 22 .. iterum autem videbo vos et gaudebit cor vestrum..
J. 14, 16 pater alium paracletum dabit vobis. 49. 50b. 51 *aus J.* 15, 14 [vos
amici mei estis]. 16 non vos me elegistis, sed ego elegi vos .. *J.* 15, 12 [hoc est
praeceptum meum;] ut diligatis invicem .. 55—57 *nach J.* 16, 7 .. si autem
abiero, mittam eum (i. e. paraclitum) ad vos, .. 16 ut maneat vobiscum in aeter-
num. 58 *vgl. J.* 16, 22 .. et gaudium vestrum nemo tollet a vobis. 59a—61
nach J. 17, 1 haec locutus est Jesus, et sublevatis oculis in caelum dixit: pater,
... ego te clarificavi super terram; *vgl. J.* 16, 33 haec locutus sum vobis, ut in
me pacem habeatis .. 62. 63a *nach J.* 17, 15 non rogo, ut tollas eos de mundo,
sed ut serves eos a malo.

XVI. EGRESSUS EST POST HAEC TRANS TORRENTEM CAEDRON.

Er after thésen worton   gíang in einan gárton,
úbar einan klíngon   sid tho thésen thingon.
Sie ouh zi thíu gifiangun,   mit imo sáman giangun,
festes húges follon,   thie nótigistallon.
5 Bidrahto iz állaz umbiríng,   thaz was nu jámarlichaz thíng:
ther alla wórolt nerita,   tho méra ira ni hábeta;
Er déta al, thaz gidán ist,   joh gibit in álla thia wíst,
thoh ni hábeta er nu lés   méra thes githígines!
Thaz wésta selbo Júdas,   thaz drúhtin thes giwón was,
10   thaz er ófto tharaín   giwon was gángan mit in.
Er slíumo sar tho zímo nam   thes selben hérizohen man,
skára filu bréita,   joh sie thára leitta;
Joh thie éwarton réhto   liwun fílu knehto,
thie fárira ouh ginúage   zi thémo selben wíge.
15 Bigóndun sie sih fázzon   mit iro líohtfazzon,
mit fákolon mánagen   joh wáfanon gárawen.
Ingegin ímo fuar in wár   únfirslagan héri thar,
mánno mihil ménigi   (sie wárun einon zuélifi!)
Mit spéron joh mit suérton;   bihíazun sih mit wórton,
20   tház man nan gifíangi,   mit níawihtu er ningíangi.
Súme ouh thie ginóza   druagun stángun groza,
kólbon ouh in hénti,   thaz síes gidatin énti.
Zi ín sprah tho Júdas,   ther iro léitiri was,
fúrista ouh in wára   thera ármilichun fára:
25 „Thaz ír ni missifáhet   (ni wánu, ir nan irknáhet),
séhet, then ih kússe,   so sít es sar giwísse;

XVI. 1—3. 4ᵇ *J.* 18, 1 haec cum dixisset Jesus, egressus est cum disci-
pulis suis trans torrentem . ., ubi erat hortus, in quem introivit ipse et discipuli
ejus.   9—16 *J.* 18, 2 [sciebat autem et Judas] . . locum, quia frequenter Jesus
convenerat illuc cum discipulis suis. 3 [Judas ergo cum accepisset cohortem] et
a pontificibus et pharisaeis ministros, [venerunt (*Vulg.* venit) . . cum laternis] et
facibus et armis.   17—22 *nach Mt.* 26, 47 Judas unus de duodecim venit et cum
eo turba multa cum gladiis et fustibus . .   23. 25—34 *L.* 22, 47 Judas . . ante-
cedebat eos . . *Mt.* 26, 48 . . dicens: [quem osculatus fuero,] ipse est; tenete eum,
Mc. 14, 44 et ducite caute; *zu* 25 *vgl. B. und Hrab. zu Mt.* 26, 48 putabat . . signa,
quae salvatorem viderat facientem, non majestate divina, sed magicis artibus

Ther íst iz, sagen ih íu in wár,   then gifáhet ir sár,
  sar zi thémo wipphe,   tház er iu nintslúpfe!"
(Óda er horta gáhun   fon thén, theiz gisáhun,
30   wíolih er sih fárota,   in themo bérge sih gibílidta;
Tho wánt er, in ther nóti   sih ánderlichan dáti,
  tház man nan nirknáti,   joh thiz bi thíu quati;
Sin kráft ouh, thi uns giscríban ist,   theiz wari góugulares líst,
  mit thíu sih in biwériti   joh síh fon in ginériti.)
35 Krist giang fórna, sos iz zám,   jóh ingegin ín quam;
  er slíumo sar tho zín sprah: „wenan súachet ir?" quad.
Sie ímo sar iz záltun   joh ínan selbon nántun;
  náles, thaz sie iz dátin,   thaz síe nan thoh irknátin.
Zi in spráh er tho sár: „ih bin iz sélbo, thaz ist wár;
40   zi gúatu ir min ni rúachet,   thoh bín ih, then ir súachet."
So slíumo sie iz gihórtun,   sie sar biskránkolotun,
  wídorort sie fúarun   joh alle nídarfialun.
Det er ávur fragun,   só sie tho biquámun;
  er eischota ávur sar tho zi ín,   wénan sie thar súahtin.
45 Gábun sie mit wórte   thaz selba zi ántwurte;
  thaz sélba sie imo ságetun,   sie híar bifóra zelitun.
  „Ja ságet ih iu", quad er zi ín,   „thaz íh ther selbo mán bin,
  bi thén ir rehto in wára   irhúabut thesa fúara."
Júdas, ther sie bráhta,   sih drúhtine tho náhta,
50   thaz ér irfulti állaz,   so ér hiar fórna gihiaz.
  „Heil", quad er, „méistar!"   inti kústa inan sár;
  intfíang er nan mit thúlti   thúruh sina mílti.

---

30 gibíldota? V.

---

facta; et quia eum forte audierat in monte transfiguratum, timebat, ne simili
transformatione laberetur de manibus ministrorum. dat ergo signum, ut sciant,
ipsum esse, quem osculo demonstraret.   **35—37. 39. 41—47** J. 18, 4 [Jesus . .
processit et dixit eis: quem quaeritis?] 5 responderunt ei: Jesum Nazarenum.
dicit eis Jesus: [ego sum] . . 6 ut ergo dixit eis: ego sum, [abierunt retrorsum]
et ceciderunt in terram. 7 iterum ergo interrogavit eos: quem quaeritis? illi
autem dixerunt: Jesum Nazarenum. 8 respondit Jesus: [dixi] vobis, [quia ego
sum].   **49. 51—56** Mt. 26, 49 et confestim accedens ad Jesum dixit: [ave, rabbi!]
et osculatus est eum. Marg. zu 55 [erant ministri parati] Mt. 26, 50 . . tunc
accesserunt et manus injecerunt et tenuerunt eum. Dazu Hrab.: suscipit dominus
osculum traditoris .., ne proditionem fugere videatur, simul et illud Davidicum
complens: cum his qui oderunt pacem, eram pacificus.

Thaz zéichan tho firnámun,   thie thara mit ímo quamun,
 joh íagilih tho hógeta,   wio er in ér sageta.
55 Stúantun sie tho gáro thar   inti fiangun nan sar,
 datun thio iro hénti   drúhtin in gibénti.

XVII. QUOMODO PETRUS ABSCIDIT AURICULAM
SERVO SACERDOTIS.

Pétrus ward es ánawert   joh bratt er slíumo thar suért,
 er herzen sih gihárta   inti éinan sar irwárta.
Ih wéiz, er thes ouh fárta,   thes hóubites rámta,
 tház er thaz gisítoti,   then méistar irrétiti;
5 Gistuant géner (wan ih) thénken,   tház er wolti wénken,
 thoh slúag er imo in wára   thana thaz zésua ora.
Níst, ther widar hérie   so héreron sinan wérie,
 ther úngisaro in nóti   so báldlicho dáti;
Ther ana scílt inti ana spér   so fram firlíafi in thaz giwér,
10 in githréngi so ginóto   sinero fianto!
Wérit er inan giwísso   hárto filu wásso,
 unz imo drúhtin thuruh nót   thaz wig sélbo firbot.
Soso éin man sih scal wérien   joh héreron sinan nérien:
 so áht er io ginóto   thero kristes fianto,
15 Unz er sélbo zi imo spráh: „ih mág giwinnan hériscaf,
 éngilo giwélti,   ob ih iz dúan wolti.
Hímilisge thégana,   thusunt filu mánaga,
 sih snéllo héra fuartin   joh géginwerte stúantin;
Thaz síe mih hiar firspráchin   jóh mih sar giráchin,
20 irrétitin mit suérton   úzar iro hánton.
Irkenni sélbo thisu wórt   joh dúa thaz suert wídorort,
 gilímphit, theih thiz wólle   joh thaz giscríb irfulle.“
Thés ni was tho duála: so er rúarta imo thaz óra,
 er sáztaz wídar héilaz;   ni gilóubtun síe thoh bi tház!

XVII. 1—2. 6 J. 18, 10 [Simon .. Petrus habens gladium] eduxit eum et
percussit pontificis servum et abscidit auriculam ejus dexteram.   15—24ª nach
Mt. 26, 52 tunc ait illi Jesus: converte gladium tuum in locum suum (J. 18, 11 mitte
gladium tuum in vaginam; danach Marg. zu 21 [converte gladium in vaginam])...
53 [an putas, quia non possum rogare patrem meum,] et exhibebit mihi modo
plus quam duodecim legiones angelorum? 54 quomodo ergo implebuntur scrip-
turae, quia sic oportet fieri? L. 22, 51 .. et [cum tetigisset auriculam] ejus,
sanavit eum.

25 Thie liuti ráchun tho iro zórn,   thes thahtun sie ér ju filu fórn,
   sie ínan sar gibúntun,   so slíumo sie inan fúntun.
   Thie júngoron, thiz gisáhun,   inflúhun imo gáhun;
   then méistar io méino   líazun sie thar éino!
   Sie sahun úngimacha   joh égislicha sácha:
30   drúhtin iro bíntan;   ni gidórstun zi imo irwíntan!
   Ánna híaz thar ein mán,   Káiphases suéhur, wan;
   zi thémo leittun sie érist   selbon drúhtinan krist.

XVIII. DE NEGATIONE PETRI.

Petrus fólgeta imo thó   rúmana joh férro,
   thaz er biscówoti,   wáz man imo dáti;
   Zi wíu sie iz ouh bibráhtin   joh wáz sie bi inan tháhtin,
   wólt er in then ríuon   thaz énti biscowon.
5 So ér tho zi einen dúron quam   (ih wanu, er gíangi zi fram),
   zi imo hárto thar tho spráh   thaz wíb, thaz thero dúro sah:
   „Ih wánu, thu sis réhto   thésses mannes knéhto,
   thes sínes gisíndes,   tbaz, wán ih, thu nu fíndes."
   Tho spráh er fora theru ménigi   slíumo thara ingégini,
10   lóugnit es álles,   quad, ni wésti wiht thes mánnes.
   Thar was fíur thuruh tház,   wánta iz filu kált was;
   thar stuant Pétrus untar ín,   sih warmta sáman thar mit ín.
   Sie quadun súme sare: „waz duast thú man hiare?
   thú bist rehto in wára   thésses mannes fúara!"

25—28 *nach Mt.* 26, 56 hoc factum est, ut adimplerentur scripturae pro-
phetarum. [tunc discipuli] omnes relicto eo [fugerunt].   30ᵃ. 31—32 *nach*
J. 18, 12 [comprehenderunt ergo eum (*Vulg.* Jesum) et ligaverunt eum] 13 et [duxe-
runt eum ad Annam primum;] erat enim socer Caiphae.

     XVIII. 1—2. 4—5ᵃ *nach Mt.* 26, 58 [Petrus autem sequebatur] eum [a longe]
usque in atrium .. et ingressus intro sedebat cum ministris, ut videret finem.
6—10 *J.* 18, 17 dicit ergo Petro ancilla ostiaria: numquid et tu ex discipulis es
hominis istius? (8ᵇ *beruht auf J.* 18, 15. 16) [dicit ..: non sum]. *Mt.* 26, 70 at ille
negavit coram omnibus, dicens: *L.* 22, 57 non novi illum (*vgl. zu* 16).   11—14
combiniert aus L. 22, 55 [accenso autem igne in medio atrio] .. erat Petrus in
medio eorum *und J.* 18, 18 stabant autem servi et ministri ad prunas, quia frigus
erat; .. erat autem cum eis et Petrus stans et calefaciens se ... 25 dixerunt
ergo ei: numquid et tu ex discipulis ejus es? (*Vgl. Mt.* 26, 73 .. vere et tu ex
illis es!)

15 Er suár tho filu gérno,   quad, ni wári thero mánno;
   mit éidu iz deta fésti,   thaz ér then man ni wésti.
   „Ih ságen íu“, quad, „in wára: ni bín ih thera fúara;
   ni máchon ih then úrheiz,   ih wiht ouh súliches ni weiz!“
   Dátun thie ginóza   imo ángust ouh tho gróza,
20   sie quádun (sum zi nóti),   thaz man nan irknáti.
   Thes selben mág es thar giwúag,   themo er thaz óra thana slúag,
   quad, ér nan in ther gáhi   in themo gárten gisáhi.
   „Thu dati, ih ságen thir in wár,   thaz selba wértisal thar,
   wanta íh gistuant thin wárten   thár in themo gárten;
25 Thaz wíg thu thar irhúabi   joh wérresal ginúagi,
   ahtos únser thuruh nót;   ni scáltu queman wídorort!“
   „Ni thárft es“, quadun, „lóugnen,   thin sprácha scal thih óugen;
   thinu wórt nua   thiu méldont thih in dríua!“
   Thó bigond er suérien   (er wólta sih ginérien),
30   zált in in giwíssi,   thaz ér then man ni wéssi;
   Suár in io zi nóti,   thaz ér nan sar nirknáti,
   noh er ánarati   mit ímo io ni gidáti!
   Wárun tho thie zíti,   thaz ther háno krati,
   thaz ouh thaz húan gikúndti   thes selben dáges kúnfti.
35 So er érist tho irkráta,   sih Pétrus sar biknáta;
   thaz múat brungun héimort   thiu selbun drúhtines wort.
   Yrhógt er tho ginóto   théro selbun zíto,
   thaz ímo iz hiar al gáganta,   thaz drúhtin imo ságeta.
   Thó bigan er wúafen,   zi drúhtine rúafan,
40   wéinonnes smérza   so rúarta mo thaz hérza;
   Wanta drúhtin in wár   ér sah ubar ínan sar,
   bigónda er inan scówon   ginádlichen óugon.

15—18 nach Mt. 26, 72 et iterum [ille (fehlt Vulg.) negavit cum juramento:] quia non novi hominem. Zu 15b vgl. L. 22, 58 o homo, non sum (sc. de illis). 19—22. 24 nach Mt. 26, 73 .. accesserunt, qui stabant .. L. 22, 58 alius videns eum dixit: et tu de illis es! .. 59 et .. alius quidam affirmabat .. J. 18, 26 [dixit] ei unus .., [cognatus ejus, cujus abscidit .. auriculam]: nonne ego te vidi in horto cum illo? 27—29ª. 30—31 Mt. 26, 73 .. et dixerunt Petro: vere et tu ex illis es; [nam et loquela tua manifestum te facit]. 74 [tunc coepit detestari] et jurare, quia non novisset hominem. 33—35ª. 37—39 Mc. 15, 72 et [statim gallus] iteaum [cantavit; et recordatus est Petrus verbi domini (Vulg. quod dixerat ei Jesus)] ..; et [egressus foras (Mt. 26, 75)] coepit flere. 41—42 L. 22, 61 et conversus dominus respexit Petrum; dazu Beda: respicere namque ejus misereri est.

XIX. VERBA PONTIFICIS AD JESUM, ET DE FALSIS TESTIBUS.

Stuant drúhtin innan thés in war   fora themo bískofe thar,
  thaz éwiniga wísduam   scolta réda thar tho dúan.
Stúant er thar tho nóton   untar fíanton
  in bánton iro séilo;   thero fríunto was er éino.
5 Frágot er nan sáre   bi júngoron síne,
  joh éiskota ouh tho méra   bi sínes selbes léra.
„Thánne ih", quad er, „lérta,   iz thisu wórolt hórta;
  in míttemo iro rínge   so spráh ih zi iro thínge.
Thar ih in zálta minu wórt,   thar wárun sie al gisámanot;
10 óffonota in wára   in álla mina léra.
Ziu thu fráges es míh?   thie selbun ríhtent es thíh,
  joh wís duent thih es álles,   in thíu sies frágen wolles."
So druhtin tház tho gispráh,   ein thero mánno zimo sah,
  slúag inan hárto   joh ráfsta inan thero wórto:
15 „Sprih", quad, „mézworte   zi thesemo éwarte;
  er ist hiar hérosto,   ni ántwurti so frávilo!"
Mit wángon tho bifílten   bigán er ántwurten,
  mánota sie thes náhtes   thes wízzodes réhtes:
„Ob íh hiar úbilo gispráh,   zéli thu thaz úngimáh;
20 spráh ih avur alawár,   ziu fíllist thu mih thanne sár?"
In mórgan sar bi nóti   so quam thaz héroti,
  álte joh thie júnge,   zi thero bískofo thínge.
Thie selbun éwarton   joh thie héreston
  súahtun ío innan thíu   úrkundi lúggu,

---

24 úrkundon V.

XIX. 5—20 nach J. 18, 19 [pontifex .. interrogavit Jesum de discipulis
suis] et de doctrina ejus. 20 respondit ei Jesus: [ego palam locutus sum] mundo;
ego semper docui in synagoga et in templo, quo omnes Judaei conveniunt, et in
occulto locutus sum nihil. 21 [quid me interrogas?] interroga eos ..; ecce hi
sciunt, quae dixerim ego. 22 [haec .. cum dixisset, unus assistentium] ministro-
rum [dedit alapam Jesu] dicens: sic respondes pontifici? 23 respondit ei Jesus:
[si male locutus sum,] testimonium perhibe de malo; si autem bene, quid me
caedis? 21—27 nach Mt. 27, 1 [mane autem facto] (Mc. 15, 1 confestim) [prin-
cipes sacerdotum convenerunt] (Vulg. consilium inierunt omnes principes sacer-

25 Tha
    z síe nan thoh mit lúginon   móhtin thar birédinon;
    thaz sie irslúagin inan sár,   ni fúntun sies giwára thar;
  Thoh iro fílu wari,   ni wárd in es gifúari,
    thaz síe nan in ther fáru   bizélitin mit wáru.
  Zuene, ságen ih thir tház,   thie zaltun ál, thaz ni wás:
30 quádun, sie iz gihórtin,   thoh sie niwíht fuartin,
  Thaz kréfto er sih bihíazi,   thaz gótes hus zistíazi,
    joh mohti in thrín dagon sár   irzímboron iz avur thár!
  Lúgun sie giwísso,   drúhtin er ni quád so;
    er quad, zilóstin síe iz, in war,   thaz ér irquícti iz avur sár;
35 Er zéinta, thés sie was ouh óth,   sines líchamen tód;
    these méintun avur tház   mit stéinon gidánaz!
  Éin ist, thaz man wékit,   fon tóthe man irquíckit;
    theist ánderlich gimácha,   thaz man zímborot thia rácha.
  Zi ímo sprah ther bíscof: „gib es ántwurti thoh;
40 thu hóris, waz sie nénnent   joh thih ánazellent!"
  Ni gáb in thiu sin thúlti   wiht thes ántwurti;
    ingégin in, so ih ságeta,   so stúant er inti thágeta.
  Úf yrscrikta hárto   ther furisto éwarto,
    sinan stúal in alawár   so liaz er ítalan thar;
45 Bizéinta, thaz sin wírdi   zi niwíhti scioro wúrdi,
    joh scólti werdan ítal   thiu sin éra ubar ál!
  „Sís", quad er, „bimúnigot   thuruh then hímilisgon got,
    bisuóran thuruh thes fórahta,   ther alla wórolt worahta,
  Thaz thu unsih nú gidua wís,   óba thu gotes sún sis,
50 zi kríste er thih ginánti   joh héra in wórolt santi!"

---

dotum et seniores populi). *Mt.* 26, 59 principes autem sacerdotes et omne con-
cilium [quaerebant falsum testimonium] contra Jesum, ut eum morti traderent;
60 et non invenerunt, cum multi falsi testes accessissent. 29—30ᵃ. 31—38
Mt. 26, 60 .. [venerunt duo falsi testes] 61 et dixerunt: hic dixit: possum destruere
templum dei et post triduum reaedificare illud. *Dazu Hrab.*: falsus testis est,
qui non eodem sensu dicta intellegit, quo dicuntur. dominus enim dixerat de
templo corporis sui ...: „solvite templum hoc"; vos, inquit, solvite, non ego,
quia illicitum est, ut ipsi nobis inferamus mortem; deinde illi vertunt: „et post
triduum aliud manu factum aedificabo", ut proprie de templo Judaico dixisse
videatur! ... aliud est aedificare, aliud suscitare. 39—46 *Mt.* 26, 62 [et surgens
princeps sacerdotum] ait illi: [nihil respondes ad ea,] quae isti adversum te testi-
ficantur? *Mc.* 14, 61 ille autem tacebat et nihil respondit. *B. und Hrab. zu*
Mt. 26, 62 ut ostendat pontifex, Judaeos sacerdotalem gloriam perdidisse et vacuam
sedem haberi pontificis. 47. 49. 51—56 *Mt.* 26, 63 .. et princeps sacerdotum
ait illi: [adjuro te per deum vivum,] ut dicas nobis, si tu es Christus, filius dei.

Ther gótes sun fróno   gab ántwurti imo scóno.

  „giduan ih thíh es", quad er, „wís: ih bin iz réhto, ther thu quís;

Áfter thisu séhet ir   (thes gilóubet ir mir)

  mih quéman filu hóho   in wólkonon scóno,

55 Ouh sizen hérlicho   joh filu gúallicho

  after thérera redinu   zi selben gótes zesawu!"

Ther éwarto zi nóti   inbran in héizmuati,

  joh sléiz er sin giwáti,   sin muat in kúnd gidati;

Thaz ther líut westi tház,   theiz ímo filu zórn was,

60 in ábulgi ouh sie wúrtin,   mit ímo iz sáman zurntin.

Zéllu ih ana bága   bi thésa selbun frága,

  irkénni in themo múate: ni dét er iz bi gúate;

Dét er iz then mánnon   zi einen frístfrangon,

  thaz síe nan, so ih thir ráchon,   mohtin giánabrechon.

65 „Ir hórtut", quad, „thaz úngimah,   wío er widar góte sprah;

  ni bithúrfun wir in wára   nu úrkundono méra.

Waz er sélbo hiar nu quít,   thaz éigut ir gihórit;

  mánnilih nu thénke,   waz ínan thesses thúnke!"

Ther líut tho sar giméinta,   zi tóthe nan irdéilta;

70 quád, thes wari wírdig   joh hárto filu scúldig.

Tho spíun sie óuh ubar tház   in ánnuzzi sínaz,

  síh ouh thes ni mídun, lés,   sines hálsslagonnes!

Thiu óugun sie imo búntun   (thaz in zi spíle funtun)

  joh frágetun ginúagi,   wér ínan thanne slúagi.

75 Thaz thúlt er in then stúnton   bi únseren súnton,

  ál io theso frávili   thuruh thio únsero ubili!

---

64 dicit illi Jesus: [tu dixisti] (*Mc.* 14,62 ego sum); [amodo videbitis filium homi-
nis sedentem] a dextris vírtutis dei et venientem in nubibus coeli.   57—60. 65—66
nach Mt. 26, 65 [tunc princeps sacerdotum scidit vestimenta] sua (*dazu Hrab.*: quem
de solio sacerdotali furor excusserat, eadem rabies ad scindendas vestes provocat)
dicens: blasphemavit; quid adhuc egemus testibus? *L.* 22, 71 [quid adhuc deside-
ramus testimonium?] 67—70 *Mt.* 26, 65 .. ecce audistis blasphemiam; 66 quid vobis
videtur? .. *Mc.* 14, 64 .. [qui omnes condemnaverunt eum morti] (*Vulg.* eum esse
reum mortis). 71—73ᵃ. 74 *nach Mt.* 26, 67 tunc exspuerunt in faciem ejus et
colaphis eum ceciderunt .. *L.* 22, 64 et [velaverunt] eum et percutiebant [faciem
ejus] et interrogabant eum [dicentes: prophetiza,] quis est, qui te percussit?

XX. DUXERUNT EUM AD CAIPHAM, UBI ERAT ET PILATUS.

Tho léittun nan thie líuti,   thar was thaz héroti;
  ther biscof Káiphas was thár   joh ther hérizoho in wár.
Giang er sélbo ingegin úz   thár zi themo pálinzhus;
  sie ni múasun gan so frám   zi themo héidinen man,
5 Tház sie in thén gizitin   biwóllane ni wúrtin,
  mit réinidu gisémotin,   thie óstoron giféhotin;
Sie wíht thoh thes nintríatun   (sie mánslahta ríatun!),
  ni síe thes giwúagin,   sie krístan irslúagin!
Sprah ther hérizoho zi ín,   so er úzgigíang ingegin ín:
10   „welih rúagstab so frám   zéllet ir in thesan mán?"
Thes árgen willen hérti   gab imo ántwurti:
  „ob ér", quad, „wóla thahti,   zi thísu er iz ni bráhti;
Ni fúer er in then líutin   mit grozen méindatin,
  wír ouh thes ni tháhtin,   thaz wir nan thír brahtin."
15 Wórton tho ginúagen   bigóndun sie nan rúegen,
  thíngon filu hébigen   joh súnton filu mánagen;
Quádun, sih bihíazi,   er gotes sún hiazi,
  jóh ouh dati mári,   er iro kúning wari;
Zélle ouh in giwíssi,   tház er selbo kríst si,
20   in thia béldida gigánge,   then námon imo félge.
Quádun, er ni wólti,   thaz man zíns gulti,
  thie líuti furdir méra   in thes kéiseres éra;
Joh er thie líuti alle   spúani zi giwérre,
  zi grozemo úrheize,   „in thíu man nan firláze.

XX. 1—8 *J.* 18, 28 adducunt ergo Jesum ad Caipham in praetorium (*daxu B. und Alc.*: aut damnationis causa Christi Caiphas perrexit in praetorium ad Pilatum, aut Pilatus in domo Caiphae praetorium habebat) . . et [*ipsi non introierunt*] in praetorium, [*ut non contaminarentur,*] sed ut manducarent pascha. 29 [*exiit . . Pilatus*] ad eos foras . . *Daxu B. und Alc.*: o impia et stulta caecitas, ut habitaculo videlicet contaminarentur alieno et non contaminarentur proprio scelere! 9—11. 13—15. 17—23 *nach J.* 18, 29 . . et dixit: [quam accusationem affertis adversus hominem hunc?] *J.* 18, 30 responderunt . . [si non esset malefactor, non tibi tradidissemus eum] *L.* 23, 2 [coeperunt autem multis sermonibus (m. s. *fehlt Vulg.*; in multis *Mc.* 15, 3) accusare eum] dicentes: hunc invenimus subvertentem gentem nostram et [prohibentem tributa dare Caesari] et dicentem se Christum regem esse. *Marg. zu* 19 [dixit se Christum esse].

25 Er es ér io nirwánt,   er er állaz thiz lánt
   gidruabta hárto in waru   mit sínes selbes léru;
   Nist thes giscéid noh giwánt,   wio er gírrit thaz lánt,
   wio er iz állaz wírrit   joh thesa wórolt merrit!
   Bigan er súsliches   zi énte thesses ríches,
30 mit thiu er thaz lánt al ubargíang,   unz man híar nan nu gifíang!"
   „Német inan", quad er, „zi íu;   ziu bráhtut ir nan mír bi thiu?
   irdéilet imo tháre,   so wízzod íuer lére.
   Fíndet ir thar álle,   wio er thaz réhta wolle:
   thaz gifrúmmet allaz ír;   iz ist iu kúnd, nales mír!"
35 Thaz, quádun sie, in ni dóhti,   ouh wésan thaz ni móhti,
   wanta in thio búah luagin,   thaz sie mán sluagin.
   Ther liut mit thíu bizeinta,   thaz druhtin ér gimeinta,
   thaz er sin líb scolta énton   in héithinero hánton;
   Thoh ságen ih iu in war mín: sie warun mánslagon sín,
40 zi tóthe sie nan brúngun   mit wássidu iro zúngun!

XXI. ALLOCUTIO PILATI AD CHRISTUM IN PRAETORIO.

Giang Pilatus wídari   mit ímo tho in then sólari,
   spráh mit imo lángo;   er suórgeta thero thíngo.
   Zi erist frágeta er bi tház,   thaz er es hártos insáz:
   „gidua mih", quád, „nu sar io wís,   óba thu iro kúning sis?
5 Bistú zi thiu giwíhit,   so thíh ther líut zihit,
   in themo wíllen gíangis,   thaz richi so bifíangis?"
   Tho quad drúhtin: „ságe mir,   sprichis súlih thu fon thír,
   odo ándere iz thir ságetun   joh thir fon mír iz zelitun?"

---

3 hártos *wol statt* hártost V.

25—30 *nach* L..23, 5 commovet populum docens per universum Judaeam,
[incipiens a Galilaea] usque huc.   31ᵃ. 32. 35—40 *nach* J. 18, 31 dixit ergo eis
Pilatus: [accipite eum vos] et secundum legem vestram judicate eum. dixerunt
ergo ei Judaei: [nobis non licet interficere quemquam]. 32 ut sermo Jesu imple-
retur, quem dixit: *Mt.* 20, 19 tradent eum (= fílíum homínis) gentibus . . cruci-
figendum. *Alc. zu J.* 18, 31 an non interficiebant (Judaei), dum clamabant: cru-
cifige? *Beda zu J.* 18, 31 (*nach Ps.* 56, 5) lingua eorum machaera acuta. *Hrab. zu*
Mt. 27, 45 verissime judicans, magis fuisse domini necatricem linguam Judaeorum,
quam militum manus.
   XXI. 1. 4. 7—10 J. 18, 33 introivit . . iterum Pilatus in praetorium et
vocavit Jesum et dixit ei: tu es rex Judaeorum? 34 respondit Jesus: [a temetipso

Pilátus wolta sliumo sár　　fon imo néman tho then wán,
10　tház er thes ni wánti,　　er iz fon ímo irthahti.
„Thie liuti wízun", quad, „fon ín,　　thaz ih Júdeo ni bín;
thínes selbes lántthiot　　gab thih mír in thesan nót.
Ther líut, ther thih mír irgab,　　zálta in thih then rúagstab;
thie selbun záltun alle mír　　thesa béldi fona thír.
15　Ob ávur thaz so wár ist,　　thaz thu iro kúning nu ni bíst:
bi híu ist, thaz sie thih námun,　　sus háftan mir irgábun?"
„Thir zéllu ih", quad er, „thánana:　　ríhi min nist hínana;
iz níst, soso ih thir ráchon,　　fon thesen wóroltsachon.
Ób iz wari hínana,　　giflízin mine thégana
20　mit iro kúanheiti,　　min fiant sus ni wíalti,
Joh in thérera nóti　　mih sus ni hántoloti;
mit théganheiti sítotin,　　thaz sie mih ín irretitin.
Ih duan es ávur redina:　　níst min richi hínana,
thaz íh mih nu biwérie　　mit mínes selbes hérie."
25　Tho spráh Pilatus ávur thaz,　　wanta ímo was iz héizaz;
frageta ávur noti　　bi sinaz héroti:
„So wár so si thin ríchi　　joh thin gúallichi,
thoh bistu zi álawaru　　kúning, so ih gihóru?"
„Thu quís", quad er, „theih kúning bin; zi thiu quám ih hera in wórolt
30　joh ward gibóran ouh zi thíu,　　theih suslih thúlti untar íu; [in
Theih úrkundi sáre　　gizálti fona wáre,
thaz ih ouh wárlichu thíng　　gibréitti in thesan wóroltring!
So wér so ist fona wáre,　　ther hórit mir io sáre;
hórit er mit mínnu　　mínes selbes stímnu."
35　„Saġe thú mir", quad er sár,　　„waz thu nénnes thaz wár;
gidúa mih thes giwíssi,　　waz si thaz wárnissi!"

---

hoc dicis,] an alii dixerunt tibi de me? *Dazu B. und Alc.*: abstulit a se suspi-
cionem, qua posset putari a semetipso dixisse, quod Jesum regem dixerat esse
Judaeorum.　11—12. 15—20. 23ᵇ *nach J.* 18, 35 respondit Pilatus: [numquid
ego Judaeus sum?] gens tua et pontifices tradiderunt te mihi; [quid fecisti? *Dazu*
B. und Alc.: tamquam diceret: si regem te negas, quid fecisti, ut tradereris mihi?
36 respondit Jesus: [regnum meum non est hinc (*Vulg.* de hoc mundo);] si ex hoc
mundo esset regnum meum, ministri mei utique decertarent, ut non traderor
Judaeis: [nunc autem regnum meum non est hinc.]　25ᵃ. 28—31. 33—36 *nach*
J. 18, 37 [dicit (*Vulg.* dixit itaque) ei Pilatus: ergo rex es tu?] respondit Jesus: [tu
dicis, quia rex sum ego! ego in hoc natus sum et ad hoc veni in mundum,] ut
testimonium perhibeam veritati; [omnis, qui est ex veritate,] audit vocem meam.
38 dicit ei Pilatus: [quid est veritas?]

♪ XXII. QUOMODO PILATUS VOLUIT CHRISTUM DIMITTERE PRO BARNABA.

Giang er, so er tház giquad   (ih weiz, es wírdig ni ward,
  tház er thaz gihórti,   waz drúhtin thes giquáti;
Wane óuh bi thíu so gahti: thes scháheres githáhti;
  mit wéhselu er gisítoti,   er selban kríst irrétiti).
5 Spráh er tho zen líutin,   sie iz álleswio giríatin;
  „ni fíndu ih", quad er, „thesan mán in niheinen sáchon firdán,
Ni bín ih ouh thes wísi,   oba er thes líbes scolo sí;
  so yrsúaht ih inan thráto   sínes selbes dáto.
Já íst iu in thesa zíti   zi giwónaheiti,
10   ih úzar themo wíze   iu einan háft firlaze;
Nu áhtot, wio ir wóllet   joh wéderan ir irwéllet,
  ir Barabbásan nemet zíu   odo ir nu kríst irwellet íu!"
Thanne wás imo avur thér   skahari hébiger;
  bi théro dato ánton   so lág er thar in bánton..
15 Riaf·imo ál ingégini   thes lántliutes ménigi;
  quad, wár in líob joh súazi,   man Barabbán in liazi!
Tho háft er nan, so er wólta,   joh er nan sélbo filta
  selbon drúhtinan;   waz wan ther wénego man!
Námun nan tho thánana   thes hérizohen thégana,
20   sie flúhtun in zi gámane   thórna thar zisámane;
Joh sáztun sie imo in hóubit   then selbon thúrninan ríng,
  zi hónidon gérno,   coróna thero thórno!
Sie námun in thera dáti   kúninglih giwáti,
  filu rotaz púrpurin   inti dátun inan ín;

XXII. 1—8 *nach J.* 18, 38 . . [et cum hoc dixisset,] iterum [exiit ad Judaeos] (*daxu Alcuin*: quia forte dignus non fuit audire . .; credo . . in mentem illi venisse continuo consuetudinem Judaeorum, qua solebat eis dimitti unus in pascha; et ideo non expectavit, ne mora fieret) et dicit eis: [ego non (*Vulg.* nullam) invenio in eo causam]; *vgl. L.* 23, 15 . . et ecce nihil dignum morte actum est ei. 9—14 *nach J.* 18, 39 [est autem consuetudo vobis, ut unum] (*Mt.* 27, 15 unum vinctum) [vobis dimittam in pascha]. *Mt.* 27, 17 quem vultis, dimittam vobis: Barrabam an Jesum, qui dicitur Christus? *J.* 18, 40 . . [erat autem Barrabas latro]. *Mt.* 27, 16 habebat autem tunc vinctum insignem, qui dicebatur Barrabas; *L.* 23, 19 qui erat propter seditionem quandam missus in carcerem. 15—16 *nach L.* 23, 18 exclamavit autem simul universa turba; dicens: tolle hunc et dimitte nobis Barrabam; *vgl. J.* 18, 40 . . [non hunc, sed Barabban]. 17—18ᵃ *nach J.* 19, 1 [tunc ergo apprehendit Pilatus Jesum et flagellavit]; *vgl. Mt.* 27, 18 sciebat, quod per invidiam tradidissent eum. 19—25. 27. 31—32 *nach J.* 19, 2 [et milites plectentes coronam de spinis] imposuerunt capiti ejus et [veste

25 Fialun thó in iro knío,   zi hue hábetun inan ío,
   zi bísmere thráto   súslichero dáto!
   „Heil thu", quádun sie, „kríst,   thu thérero liuto kúning bist;
   bist gáro ouh thiu gilícho   joh harto kúninglicho!"
   Zi hónidu imo iz dátun,   thaz sie súlih quatun;
30   sie tháhtun io bi nótin,   wío sie inan gihóntin.
   Sie slúagun sar thén gangon   thiu héilegun wángun,
   joh hérton in then fáron   so blúun sie imo thiu órun.
   Er thúlta, so ih hiar fóra quad,   bi únsih suslih úngimah
   in slégin joh in wórton,   bi únsen suaren súnton!

XXIII. DUXIT PILATUS JESUM DERISUM AD POPULUM.

Pilátus giang zen líutin   sid tho thésen datin,
   wólt er in gistíllen   thes ármalichen willen.
   „Hera úz", quad, „léitu ih inan íu,   thaz ir kénnet in thíu,
   thaz ih úndato   ni fíndu in imo thráto."
5 Giang kríst tho in themo gánge   mit rótemo gifánge,
   bithúrnter joh bifílter   joh sus gibísmeroter;
   Púrpurin giwáti   drúag er tho bi nóti,
   thúrnina coróna;   gidán was thaz in hóna.
   „Séhet", quad er, „nu then mán;   firdamnot íst er filu frám!
10   ir séhet sina únéra,   waz wóllet ir es méra?
   Biscóltan ist er hárto   joh hónlichero wórto,
   ouh sinero úndato   giréfsit filu thráto;
   Ér ist", quad, „bifíllit,   mit thórnon ouh bistellit;
   nú man imo súlih dúat,   nu lazet kúelen iu thaz múat!"
15 So síe nan tho gisáhun,   so ríafun sie alle gáhun
   (ingegin ímo inbran thaz múat,   so ofto fíanton dúat),

---

32 blúiun (*statt* blúuun = blúwun?) *V.*

---

purpurea circumdederunt eum] *Mt.* 27, 29 . . [et genu flexo ante eum] illudebant
ei, dicentes: [ave rex Judaeorum]. *J.* 19, 3 [et dabant ei alapas].
    XXIII. 1. 3 — 9ᵃ *J.* 19, 4 [exivit . . Pilatus foras] et dicit eis: ecce adduco
vobis eum foras, ut cognoscatis, quia nullam invenio in eo causam. 5 [exiit . .
Jesus portans spineam coronam] et purpureum vestimentum; et dicit eis: [ecce
homo!]   15. 18 — 21. 23. 25 *nach J.* 19, 6 [cum ergo vidissent eum pontifices] et
ministri, clamabant dicentes: [crucifige, crucifige] eum! dicit eis Pilatus: [acci-

Bátun tho ginúagi,   tház man inan irslúagi,
    joh ríafun filu héizo: „crúzo les nan, crúzo!"
„Német inan", quad er, „zi íu   inti crúzot inan untar íu;
20   ni mág ih in imo irfindan,   oba er firdán si so frám."
Thero bíscofo hérti   gab imo ántwurti
    mit alten nídes willen;   ni móhtun sie in gistíllen:
„Er scal irstérban thuruh nót,   so wízod unser zéinot,
    joh dówen sinen wórton   in thérero manno hánton;
25 Wanta ér gikundta hérasun,   tház er si selbo gótes sun,
    joh ubar ál in wari   so det er súlih mari.
Ther wízod lerit tháre,   in crúce man then háhe,
    so wer so in úrheize   sih súlihes biheize."
Yrfórahta sih tho hárto   Pilátus thero wórto,
30   giang mit kríste er tho fon ín   in thaz spráhhus ín.
„Gidua mih sár nu", quad er, „wís,   wanana lántes thu sís,
    wélichera gibúrti,   thaz thu io zi thísu wurti."
Er stuant, suígeta   joh mámmonto githágeta;
    sínes selbes thúlti   ni gab imo ántwurti.
35 „Ni wildu spréchan", quad er, „zi mír?   ni wéistu, waz ih págen thir,
    thaz stéit thaz thinaz énti   in mínes selbes hénti;
Joh bín ih ouh giwéltig   ubar éllu thinu thíng
    in líb joh tód hiutu,   so wédar so ih gibíutu?"
Ántwurtita líndo   ther keisor éwinigo thó,
40   ther kuning hímilisgo in wár   themo hérizohen thar.
„Ih ságen thir, thaz ni híluh thih: giwalt ni hábetistu ubar míh,
    óba thir thaz gizámi   fon hímile ni quámi;
Bi thíu ist mit méren sunton,   ther míh gab thír zi hánton,
    joh ther iz zi thíu bibráhta,   thaz híar man min sus áhta."

<hr/>

pite eum et crucifigite;] ego enim non invenio in eo causam. *Marg. zu* 21 [respon-
derunt pontifices] *J.* 18, 7 responderunt ei Judaei: [nos legem habemus, et secun-
dum legem debet mori, quia filium dei se fecit.]   29—31. 33—33 *J.* 19, 8 [Pila-
tus autem, cum audisset hunc sermonem, magis timuit,] 9 et ingressus est prae-
torium iterum et dixit ad Jesum: [unde es tu?] Jesus autem responsum non dedit
ei. *Marg. zu* 33 [Jesus autem tacebat.]   35—38 *nach J.* 19, 10 dicit ei Pilatus:
[mihi non loqueris?] nescis, quia potestatem habeo crucifigere te et potestatem
habeo, dimittere te?   39—40 *Alcuin zu J.* 19, 11 talem quippe deus Pilato de-
derat potestatem, ut esset etiam sub Caesaris potestate. *Alc. div. off.* 1: Caesar
Augustus omnibus prohibuerat, ut nemo illum dominum ausus fuisset appellare,
quia eo imperante nasci deberet ille verissimus dominus pariter et imperator.   41—43
nach J. 19, 11 [respondit Jesus: non haberes in me potestatem] (*Vulg.* non haberes

⚡ XXIV. VOLUIT PILATUS JESUM DIMITTERE, ET QUIA TRADIDIT EUM EIS.

Pilátus was tho in flízi, tház er nan firlíazi,
tház er in ni hórti joh námi ir thera nóti.
Stímma sie iro irhúabun, so síe tho thaz insúabun,
ingégin skrei ginóto al ménigi thero líuto:
5 „Thih zihen únhuldi bi míchileru scúldi,
thaz thú sus laz in héila hant thes kéiseres fíant.
Er war állaz thiz lant, bi thiu gábun wir nan thír in hant;
then líut spuan úrheizes, thu sús inan nu lázes?
Ther man, thaz giágaleizit, thaz sih kúning heizit:
10 ther wídorot in alawár themo kéisore sar!"
Giang Pilátus zi in tho frám joh selbon kríst mit imo nam;
„waz mag ih zéllen", quad er, „mér? hiar, eggo kúning iuer!"
Ingégin riaf tho lúto hériscaf thero líuto,
irscrírun filu gáhun, so sie inan ánasahun:
15 „Hína, hina ním inan inti crúzo then mán!
sin gisíuni ist uns in wár zi sehanne úrgilo suar!
Quad Pilátus: „wio mag sín, thaz quéme io thaz in múat min,
theih io zi thíu gifahe, ih iuan kúning hahe?"
Thie bískofa zi nóti firspráchun tho thie líuti,
20 firsúahun sino gúati joh selb thaz héroti:
„Wir eigun kúning einan, ánderan nihéinan,
joh wanen, wáltan wolle ther kéisor ubar álle."
Ther líut mit thisu imo ánalag, unz selban míttan then dág;
ni móht er sie io giwéichen thes willen ármalichen.

---

6 laz *wohl Schreibfehler statt* liaz == liazį *V.* hóilen *V.* 23 mitten *V.*

---

potestatem adversum me ullam), nisi tibi datum esset desuper; [propterea, qui tradidit me tibi,] majus peccatum habet.

  XXIV. 1—10 *nach J.* 19, 12 et [exinde Pilatus voluit (*Vulg.* quaerebat) dimittere eum. Judaei autem clamabant,] dicentes: [si hunc dimittis, non es amicus Caesaris; omnis .., qui se regem facit, contradicit Caesari.] 11—19. 21—22 *nach J.* 19, 13 Pilatus autem .. adduxit foras Jesum .. 14 .. et dicit Judaeis: ecce rex-voster! *Marg. zu* 11 [exiit Pilatus ad eos foras et dixit: ecce rex voster]. *J.* 19, 15 [illi autem clamabant: tolle, tolle, crucifige eum!] dicit eis Pilatus: [regem vestrum crucifigam? responderunt pontifices: non habemus regem nisi Caesarem]. 23b—25a. 27—29. 31b—32 *nach J.* 19, 14 [erat autem hora quasi sexta] .. *Mt.* 27, 24 [Pilatus .. lavit manus] coram populo dicens: [innocens ego sum a sanguine

25 Tho wúasg er sino hénti;   er wólt es duan tho énti,
   sih wolt er réhto ubarlút   néman ir thera léidunt.
„Ni wíll ih", quad, „in war mín   sínes bluates scólo sin
   noh ouh thérero dato   plégan borathráto;
Ir sélbo iz hiar nu scówot!"   tho riaf ther líut al thuruh nót,
30 in sih sélbon ana rúah   luadun míhilan flúah:
   „Nim thana gáralicho thíh!   sin blúat si ubar únsih,
   iz fólge ouh, so wir zéllen,   unsen kíndon allen!"
Ni wést er thóh tho, waz er wán,   firlíaz in then firdánan man;
   thia fruma líazun sie fon ín   joh námun grozan scádon zi in!
35 Tho irdéilt er, thaz sie dátin,   só sie thar tho bátin;
   gibót, thaz man nan námi,   then líutin irgábi;
Irgáb er nan, so ih zálta,   síd er nan bifílta,
   joh wórahtun sie tho fóllon   then iro múatwillon.

XXV. PAUCA SPIRITALITER.

Ih wólta hiar gizéllen,   er síe nan sus nu quéllen,
   tho man nan bísmerota,   wio er únsih mit thiu nérita;
Wio wúntarlicho er uns gihálf,   thó man thiz in ínan warf,
   ginádlicho unsih rétita,   tho thíz man imo sítota.
5 Thio súnta, thio unsih stéchent   joh sih in úns rechent —
   bizéinont thaz thie thórna,   thie wír hiar lasun fórna;
Sie stéchent unsih séro   joh wúntont filu suáro,
   duent se únsih únguate   mit súntlichemo blúate.
Zéinot ouh thio dáti   thaz púrpurin giwáti
10 (ther selbo dúah roto)   héidinero líuto;
Thie lúad er thó thar ufan síh   (giwísso thaz ni híluh thih)
   mit sínes selbes wírdin   irlósta unsih thera búrdin;
Er nágalta sie in thaz crúzi   inti thúlta bi unsih wízi,
   joh thólota bi únsih allaz tház,   thaz uns es íamer si the báz!

---

hujus] justi; vos videritis. *Mt.* 27, 25 et respondens universus populus dixit:
[sanguis ejus super nos] et super filios nostros. 33ᵇ. 35 — 38 *aus Mt.* 27, 26 tunc
dimisit illis Barrabam; Jesum autem flagellatum tradidit eis *und L.* 23, 24 et [Pi-
latus judicavit (adjudicavit *Vulg.*) petitiones eorum]; 25 dimisit autem illis eum,
qui propter homicidium .. missus fuerat in carcerem, quem petebant; Jesum vero
tradidit voluntati eorum.
    XXV. 5 — 6 *vgl. Hrab. zu Mt.* 27, 29 in corona, quam portabat, spinea
nostrorum susceptio peccatorum .. ostenditur. 9 — 10 *Hrab. zu Mt.* 27, 28 in
chlamyde coccinea opera gentium cruenta sustentat. 7 — 8. 11 -- 14 *scheinen*
aus einer andern Quelle zu stammen.

XXVI. DUXERUNT EUM, UT CRUCIFIGERENT;
ET LAMENTATIO MULIERUM.

Tho námun nan, so ih zálta   thie sine fîanta
  joh léittun nan mit zórne   zi thes selben crúces hórne.
Wás tho thar ingégini   thes líutes mihil ménigi,
  thie fólgetun imo álle   zi sin selbes tóthes falle.
5 Thiu wíb thero lántliuto   thiu irwéinotun tho lúto,
  wánu, sie ouh thaz rúzin,   waz síe imo lewes wízzin;
Sie wéinotun tho lúto   joh scrírun filu thráto,
  in hérzen rúarta siu tho thár   thaz góriglicha jámar.
Siu blúun iro brústi   thuruh thio ángusti
10   joh kúmtun io zi nóti   thio wénaglichun dáti;
Bigóndun odo zéllen,   ziu thén sie scoltin quéllen,
  ther frúma in io giméinta   joh al thaz lánt heilta!
„So wér so nan birúarit,   er gúat fon imo fúarit;
  er fró fon imo géngit,   so wér so zi imo néndit.
15 Er hórngibruader héilta,   so er érist iz giméinta,
  ál mit sinen máhtin;   waz.wízen sie imo drúhtin!
Blínte man giséhente   joh krúmbe gángente,
  ja wúrtun tóte man ouh lés   quéke sines wórtes;
Ja ságet man, thaz zi wáru   sie scrígtin fon theru báru,
20   thaz líb bigondun sie ávaron   joh stúantun ir then grébiron!
Nist gúates wiht in wórolti,   ni er untar úns hiar wórahti;
  nu scúlun nan súntilosan   in giméitun sus firlíasan?
Ziu síe nan sus nu thuésben,   thia frúma in imo irlésgen —
  oba wir sín nu thárben,   ja mag iz gót irbarmen!
25 In ímo habeta hárto   fruma mánagfalto,
  álles gúates io ginúag,   so wer so mánno so es giwúag!"
Wéinotun se lángo   hímile gizángo;
  selbo drúhtin zi in tho sáh   joh súslih ouh tho zi ín sprah:
„Hera hóret", quad er, „wíb!   ni ríezet ir thaz minaz líb,
30   ni kúmet tód minan,   ni scál ih inan mídan.

XXVI. 1ª. 2—10 [acceperunt eum] *nach J.* 19, 16 . . susceperunt autem
Jesum *Mt.* 27, 31 [et duxerant .., ut crucifigerent]. *L.* 23, 27 sequebatur autem
illum multa turba populi et mulierum, quae plangebant et lamentabantur eum.
28—29. 32—38 *L.* 23, 28 conversus autem ad illas Jesus dixit: [filiae Hierusalem,

Ni klágot ir thaz minaz sér,   ander wírdit iu mér;
  íuih sélbon wéinot,   harto wírdit thes iu nót;
Wéinot ouh, so ih zéllu,   iu kínd ellu
  thuruh sulih úngimah,   so worolt ér ni gisáh!
35 Wanta químit noh thiu zít,   thaz wíbilih fon íru quit:
  wóla ward thia lébenta,   thiu kínde nio ni fágeta;
Thaz sálig si in giwíssi,   thiu kindes úmbera sí,
  fon réve iz io ni iróugta,   mit brústin ouh ni sóugta!
Iu quément noh thie zíti   thera wéneghéiti,
40 so jámarlih githíngi   thera góringi;
Súlih quément sie iu noh héim,   thaz ir swíntet innan béin,
  thaz séla joh thaz hérza   rúarit sulih smérza,
Tház ir in then sórgon   rúafet thesen bérgon,
  bíttet sie (thaz ságen ih),   sie fállen ubar íuih;
45 Joh bíttet ouh thie búhila,   thaz sie íuih theken óbana,
  biscírmen in then nótin   fon súlichen gizítin!
Ir bigínnet thanne rúafan   joh innan érda slíafan,
  joh swíntet filu thráto   súlichero dáto.
Nu síe iz in tház wentent,   then grúanan boum sus swéntent,
50 mit thes crúces fiure   sus brénnent inan híare:
Waz wánet, werde thánne   themo úmbitherben wálde,
  so síe biginnent térren   bóume themo thúrren?"

XXVII. QUOMODO CLAVIS EUM FIXERUNT, ET TITULUS PILATI.

Ni námun sie thía meina   thero wíbo klaga góunfa,
  nihéin tharzua ouh húgita   zi theru thráu, thia er in zélita.

---

nolite flere super me], sed super vos ipsas flete et super filios vestros; 29 quo-
niam ecce [venient dies, in quibus dicent: beatae steriles] et ventres, qui non
genuerunt, et ubera, quae non lactaverunt! 41—52 *nach* L. 23, 30 [tunc incipient
dicere montibus:] cadite super nos; et collibus: operite nos. *Marg. zu* 45 [*colles,
operite nos*]. *Dazu Beda:* Josephus refert, insistentibus sibi Romanis Judaeos ca-
vernas . . montium colliumque petisse speluncas. L. 23, 31 quia si in viridi ligno
haec faciunt, in arido quid fiet? *Dazu Beda:* si ego ipse, inquit, . . lignum vitae
merito appellatus . . sine igne passionis a mundo non exeo, quid putas eos
manere tormenti, qui fructibus vacui ipsum insuper vitae lignum flammis dare
non timont?

Léitun sie ouh tho tháre   scachara úrmare
zuéne zi themo wíze,   thie stálun er zi flíze.
5 Ih wéiz, sie thaz ouh wóltun,   mit súntigon nan záltun,
mit thén wurti ouh firméinit,   so alt giscríp uns zéinit.
In thaz crúci sie nan nágaltun,   so síe iz zi thiu gisítotun,
mit fúazin joh bi hánton   mit thráto herten bánton.
Yrhúabun sie úf in alawár   then kuning hímilisgan thár,
10 then kéisor mit then máhtin,   sélbon unsan drúhtin.
Er wás thar mit giwélti,   thóh er súlih thúlti;
bi únsih er iz thóleta,   so ih hiar fóra zelita.
Mit théru diurun líchi   so lost er wóroltrichi,
ménnisgon ouh álle   mit sínes todes fálle.
15 Bi unsih góz er hiar sin blúat,   thaz iamer ánder ni dúat,
er détaz hiar nu fésti,   thaz gúates uns ni brústi.
Sie dátun, so ih zélita: in thaz crúci man nan nágalta,
so sie tho fástos móhtun,   joh thar nan úfirrihtun;
Tho zéintun wóroltenti   sínes selben hénti,
20 thaz hóubit hímilisga múnt,   thie fúazi ouh thesan érdgrunt.
Thaz wás sin al in wára   úmbikirg in fiara,
óbana joh nídana;   so wóla thie sine thégana!
Pilátus huab giscríbana   sínes selbes rédina
úbar sinaz hóubit   (thaz wórolt al gilóubit):
25 „Héilant ther wáro,   fon Názaret ther máro;
ist kúning er githíuto   júdisgero líuto.“
Tho quatun thie éwarton: „ni scríb iz so then wórton;
scríb, thaz er iz quáti   joh sulih sélbo marti.“
Tho gab er ántwurti,   quad, álleswio iz ni wúrti;
30 „thaz ih scréib, in alawár   thaz stéit imo giscríban thar!“

XXVII.   3—7ᵃ [*ducebant cum eo duos latrones*] nach *L.* 23, 32 ducebantur
autem et alii duo nequam (*Mc.* 15, 27 latrones), ut interficerentur. *Mc.* 15, 28 et
impleta est scriptura, quae dicit (*Jes.* 53, 12): et [*cum iniquis deputatus*] est. *L.* 23,33
. . ibi crucifixerunt eum.   19—21 *Beda homil. decoll. Joh.* in cruce caput erectum
ad caelos tenuit, manus super terras ad aquilonem tetendit et austrum, ut se caeli
esse dominum, et universam terram . . suae ditioni subditas ipso etiam corporis
situ figuraret. *Sedulius bei Beda zu L.* 23, 33 (crux) quattuor inde plagas quadrati
colligit orbis.   23—24ᵃ. 25—28 aus *J.* 19, 19 [*scripsit . . Pilatus titulum*] et posuit
super crucem *und Mt.* 27, 37 et imposuerunt super caput ejus causam ipsius
scriptam. *J.* 19, 19: . . [Jesus Nazarenus] rex Judaeorum . . . 21 dicebant ergo
Pilato pontifices Judaeorum: [noli scribere: rex Judaeorum,] sed quia ipse dixit:
rex sum Judaeorum.   29ᵃ—30 *J.* 19, 22 respondit Pilatus: quod scripsi, scripsi.

XXVIII. DE SPOLIIS DIVISIS ET TONICAE SORTE.

Sie námun thaz giróubi   (then búachon thar ilóubi),
  sih thés tho giéinotun,   in fíeru sie iz gidéiltun;
Wanta íro warun fíari,   thie in theru dáti wari,
  thaz sie iz sús gimeintin   inti ébono gidéiltin.
5 Tho wárd in theru déilu   thiu túnicha zi léibu;
  was wérkes thiu gidánes   harto séltsanes:
Ni wás thar wiht ginátes   noh gibósotes,
  was si ubar ál mit rédinu   ziaro giwébanu.
Tho ríetun thie ginóza,   sie wúrfin iro lóza,
10   thaz sie mit thíu gizami,   welih sa ímo nami.
„Ny dúemes", quádun se, „lés   wértisal thes wérkes;
  ther lóz, ther ríhtit unsih ál,   wéliches siu wésan scal.
In thiu únsih ouh ni réchen,   tház wir sa ni bréchen,
  untar úns ni flízen,   wir sulih wérk slizen,
15 Wanta íz ist so gizámi   joh hárto séltsani;
  mit lózu thaz githúlten,   wir sa álanga gihálten."
Sagen mág man thes ginúag,   wio alt giscríb er thes giwúag;
  zi zéllenn ist iz láng in wár,   lis thir sélbo iz rehto thár.
Zuéinzug selmo zéli thir,   thaz gilóubi thu mír,
20   óba thu es ouh so géro bist,   thes sálteres zi érist;
Nu dúan ih thih es wísi: ther síd thanne éristo si
  (nist thés thehein duála) —   thar fíndist thu iz in wára;
Thu fíndist fól then sálmon   fon thésen selben thíngon,
  súslichera rédina;   thaz zélit er allaz thánana.

XXIX. MYSTICE.

Bizéinot thisu túnicha   rachą díurlicha;
  giwár es wis giwísso,   harto límphit iz so:

XXVIII. 1ª. 2—6. 8 [milites autem acceperunt spolia — et tunicam] J.19,23 milites . . acceperunt vestimenta ejus et fecerunt quatuor partes, unicuique militi partem . . *Dazu Alc.*: unde apparet, quatuor fuisse milites. J. 19, 23 . . [erat autem tunica inconsutilis], desuper contexta per totum. 9. 11—12 *nach L.* 22, 34 miserunt sortes . . J. 19, 24 dixerunt . . ad invicem [non scindamus eam], sed sortiamur de illa, cujus sit. 17—24 J. 19, 24 . . [*ut scriptura impleretur,*] dicens (Ps. 21, 19) [*diviserunt sibi vestimenta mea*] et super vestem meam miserunt sortem. XXIX. 1—10 B. *und Alc. zu* J. 19, 24 tunica illa sortita omnium partium significat unitatem, quae caritatis vinculo continetur . . . inconsutilis autem, ne aliquando dissuatur; et ad unum pervenit, quia in unum omnes colligit.

Bizéinot thiu ira rédina   thie sélbun kristes thégana,
   sint sie álang io zi gúate   joh harto fástmuate;
5 Sie sínt al éinmúate   zi allemo ánaguate
   joh sínt io mit ébine   mit mínnu al untarwébane.
Wólt er sie gisámanon   mit fílu kleinen fádomon,
   er sélbo sie birúachit,   bi thiu níst thar wiht gidúachit;
Ouh síh tharzua ni náhit   wíht, thes ist gináit
10   (úngimaches múates),   noh wíht, thes ist gidúahtes.
Gilóubent sie io réhtes   in líchamon krístes,
   in sina ménnisgi,   mit thiu thékent sie nan úmbi.
Thie gotes drútthegana   thaz sínt thie sconun fádama,
   mit ín ist io mit ébinu   thiu túnicha giwébinu;
15 Thiu túnicha, thiu gúata,   bi thia ther lóz suanta,
   thaz si álang mit giwúrti   giháltinu wúrti;
Theiz wári so gispróchan,   ni wúrti wiht firbróchan,
   thaz iro nihéin ni wari,   thaz wíht ira firzári;
Joh sie thés gizami,   thaz sia éinlicher námi,
20   thes wúrti ouh thar giflízan,   ni wúrti wiht firslízzan.
Was sí nu thero wórto   unwírdig filu hárto,
   thaz íaman thaz thar spráchi,   thaz wíht ira firbráchi,
Wánta sia span scóno   káritas in fróno,
   si thie fáduma alle gáb   joh sia sélbo giwáb.
25 Giwísso, so ih thir zéllu,   thiu wérk bisihit si éllu;
   si iz allaz góte reisot   joh sínen io gizéigot.
Ni wáne, theih thir gélbo: thia túnichun span si sélbo,
   sélbo wab si kríste tház,   bi thiu íst iz allaz so álangaz;
Joh si iz állaz gimáz,   so kristes líchamen saz,
30   scóno si iz gifúagta,   so drúhtin selbo súahta;
Giscáffota sía, sóso iz zám   joh só siu bézist biquam,
   mit fílu kleinen fádamon   joh únginaten rédinon,
Kléinero gárno,   thaz déta si kríste gerno;
   was giwéban ubar ál,   so man éinegen scal. -
35 Bisáh si iz iogilícho   thrato líublicho,
   giwáralicho in thráti   thaz séltsana giwáti;
Tház thar wiht ni rómeti,   so er sih iz ánalegiti,
   biquami zíoro ana wánk   thaz selba fróno gifank;
Joh thár, soso iz zámi,   wiht fúlteres ni wári,
40   thaz sih zi thíu gifiarti,   thia kristes líh biruarti;
Biquámi ouh scóno ubar ál,   so fadum zi ándremo scal,
   sih untar ín ruartin   (zisámane gifúagtin).

Sélbo si thaz wólta,   tho si kríste scolta,
   thaz si in théra nahi   sélbo iz al bisáhi;
45 Theiz wari in álalichi   thera sínera líchi,
   wíht ni missihúlli,   sid sí sia selbo spúnni;
   Thaz níaman thar ni ríafi,   sid sí sia selbo scúafi,
   thaz wíht thar míssihúlli   thes líchamen fólli;
   Súntar selb si in gáhi   kristan ánasahi,
50   joh sélbon scówoti ana wánk,   tho simo skúaf thaz gifánk.
   Káritas thiu gúata   si sélbo iz sus gifúagta;
   si noh híutu ana wánk   wibit kríste sin gifank.
   Nist wiht so rédihaftes   (drof ni zuífolo thu thés,
   laz thir quéman iz in múat),   so thaz káritas giduat;
55 Si líuzit iz al thanana uz   zi themo drúhtines hus,
   si ist álla zit iowánne   símbolon tharínne.
   Súmenes farent thánana   thio iro suéster zuá,
   afur thísu in min wár   ist émmizigen ío thar!

XXX. DE IRRISIONE SACERDOTUM ET OMNIUM PRAETEREUNTIUM.

Sih fuarun thrángonti   umbi ínan tho thie líuti,
   intéretun nan hérton   mit iro skéltworton.
Thar stúantun tho ginúage   inti hábetun nan zi húahe,
   zi bísmere hárto   mit íro selben wórto.
5   Álle, thie thar wárun   joh ouh thar fúrifuarun,
      zúrntun thia gimácha   sínes selbes rácha.
Sie wégitun iro hóubit   joh sprachun úbilo tharmít,
   spráchun tho zi nóti   thaz iro héizmuati:
   „Wóla weing, zi zórne   bihíaz sih ther ju wánne,
10   thaz móht er thaz giflízan,   thaz gótes hus zislízan;
      Joh thaz er móhti avur thár   iz eino irzímboron sár,
      joh dáti thiu sin gúati,   theiz thrítten dages stúanti!
Senú, hánget er thár,   nóh ni mag ni wédar sar,
   thes húses wiht bithíhan   nōh hera nídarstigan;

·Marg. zu 57 [fides et spes].
   XXX. 2 vgl. Mc. 15, 31 summi sacerdotes illudentes ad alterutrum cum
scribis . .   5. 7. 9 — 12. 15ª. 17—18 nach Mt. 27, 39 [praetereuntes autem blas-
phemabant eum moventes capita sua] 40 et dicentes: [vah qui destruit (Vulg. de-

15 Nu hélf er imo sélben   úfan themo gálgen,
   in scántu thesses tóthes;   thaz wízi mánot inan thes!
      Óba thu sis. gótes sun,   stig nu nídar herasun;
         thes sélben ouh giflízes,   thih lóses thesses wízes!"
   Thie selbun éwarton   hóntun nan mit wórton,
20   scúltun nan zi flíze   in thémo selben wíze.
   Thio ármilichun wízzi   imo dátun ítwizzi,
      siez állaz frámbrahtun,   so wás sies thó githáhtun.
         Ingegin ímo wás thar   fílu manag lástar,
         thaz scéltan líezun se allaz frám,   thaz in zi múate tho biquam.
25 „Já héilt er", quadun, „líuti   mit sínes selbes dáti;
      nú ni mag biwérban,   thaz síh giheile sélban!
   Dua noh híutu unsih wís,   óba thu unser kúning sis,
      so stig nídar hera in wár,   wir gilóuben thir sár!
         Stíg fon themo bóume,   tház man thir gilóube;
30   innágili thih thánana,   wir wérden thine thégana!
   Já firsáh er sih in gót;   scirm er ímo, nu ist es nót,
      thaz séhet ir hiar nu álle;   nu hélf er mo, ob er wólle!
   Nist thiz álleswanana,   ni si sínes selbes rédina;
      thaz det er sélbo mari,   er gotes sún wari."
35   Thaz was nu jámarlichaz thíng;   thaz fólc, thaz stúant thar
         ni wárun in then liutin,   thie sulih ríwetin! [umbiríng,

XXXI. ID IPSUM AUTEM ET LATRONES.

Thero scáchoro (ih sagen thir) éin,   want er hángeta untar zuéin,
   deta ímo, so man wízzi,   thia selbun ítwizzi.
„Oba thu kríst", quad er, „bíst,   hílf thir, nu thir thúrft ist;
   joh dúa thar thina gúati,   hilf úns ouh hiar in nóti!"
5 Gab ántwurti ther ánder,   ther firstúant sih filu mér;
   ráfst er nan hárto   thero dúfarlichun wórto:

struis) templum] dei et in triduo illud reaedificas, salva temet ipsum; si filius
dei es, descende de cruce! 19. 25—34 *Mt.* 27, 41 [similiter et principes sacer-
dotum] .. illudentes dicebant: 42 [alios salvos fecit,] se ipsum non potest salvum
facere; [si rex Israel es (*Vulg.* est)] descendat nunc de cruce, et credimus ei.
43 [confidit in deo]: liberet nunc, si vult, eum; [dixit enim: quia dei filius sum].
   XXXI. 1—4 *aus Mt.* 27, 44 id ipsum autem et latrones .. improperabant ei.
L. 23, 39 unus autem de his, qui pendebant, latronibus blasphemabat eum, dicens:
si tu es Christus, salvum fac temetipsum et nos.   5—8 [respondit alter, in-

„Wazamo mánno thu nu bíst,	thaz thú thoh got ni fórahtist;
ja thúltist thu zi nóti	thio selbun árabeiti.
Unsu wérk zi ware	thiu gáganent uns híare,
10 joh rúarent nu in thráti	thio unso míssodati;
Tház wir ofto wórahtun	joh súslih er ni fórahtun,
leidor, íh inti thú —	thaz selba thúlten wir nu!
Ni habet thérer ander wórt,	ni si gúat einfolt;
er was ío gimuati	ubar álle these líuti;
15 Er deta io gúat wergin	in thórfon joh in búrgin,
gómmane joh wíbe,	uns ér was híar in libe!“
Kért er tho, so er móhta,	sines sélbes trahta
bi dero lído mahtin	joh grúazta ouh unsan drúhtin:
„Gihugi mit éragrehtin	thines scálches, druhtin,
20 joh laz thaz líb minaz	in sconi ríchi thinaz!
Sar thú sis, druhtin, tháre,	gihugi mín ouh hiare,
joh thánne ouh thu githénkes	thes thínes armen scálkes!“
„Ih duan“, quad kríst, „so thu quíst,	thoh thu es wírdig ni síst;
bist híutu thu zi wáre	mit mír saman tháre.
25 Boton quément mine thír,	thie thih léitent zi mír,
mínes selben wísi,	in thaz scona páradisi.“
Thia gináda ouh, drúhtin	dua in mír mit máhtin,
thia thu in thína guati	themo scáchere dati.
Ih bin, drúhtin, ana wán	filu hárto firdan;
30 ih háben inan giáforot	joh súntono ubarkóborot.
Minero míssodato	ist úngimezzon thráto;
gináda thin in wára	ist hárto filu méra,
Thiu wóla iz állaz ubarmág,	sóso ih ofto scín wag;
mih scáden si io intfúarta,	thés ih ofto fúalta.
35 Dua, drúhtin, nu in féste,	ira fúrdir mir ni bréste;
zi wórolti io ginado mín,	theih si émmiziger scálk thin!

---

crepat] *L.* 23, 40 respondens autem alter increpabat eum dicens: neque tu times
deum, quod in eadem damnatione es. 9—16 *nach L.* 23, 41 et nos quidem justo,
[nam digna factis recipimus;] hic vero nihil mali gessit. *Marg. zu* 13 [hic autem
quid fecit?] 17—23ᵃ. 24. 26ᵇ *L.* 23, 42 et dicebat ad Jesum: [memento mei
domine], cum veneris in regnum tuum. *Dazu Beda:* clavi manus pedosque liga-
verunt; nihil in eo a poenis liberum nisi cor et lingua remanserat . .; totum
illi obtulit, quod in se liberum invenit. *L.* 23, 43 et dixit illi Jesus: amen
dico tibi, [hodie mecum eris in paradiso]. *Marg. zu* 27 [oratio scriptoris ad
dominum].

Erdmann, Otfrid.	14

XXXII. STABAT AUTEM JUXTA CRUCEM JESU MATER EJUS.

Múater sin thiu gúata   thiz allaz scówota,
  théso selbun quísti   thio rúartun iro brústi
Rózagemo múate,   joh wárd uns iz zi gúate;
  ni móht iz sin in ánder,   ni sia rúarti thaz sér.
5 Sin drút ouh stuant thar éiner   mit thíarnuduamu réiner;
  er gibúrita ouh tho thár   joh sáh imo thaz jámar.
Thúruh thio sino gúati   thó in therera nóti
  bifalah ther sún guater   thémo sina múater;
Thaz er sia zi ímo naini,   si dróstolos ni wári,
10   in ira kíndes wehsal   sia bisuórgeti ubar ál.
Bisórgeta er thia múater   thar so hángenter,
  wir sin gibót ouh wírken   inti bi únsa muater thénken.

XXXIII. SOL OBSCURATUS, ET TRADIDIT SPIRITUM JESUS.

Súnna irbalg sih thráto   súslichero dáto,
  ni líaz si sehan wóroltthiot   thaz ira frónisga lioht;
Híntarquam in thráti   therą ármalichun dáti,
  ni wólta si in then ríuon   thara zị ín biscouon.
5 Ín ni liaz si núzzi   thaz sconaz ánnuzzi,
  ni liaz in scínan thuruh tház   ira gisíuni blidaz;
Thes scímen, thi ih nu zélita,   thes sih io wórolt frewita,
  irzéh si in thes zi nóti   thrio dáges ziti;
Thaz was in álawara   fon séxtu unz in nóna,
10   thaz scólta in thoh in war mín   thes dages líohtosta sin.
Thaz ira líoht berahta   si gáro iz in intwórahta,
  si gikért in harto tház   in fínstar égislichaz;
Wanta sah gifángan   joh drúhtin ira irhángan,
  then sélbon, thể sia wórahta,   joh hárto thaz irfórahta.

XXXII. 1—12 aus J. 19, 25 stabant antem juxta crucem Jesu mater ejus . .
26 cum vidisset ergo Jesus matrem et discipulum stantem, quem diligebat, . .
27 dicit discipulo: ecce mater tua! et ex illa hora accepit eam discipulus in sua.
Dazu B. und Alc.: facit, quod faciendum admonet; exemplo suo suos instruxit
praeceptor bonus, ut a filiis piis cura impendatur parentibus.
    XXXIII. 1—14 nach L. 23, 45 obscuratus est sol . . Mt. 27, 45 [a sexta . .
hora] tenebrae factae sunt super universam terram [usque in horam nonam].
Dazu Hrab.: videtur . . lumen mundi . . retraxisse radios suos, ne aut pendentem
videret dominum aut impii . . sua luce fruerentur.

15 Riaf er thó filu frám, so nóna zít tho biquám,
   joh grúazta ouh thiu sin stímna   sines fáter minna:
„Drúhtin min, drúhtin min!   ziu irgázi thu min,
   sus gáro mih firlíazi   joh fíanton gilíazi?"
Síe nan ouh tho quáltun,   mit ézzichu drángtun,
20   mit bítteremo líde;   thaz dátun se al bi níde.
Riaf drúhtin avur sáre   (thu maht iz lésan thare)
   in míhileru luti,   thaz hórtun thar thie líuti:
„In hant, fáter, thina   so gib ih séla mina;
   bifíluhu thir óuh, so thu wéist,   then minan éiginan géist!"
25 Sar io thía wila   so liaz er séla sina
   in sínes sélben fater hánt,   so er quád hiar fóra, theist gizált.
Ein thero knéhto thiz gisáh   joh zi férehe er nan stáh,
   mit spéru er tharzúa giilta,   indéta mo thia sita.
Indán uns ward thar ana wáng   thes hímilriches íngang,
30. thia fílu langun bita   indét uns tho thiu síta.
Slíumo floz thar úz sar   blúat inti wázar;
   irlosit, ságen ih thir éin,   wúrtun wir mit thén zuein.
Tho ward sár firbróchan   thaz gótes huses láchan,
   thaz man zi thíu ju thar gihíang,   thiu zerubím untarfiang,
35 Áltari then díuron ·   joh then dísg zi waron,
   éllu thiu líohtfaz;   ni was thes láchanes thi baz.
Íz ward tho ziklékit,   ni líaz es wiht bithékit,
   wanta uns in zéihnungu   siu scóltun werdan kúndu.
So waz so állaz thaz bizéinta   joh uns zi gúate io méinta:
40   thaz deta drúhtin thar tho kríst,   thaz uns iz ófanaz ist.

15—20 *Mt.* 27, 46 et [circa horam nonam clamavit Jesus] voce magna: . .
dous meus, deus meus, . . quid dereliquisti me? *Mt.* 27, 48 unus ex eis . . spon-
gium implevit-aceto. *Mc.* 15, 23 et dabant ei bibere myrrhatum vinum. *Marg.*
zu 19 [dabant ei acetum bibere]. **21ª. 22ª. 23—25** [itorum clamavit] *nach*
Mt. 27, 50 Jesus autem iterum clamans voce magna . . *L.* 23, 46 . . ait: [pater, in
manus tuas commendo] spiritum meum. et haec dicens exspiravit (*Mt.* 27, 50 . .
[emisit spiritum] *vgl. J.* 19, 30 tr adidit spiritum). **26** *Bezug auf Psalm* 30, 6 in
manus tuas commendo spiritum meum. **27—32** *J.* 19, 34 . . [unus militum lancea
latus ejus aperuit], et continuo exivit sanguis et aqua. *Dazu B. und Alc.:* ut
illic quodammodo vitae ostium panderetur, unde sacramenta ecclesiae manaverunt,
sine quibus ad vitam . . non intratur. **33—40** *Mt.* 27, 51 et ecce [velum templi
scissum est]. *Dazu Hrab.:* scinditur velum templi, ut arca testamenti et omnia
legis sacramenta, quae tegebantur, appareant atque ad populum transeant natio-
num. *Vgl. paralip.* II, 3, 10 fecit (Salomon) in domo sancti sanctorum cherubim
duos . . 4 fecit quoque altare aeneum . . 7 et candelabra aurea.

14*

XXXIV. TERRA MOTA EST, PETRAE SCISSAE SUNT.

Érda bíbinota,   thiu gótes kraft sies nótta,
  ouh in thía meina   so spíaltun sih thie stéina.
Thiu grébir sih indátun,   joh giangun úz thie dótun
  hera in wóroltrichi,   thie sáligun lichi.
5 Ih scal thir wúntar redinon: sie gíangun ir then grébiron
  zen líutin in thia búrg in   joh iróugtun sih ín,
Thaz ouh súlih mari   únfarholan wári
  joh állo theso dáti   ther selbo líut irknati.
Ih zellu híar ubarlút: irstúant tho manag gótes drut
10 mit selben drúhtine,   liebe scálka sine.
Thaz ward állaz so gidán,   tho selbo drúhtin wolta irstán,
  thes wír nu birun blídi;   er was thaz frúmikidi.
Thaz zéllent evangélion,   al so ih thir rédion;
  iz ságent filu scóno   thie selbun búah frono.
15 Ther selbo scúldheizo   irquám es filu héizo,
  after thésen werkon   gistuant er góte thankon
Quad, wári er ana zuíval   thes giwéltig ubar ál,
  joh deta lútmari,   er gotes sún wari.
Thie líuti kertun sáre   mit míhilemo sére,
20 wuntun héim tho spáto   thero ármilichun dáto;
Thie dáti sie tho rúwun   joh iro brústi bluun
  joh giangun sar thés fartes   al serag héimortes.
Stúantun thar tho férron   álle sine kúndon
  jámaragemo múate,   iz irgíang in thoh zi gúate.
25 Klágetun thó thiu selbun wíb   thaz ira éigena lib,
  thiu mit ímo warun,   zen óstoron quamun.

XXXIV. 1ª. 2—3. 5—12 *Mt.* 27, 51 .. et terra mota est et petrae scissae
sunt. 52 et [monumenta aperta sunt] et [multa corpora sanctorum .. surrexerunt].
53 et exeuntes de monumentis [venerunt in sanctam civitatem]` et apparuerunt
multis. *Dazu Hrab.*: ut dominum .. ostenderent resurgentem; et tamen ..
non ante resurrexerunt, quam dominus resurgeret, ut esset primogenitus (*vgl.*
I. Cor. 15, 20 primitiae) resurrectionis; quanta ergo caecitas Judaeorum, qui tot
per dominum virtutibus factis .. credere respuerunt! 15—19ª. 20—21 *nach*
Mt. 27, 54 [centurió autem .. viso terrae motu] et his quae fiebant, timuerunt
valde, dicentes: [vere filius dei erat iste!] *L.* 23, 47 centurio .. glorificavit
deum, 48 et [omnis turba .. percutiebat (*Vulg.* percutientes) pectora] sua rever-
tebantur, *Mt.* 27, 57 (== *Mc.* 15, 42) cum sero factum esset .. 23. 25ª. 26 *nach*
L. 23, 49 [stabant .. omnes noti ejus a longe], et mulieres, quae secutae cum
erant a Galilaea, haec videntes.

XXXV. QUOMODO JOSEPH ET NICHODEMUS SEPELIERUNT JESUM.

Tho quam ein édiles man baldlícho, so imo zám,
er theso dáti zurnta, so gúat thegan scólta.
Ni máchotą er thio dáti noh sélbaz thaz giráti,
ni wás in themo willen, er súlih wolti irfúllen.
5 Giang er báldo tho fon ín zi themo hérizohen ín,
bat, man gábi imo then mán thóh tho so bilíbanan,
Thaz múasi er thara wísen, then líchamon lósen,
thárazua ouh húggen, in thaz gráb leggen.
Pilátus quad, er dáti, sóso er selbo báti;
10 híaz er imo irgéban sar then selbon líchamon thár.
Lis allo búah, thio the sín: ni fíndist iz, in wár min,
thaz mán io thaz gidáti, so diuran scáz irbati;
Thaz ér ioman in wórolti súlih dreso légiti
in ré odo in bára, thaz ságen ih thir in wára;
15 Thaz was éngilo wérd joh hímilriches álles,
érdun joh thes séwes, thoh sie so dátin lewes!
Nichódemus ther gúato, er quám thar tho gimúato,
unz ér nan tho thána nam, ther náhtes er ju zi ímo quam;
Ther bráng mit imo in wára sálbun filu díura,
20 krist zi sálbonne, so thar was sítu thanne.
Lóstun nan tho thánana thie zuéne richun thégana,
thie drúhtines gidríuon joh sélben krístes líubon.
Thiu wíb gifuaro stuantun, thiz allaz scóuotun,
sie wárun wártenti, wára man nan légiti;
25 Tház siu thes gifártin, oba sie nan thána fuartin,
ódo thaz gisítotin, gifúaro thar gilégitin;

XXXV. 1—10 *aus Mt.* 27, 57 . . [venit . . dives homo . . . Josep] . .
Mc. 15, 43 nobilis centurio, *L.* 23, 50 vir, qui erat decurio, vir bonus et justus
(*dazu Beda*: non enim quilibet ignotus ad praesidem accedere et crucifixi corpus
impetrare poterat). *L.* 23, 51 hic non consenserat consilio et actibus eorum.
Mc. 15, 43 audacter [intravit ad Pilatum et petiit corpus] Jesu. *J.* 19, 38 . . ut
tolleret corpus Jesu . . et permisit Pilatus *Mt.* 27, 58 tunc Pilatus [jussit reddi
corpus]. 17—22 *nach J.* 19, 38 rogavit Pilatum Joseph ab Arimathaea, eo quod
esset discipulus Jesu, . . 39 [venit autem et Nicodemus,] qui venerat ad Jesum
nocte primum, ferens mixturam myrrhae et aloes quasi libras centum. 40 acce-
perunt ergo corpus Jesu. 23—24 [stabant mulieres haec videntes] *Mc.* 15, 47
Maria autem Magdalene et Maria Joseph aspiciebant, ubi poneretur.

Tház síe nan muasin fúaren,   gisuáslicho birúaren
  joh in álahalbon   then líaban man gisálbon;
Joh múasin thes giflízan,   gisuáslicho biríazan,
30 ouh in then árumen   gisuáslicho bichúmen.
Biwúntun sie tho scóno   thia selbun líh frono
  mit líninemo dúeche   joh sórglichemo rúache;
Mit líninemo sábane,   thár tho zi bigrábanne,
  mit dúachon filu kléinen   joh harto filu réinen.
35 Légita nan tho ther éino   in sínaz grab réino,
  óuh in alaníuaz,   in félison irgrábanaz.
Wúllun se, ér se fuarin héim,   tharafúri míhilan stéin,
  thaz dréso thar gibúrgun   joh héimortes wúrbun.
Thiu wíb sar thés fartes   giangun héimortes,
40 ouh zi thén rachon   sálbun iro máchon.
Érda híalt uns tho in wár   scazzo díuroston thár,
  dréso thar gibórgan,   unz súnnun dag in mórgan;
Tho gíang uns úf wunna,   thiu éwinigu súnna;
  joh ouh sálida ubar ál,   so mán hiar fora ságen scal!

XXXVI. QUOMODO SACERDOTES SUMMI
SIGNAVERUNT SEPULCRUM.

Ni móhtun noh bilínnen   thes ármilichen wíllen
  thie selbun éwarton,   thaz óugtun tho mit wórton;
Fúarun sie tho blíde   mit themo álten nide,
  folle bálawes in wár   zi themo hérizohen sár.
5 „Ni hélen wir", quadun, „nóti   thaz thínaz héroti,
  thaz ther firdáno io ságeta,   thes unser múat nu irhógeta.
Er zálta mihil wúntar   then líutin sus io súntar:
  „ih irstántu", quad er zi ín,   „so ih thrítten dages tóter bin."

31—40 J. 19, 40 .. et ligaverunt illud linteis cum aromatibus, sicut mos
est Judaeis sepolire. *Mt.* 27, 59 Joseph involvit illud in sindone munda 60 et
[posuit eum (*Vulg.* illud) in monumento suo novo], quod exciderat in petra
(*Mc.* 15, 46 quod erat oxcisum de petra), et advolvit saxum magnum ad ostium
monumenti et abiit. *L.* 23, 55 mulieres .. 56 revertentes paraverunt aromata et
unguenta.

   XXXVI. 3 — 15 *Mt.* 27, 62 .. convenorunt principes sacerdotum .. ad
Pilatum 63 dicentes: [domine, recordati sumus,] quia seductor ille dixit adhuc
vivens: post tres dies resurgam. 64 [jubo .. custodire sepulchrum] usque in diem
tertium, ne forte veniant discipuli cjus et furentur eum et [dicant plebi: surrexit]

Nu heiz thes grábes waltan,   fora júngoron sinen háltan,
10   thaz sie únsih ni bisuíchen,   tharazúa ni firslíchen;
Tház sie thaz ninthéken,   mit stálu nan nirzúcken,
    noh ínan thar githíuben,   then líutin sih gilíuben;
So zéllent sino gúati,   thaz er fon tóde irstuanti,
    joh girrent mér thie líuti,   thanne ouh thérer dati."
15 Quad ér tho, thaz sie rietin,   wío sie nan gihíaltin;
    quad, síh in thaz giráti   fúrdir wiht ni dáti.
Sie slíumo thes sar zílotun,   thaz grab gizéinotun
    sar io in théru fristi   mit míhileru fésti,
Ío sar thén gangon   mit giwáfniten mánnon,
20   thaz mán nan ni firstáli,   mit méginu ouh ni námi.
So síe sin mer tho wíaltun,   thaz gráb ouh baz bihíaltun:
    so wír io mer giwísse   in themo irstántnisse;
Wánta tho iz mártun,   thie then bálo dátun
    joh thie thar húattun ouh tho sín: tho móhta man es báld sin!

XXXVII. MORALITER.

Oba wír wollen wáhten   mit gidráhton filu réhten,
    mit githánkon gúaten   thes krístes grabes húeten:
Thanne scúlun wir gigáhen,   thaz wir iz ánafahen
    mit ánderen girátin,   thanne thése datin;
 5 Thaz wír thia wahta irfúllen   mit ánderemo wíllen,
    mit ánderemo múate,   theiz úns irge zi gúate!
Wir scúlun dragan wáfan   joh lazan sín thaz sláfan,
    joh húggen, wí er thaz biwárb,   thaz er bi únsih irstarb;
Thaz sin húgolusti   in réhteru kústi,
10   gilóuba filu fésti   in thínes hérzen brústi;
Mit thíu si krist bifángan,   ni láz thir nan ingángan,
    bigín tharazua húggen,   ni láz thir nan irzúken;
Thes síh, thaz thu es wáltes   joh wóla nan giháltes
    mit réhtemo líbe,   theiz thír irge zi líebe!
15 Gilóuba thin si kréftig,   thaz thír sin tód si githíg,
    mit sínemo wíhe   iz frámmort thir io thíhe;

---

a mortuis; et erit novissimus error pejor priore. 65 ait illis Pilatus: [habetis custodiam;] ite, custodite, sicut scitis.   17—24 *Mt.* 27, 66 [illi autem abeuntes munierunt sepulchrum] signantes lapidem, cum custodibus. *Dazu Hieronymus:* quanto amplius reservatur, tanto magis resurrectionis virtus ostenditur.

Thaz únsih so irlóste   ther gótes boto dróste
   joh únsih iogilícho   gilocko líublicho,
So er zen wíbon thar tho sáh   joh líublicho zi ín ouh spráh
20   líndemo múate,   thaz dét er in zi gúate;
Thaz uns híar in libe   thiu fórahta ni klíbe,
   joh wir sin fástmuate   zi állemo guate;
Tház uns si giwíssi   thaz sin irstántnissi,
   thaz sinaz líb niuaz,   ther éngil kúndta in tho tház!
25 Ni dúemes, so thie ríetun,   thie thie knéhta míattun
   mit scázzu joh mit wórton,   thie selbun éwarton,
Mit spénstin ginúagin,   tház sies ni giwúagin,
   théiz ni wurti irfúntan,   thaz drúhtin was irstántan:
Suntar fáhemes tharazúa   mit gilóubu filu frúa,
30   mit érnusti snéllo   (thaz dúe uns ther guoto wíllo!);
Giduemes lútmari   ménnisgon in wári,
   thaz worolt wízzi thaz gúat,   thaz kríst fon themo grábe irstuant;
Joh wír thaz mári bringen   then, thárazua githíngen,
   joh thén, thaz wollen áhton   mit réhten gidrahton;
35 Thaz síe ouh thes ginénden,   mit úns sih saman ménden,
   tház ouh ni bimíden,   mit úns sih sáman blíden
In éwon zi gúate   mit héilemo múate,
   mit rehten húgulustin   in allen wóroltfristin;
In thíu sin furdir wónenti   joh drúhtin iomer lóbonti,
40   joh thánkon io gimálon   then sínen ginadon,
Sinera éregrehti   joh sínera mahti,
   ther úns gab thaz gimúati   thúruh sino gúati;
Tház wir sin giwísse   fon themo irstántnisse!
   wanta drúhtin ist so gúat,   bi thiu éigin íamer fráwaz muat;
45 Éigun iamer scóna   fréwida gizáma
   thúruh sino mílti   ána thiheinig énti! Amen.

Explicit liber quartus.

XXXVII.   17—20 *Beziehung auf Mt.* 28, 4; *s.* V, 4, 36.   7. 25—30 *Beziehung auf Mt.* 28, 12 (principes sacerdotum) . . consilio accepto pecuniam copiosam dederunt militibus 13 dicentes: dicite quia discipuli ejus . . furati sunt eum nobis dormientibus.

INCIPIT LIBER QUINTUS
DE RESURRECTIONE ET ASCENSIONE DOMINI ET DIE JUDICII.

Incipiunt capitula libri quinti.

---

1. CUR DOMINUS IGNOMINIAM CRUCIS ET NON ALIAM PRO NOBIS MORTEM PERTULERIT.

Ist fílu manno wúntar,   thaz zéllu ih hiar nu súntar,
  ziu drúhtin hiar in wóralti   thes krúzes tod irwéliti,
Tho er únsih hiar so nérita,   fon fíanton irrétita,
  nam uzar hérten banton,   fon fíanto hánton;
5 Thaz sínes selben gúati   thaz éina was gimúati,
  in súlicheru nóti   er uns ginádoti.
Wir wizun ana zwíval,   thaz er thes wíalt ubar ál,
  er bi unsih tod thulti,   so wío so er selbo wólti;
Ob ávur wir iz áhton,   joh wóla iz al bidráhton,
10   thanne ist uns ouh thaz wúntar   ein gináda suntar.
Mit fíuru sie nan brántin,   mit wázaru ouh irquáltin,
  odo óuh mit stéinonne: mit wiu ségenotis thu thih thánne?
Uns ist frúma in thiu gizált   joh ségan filu mánagfalt,
  sálida zi líbe,   thaz scádo uns hiar ni klíbe.
15 Íst uns thaz girústi,   brúnia alafésti,
  joh ist uns hélm ouh ubar tház   joh wáfan alawássaz.
    Nist wíht in themo bóume,   thaz fríuntilih gilóube,
    thes mánnilih giwís si,   thaz thar úbbigaz si.
Thes krúces horn thar óbana   thaz zéigot uf in hímila;
20   thie árma joh thie hénti   thie zeigont wóroltenti;
Ther selbo míttilo bóum   ther scówot thesan wóroltfloum
  (es ist zi zéllenne ginúag),   ther then líchamon druag.
    Nist wíht in themo bóume,   thaz fríuntilih gilóube,
    thes mánnilih giwís si,   thaz thar úbbiges si.

I. 1—2. 7—8. 11—14 *Alcuin div. off.* XVIIII videndum est, quare dominus tale genus mortis elegerit ... Quare dominus noluit praecipitari aut lapidari· vel in gladio truncari? Utique causa salutis nostrae fecit; mors enim Christi signum est nostrae salutis ... Eligit vero crucem, quae levi manus motu exprimitur, qua et contra inimici versutias munimur. 15—16 *vgl. Ephes.* 6, 13 accipite armaturam dei .. 14 induti loricam justitiae .. 17 et galeam salutis assumite et gladium spiritus. 19—20. 25—28 *Alcuin ebda:* ipsa crux magnum in se mysterium

25 Thaz sih es thára wentit,   theiz innan érdu stentit —
 nim góuma, waz thaz méinit,   theiz untar érda zeinit:
 Mit thíu ist thar bizéinit,   theiz ímo ist al giméinit
 in érdu joh iu hímile   inti in ábgrunte ouh hiar nídare.
  Bi thiu níst in themo bóume,   thaz mánnilih gilóube,
30   thes fríuntilih giwís si,   thaz thar úbbiges si.
 Leg iz nídarhaldaz —   iz zeigot ímo iz allaz
 fiar hálbun umbiríng,   állan thesan wóroltring;
 Ellu, zéllu ih thir, thiu thíng   (theist ávur therer wóroltring),
 ist íawiht mera ouh fúrdir —   theist sin, gilóubi thu mir.
35   Nist ávur in themo bóume,   thaz fríuntilih gilóube,
  thes mánnilih giwís si,   thaz thar úbbiges si.
 Líggez, ságen ih thir tház,   odo ist iz úfhaldaz:
 giwisso wízist thu tház,   io zeigot ímo iz allaz;
 Éllu thisu wúntar   zeigot ímo iz suntar,
40 iz rihtit wóroltenti   zi sínes selbes hénti,
  Bi thiu níst in themo bóume,   thaz mánnilih gilóube,
  thes fríuntilih giwís si,   thaz thar úbbiges si.
 Wara thénkistu, lés!   wio még iz wesan álles?
 then rúarta mit theru líchi,   ther rihtit hímilrichi;
45 Bigóz inan zi gúate   mit sínes selbes blúate,
 er sálta (weist es méra!)   in thémo sina séla.
  Bi thiu níst in themo bóume,   thes mánnilih gilóube,
  thes fríuntilih giwís si,   thaz thar úbbigaz si.

II. DE UTILITATE CRUCIS.

Nu scúlun wir unsih rígilon   mit thes krúces ségonon,
 mit krístes selben wórton   widar fíanton.
Thaz scúlun wir zi wáron   in unsen éndin málon,
 in unsemo ánnuzze,   thaz uns iz wóla sizze;
5   Zi thíu ouh in themo énde,   thaz unser múat sih ménde
  súlichera rústi   ingegin ákusti.

---

continet; cujus positio talis est, ut superior pars caelos petat, inferior terrae
inhaereat fixa, infernorum ima contingat, latitudo autem ejus partes mundi appetat;
. . . ipse est enim rex caelestium, terrestrium et infernorum. **31** *Alcuin ebenda*
jacens crux quatuor mundi partes appetit.
  II. **4** *Alcuin de caerem. baptismi*: ın fronte crucis signum facimus, ubi sedes
verecundiae est. *Sonst kenne ich keine Quelle.*

Wir duemes tház, ih sagen thir éin,   mit unsen fíngoron zuein;
  sint zuéne ouh, nim es góuma,   thes selben krúces bóuma.
Drag thú, gilóubi thu mir,   then gúndfanon anan thír,
10   in hóubite inti in brústin,   in thines hérzen lústin;
    Nist fíant hiar in ríche,   nub ér hiar fora intwíche,
      ther diufal sélbo thuruh nót,   so ér tharana scówot!
Mit thiu wúrtun wir giróchan   joh kráft sin thuruhstóchan,
  mit thiu wárd er al birédinot,   thaz íamer er ni irkóbarot;
15 Mit thíu ward filu hárto   selb ther wídarwerto
  giwúntot joh firdámnot   rumo in éwinigan not!
    Dua, theiz in thír scine,   intiz dragen lídi thine;
    gilóubi mir in war mín: harto scíuhit er thin.

III. SIGNACULUM CRUCIS.

Gib, druhtin, ségan sinan   in líchamon mínan,
  joh theiz io híar in libe   minera séla klibe!
Si, drúhtin, io ther ségan sin   in allen ánahalbon mín,
  thaz fíant io zi wáre   min wérgin ni gifáre;
5 Thaz ih mit thémo thuruh krist   si úmbikirg biféstit
  in líchamen joh múate   zi allemo ánaguate;
    Biscírmen sino súazi   óugun joh thie fúazi,
      min hérza ouh mir biwérre,   thaz fíant mir ni dérre!
Mit thíu sin mino brústi   giségonot in fésti,
10   hóubit joh thio hénti,   thie lídi al unz in énti;
  Bifángan si ih mit réino,   thanne ih in mír iz zeino,
  sar io thía warba   in alla ánahalba;
    Thaz scírme mih in brústin   fon ármalichen lústin,
    in hérzen joh in dátin   fon úbilen githáhtin!
15 Mit thiu si ih ío thuruh nót   al úmbizirg biséganot,
  thaz fíant sih ni ménde,   er stát in mir io fínde;
Mit thiu si ih ío bifangan   joh fíanton ingángan,
  bifólahan sinen séganon   joh allen gótes theganon;
    Thaz mih mit sínu nide   ther fíant io bimíde,
20   joh mir híar zi libe   gúatalih io klíbe!

III. 10ª thie *V*.   12 allan *V*.

IV. DE RESURRECTIONE DOMINI VESPERE SABBATI.

Thuruh thes krúces kréfti   joh selben krístes mahti
so quéme mir frámmort nu in múat,   wí er fon themo grábe irstuant;
Joh wío nan fríuntilih gisáh,   ouh mit then júngoron sprah,
wio hárto er thie gifréwita   joh gúatilih in ságeta!
5 Al thiz úngirati   joh thie égislichun dáti,
thaz wir hiar fóra quatun,   in fríadag sie iz dátun.
In mórgan was in wára   thero óstorono fíra,
was ouh thes dáges diuri   thar hárto filu mári.
Thes súnnun abandes sár   irhúabun sih thiu wíb in war,
10   ni dátun sies tho bítun,   zi themo grábe se iltun.
Wanu, íagilih tho ílti   thuruh thio spatun zíti;
thaz thiu fíra irduálta,   thiu mínna iz in irfúlta.
Drúagun se iro sálbun   mit in sar thía warbun,
líobemo mánne,   krist zi sálbonne;
15 Joh giangun áhtonti,   thaz wésan thaz ni móhti,
thaz síe thes steines búrdin   fon themo grábe irwullin;
Sie tháhtun, thaz sie erbátin,   thie mán, thie thaz gidátin;
was íro kraft zi nídiri   ingegin thes stéines hébigi.
Thes gánges sie iltun gáhun   joh thaz gráb gisáhun,
20   in míhilan únwan   thaz ketti fúndun indan.
Tho ward sar thía wila   mihil érdbiba,
hárto mihil égiso,   bi thiu hintarquámnn se só.
Sih scútita iogilícho   thiu erda kráftlicho,
joh si slíumo thar irgáb   thaz dréso, thar in íru lag.
25 Quam éngil ein in gáhi   fon hímilriches hóhi,
er walzta thána sar then stéin,   so er nan érist biréin.
(Ni thaz er thara giílti,   thaz er then wég girumti,
suntar man irknáti   thio séltsano dáti,

IV. 10 hiltun V.

IV. 9—10. 13. 15—16 aus Mt. 28, 1 [vespere . . sabbati] . . L. 24, 1 (mulieres) venerunt ad monumentum portantes, quae paraverant, aromata. Mc. 16, 3 et dicebant ad invicem: [quis revolvit nobis lapidem] ab ostio monumenti? Dazu Beda: magnus quaerendi et inveniendi dominum fervor charitatis ostenditur. 19—20 nach Mc. 16, 4 et respicientes viderunt revolutum lapidem. 21. 25 - 29 Mt. 28, 2 [et ecce terrae motus factus est magnus: angelus] enim [domini descendit de caelo et accedens revolvit lapidem]. Dazu Beda: non ut egressuro domino januam pandat, sed ut egressus ejus jam facti praestet indicium.

Joh ouh mán thaz wéstin,   thaz kríst stuant ir then réstin;
30 gisiunes árumi er gáb   in thaz ítala gráb.)
Gisíuni sin was, wúnna!   so scónaz io, so súnna;
    in wizes snéwen farawi   so wás al sin gigárawi.
Tho híntarquamun nóti   thár in alathráti,
    joh fórahtun in tho gáhun,   thie thes grábes sahun;
35 Sie wúrtun selb so dóte   in thémo selben nóte.
    ther éngil bi einen líbon   spráh tho sar zen wíbon:
    „Wib, ih spríchu thara zi íu: wiht ni fórehtet ir iu,
    drof nintwérfet iuer múat;   ir quamut héra thuruh gúat.
Wio mag wésan thaz io só,   thaz únser iuih égiso?
40 ja bírun wir in wára   iu éigene gibúra.
Ih weiz iua hérafart: ir súechet unsan héilant,
    then these líuti irsluagun   joh híar nan ouh bigrúabun;
Thén sie hiar gidóttun,   mit kruce mártolotun,
    in thémo sie sih ráchun,   mit iro spéron stachun.
45 Ir ni thúrfut in wár,   ni éigut ir sin wíht hiar;
    er wihtes úngidan ni líaz,   soso er sélbo gihiaz;
Er ist fon héllu irwúntan   joh úf fon tóde irstantan,
    ni thúrfut ir nan ríazan;   ja wás iuz er gihéizan.
Er nam in tódes riche   sigi kráftliche,
50 mit ímo er mer ni fíhtit   joh fúrdir sih ni irríhtit!
Ih zéllu iu ouh scono líubi: thar nám er sin giróubi,
    sid er nan thár ubarwánt,   joh léitta in ánderaz lant,
In himilgúallichi,   sines sélbes richi,
    kráftlicho filu fráṁ,   so imo sélben gizam;
55 So imo sélben gizam,   al thaz er tóde ginam;
    giloubet wórtes mines: ni liaz wíht er thar thes sínes.
Íagilih hiar séhan mag,   war ther líchamo lag,
    war ínan ouh gibúrgun   thie mán, thie thaz biwúrbun.
Nu scúlut ir sar io giílen   zi then júngoron sínen,
60 mit blídlichemo wíllen   thiu minu wórt in zellen.

31—37 *Mt.* 28, 3 [erat enim (*Vulg.* autem) aspectus] ejus sicut fulgur et vesti-
mentum ejus sicut nix. 4 prae timore ejus exterriti sunt custodes] et facti sunt
velut mortui. 5 [respondit angelus] (*Vulg.* respondens autem angelus dixit) [mu-
lieribus]: nolite timere vos! 39—40 *nach Hebr.* 1, 14 nonne omnes sunt admi-
nistratorii spiritus in ministerium missi propter eos ff. *oder apocal.* 19, 10: conser-
vus tuus sum. 41—48 *nach Mt.* 28, 5 . . [scio . ., quod Jesum], qui crucifixus
est, quaeritis. 6 [non est hic; surrexit] enim, sicut dixit. 57—61 [ecce locus,
ubi posuerunt cum] *Mt.* 28, 6 . . venite et videte locum, ubi positus erat dominus

Ni due ouh Pétrus nu thaz mín,   ni er sih fúage thara zi ín;
  gifrewet állen in thaz múat,   want er fon tóde hiutu irstúant;
In múat in iz ni lázen,   ouh wíht inan ni ríazen;
  ni thúrfun sie in war mín,   er sprichit scíoro mit in."

V. UNA SABBATI MARIA MAGDALENA VENIT
AD MONUMENTUM.

Quam María sliumo in wár   tho zen júngoron sar,
  déta si in sar mári,   thaz er firstólan wari.
Tho líefun sár, so thu wéist,   thie inan mínnotun méist,
  ána theheina bítun   zi themo grábe se iltun.
5 Weiz, thémo ouh baz záweta,   ther thia júgund hábeta;
  then ginóz firliaf er frám   joh ér zi themo grábe quam.
Ni gíang er thiu halt thoh tharín; ni half ther ánder thiu sin mín,
  liaf er náh in thrati,   thóh iz wari spáti.
Er sar thia béldida gifíang,   tház er in thaz gráb giang,
10   sih ther ánder tho gifnáh   joh gíang themo ginóz nah.
Then sábon sie thar fúntun,   mit thiu nan thie biwúntun,
  thie nan thára legitun,   so wir hiar fóra zelitun.
Ther suéizduah ward thar fúntan   zisámane al biwúntan,
  fon then sábon suntar;   tház bizeinot wúntar.
15 Síe thaz al gisáhun,   gilóubtun sar tho gáhun,
  thaz er firstólan wari,   so thaz wíb in deta mári.
Sie nirknátun noh tho tház,   theiz ér sus al giscríban was,
  theiz sús al er was fúntan,   tház er scolta irstántan.

---

7 et [cito euntes dicite dicipulis] ejus *Mc.* 16, 7 et Petro; *daxu Beda:* si hunc
angelus nominatim non exprimerot, qui magistrum negaverat, venire inter disci-
pulos non auderet.

    V. 1 — 2 *aus Mt.* 28, 8 exierunt cito . . nunciare discipulis ejus *und*
J. 20, 1 Maria Magdalena . . venit ad Simonem Petrum et ad alium discipulum . .
et dicit illis: tulerunt dominum de monumento. 3 — 20 *J.* 20, 4 [currebant] autem
[duo simul] (*daxu Alcuin:* illi prae ceteris cucurrerunt, qui prae ceteris amaverunt)
et (*Marg.* [Johannes]) ille alius discipulus [praecucurrit citius Petro] et venit pri-
mus ad monumentum, . . 5 non tamen introivit. 6 venit ergo Simon Petrus sequens
eum et introivit in monumentum (*Marg.* [invenerunt sindonem]) et vidit lintea-
mina posita (*Marg.* [sudarium seorsum]) 7 et [sudarium], quod fuerat super caput
ejus, non cum linteaminibus positum, sed separatim [involutum in unum] locum.
8 tunc ergo introivit et ille discipulus . . et vidit et credidit (*daxu Alc.:* quid
credidit? . . quod mulier dixerat, de monumento dominum fuisse sublatum.) 9 non-
dum enim sciebant scripturam, quia oportebat eum a mortuis resurgere. 10 abie-
runt ergo iterum discipuli ad semetipsos.

Thie drúta giangun gúate   mit séragemo múate
20   zi sélidon thiz áhton   mit rózagen gidráhton.
Er stúant fon theru steti frúa   (wir sculun húggen tharzua),
thár er lag gibórgan,   in súnnun dag in mórgan.

VI. SPIRITALITER.

Thie júngoron in wára   bizeinont racha mara,
joh íro zueio lóufa   dát fílu díafa.
Thése selbun dáti   bizéinont zuene líuti:
thie Júdeon giwáro   joh folk ouh héidinero.
5 Wio sie dátun widar gót,   híar ist iz gibílidot
gidóugno, so ih thir rédion,   in thésen evangélion;
Joh wío siez ouh firnámun,   zi gilóubu sid biquámun,
irlúegetun bi nóti   thie selbun krístes doti.
Bizéinot hiar thaz selba gráb,   thar ther líchamo lág,
10   thes thie líuti was fílu ód,   selben drúhtines tod.
Johánnes in giwíssi,   thoh er júngero si,
bizéinot in therera dáti   thero Júdeono liuti;
Pétrus ther álto   in thes giscríbes worto,
thes thih mag wésan wola níot,   bizeinit héidinan thíot.
15 Liaf Johánnes harto mér   joh quám zi themo grábe ouh er;
er stúant sid themo flíze   in giméitun thoh tharúze.
So líazun in io úmbiruah   thie selbun Júdeon gotes búah,
thár in ana zálta,   wio kríst in quéman scolta;
Zi wízzanne sie áltun   thio búah, thin frúma zaltun,
20   wio unsan líchamon nam   selbo drúhtin, so imo zám;·
Joh wio er óuh thaz biwárb,   thaz er bi únsih irstárb,
thio búah ouh, thar giwúagun,   wío sie nan bigrúabun;
Iro nihéin zi thiu gifíang,   so thérer in thaz gráb ni giang,
thaz thes góuma nami in wár,   irlúegeti thia frúma thar.

---

21 — 22 *vgl. Beda zu J.* 20, 1 una sabbati est, quam jam diem dominicam
propter domini resurrectionem mos Christianus appellat.
VI. 1 — 4 *Hrab. homil.* V, 640ᵃ. *Alc. zu J.* 20 iste cursus duorum discipu-
lorum magnum habet mysterium. Quid enim per Johannem, . nisi synagoga
significatur? Quid per Petrum. nisi ecclesia ox gentibus congregata demonstratur?
11 — 14 *Hrab. ebda* 640ᵈ Johannes Judaeorum, Petrus gentium populum figurabat.
15 — 26 *Alc. und Hrab. ebda:* venit synagoga prior ad monumentum, sed minime
intravit, quia legis quidem mandata percepit, prophetias de incarnatione ac pas-
sione dominica audivit, sed credere in mortuum noluit . . quid ergo est, nisi quia

25 Ni quam tho Pétrus thoh thiu mín   joh giang er sár io tharin;
   gilóubig sar ouh wúrtun,   so iz héidene bifúntun.
Thó giang náh ther ánther,   thaz selba méid er thar ér,
   giang after ímo in then wán,   tho er ínan sah thara íngan.
So wérdent noh thio zíti   (thaz méinent theso dáti),
30   thaz herza Júdeono   gilóubit kriste scóno;
Gilóubent sie thaz krúzi   joh selben krístes wízi,
   joh éigun ouh giwíssi   thaz sin irstántnissi;
Joh íagilih sih kúmit,   sar sih thaz hérza rumit,
   fon úngiloubon fésti   irwéichent thio iro brústi;
35 Joh rúarit thanne smérza   thaz stéinina hérza,
   bigínnit thanne suízzen,   mit záhirin sih nézen;
Bigínnit thanne wéichen,   mit ríwu sih irbléichen;
   joh ílent io in ríhti   zi kristes bígihti.
Sie thúnkit thaz giráti   thánne filu spáti,
40   ist Júḍeo mánag thanne in wár   hárto filu jamar.
Sih kérent sie zi gúate   rózagemo múate,
   bigínnent thanne ríuan   joh iro brústi bliuan;
Joh wéinont io zi nóti   thio langun míssidati,
   thaz sie sih ér ni klagotun,   so wénaglicho lébetun;
45 Nément sie thanne góuma   thera langun úngilouba,
   joh klagont théra ferti   thia fílu langun hérti;
Bigínnent thanne wúafan   joh zi góte ruafan
   mit míhilen ílon,   thaz sie thia súnta dilon.
Giwísso iz wirdit thánne,   thaz sie gilóubent úlle,
50   thaz sie after thémo gúate   sint rózagemo múate,
Sar so zála noto   héidinero thioto
   irfúllit wirdit wánne,   thara in zi gánganne;
Io so thér zi thiu gifíang,   ther after Pétruse giang,
   thaz ér ouh thio dáti   mit imo scówoti.
55 Sie sáhun thar tho wúntar,   thie dúacha liggan súntar;
   ther selbo swéizduah in war   lag gisúntorot thar,
Biwúntan thar zisámane,   fon thémo selben sábane,
   fon then dúachon funtan,   mit thén er lag biwúntan.

---

et citius cucurrit et tamen ante monumentum vacua stetit? . . secuta posterior
ecclesia gentium . . Jesum et cognovit et . . credidit deum.   29—30. 49—52 *ebda*:
notum est, quod in fine mundi ad redemptoris fidem etiam Judaea colligetur, Paulo
attestante, qui ait (*Rom.* 11, 25): donec plenitudo gentium intraret, et sic omnis
Israel salvus erit.   55—66 *ebda*: sudarium capitis domini cum linteamentis non
invenitur . ., quia (attestante Paulo) caput Christi deus est, et divinitatis in-

Bizéinot in giwíssi   ther duah thaz gótnissi,
60   thaz ist in giwélti   ána theheinig énti.
Ther dúah, ther wirdit fúntan   zisámane biwúntan —
ni mahtu irséhan, wizist tház,   ni wédar enti sínaz;
So ist drúhtin in giwélti   ána theheinig énti
joh ist ana ánagengi;   ni wás, thaz er bigúnni;
65 Ist rúmo er in then gúatin   fon unsen árabeitin,
súntar biwúntan,   so thar ther dúah ward funtan.
Gilóubent sie thie dáti,   thóh iz wese spáti,
joh irkénnit thaz muat,   wio selbo drúhtin irstuant;
Wio sin gináda thaz biwárb,   thaz er bi únsih irstárp;
70   klágont thanne nóti   thio érerun ziti,
Tház sie thero dáto   gifólgetun so spáto
joh in liazun úmbiruah,   thaz in záltun thio búah.

VII. MARIA AUTEM STABAT AD MONUMENTUM.

Maríun thes thoh io nirthróz,   stuant úzana thes grábes, roz
zi stéti thar ginóto,   si mínnota inan thráto;
Hábeta si nu in war mín   minna míhilo sin,
míhilo líubi,   thes wórtes mir gilóubi,
5 Minna míhilo ubar ál,   so íh thir hiar nu ságen scal:
thie drúta giangun thana sár;   so stuant thoh, wéinota thar,
Si thia stát noh tho nirgáb   joh luagata ávur in thaz gráb;
si ávur thar tho súahta,   so hárto siu sin rúahta.
Ther mán, ther thaz súachit,   thes er hárto ruachit:
10   thar er es míthont mista in wár,   er kérit; suachit ávur thar.
Thiz wíb ouh, thaz hiar sítota —   si iz al irsúachit habeta;
ni súahta siu thar thes thiu mín,   luaget ávur tho tharin.

---

comprehensibilia sacramenta ab infirmitatis nostrae cognitione disjuncta sunt. . .
linteum quippe, quod involvitur, ejus nec initium nec finis adspicitur; recte ergo
sudarium capitis involutum inventum est, quia celsitudo divinitatis non coepit
esse nec desinit.

VII. 1. 3—12. *J.* 20, 11 Maria autem stabat ad monumentum foris plorans.
dum ergo fleret, [inclinavit se et prospexit in monumentum]. *Dazu Alcuin:* hujus
mulieris mentem quanta vis amoris accenderat, quae a monumento domini, etiam
discipuliᴗ recedentibus, non recedebat! exquirebat, quem non invenerat! . . nimi-
rum virtus boni operis perseverantia est . . ista itaque, quae se ad monumentum
. . iterum inclinat, . . videamus quo fructu vis amoris in ea ingeminat opus
inquisitionis.

Tho sah si sízzan scóne　　thar éngila zuéne,
　　sie warun frónisg filu fram,　so in krístes selben grábe zam.
15 Zi then fúazon saz ther éino,　thar kríst lag dóter eino,
　　zen hóubiton ther ánder,　　thar ther líchamo lag er.
　Sie spráchun thio únthulti　　joh wáz si thara wólti;
　　ira múat sie ouh sértun,　　thaz sie thes frágetun.
　„Wib, ziu kúmistu thar?　　wenan súachistu sar?
20　waz úngifuaro thinaz íst,　so úngimacho ríuzist?"
　„Mág mih", quad si zi in tho,　„lés!　gilusten wéinonnes,
　　ser joh léid ubar wan　　ist mir hárto gidan;
　Háben ih zi klágonne　　joh léidalih zi ságenne,
　　ni wéiz ih, les! in gáhe,　war ih zi ánafahe.
25 Thaz sér, thaz thar ruarit míh,　theist léidon allen úngilih;
　　iz ubarstígit noti　　allo wídarmuati;
　Mir ist sér ubar sér,　　ni ubarwíntu ih iz mér,
　　ni wán es untar manne　íamer dróst giwinne!
　Sie éigun mir ginómanan　　liabon drúhtin minan,
30　thaz min líaba herza,　　bi thiu rúarit mih thiu smérza.
　Ni wás in thar ginúagi,　　tház man nan irslúagi,
　　súntar se ouh biwúrbin,　　tház sie nan gibúrgin;
　Thaz fríunt nihein ni wésti,　wío man nan firquísti,
　　joh wío man nan firduásbti　mir zi léidlusti!
35 Bi thiu, fró min, so ih iu rédinon,　ni még ih thaz irkóboron,
　　theih iamer fráwolusti　giláze in mino brústi;
　Joh, so íh iu hiar nu zéllu,　wárd mir we mit mínnu,
　　theih sino líubi in mih gilíaz,　ob ih sia níazan ni muaz!
　Oba íaman thoh giquáti,　wára man nan dáti,
40　ódo mir gizéliti,　　wára man nan légiti,
　Thaz íh thoh in thera dóti　waz thíonestes gidáti
　　themo líeben manne:　waz wári mir thánne!"
　So slíumo si tho thaz gispráh,　si sar io wídorort bisah;
　　thar sah si drúhtin stantan　joh hábeta inan fúntan.
45 Si wíht thoh sin nirknáta　joh giwísso wanta,
　　theiz in álawari　ther gártari wari.

13—17ª. 19ª nach J. 20, 12 et [vidit duos angelos] in albis sedentes, unum ad caput et unum ad pedes, ubi positum fuerat corpus Jesu. 13 dicunt ei illi: [mulier, quid ploras?] 27—28 Hrab. V, 636 B: haec erat causa major doloris, quod nesciobat, quo iret ad consolandum dolorem. 29. 32 J. 20, 13 . . dicit eis: quia [tulerunt dominum meum] et nescio, ubi posuerunt eum. 43—47. 49—51. 53—54 nach J. 20, 14 [haec cum dixisset, conversa est retrorsum et vidit Jesum] stantem;

Frágeta er sa sáre,   ziu si rúzi thare;
  waz súahti si so hárto   thero klágontero worto..
„Fró mín!" quad si, „dua mih wís,   oba thú nan námis,
50 joh wára thiu thin gúati   then minan líobon dati;
Ih giágaleizon, thaz ist wár,   thaz íh inan gihólon thar,
  ni klékent mir zi héiti   thie liebun árabeiti."
Ni nánta si nan dróf er   thuruh thaz míhila ser;
  si wanta in álafesti,   thaz mánnalih iz westi.
55 Bi námen er sa nánta,   joh sínan sar irkánta;
  zi fúazon si sar ílta,   thes híaz er sia duan bíta.
„Inthábe", quad er zi iru, „thíh,   drof ni rúari thu mih!
  ni fúar ih noh nu thárawert   in mínes fater géginwert.
Gizeli wórton thinen   then brúadoron minen,
60 thaz hábes thu irfúntan,   theih bin fon tóde irstantan;
Joh theih fáru in rihti   in sines sélb gisihti,
  in frónisgi gisíunes   thes drúhtines mínes.
Zél in, thu ther bóto bist,   er gót joh iro fáter ist,
  thaz lázen sie in wára   thia úngilouba in fíara."
65 Ni déta si thes tho bíta,   zen júngoron si sar ílta,
  sageta in thó, thaz sinan sáh,   joh wort, thiu er zi íru sprah.

VIII. SPIRITALITER.

Ih wílle hiar giméinen,   waz thie éngila bizéinen,
  thie scónun joh thie wízun,   thie in kristes grábe sazun;
Thie thar in résti frono   gizámun so scóno,
  warun scínenti frám,   so gótes boton wóla zam;
5 Jch tház ist mihil wúntar,   thaz síe so sazun súntar,
  sih thar so giéinotun   thera stéti guatun.

---

et non sciebat, quia Jesus est .. 15 .. existimans, quia hortulanus esset. 15 dicit
ei Jesus: [mulier, quid ploras?] illa .. dicit ei: [domine, si tu sustulisti eum,
dicito mihi], ubi posuisti eum; et ego eum tollam. *Daxu Alcuin*: quem quaerit,
non dicit, .. quia alteri non putat incognitum, quem sic ipsa continuo plangit
desiderio.   55—59. 61—63 *nach J.* 20, 16 dicit ei Jesus: [Maria! conversa illa]
dicit ei: rabboni .. (*daxu Alcuin*: Maria amplecti voluit ejus vestigia, quem
recognovit). 17 dicit ei Jesus: noli me tangere, nondum enim ascendi ad patrem
meum; [vade] autem [ad fratres meos] et dic eis: [ascendo ad patrem meum] et
patrem vestrum, deum meum et deum vestrum. 65—66 *J.* 20, 18 [venit Maria ..
nuncians discipulis]: quia vidi dominum, et haec dixit mihi.
    VIII. 1--14 *Alcuin zu J.* 20 quid est, quod in hoc loco dominici corporis
duo angeli videntur, unus ad caput atque alius ad pedes sedens, nisi quod latina

Thaz wir éngil nennen,   thaz héizent, so wir zéllen,
bóton in githíuti   frénkisge líuti,
Thie ío thaz irwéllent,   thaz sie tház gizellent
10   sar in hórsglicha frist,   so wáz so in gibótan ist.
Sie méinent hiar, thie zuéne,   thie éngila sine
(dúent unsih giwísse   fon themo irstántnisse)
Thie selbun gótes thegana,   thie uns scríbent kristes rédina,
thie uns scríbent sino dáti   joh sélbaz sin giráti.
15 Tház ist uns iróugit,   thaz got ist krístes houbit,
wízist thaz gimúato,   theist drúhtin unser gúato;
Ther zen hóubiton sáz,   ther kundit (wízistu thaz)
úns in giwíssi   thaz kristes gótnissi;
Then man zen fúazon gísáh,   ther zeinot ánder gimah,
20   ther zeinot scóna giwurt,   thera selbun líchi giburt.
Johannes, wízis thu tház,   zi kristes hóubiton saz,
tho er so hóho gisan,   thes evangélien bigan;
Tho er so hóho iz fuarta,   thaz gótnissi ruarta
mit wórton filu díafen,   thára wir zua io rúafen;
25 Gihógat er ouh thero fúazo,   want ér giscréib uns suazo,
ófono filu frám,   wío er hera in wórolt quam;
Wio druhtin déta, so imo zám,   er unsan líchamon nam,
wio er wárd ouh héra funs   joh nu búit in uns.
Bi námen sia druhtin nánta,   so ih hiar fóra zalta
30   (gisuáso joh thin kúndo ist,   then thu bi námen nennist),
Sáma so er zi iru quáti: „irknái mih bi nóti,
in muate láz thir iz héiz,   wanta ih thinan námon weiz."
Sí nan sar irkánta,   so er then námon nanta,
tház si garo ér firliaz,   únz er sia wíb hiaz.
35 So íst themo gótes drute   gispróchan zi gúate,
Móysene in wáre,   themo wizodspéntare.

---

lingua angelus nuncius dicitur, et ille ex passione sua nuntiandus erat,
qui et deus est ante secula et homo in fine seculorum?   15 *vgl.* 1. *Cor.* 11, 3:
caput Christi deus.   17—28 *Alcuin ebda*: quasi ad caput sedet angelus, cum per
apostolum dicatur, quia (*Joh.* 1, 1) [in principio erat verbum] et verbum erat
apud deum et deus erat verbum; et quasi ad pedes sedet angelus, cum dicitur
(*Joh.* 1, 14): et [verbum caro factum est et habitabit (*Vulg.* habitavit) in nobis.
29—34 *ebda*: Postquam eam communi vocabulo appellavit ex sexu et agnitus non
est, vocat ex nomine; ac si aperte dicat: recognosce eum, a quo recognosceris.
35. 37—40 *ebda*: perfecto quoque viro dicitur [„novi te ex nomine"]
(*Exod.* 33, 12; *vgl. auch* 11: sicut solet loqui homo ad amicum suum), quia homo

„Íh", quad drúhtin, „wéiz thih   bi námen, thaz ni híluh thih;
  bi namen wéiz ih thih ál,   só man sinan drút scal.
Náles, theih thih zéino   mit wórolti giméino,
40 ih weiz thih súntaringon   in thínes selbes thíngon."
So ward ouh híar bi thaz wíb,   thiu thar tho súahta thaz líb;
  si irkánta nán, so er wólta,   tho er then námon nanta.
    Sáma so er zi iru quáti: „irknái mih bi nóti,
      in muate láz thir iz héiz,   tház ih thinan námon weiz!"
45 Thaz wíb zi thiu gifúndta,   then júngoron iz kúndta,
  aller érist tho thaz wíb   in giságeta thaz lib.
Nim góuma hiar nu nóti   thio wúntarlichun dáti,
  thaz frónisga gizámi   joh thaz séltsani:
Gab jú wíb wanne   themo gómmanne
50 bíttiri tódes   (thiu nátara gispúan ses);
Quam avur thísu nu in wár   joh kúndta thaz líb sar,
  wíb, so ih thir rédinon,   erist gómmannon!
    Sélb so druhtin quáti,   joh er iz zi thíu dati,
    thia bótascaf sus súntar,   theiz wári mera wúntar:
55 „Fon théru selbun hénti,   thiu tód giscankt iu enti
  joh wéwon tho mánne   gab zi drínkanne:
Fon theru intfáhent (theist ouh wíb)   nu thaz éwiniga líb,
  fréwida zi líbe;   ni sít irbolgan wíbe!

IX. DUO EX DISCIPULIS JESU IBANT IN CASTELLUM.

Tho thaz éwiniga gnat   úz fon themo grábe irstuant,
  thaz líb, thaz bi únsih hiar irstárb,   fon béche hera wídarwarb:
Thes dáges fuarun thánana   sine drútthegana,
  giséllon zuene gúate,   séragemo múate.

---

47 thia *V.*

---

commune omnium nostrum vocabulum est, Moyses vero proprium . . ac si aperte
dominus dicat: non te generaliter, sed specialiter scio.   49 — 57 *ebda*: quia in
paradiso mulier viro propinavit mortem, a sepulcro mulier viris annuntiavit vitam
. . ac si humano generi non verbis dominus, sed rebus dicat: de qua manu vobis
illatus est potus mortis, de ipsa suscipite poculum vitae!
    IX. 3 — 4ª. 5. 7. 9 — 11 *L.* 24, 13 et ecce duo ex illis ibant ipsa die in
castellum . . nomine Emmaus; 14 et [ipsi narrabant (*Vulg.* loquebantur ad invicem)

5 Sie fuarun quítilonti   thio ármalichun dáti
   jámarlichon thíngon   ío in then selben gángon;
  Sie gíangun inan klágonti   joh io fon ímo sagenti,
   quam in hárto in iro múat   thaz sin mánagfalta guat.
  Ward drúhtin in tho líndo   thes weges sámansindo,
10   gíang óuh in thera férti   mit in tho kósonti;
  Ni tház sie thaz thoh dátin,   thaz sie nan irknátin,
   odo in álawari   sie wéstin, wer er wári.
  „Wéist", quad, „iuer rédina   joh iuer únfrewida,
   ir íuerero wórto   get sus drúrento?"
15 Gab einer ántwurti   (sélb so er iz zúrnti,
   thaz léid, thaz ínan ruarta,   thaz géner es ni fúalta):
  „Bist thu éino ir élilente,   ir ándaremo lánte,
   thaz thir in múate thaz nist héiz,   thaz éllu thisu wórolt weiz;
  Ouh wíht thu thes nirknáist,   thaz níuenes gidán ist
20   in thesen ínheimon?   thaz múgun wir iamer wéinon!"
  „Waz íst thaz", quad er, „súliches?   nu giríhtet mih thés."
   sie záltun, so man ofto dúat,   thaz iro séraga muat.
  „Inti thu ni hórtos hiar in lánte   fon themo héilante,
   ist thir únkund ouh nu tház,   wio diuri fórasago iz was;
25 (Máhtig was er hárto   sínes selbes wórto,
   joh sines sélbes dato   kréftig filu thráto;
  Fora góte was iz méist,   — wir zellen thír iz, thu iz ni wéist —
   for állen thesen líutin,   thoh síe thar so gidátin!)
  Joh wio nan ouh irquáltun,   zi tóde nan firsáltun
30   thie unse héroston   joh álle these fúriston?
  Wir wántun thes giwísso   (thoh iz ni wúrti leidor só),
   er únsih scolti irláren   thes mánagfalten wéwen;

---

de his omnibus,] quae acciderant. 15 et factum est, dum fabularentur .., et
[ipse Jesus adpropinquans] ibat cum illis; 16 [oculi] autem [eorum tenebantur],
ne eum cognoscerent. 13—15ª. 17ª. 19—20ª L. 24, 17 et ait ad illos: [quid
(*Vulg.* qui) sunt hi sermones] quos confertis ad invicem ambulantes et estis
tristes? 18 et respondens unus .. dixit [*Marg. zu* 15 respondit unus] ei: [tu
solus peregrinus es] in Hierusalem et non cognovisti, quae facta sunt in illa his
diebus? 21ª. 22. 25—30 *nach* L. 24, 19 quibus ille dixit: [quae?] et dixerunt:
de Jesu Nazareno, [qui fuit vir propheta, potens in opere] et sermone [coram deo
et omni populo]. 20 [et quomodo eum tradiderunt summi sacerdotes] et principes
nostri in damnationem mortis et crucifixerunt eum! 31ª. 32. 37ª. 38ᵇ L. 24, 21
[nos autem sperabamus,] quia ipse esset redempturus Israel; et nunc super haec
omnia [tertia dies est hodie,] quo haec facta sunt.

Firfáhan unsih scólti   (thoh wíht es so ni wúrti)
thiu sín selba gúati   thera altun árabeiti,
35 Thes mánagfalten séres,   thaz wir nu thúlten lewes;
   theiz álleswio ni wúrti,   nub ér es duan scolti énti.
Thiu thíng, wir hiar nu ságetun   joh thír ouh hiar gizélitun,
wizist thú thaz ana wán —   nust thrítto dág, theiz ist gidán."
Bigán tho druhtin rédinon   then sélben sinen théganon
40   sines sélbes worton,   then líeben gifórton:
„Wola dúmpmuate   zi mánagemo gúate,
  zi thesen thíngon allen,   thoh iuz thio búah zellen!
Íuz thio búah nennent,   joh fórasagon síngent;
   iuer hérza thoh thiu in wár   ni gilóubit thes giscríbes thar!
45 Ja lámf, so sie giságetun,   fon kríste sulih zélitun,
   er áll iz so irfúlti   joh sélbo sulih thúlti;
Joh ér in sinaz ríchi,   in sina gúallichi
   mit súlichu biquámi,   sos ímo selben zámi!"
Thio búah bigan er áfaron,   fon Móysese ouh tho rédinon,
50   jóh bigan in zéllen   fon fórasagon állen.
Ántfristota ouh filu frám   thaz giscríb in, soso zám,
   wio iz íagilicher zélita,   fon ímo súlih sageta;
Er zalt in mánagfalto   súazlichero wórto
   ál thia selbun rédina,   thia se scríbun thanana;
55 Zált in thes ginúagi,   wélih es io giwúagi,
   scóno inti réino   joh hárto filu kléino.

X. APPROPINQUABANT CASTELLO.

Sih náhtun sie tho álle   zi themo kástelle,
thára zen iro sélidon   mit thésen selben rédinon.
Tho dét er, selb so er wólti   joh rúmor fáran scolti;
tho nóttun sie nan ginúagi,   thaz er mit ín giangi.
5 „Ni dúa thir", quadun, „thia árabeit, wanta áband unsih ánageit;
wis mit úns hinaht,   wanta fúrdir thu ni máht.

39—48 *L.* 24, 25 et ipse dixit ad eos: [o stulti et tardi corde] ad credendum
in omnibus, quae locuti sunt prophetae! 26 [nonne haec oportuit pati Christum]
et ita intrare in gloriam suam? 49—52 *L.* 24, 27 et [incipiens a Moyse] et
omnibus prophetis interpretabatur illis in omnibus scripturis, quae de ipso erant.
     X. 1—5. 8ᵇ. 13 *L.* 24, 28 et appropinquaverunt castello, quo ibant; et
[ipse finxit se longius ire]. 29 et coegerunt illum, dicentes: [mane nobiscum,

Ni scaltu io nú so gidúan,   wir gében thir hinaht suásduam;
ni weiz, wár thu iz avur fíndes,   ther dág ist sines síndes."
Ih wéiz, sie filu hárto   tháhtun thero wórto,
10   thiu ín thar warun méista   thes sines tódes drósta,
Fon Móysese sélben   joh fórasagon állen,
    wio iz tharána ist al gizált,   er tódes duan scolta úbarwant.
Dét er, so sie quátun   joh ínan ouh tho bátun,
    ál so sie nan béitun,   in hús inan giléitun;
15 Tho, wán ih, sie gisázin,   tház sie saman ázin,
    irbútun ímo tho iro gúat,   so man líobemo duat.
Nám er tho thaz selba brót   joh then júngoron iz bot;
    thiu gisíuni in sih indátun,   joh ínan sar irknátun.
Tho ward in álagahun,   sin wíht sar ni gisáhun;
20   sar io in théra fristi   tho ruartun se ángusti.
Wárd in sár tho filu léid,   thaz er sih sár fon in firméid,
    thaz múasin sih sin frówon   joh inan lángo scouon.
Sah ein zi ándremo   joh fórahtun in slíumo,
    irquamun úngimezen   thes líaben gimazen;
25 Thaz síe sin so firmístun,   só sies wiht ni wéstun,
    jóh inslúpta in gahun,   then míthont se ánasahun!
Bigondun thíngon tho untar ín,   wio er giang kósonti mit ín,
    waz es thie búah quatun,   sie wíht thoh sin nirknátun;
Wio thaz hérza bran in ín,   unz er thíngota mit ín,
30   thuruh thio ángusti   joh sines líubes lusti!
Sie sar io thén stuntun   wídarortes wúntun,
    thaz síe sih tho gidúamtin,   then júngoron es girúamtin.
Giwisso ságen ih thir éin: sie záltun sar tho thésen zuein,
    thaz inan Pétrus gisah,   joh sélbo er ouh mit ímo sprah;
35 Sie in tho réda datun,   wio síe nan ouh irknátun,
    joh wío sie in thera férti   giangun kósonti.

---

quoniam advesperascit] et inclinata est jam dies; [et intravit cum illis].   11—12
vgl. L. 24, 27 zu V, 9, 55.   15. 17—19 L. 24, 30 et factum est, dum recumberet
cum eis, [accepit panem] . . et porrigebat illis. 31 et aperti sunt oculi eorum, et
cognoverunt eum; et [ipse evanuit ex oculis eorum].   27—29 L. 24, 32 et dixe-
runt ad invicem: [nonne cor nostrum ardens erat] in nobis, dum loqueretur in
via et aperiret nobis scripturas? 31. 33—36 nach L. 24, 33 [et surgentes eadem
hora] regressi sunt in Hierusalem, et invenerunt congregatos undecim, . . 34 di-
centes: quod surrexit dominus vere et apparuit Petro! 35 [et ipsi narrabant,
quae gesta erant in via,] et quomodo cognoverunt eum in fractione panis.

XI. STETIT JESUS IN MEDIO DISCIPULORUM SUORUM.

Warun thie júngoron tho bi fórahtun thero Júdono
thuruh míhila not in einaz hús gisamanot;
Then búachon maht thar wárten: dúron so bispárten
stúant er untar mítten thes sélben dages thrítten
5 (Ni zemo ántdagen mín quam er ávur sama zi in,·
wanta, ih ságen thir in wár, sie wárun avur sáman thar;
Sie flúhun ouh then selbon nót); joh er in frído sar irbót,
gab frído (so ih thir rédinon) then sinen drúttheganon;
Ouh blías er sie ána (so thu wéist) then selbon héilegon géist,
10 thia selbun kráft sína, thaz gihíaz er in ju wíla.
„So wémo ir“, quad, „gihéizet, ir súnta mo bilázet —
giwisso wízit ana wán, ist mína halbun sar gidán;
Then ír iz avur wízet, in súnta ni bilázet —
theist ouh fésti ubar ál ána theheinig zwíval!“
15 Firgáb in thaz zi rúame, theiz wari in íro duame,
thaz sies álles wialtin, so wío so siez giríatin;
Thaz sies wíaltin filu frám, so gotes théganon gizám,
joh sar io in théru frísti iz wári filu fésti.
Tho wúrtun sie gidrúabte zwívalemo múate,
20 ni gilóubtun thesa rédina thuruh thes hérzen frewida.
Ni dét er thes tho bíta, hiaz rúaren sina síta;
sie hénti ouh sino rúartin, thaz sie ni zwívolotin.
Thaz deta drúhtin thuruh tház, want er giwúntoter was,
thaz sies álleswio ni dátin, bi thíu nan thoh irknátin.
25 Want ér ward thar giwáro giwúntot filu suáro,
zi férehe gistóchan; iz ward thoh sid giróchan.

XI. 1—4 *aus* J. 20, 19 cum ergo sero esset die illo . . et fores essent clausae, ubi erant discipuli congregati propter metum Judaeorum, venit Jesus et stetit in medio . . . 5—7ª *aus* J. 20, 26 et [post dies octo] iterum erant discipuli ejus intus . .; venit Jesus clausis januis . . 7ᵇ—9. 11—14 *nach* J. 20, 19 . . et dixit eis: pax vobis! . . 22 [insufflavit et dixit] eis: accipite spiritum sanctum; 23 [quorum remiseritis peccata,] remittuntur eis, et quorum retinueritis, retenta sunt. *Zu* 10 *vgl.* J. 14, 16. 26 *ff.* (IV, 15, 37). 19—22 *nach* L. 24, 37 [conturbati] vero et conterriti existimabant se spiritum videre. 38 et dixit eis: .. 39 palpate et videte . . . 40 et [ostendit eis manus] J. 20, 20 et latus.

Síe ouh tho so dátun   joh noh tho zuívolotun;
  was in thaz hérza filu fró,   bi thiu wúntorotun sie sih só.
So gibúrit mánne,   thara er so gínget thanne;
30 gisihit thaz súaza liabaz sín;   thoh fórahtit, theiz ni mégi sin.
Súlih hiar ouh rúarta   thie selbun krístes druta;
  sie hábetun nan in hánton,   hérzen zuívolonton.
Híaz er imo thánne   geban zi ézanne;
  noh warun zuíviline   thie selbun drúta sine.
35 Sus lókota er mit mínnon   thie drutménnisgon,
  sus io thésen datin,   tház sie nan irknátin;
Thaz fón in wurti fúntan,   thaz ér was selbo irstántan,
  joh sie giwísso ouh wéstin,   thaz ér stuant fon then réstin.
Wanta iz mag man wízan: ther the wilit ézan,
40 thaz inan líb ruarit,   joh líchamon fuarit.
Áz er fora in tho tháre,   thaz wéstin sie zi wáre,
  thaz er thaz férah habeta,   in líchamen lebeta.
Tho nám er, thaz er léibta,   mit thíu er in ouh tho líubta;
  gáb in thaz zi súazi,   thaz íagilih thes ázi.
45 Mánota er sie tho álles   thes éreren thínges,
  thaz er gizálta iz allaz ín,   unz er ér ju was mit ín;
Er deta in óffan állaz   thaz giscríb follaz,
  mérota in thie wízzi   ménnisgon zi núzzi;
Thaz íagilih firnámi   tharána thaz gizámi,
50 thaz drúhtin thiz so wólta,   joh sús ouh wésan scolta.

XII. SPIRITALITER.

Léksa therero wórto   thiu gruazit zéichan harto,
  rácha filu mára   joh thrato séltsana;

27—28. 33—48 *L.* 24, 41 adhuc autem illis non credentibus et [mirabantur
(*Vulg.* mirantibus) prae gaudio] dixit: [habetis] hic aliquid, [quod manducetur?]
Dazu Beda: ut eo modo naturam corporis resurgentis adstrueret, ne illud non
corpus, sed spiritum esse arbitrarentur. *L.* 24, 43 et [manducavit (*Vulg.* cum
manducasset) coram eis, sumens reliquias dedit eis] 44 et dixit ad eos: [haec
sunt verba, quae locutus sum ad vos,] cum essem vobiscum .. 45 tunc aperuit
illis sensum, ut intellegerent scripturas.
    XII. 1. 9—14 *Gregor homil.* 26: Prima lectionis hujus evangelicae
quaestio animum pulsat: quomodo post resurrectionem corpus dominicum verum

Iz íst (thaz ni híluh thih)   wúntoron managen úngilih,
   thísu selba rédina,   thia wir hiar scríbun obana.

5 Éigun uns thiu gotes wérk   harto míhilaz gibérg,
   thaz wír thes biginnen,   wir súlicho dati zellen.
Íst thaz selba mári   harto séltsani,
   harto rúmo oba unsan wán   sulih rácha gidán:
In wélicha wisun wúrti,   ther mán was in gibúrti
10 (joh wir gilóuben thaz ouh frám,   er waran líchamon nam,
Joh habet fásto ouh unser múat,   sid er fon tóde selbo irstúant,
   giwisso wízun wir tház,   theiz sid war líchamo was) —
Wío er selbo quámi   (thaz ist séltsani)
   bisparten dúron thara zi ín   joh stuant thar mítten untar ín!
15 Wir scúlun hiar nu súntar   gizellen ánder wuntar,
   thésemo gimachaz,   thaz wir firstánten thiz thiu baz;
Thaz wir fon séltsane   wóla megin sáre
   irkénnen, so iz giscríban stat,   thia wúntarlichun gótes dat.
Mánnilih weiz gúater,   thaz thíarna ist kristes múater,
20 thiu nan bár, so er wólta,   tho er bunsih stérban scolta.
Bar si frúma managen   mit iro lídin alangen,
   ni thúlta si in giwíssi   nihein irwártnissi,
Tho er bi únsih wolta dówen,   mit thiu thia wórolt frowen,
   tház si sin ginúzzi   in thes líchamen brúzzi:
25 Waz wúntoro ist, thaz wólta,   ther iamer lében scolta,
   er ingiang úngimerrit   dúron so bispérrit,
Tho er ward zi mánne   bi sie zi irstérbanne,
   álangera múater,   ther gotes sún guater,
Giháltenera thíarnun,   ther selbo drúhtines sun?
30 ubar bédu det er tház,   só thiu sin giwált was.
Hiar lisis thu óuh gizami   ánder seltsani,
   hárto mihil wúntar   fon selben kríste ouh suntar.
Theizt giwís io so dág: thaz man girúaren mag,
   thaz iz mág (so ih rédinon)   wértisal irkóboron.

---

fuit, quod clausis januis ad discipulos ingredi potuit?   15—20. 25—30 *ebda*:
haec ipsa redemptoris opera .. ex alia ejus operatione pensanda sunt, ut rebus
mirabilibus fidem praebeant facta mirabiliora. illud enim corpus domini ad dis-
cipulos januis clausis intravit, quod videlicet ad humanos oculos per nativitatem
suam clauso exiit utero virginis. quid ergo mirum, si clausis januis post resur-
rectionem suam in aeternum jam victurus intravit, qui moriturus veniens non
aperto utero virginis exiit?   33—36. 41—50 *ebda*: corrumpi necesse est, quod

35 Yróugt uns hiar gimúato   unser drúhtin guato
    sih zi rúarenne ubar ál,   thér thoh iamer lében scal;
  Sih zi rúarenne,   thia wúntun ouh zi séhanne,
    thoh inan tód (giloubi mír)   ni scúli ruaren fúrdir;
  Joh wértisal nihéinaz   (giwisso wízist thu thaz,
40   ál sos ih thir rédinon)   fúrdir ubarkóboron;
  Thaz wari wúntarlih thiu dát,   só siu thar giscríban stat,
    úngilih in gúatin   io ánderen sinen dátin,
  Úngilih, so ih zéllu,   thísu thing éllu,
    állo theso dáti,   thaz drúhtines giráti;
45 Thaz sie gúallichi   instúantin in thera líchi,
    joh so frónisg gimah,   so mennisgo ér ni gisah;
  Joh íamer westin thánne   thie sine hóldon alle,
    thie tho thár warun   joh ouh sídor quamun,
  Tház er in natúru   was sélbo ther zi wáru,
50   théra érerun wesini,   so iz ér sah sin githígini.
  Nóh ist ouh hiar méra   thera frónisgun léra,
    thero drúhtines dáto,   thes wir bithúrfun thrato,
  Thaz wír firnemen álle,   waz thíu racha wólle,
    joh wáz siu hiar bizéine   inti uns zi frúmu meine,
55 Thie sélbun zua gífti   (es sínt uns harto thúrfti),
    thie zuá gifti dróstes,   thes sélben gotes géistes.
  Hiar lerit thiu sin stímna   unsih zuá minna,
    tho er in zuíro (so thu wéist)   gab then héilegon geist;
  Tho er sie híar thaz anablías,   thaz er in ér jú gihíaz,
60   fon hímile inan sid ouh gáb,   so er in ér ju firgab.
  Érist gab er in thaz gúat,   thar er in géginwertig stuant,
    joh sánta in avur sidor tház,   tho er in hímile gisaz.
  Theist ther héilego géist,   mit thiu er se drósta sidor méist,
    sid sino géginwerti   er nám fon iro hénti.
65   Mit thíu ist gizeinit mánnon,   sih untar ín io minnon,
    joh ouh thiu mínna (so thu wéist)   si io zi drúhtine meist.

---

palpatur, et palpari non potest, quod non corrumpitur. sed miro modo . .
redemptor noster post resurrectionem . . et incorruptibilem se et palpabilem
ostendit, ut profecto esse post resurrectionem ostenderet corpus suum et ejusdem
naturae et alterius gloriae. 53—72 *ebda*: quid est quod spiritum sanctum
dominus noster et semel dedit in terra consistens, et semel caelo praesidens? ...
nisi quod duo sunt praecepta charitatis, dilectio videlicet dei et proximi? In
terra datur spiritus, ut diligatur proximus; e caelo datur spiritus, ut diligatur

In érdu gab er in then géist,   thaz man firnémen thaz io méist,
    thaz mínna sie ginúage,   joh káritas gifúage;
Sid gáb er nan fon óbana,   thaz man firnámi thanana,
70 thaz sie scúlun thuruh nót   minnon gót, so er gibót.
    Mit thiu kúndt er hiar ouh mánnon,   thaz síe sih erist mínnon,
    thaz síe biquemen fóllon   mit thiu zen gótes minnon;
So er érist hiar in érdu   then géist gab, soso ih zéllu,
    áfter thiu fon hímilon,   so íh thir hiar ouh rédinon.
75 Nist ménnisgono wízzi   ni wédar ana ander núzzi,
    joh er sih góte leidit,   ob ér siu zuei giscéidit.
    Bi thiu símes io zi góte funs   mit then mínnon untar úns,
    joh ínan harto mínnon;   so quimit iz wóla mannon!
Nist thiu mínna sumirih   kreftin ánderen gilih
80 (giwisso wízist thu thaz),   thía wir heizen káritas.
Gilóbot ist si hárto   Páules selbes wórto,
    sines sélbes bredigon,   thiu káritas, so ih thir rédinon;
Lóbot sia giwáro   ther brédigari máro
    filu mánagfalto   sínes selbes wórto.
85 Thóh er si so mári   joh ouh so wís wari:
    ni irzált er thaz gimúati,   thia mánagfaltun gúati,
Odo er íra dohti   zi énte queman móhti,
    thera ira frámbari;   bi thíu ist si so mári.
Zalt er mánagfaltaz gúat   ufan sía joh thes ginúag
90 joh lúad sia hárto guates   joh suásliches múates.
Theist es állero meist,   wi es drúhtin quít, so thu weist,
    bí thia selbun mínna,   thia er lérta wórolt alla;
Wio er lerta drúta sine   hiar in wóroltlibe,
    wi er zálta in fon theru mínnu   mit sínes selbes stímmu;
95 Quad, man irkénnen scolti: ther sía mínnon wolti,
    joh thaz gibót mit willen   wolti émmizen irfúllen —
Thaz thíe warin gúate   joh góte filu drúte;
    zi thiu zóh er hiar in líbe   thie júngoron síne.
    Bi thiu dúemes uns io hiar in múat   thaz filu míhila guat,
100   thia filu scónun wunna;   thaz héizit avur mínna!

---

deus. Sicut ergo una est charitas et duo praecepta, ita unus spiritus et duo
data; prius a consistente domino in terra, postmodum o caelo, quia in proximi
amore discitur, qualiter perveniri debeat ad amorem dei.   81 *vgl.* 1. *Cor.* 13.
83 *vgl. eccl.* 25, 2.   95—98 *J.* 13, 34 mandatum novum do vobis, ut vos diligatis
invicem; 35 in hoc cognoscent omnes, quia discipuli mei ostis.

XIII. MANIFESTAVIT SE JESUS AD MARE TYBERIADIS.

Ih zell uns hiar zi núzzi   bi einaz físgizzi,
  wio sie ouh thár gidatun   joh selbon kríst irknatun.
Fuar Petrus físgon in war   (sélbo maht thu iz lésan thar,
  giloubi wórton minen)   mit sehs giséllon sinen.
5 Sie arabéitotun   thia náht al in giméitun,
  thie físga in al ingíangun,   nihéinan ni gifíangun.
Er stúant in themo stáde thar   tho thes mórganes sar,
  thánana er tho zi ín sprah,   thar er sie físgon gisah,
Oba íro thehein wiht hábeti,   thes in in wéidu zaweti,
10   tríunton ouh zi núzzin,   gifángan mit then nézzin.
Sie ímo sar tho ságetun,   tház sies wiht ni hábetun;
  ságetun, so ih nu zélita,   thaz ín es wiht ni záweta.
Er quád, sie sih gifíartin,   zi zésue gikértin,
  thaz in thánne zaweti,   soso ér in selbo zéliti.
15 Sie wúrfun tho zi zésue   thaz iro nézzi in then sé;
  ín quam sar ingégini   físgo mihil ménigi.
Zúgun sie tho ginóto,   wanta iro was fílu thrato,
  zi stáde joh zi sánte,   zi thúrremo úzlente,
Thría stunton fínfzug   (thes duent búah thar gihúgt)
20   ouh thrí, so ih thir rédinon   (thaz zéllent evangélion).
Thaz nezzi dróf thoh ni brást,   thoh iro wári sulih lást,
  iz al wóla, so gizam,   álangaz zi stáde quam.
Quad Johánnes, gotes drút,   zi then ginózon ubarlut,
  sprah in álawari,   theiz selbo drúhtin wari.
25 Pétrus sar thés sindes   bigonda suímmannes,
  mit mínnu joh mit wíllen   ni móht er mo gistíllen;
Thie ánthere zi lánte   quamun fériente,
  ér ni mohta irbítan,   want er nan mínnota so fram.

XIII. 3—4 *aus J.* 21, 2—3.   5—7. 9. 11 *J.* 21, 3 . . et [illa nocte nihil prendiderunt]; 4 [mane autem facto stetit Jesus in litore]. 5 dixit ergo eis Jesrs: pueri, numquid pulmentarii habetis? responderunt ei: non. (*Marg. zu* 11 [qui dixerunt: non]).   13—17 *J.* 21, 6 dicit eis: [mittite in dexteram navigii rete] et invenietis. [miserunt] ergo, et jam non valebant illud trahere prae multitudine piscium . .   18—21 *vorweggenommen aus J.* 21, 11 rete plenum magnis piscibus, [C. L. III.]; et cum tanti essent, non est scissum rete.   23—25. 27. 29—30 *J.* 21, 7 [dixit . . discipulus] ille, [quem diligebat] Jesus, Petro: [dominus est]; .. [cum audisset Petrus] .., misit se in mare. *J.* 21, 8 [alii] autem discipuli

Gágant er sar ouh zíoro   then ginózon filu scíoro;
30   thaz nézzi, so thu lísist thar,   zóh er in then stád sar.
So sie zi stáde quamun,   sie thar ffur gisahun,
   brót ouh thar zi hénti   joh fisga brátenti.
Hiaz er ézzan sare   zi dágamuase tháre
   mit ímo thar in wára   thie sine físgara,
35 Joh híaz er sie ouh giwísso   bríngan thero físgo,
   thie sie tho thés fartes   gifiangun míthontes.

XIV. MYSTICE.

Thaz bizéinot mihil gúat,   thaz drúhtin thar in stáde stuant,
   thaz ér ni drat thio úndun mer,   soso er ju déta for in ér.
Únodi ist iz hárto   sus frénkisgero wórto
   thia kléini al zi giságanne   joh zi irrékenne;
5 Thoh wíll ih es mit wíllen   hiar lúzilin gizéllen,
   gizéigon ouh in wára,   war thú es lisis méra.
Ther stád bizeinot lústi   thes sines líbes festi,
   thia er ginám in sina hánt,   tho er tód ubarwánt;
Ther sé bizeinot dáti   joh worolt únstati,
10   thíu sih io zi nóti   hiar ferit stózenti.
Thar wárun mit githuínge   thie júngoron noh tho ínne,
   sie scolta rúaren noh tho mér   thaz selba wóroltlicha sér.
Thaz hábeta mit then máhtin   ther éwinigo drúhtin
   ubarwúntan, thaz ist wár,   bi thiu stúant er tho in stáde thar.
15 Sélb so er rehto quáti   in thérera selbun dáti:
   „ni bin fúrdir ih mit mánnon   in thesen wóroltundon;

[navigio venerunt] ... 11 ascendit Simon Petrus et traxit rete in terram ...
31—36 J. 21, 9 ut ergo descenderunt in terram, [viderunt prunas] positas et piscem
superpositum et panem (Marg. [panem et piscem]). 10 dicit eis Jesus: [afferte de
piscibus], quos prendidistis mane (zu 33 vgl. J. 21, 12 venite, prandete).
XIV. 1—2 Gregor homil. 24: Cur discipulis in mari laborantibus post
resurrectionem suam dominus in litore stetit, qui ante resurrectionem suam coram
discipulis suis in fluctibus maris ambulavit? Vgl. J. 6, 19 (III, 8, 17 ff.) 7—18
ebda: mare praesens seculum significat, quod se causarum tumultu et undis vitae
corruptibilis illidit; per soliditatem litoris illa perpetuitas quietis aeternae figu-
ratur; quia igitur discipuli adhuc fluctibus mortalis vitae intererant, in mari
laborabant; quia autem redemptor noster jam corruptionem carnis excesserat,
post resurrectionem suam in litore stabat; ac si ipsum resurrectionis suae myste-
rium rebus discipulis loqueretur dicens: jam vobis in mari non appareo, quia

Thia zessa drát ih untar fúaz,   si furdir dáron mir ni múaz,
    joh stán nu mit gilústi   in éwinigeru fésti!"
Waz thaz nézzi zeinit,   ther rim thero físgo meinit,
20   thero júngorono méniġi,   thaz théro warun síbini;
Thaz brót in themo dísge   mit gibrátanemo físge,
    joh tház ouh thuruh thía last   thaz selba nézzi ni brast;
Thaz Pétrus thaz in stád ouh zoh,   thaz imo físg nihein intflóh,
    thaz krist zi júngist hiar gisáz   mit knehton síbinin inti áz:
25 Gregórius ther gúato   er spúnota iz gimúato,
    joh filu scóno in war mín,   so ist giwónaheit sín;
Iz Augustínus rechit   joh fílu kleino inthékit,
    ther uns hárto mánag guat   offan scóno giduat.
Sie thiz béde gruazent   joh uns iz hárto suazent;
30   thésses, thi ih nu hiar giwúag,   es ist uns fóllon thar ginúag.

XV. CUM ERGO PRANDISSENT, DICIT JESUS PETRO.

Só sie thar tho gázun,   thie thar mit ímo sazun,
    mit selb drúhtine,   thie liebun drúta sine,
Quad tho drúhtin selbo sús: „mínnost thu mih, Pétrus?
    mínnost thu mih filu mér,   thanne thín ginoz ánder?"
5 „Thú weist druhtin", quad er, „mín,   thaz ih mínna haben thín,
    joh thú mir bist in mínnon   fora allen wóroltmannon."
Quad ér: „theih thir gibíete,   thaz hábe thu fasto in múate,
    joh íl iz io irfúllen   mit hórsglichemo wíllen.
Gihalt mir scáf minu   (mínu, nales thínu);
10   fúatiri siu io zi wáru   mit mínes selbes leru."
Druhtin ávur zi imo sprah,   thaz man ér ni gisah,
    thaz er éino dati   so thiko frágeti:
„Pétrus, dua mih wísi,   oba ih thir líob filu si,
    mit mínnu thines múates   mir únnis alles gúates?"
15 Gab avur ántwurti   Pétrus mit giwúrti,
    zalta drúhtine   thie githánka sine:

---

vobiscum in perturbationum fluctibus non sum. 25. 27 *Verweis auf Greg. hom.* 24. *August. tractat. in J.* 21, 11.

    XV. 1ª. 3 — 5. 9 *J.* 21, 15 cum ergo prandissent, dicit .. Jesus: Simon Johannis, diligis me plus his? dicit ei: etiam, [domine; tu scis, quia amo te!] dicit ei: [pasce oves meas (*Vulg.* agnos meos)].

„Thu wéist, druhtin gúato,   thaz ih thih mínnon thrato,
   thaz thu líobo miner bíst,   mir ánder fora thír nist."
„Dúa", quad drúhtin, „thuruh nót,   so ih híar thir óbana gibót;
20   in hérzen si iz bifángan,   ni láz es wiht ingángan.
Bisih mir lémbir minu   (mínu, nales thínu),
   in ín gidua thia wórolt wis,   wio filu hóld thu mir sís."
Er thríttun stunt nan grúazta,   want er in ímo buazta,
   thaz er ér ju in war mín   so thiko lóugnita sin;
25 Ther thría stunton jáhi,   so thiko inflóhan wari;
   thia minna zálti hiar, so zám,   ther er so séro hintarquám.
„Pétrus, avur zéli mir,   bin ih líob filu thír?
   ist thaz hérza thinaz   mir wárlicho holdaz?"
Erquám er ana bága   thera thíkun gotes frága,
30   er was es harto únfro   joh gab er ántwurti avur thó:
„Thu selbo drúhtin alles bíst   joh wéist al, thaz in wórolt ist,
   thu weist thir sélbo anan mír   thia mina mínna zi thir."
„Firním", quad er, „thia rédina,   thia ih zálta thir hiar óbana;
   thaz ih wílle, so thu wéist,   laz thir wésan thaz io méist.
35 Nu fúatiri scáf minu   (mínu, nales thínu!);
   in ín dua hárto filu scín,   wio liob thir húldi mino sin.
Húgi hiar nu hárto   thero mínero worto,
   in hérzen kléibi siu nu sár,   wanta ih ságen thir in álawar:
Unz thu júng wari,   so wás thir thaz gizámi,
40   thaz thu thir sélbo gurtos   joh gíangi, thara thu wóltos.
Thu thénist thino hénti,   sar thu bist áltenti,
   giwisso thaz ni híluh thih,   so gurtit ánderer thih;

11ᵃ. 13—18. 21ᵃ *nach J.* 21, 16 [dicit ei iterum]: Simon Johannis, diligis
me? ait illi: [etiam, domine; tu scis, quia amo te!] dicit ei: [pasce agnos meos].
23—27 *J.* 21, 17 [dicit eo tertio:] Simon Johannis, [amas me?] *Dazu Alcuin*:
dominus tertio Petrum . . interrogat, ut ipsa trina confessione vincula, quae
illum ter negando ligaverunt, absolvat et quoties territus ejus passione se illum
nosse negaverat, toties ejus resurrectione recreatus, quod illum toto amet corde,
testetur; *Beda*: redditur negationi trinae trina confessio.   29—32. 35—36
J. 21, 17 . . [contristatus est Petrus,] quia dixit ei tertio . ., et dixit ei: [domine,
tu omnia] nosti; tu [scis,] quia amo te. Dixit ei: [pasce oves meas]. *Dazu B.*
und Alc.: meas, inquit, non tuas, . . ut meam videlicet in eis gloriam, meum
dominium, mea lucra, non tua propria quaeras.   38—46 *J.* 21, 18 amen, amen
dico tibi: [cum esses junior,] cingebas te et ambulabas, ubi volebas; [cum autem
senueris,] extendes manus tuas, et alius te cinget et ducet, quo tu non vis.
19 [hoc dixit significans, qua morte] clarificaturus esset deum. *Dazu Alc. (auch*
Beda homil. apost. Petri et Pauli): in extensione manuum positionem . ., qua

Thih leitit fílu manno, thara thú ni gengist gérno,
 thu scált iz thoh irfúllen mit thinemo únwillen."
45 Er mit thíu mo zálta, thaz wérdan thaz noh scólta,
 thaz man nan gifíangi, in krúci nan irhíangi.

XVI. DE ASCENSIONE DOMINI.

Tho drúhtin wolta réison, sin selbes ríches wison,
 sid themo síge, so gizám, then er in sátanase nam;
Fon thémo er unsih rétita, in héllu nan gistréwita,
 giwán ouh mit githwínge in sin selbes héiminge:
5 Gibót er sinen théganon sid tho thésen redinon,
 thaz wóla sie iz firnámin, ingegin ímo quamin;
Gibót in, thaz sie giíltin zi then sélben sconen zítin,
 thára er tho giméinta joh sélbo in iz gizeinta.
Sie íltun íro thuruh nót, so er in sélbo tho gibót,
10 thia fárt sie al so gisítotun joh selbon drúhtin betotun.
Er in tho náhor gigiang joh sie súazlicho intfiang,
 thoh ráfst er se erist hárto sines sélbes worto,
Thaz in thera úngiwurti thaz hérza in was so hérti,
 ni gilóubtun sar then gáhun, thi erstántan nan gisáhun.
15 Fílu er ín tho zálta, so er fón in fáran scolta,
 thaz ín iz wari fésti in thes hérzen brusti.
Er in thar ouh zálta spracha mánagfalta
 wórton ginúhtin, joh spráh ouh sus tho drúhtin:
„In hímile inti in érdu so wált ih es mit állu,
20 gigéban sint mir zi hénti ellu wóroltenti.
Nu scál ih iuih sénten, in thíonost minaz wénten,
 gizellet wóroltthiote ál, theih iu gibíete.
Faret brédigonti, so wít so thisu wórolt si,
 joh kundet éllu thisu thing úbar thesan wóroltring;

---

cruci erat aptandus, insinuat, in cinctione alterius impositionem vinculorum . .
exprimit.
 XVI. 5—8. 10ᵇ—14 *nach Mt.* 28, 16 undecim autem discipuli abierunt in
Galilaeam in montem, ubi constituerat eis Jesus. 17 et videntes eum adora-
verunt . . 18 [et accedens Jesus locutus est] eis Mc. 16, 14 [et increpavit (*Vulg.*
exprobravit) incredulitatem illorum] et duritiam cordis, quia eis, qui viderant
eum surrexisse, non crediderunt. 19—20. 22—28 *nach Mt.* 28, 18 . . [data est
mihi omnis potestas] in caelo et in terra. 19 euntes ergo docete omnes gentes . .
Mc. 16, 15 . . [euntes in mundum] universum praedicate evangelium omni creaturae . .

25 Gizéllet in ouh filu frám, theih sélbo hera in wórolt quam,
  thaz thiu min géginwerti giwéihti thia iro hérti.
 Mines sélbes lera thia dúet in filu mára;
  tóufet sie inti brédigot, thaz sie gilóuben in got.
 Árme joh thie ríche so gén iu al gilíche,
30 so waz so in érdu habe líb, thaz si gómman inti wíb;
 Óba sie thes gigáhent, zi gilóubu sih gifáhent:
  gidóufit werden álle; so ist iro lába thanne.
 Ther avur, thés ni giilit, mit dóufu sih ni wíhit:
  ni gilóubit thanne ouh thuruh nót; so íst er ju firdámnot.
35 Zéichono éigit ir giwált zi wírkenne ubar wóroltlant,
  thiu ir mih dúan sahut, unz ir mit mír warut:
 Hórngibruader héilet, so slíumo ir iz giméinet,
  thie suhti thána fuaret, so slíumo so ir se rúaret;
 Dóte man irquíket, thar ir zi mír es thigget,
40 tharzúa sin ouh gizálte béttirison álte.
 Thiu kráft ist iu giméini, thaz nist únheili
  in wórolti zi ware, nub ír sa heilet sáre.
 Ni mag díufal thara ingégin sin, thar ír ginennet námon min,
  so wár ir es biginnet, ir widar ímo ringet.
45 Ir ni thúrfut bi thiu, ih bin íamer mit iu;
  iu ni brístit min mér, drof ni fórahtet thaz sér!"

XVII. IGITUR, QUI CONVENERANT, INTERROGABANT EUM.

Sie thíz al tho firnámun, thie thara zi ímo quamun,
 tho frágetun nan giméino joh hárto filu kléino:
„Wil thu thaz ríchi, druhtin, mit thínes selbes máhtin
 ersézen thesen líutin nu sar in thésen zitin?"

---

33 gihilit *V*.

Mt. 28, 19 .. baptizantes eos in nomine patris et filii et spiritus sancti, 20 [docentes servare omnia], quaecumque mandavi vobis. 31—35. 37—40. 43. 45 *nach Mc.* 16, 16 [qui crediderit] et baptizatus fuerit, salvus erit; [qui vero non crodiderit], condemnabitur; *vgl. J.* 3, 18: qui autem non credit, jam judicatus est). *Mc.* 16, 17 signa autem .. haec sequentur: [in nomine meo daemonia] ejicient (*Mt.* 10, 8: [ejicite]) .. *Mt.* 10, 8 infirmos curate, [*leprosos mundate, mortuos suscitate*] .. *Mt.* 28, 20 et [ecce ego vobiscum sum *omnibus diebus*] ..

  XVII. 1—6 *acta apostol.* 1, 6 igitur qui convenerant, interrogabant eum dicentes: domine, in tempore hoc restitues regnum Israel? 7 dixit autem eis:

5 „Nist íu“, quad er, „noh mánne   thaz zi wízanne,
  thaz min fáter so githuáng   inti ínnan sinaz dréso barg;
Theiz hiar in wóroltfristi   mán nihein ni wésti,
  zi wízanne iz firbári,   wár thiu zit wari.
Thoh quément iu thio máhti,   giwalt joh gótes krefti,
10 thio gíbit iu mit mir méist   ther selbo héilogo geist;
So birut mir úrkundon   mit míhilen redinon,
  mit kréftigera hénti   in ellu wóroltenti.“
Yrhúab er sih, so er thaz gispráh,   thar sin githígini iz gisáh,
  joh fuar, sos ímo selben zám,   zi sinemo fáter, thanana er quám;
15 Zi sin selbes ríche, so gizám,   sid ér in tode sígu nam,
  in lúfte filu scóno   ther gotes sún frono.
Ther nist in álawari,   ther er thia stráza fuari,
  ther ér io thaz gidáti,   then selbon wég gidrati;
  Er fúar ouh sama hérasun,   want er ist thíarnun sun,
20 nist man in álawari,   ther er so héra quami.
Firliaz er thia érda ouh thuruh tház,   wanta wírdig si ni wás
  bira míssodati,   thaz er sia fúrdir drati.
Sie híntarquamun gáhun,   joh sie after ímo sahun,
  sih wúntorotun hárto   súlichero férto.
25 Thia súnnun joh then mánon   so úbarfuar er gáhon,
  joh állan thesan wóroltring,   ni gisah man ér io sulih thíng;
Sar zi théru stullu   thiu zuelif zéichan ellu,
  io sar bi thémo thinge   in themo úahalden ringe;
Ubar thaz síbunstirri   joh ther wágano gistélli,
30 then drachon níewihtes min,   ther sih thar wíntit untar in;
Satúrnum ouh then drágon,   Polónan ouh then stétigon,
  then thu in bérehtera naht   so kúmo thar giséhan maht.
Iz ist zi láng manne   sus al zi nénnenne,
  al thaz séltsani   thes hímiles gimali;
35 Thoh nist nihéin sterro,   ni er úbarfuari ferro;
  quédan man iz wóla muaz: alle drát er se untar fuaz!

___

25 Thie V.

___

[non est vestrum nosse tempora] .., quae pater posuit in sua potestate. 9—13.
16ᵃ act. ap. 1, 8 sed [accipietis virtutem] supervenientis spiritus sancti in vos et
[eritis mihi testes] .. usque ad ultimum terrae! 9 et cum haec dixisset, elevatus
est; et nubes suscepit eum ab oculis eorum. Marg. zu 13 [postquam locutus est
eis, assumptus est in caelum]. Zu 14. 25—36 vgl. hymn. Ambros. (Daniel I, 57, 1)
jam Christus astra ascenderat, regressus unde venerat.

Kápfetun sie lángo,   was wúntar sie thero thíngo,
    mit hánton oba then óugon,   thaz báz sie mohtin scóuon;
Sie irlúagatun nan kúmo   zi júngist filu rúmo;
40   thar wolkono óbanentig íst,   thar sáhun sie nan náhist.

XVIII. CUMQUE INTUERENTUR IN CAELUM.

Únz sie thar tho stúantan,   tharafter lúagetun,
   thar stuantun mán tho zuene   joh hárto filu scóne.
Sie quatun zi ín, sos iz zám: „wes scówot ir thar, guate mán?
   ziu sínt thie iuo wízzi   thes sulih fíruwizzi?
5 Ir ni thúrfut bi thiu;   er quimit ávur sama zi íu
   zi thera sélbun wisun,   so er hína fuar nu thárasun.
Er fuar io thémo mezze   zi sínes sélbes sezze,
   zi sin selbes gúallichi,   in sines fáter richi;
Ubar hóhi hímilo,   inti íst in allen óboro,
10   zi díuri, thár sin fáter was,   zi sin selbes zésuer gisaz.
Thar scówot er sin ríchi,   thaz hoha hímilrichi;
   nist wiht in érdu ouh, wizist tház,   gisíuni sin firhólanaz."
Iz mág uns wesan thráti: er síhit unso dáti,
   húgu in then githánkon,   ni múgun wir thaz biwánkon;
15 Sint unsu wórt in rihti   in síneru gisíhti;
   irthénkit wíht io mannes múat: er ím es·alles réda duat!

XIX. DE DIE JUDICII.

Thes habet er ubar wóroltring   giméinit einaz dágathing,
   ·thíng filu hébigaz,   zi sorganne éigun wir bi thaz.
Thir zéllu ih híar ubarlút: nist nihéinig siner drút,
   thes álleswio biginne,   ni er quéme zi themo thínge.
5 Quément thara ouh thánne   thie wénegun álle,
   thie híar gidatun fóllon   then iro múatwillon.

XVIII.   1—3. 5ª—6 *act. ap.* 1, 10 cumque intuerentur in coelum euntem illum, ecce duo viri astiterunt . . in vestibus albis (*vgl.* V, 20, 9), 11 qui et dixerunt: [*viri Galilaei, quid aspicitis* (*Vulg.* statis aspicientes) *in celum?* hic Jesus . . sic veniet, quemadmodum eum vidistis euntem in caelum.   7—16 *vgl.* *Ps.* 102, 19 dominus in caelo paravit sedem suam. *Hiob* 28, 24 omnia, quae sub caelo sunt, respicit. 42, 2 nulla te latet cogitatio! *Ps.* 32, 13. 14.

Zi zéllenne ist iz suári;   nist ther fon wíbe quami
  (es irquímit muat mín),   nub er thár sculi sin;
Ni síe sculin hérton   thar iro dáti renton
10   al io giwísso umbiríng,   theist filu jámarlichaz thíng!
    Ward wóla in then thíngon   thie selbun ménnisgon,
    thie thar thoh bígonoto   sint síchor iro dáto;
    In thie thoh úbil thanne   nist wiht zi zéllenne,
      mit thíu sih thoh biwérien   joh étheswio ginérien!
15 Wanta es nist lába furdir,   thaz gilóubi thu mir,
  er wérgin megi ingángan   (wérd er thar bifángan),
Nub er scúli thuruh nót   (wérd er thar birédinot)
  thúlten thanne in éwon   thes hélliwizes wéwon.
    Ward wóla in then thíngon   thie selbun ménnisgon,
20   thie thar thoh bígonoto   sint síchor iro dáto!
Weist thu, wío bi thia zít   ther gotes fórasago quít?
  er zélit bi thaz selba thíng,   thaz thar si míhilaz githuíng;
In ímo man thar lésan mag,   theiz ist ábulges dag,
  árabeito, quísti   joh managero ángusti;
25 Thaz íst ouh dag hórnes   joh éngilliches gálmes,
  thie blásent hiar in lánte,   thaz worolt úfstante;
Theist dag ouh níbulnisses   joh wíntesbruti léwes,
  thiu zuei firwázent thanne   thie súntigon alle;
Hérmido ginóto   joh wénagheiti thráto
30   (waz mag ih zéllen thir hiar mer?) —   thes ist ther dág al foller!
Lási thu io thia rédina,   wio drúhtin threwit thánana?
  thar dúat er zi gihúgte,   er thanne hímil scutte.
Wér ist manno in lánte,   ther thánne witharstánte,
  thanne er iz zi thíu gifiarit,   thaz sih ther hímil ruarit;
35 Thánne er mit giwélti   ist inan fáltonti
  (queman mág uns thaz in múat!),   so man sinan lívol duat!
Níst ther dag sumiríh   dagon ánderen gilih,
  thaz sar man in githánkon   thar mégi wiht biwánkon;

XIX. 21—30 *frei nach Zeph.* 1, 15 [*dies irae dies illa*], dies [*tribulationis et angustiae, dies calamitatis et miseriae*], dies tenebrarum et caliginis, [*dies nebulae et turbinis*]; 16 [*dies tubae et clangoris*] super civitates munitas et super angelos excelsos.   31—36 *Marg. zu* 31 [*movebo non solum . . terram etiam*]; *zu* 35 [*celum plicabitur, sicut liber*]; *nach Jesaias* 13, 13 super hoc caelum turbabo, et movebitur terra de loco suo . . 34, 4 et complicabuntur, sicut liber, caeli.

Gibórganero dáto   ni plígit man hiar nu thráto,
40   sih ougit thár ana wánk   ther selbo lúzilo githank.
        Ward wola ménnisgon   in thén selben thíngon,
        thie thar thoh bígonoto   sint síchor iro dáto;
        In thie thoh úbil thanne   nist wiht zi zéllenne,
        mit thíu sih thoh biwérien   joh étheswio ginérien!
45 Ni lósent thar in nóti   góld noh diuro wáti,
    ni hilfit gótowebbi thar,   noh thaz sílabar in war;
    Ni mag thar mánahoubit   helfan héreren wiht,
    kind noh quéna in ware,   sie sorgent íro thare;
    Odo íawiht helphan thánne   themo fílu richen mánne,
50   sie sint al ébanreiti   in theru selbun árabeiti.
    Giwísso thaz ni híluh thih: thar sorget mánnilih bi sih,
    bi sines sélbes sela;   nist wíht in thanne.méra.
    Skálka joh thie ríche   thie gént thar al gilíche,
    ni si thíe thar bi nóti   gifórdoront thio gúati.
55   Ward wóla in then thíngon   thie selbun ménnisgon,
        thie thar thoh bígonoto   sint síchor iro dáto!
    Thar nist míotono wiht   ouh wéhsales níawiht,
    thaz íaman thes giwíse,   mit wíhtu sih irlóse;
    Ni wari thu ío so richi   ubar wóroltrichi,
60   thóh thu es thar bigínnes;   ther scáz ist sines síndes.
    Wanta drúhtin ist so gúat,   ther thaz úrdeili duat;
    er duat iz sélbo, ih sagen thir éin,   ander bótono nihein;
        Bi thiu ist wóla in then thíngon   thie selbun ménnisgon,
        thie thar thoh bígonoto   sint síchor iro dáto;
65   In thie thoh úbil thanne   nist wiht zi zéllenne,
        mit thíu sih thoh biwérien   joh étheswio ginérien!

XX. QUOMODO JUDICATURUS EST MUNDUM.

Gizéllen will ih súntar   thaz égislicha wúntar,
    thaz selba úrdeili,   thaz wórolti ist giméini;
Er sélbo ist sus giméinta   joh júngoron sinen zéinta
    joh selbo in ságeta ubar ál,   wio égislih iz wésan scal.
        CUM VENERIT FILIUS HOMINIS IN SEDEM.

---

50 vgl. L. 23, 40 in eadem damnatione es.

5 Químit ther selbo gótes sun   fon hímilriche hérasun
  mit míhileru kréfti   joh éngilo giscéfti;
Mit míhileru hébigi,   mit ímo al sin githígini,
  thaz súach er mit then fórahtun,   waz ménnisgon io wórahtun.
Thaz méintun hiar thie zuéne,   thie wízun man thie scóne,
10 thie quátun, sar so er wólti,   er sama quéman scolti.
Thaz wíll ih hiar nu zéllen   unsen líobon allen,
  thaz sorge mín gilicho   tharazúa io fórahtlicho.
Ther selbo kúning richo   sizzit gúallicho,
  hóh ist ther, so ih zéllu,   then wórolt sihit éllu;
15 Thaz selba sédal sinaz   ist allen úngilichaz,
  ni wirdit thíng, ih sagen thir tház,   ér noh sidor súlichaz!
Thar sizzent drúta sine,   thi er zóh hiar sélbo in libe,
  joh sint ouh therero dáto   giwéltig filu thráto.
Thara férit al ingégini   éngilo ménigi,
20 quément iogilícho   tharazua fórahtlicho.
Fóra sinen óugon   stent alle ménnisgon,
  úbile joh gúate;   in stárcho ist thanne in múate.
Nist mán, ther nóh io wurti   odo ouh si nú in gibúrti
  od ouh noh wérde in alawár,   nub er scúli wesan thár;
25 Thie sélbe irstantent álle   fon thes líchamen fálle,
  fon themo fúlen légere,   iro wérk zi irgebanne,
Úz fon theru ásgu,   fon theru fálawisgu,
  so wánne soso iz wérde,   fon themo írdisgen hérde;
Mit themo sélben beine,   ándere nihéine,
30 mit fléisge joh mit félle,   thoh er ío ni wolle!
Thie scéidit er in war mín   íagiwedarhalb sín,
  so hírti, ther thar héltit   joh sines féhes weltit.
Ni thárft thu thes wiht frágen,   ni bigínnent sie thar bágen,
  thaz zúrnen odo iz réchen   odo íawiht thes gispréchen,
35 Odo íawiht thara ingégini   múrmulo thiu ménigi,
  suntar sár sih ríngot,   so drúhtin iz githíngot.

XX. 5—6. 13 *nach Mt.* 25, 31 cum autem venerit filius hominis in majestate sua et omnes angeli cum eo, tunc sedebit super sedem majestatis suae. 9—10 *nach act. ap.* 1, 11; *s.* V, 18, 6. 16 *vgl. Mt.* 24, 16 erit tunc tribulatio magna, qualis non fuit ab initio mundi usque modo neque fiet. 21 *aus Mt.* 25, 32 et congregabuntur ante eum omnes gentes .. 30 *vgl. Hiob* 19, 26 et rursum circumdabor pelle mea, et in carne mea videbo deum meum. 32—32 *Mt.* 25, 32 .. separabit eos ab invicem, sicut pastor segregat oves ab hoedis.

Sih sceident thío warba   sar in álahalba
  (nihéin iz thar innéinit,   so kráft iz sin giméinit);
Sih scéident thar zi líbe,   thie wárun hiar gilíabe
40   zi áltere fúrdir,   thaz gilóubi thu mir;
Múater fone kínde,   thaz fúrdir si iz ni fínde,
  joh ther fáter, thaz ist wár,   gescéidit sih fon ín thar;
    Giscéident sih in alawár   hérero inti thégan thar
    fon álteru líubi,   then wórton mir gilóubi;
45 Gisíbbon filu líebe,   thie wárun hiar in líbe
  mit mínnon filu zéizen;   ni múgun siez thar giwéizen!
So selbo drúhtin gibot,   so scal iz wésan thuruh nót,
  níst in themo thínge,   ther thára ingegin rínge;
Ni múgun siez bibríngan,   ni iz wérde thar infángan,
50   thaz sie ér io mínnotun   joh émmizigen wórahtun:
Súaznissi mánagaz,   thie hiar githíonotun thaz;
  thie ánthere iz ni níazent,   thara áfter iamer ríazent.
    Sih scéidit, so ih thir zéllu,   sús thiu wórolt ellu,
    fríunt fone fríunte   mit míhilemo nóte!
55 So sézzit er thie gúate   blídlichemo múate
  in zésuemo rínge   zi thémo selben thínge;
Thar sint thie ándere alle   in wénegemo fálle,
  thia wínistrun ni biwénkent,   thie selb so zígun stinkent.
Ther kúning biginnit scówon   ginádlichen óugon
60   thie thar zi zésue thuruh nót   sines wórtes beitont.
Sie óugun zi imo ouh wéntent   joh fórahtente stántent,
  ist in hárto in múate,   wío er bi sie gibíete;
Hánton joh ouh óugon   bigínnent sie nan scówon,
  wio er sinaz wórt gimeine,   joh wáz er in irdéile.
65 Bigínnit er sie grúazen   wórton filu súazen,
  mit míhileru mínnu   sines sélbes stimnu:
„Quemet", quít er thara zi ín,   „thie giwíhte mines fáter sin,
  giségenote síne,   joh liabun drúta mine;
Intfáhet, thaz er wórahta,   ríchi, thaz er gárota
70   er ánagengi wórolti,   er íuih thara hóloti!

39—46. 54 *frei nach Mt.* 24, 40 tunc duo erunt in agro: unus assumetur, et unus relinquetur; duae molentes in mola: una assumetur, et una relinquetur. 49—50 *vgl. Mt.* 26, 27 tunc reddet unicuique secundum opera ejus. 55—58 *nach Mt.* 25, 33 [statuet oves .. a dextris] suis, hoedos autem a sinistris. 59—60. 65. 67. 69—70 *Mt.* 25, 34 tunc dicet rex his, qui a dextris ejus erunt: [venite, benedicti] patris mei, possidete paratum vobis regnum a constitutione mundi.

Ir éigut iz giscúldit,   wíllon min irfúllit;
  ih lónon iu es tháre   mit líebu zi álaware.
Ir gibúaztut mir in wár   thúrst inti húngar,
  in hús mih ouh intfíangi,   theih wállonti ni gíangi;
75 Ir ni thúltut thuruh gót,   tház ih giangi náchot,
  ir eigut óuh thuruh gót   síuchi in mir gilóchot;
Ob ih in kárkare wás,   in biríwetut thaz,
  wisetut mín ouh in thíu,   ni brast mir wíhtes noh io zi íu;
Ward ouh tház, theih irstárb: íuer íagilih biwárb,
80   tház man mih irhúabi   joh scóno bigrúabi.“
Gébent sie mit thúlti   themo kúninge ántwurti
  (sie séhent sinaz ríchi,   thie hohun gúallichi,
Híntarquement múates):   „wer mag wánen, druhtin, thés,
  thaz mán io in álagahi   thih súlichan gisáhi;
85 Dótan thih io fúarti,   joh nákot dag thih rúarti,
  thúrst inti húngar?   wio mag wérdan thaz io wár,
Thaz quámi uns in gidráhti,   thih thuungin únmahti,
  élilenti séro   odo kárkari suáro;
Thaz ío thaz mohti wérdan   (iz ist rúmo oba unsan wán!),
90   in súlicheru nóti   thir man io thíonoti?“
Quit ther kúning maro: „ih ságen iu giwáro,
  ih scal iu iz zéllen ubar ál,   thaz wízit ana zuíval:
Mino líd es fúaltun,   joh mih thio dáti rúartun,
  thar ir iz dátut líeben   then brúaderon mínen.“
95 Thie wínistre er ouh thar grúazit   joh thie úbili in firwízit,
  biginnit sie ánafarton   mit égislichen wórton
Joh ouh ánabrechon   mit égislichen sáchon,
  mit séremo githuínge   joh suáremo ánaginge.
Jámarlicho er zi in quít: „firwázan ir fon góte sit;
100 fáret fon thérera suazi   in thaz éwiniga wízi!

85b thir V.

73—78 frei nach Mt. 25, 35 [esurivi .., et dedistis mihi manducare], sitivi
et dedistis mihi bibere; hospes eram, et collegistis me; 36 [nudus] et cooperuistis
me; [aegrotus] (Vulg. infirmus), et visitastis me; [in carcere] eram, et vènistis
ad me.   81. 83b—88 nach Mt. 25, 37 tunc [respondebunt] ei [justi], dicentes:
[domine, quando vidrmus] te hospitem .. aut nudum .. 39 aut .. infirmum ..
aut in carcere ..?   91—94 [respondit rex] nach Mt. 25, 40 et respondens rex
dicet illis: amen dico vobis, [quamdiu fecistis] uni ex his fratribus meis minimis,
mihi fecistis.   95a. 99b—102 [tunc dicit ad sinistros] nach Mt. 25, 41 tunc dicet

Giwisso wízit ir tház: themo díufele ist iz gárawaz;
  mit ímo iz niaze nóti   ther thíonost sinaz dáti!
Ni fánd in íu wiht gúates   noh líabes mines dróstes
  léithes, theih githúlta,   hiar líeben minen zálta;
105 Ni búaztut ir mir, thaz ist wár,   thúrst inti húngar,
  ír mih ouh ni wáttut,   in síuchi dróst ni dátut;
Ób ih ouh irstúrbi,   ni wás, ther mih bidúlbi;
  in hús mih ouh ni léittut   joh mámmuntes ni béittut;
Mir íagilih io wángta,   thes íh in iuih thíngta,
110   es scál man iu giwáro   nu lonon filu suáro!"
Biginnent sie ángusten,   sie wóllent sih inzéllen;
  er dríbit sie alle thánana,   wiht nist iro rédina.
Mit hérzen filu séren   biginnent sie thána keren,
  sie sátanasa dríbent   in wízi, thiu in ni líbent;
115 Sie habent in álawari   zuivalt úngifuari:
  sie hímilriches thárbent   joh innan béche werbent.

XXI. QUAM DISTRICTUM SIT TUNC DEI
JUDICIUM.

Nim nu góuma hárto   thero drúhtines wórto,
  in herzen hárto thir gibínt,   wio filu égislih siu sint.
Ni réfsit er sie thráto   iro fírndato,
  suntar ziu se irgázin,   sin thíonost so firlíazin.
5 Oba thér scal sin in béche,   ther armen brót ni breche:
  waz ther, ínan ubar tház   ni líaz haben sínaz?
Nu man wízinot then mán,   ther armen sélidono irbán:
  ist férro irdríban fon hímile úz,   ther anderemo nímist sinaz hús!
Oba ouh thér bislipfit,   ther náchotan ni théķit;
10   waz wanist thémo irgange,   ther anderan róubot thanne?

---

et his, qui a sinistris erunt: [discedite a me], maledicti, in ignem aeternum,
[qui paratus est diabolo] et angelis ejus.   105 — 106. 108 *aus Mt.* 25, 42 [esu-
rivi .., et non dedistis mihi manducare]; sitivi, et non dedistis mihi potum;
43 eram ... nudus, et non cooperuistis me; infirmus et in carcere, et non visi-
tastis me.   111 — 112 *aus Mt.* 25, 44 tunc [respondebunt et illi] ff. *Dazu Hrab.*:
sed tunc excusationem non habent.   1 3 — 114 *nach Mt.* 25, 46 et [ibunt .. in
supplicium aeternum].
  XXI. 2ᵇ. 5 — 10 *Hrab. zu Mt.* 25: metuenda multum atque timenda
redemptoris nostri sententia est .. quod si sterilitas in ignem mittitur, rapacitas

Oba ther brínnit thuruh nót,   ther háftes man ni wísot:
  fon héllu ther nirwíntit,   ther súntilosan bíntit!
Nu brínnit ther in béche thár,   ther dótan ni bigrébit hiar;
  waz thúnkit thih, si thémo man,   ther ánderemo thaz líb nam?
15 Dúa thir ouh in múat thin,   war thie húarera sin,
  lúginara thánne   joh níthigun álle;
Joh thie tház ouh datun,   allan bálo rietun
  inti ínnan theru brústi   druagun únkusti!
Sie fárent, so wir záltun,   in wízi mánagfaltun,
20   in héllipina nóti   thuruh úbildati;
In beches éinoti   thuruh iro dáti,
  zi sátanases hénti   ána theheinig énti.
Thar brínnent sie unz in éwon   joh éigun iamer wéwon,
  sér joh smérzun ubar dág,   thaz man gizéllen ni mág.
25   Biscírmi, druhtin, thánana   thie thíne liebun thégena,
  ouh únsih muadon álle   fon súlichemo fálle!

XXII. JUSTI IN VITAM AETERNAM.

In hímil farent thánana   thie gotes drútthegana,
  thie réhte joh thie gúate   blídlichemo múate;
In éwinigo wúnni   so ferit thaz ádalkunni,
  in mámmunti ginúagaz   (hiar githíenetun sie tház;
5 Thie selbun gótes liuti   thar níazent liohto zíti,
  joh sínt thar ana fórahtun,   thie híar io wóla worahtun);
In filu scínintaz líoht,   thes· ist sie íamer filu níot,
  ana tóth inti ana léid,   ni mag ih giságen thes giscéid.
Ni mág man thaz irdráhton,   noh mannes múat irahton,
10   noh man irscówon ni mág   then selbon frónisgon dag.
Wio scóni thar in hímile ist,   thu es io gilóubo ni bist;
  wio fésta fruma níazent,   thie sih io thára liezent.
Ni mahtu irzéllen thaz in wár,   wio filu thu líebes sihist thár,
  unsan drúhtin thanne   joh sine líebon alle.
15 Thes ni brístit thir mér,   thero drúto bistu ouh éiner;
  thir wólast mit giwúrti,   thaz thu io gibóran wurti!

---

quid meretur? aut quid rocipit, qui alienum tulit, si semper ardebit, qui de suo
non dedit? et si judicium sine misericordia erit illi, qui non fecit misericordiam:
quale judicium erit illi, qui fecit et rapinam?
    XXII. 1—3 nach Mt. 25, 46 ibunt .. justi in vitam aeternam.

XXIII. DE QUALITATE CAELESTIS REGNI ET INAEQUALITATE TERRENI.

Wólt$_4$ih hiar nu rédinon   (ni mág iz thoh irkóboron!),
    wio mánagfalt gilári   in hímilriche warì,
Mit thiu drúhtin lónot   thémo, thi imo thíonot;
    er thára ouh thie síne leitta,   thén er hiar forna irdéilta;
5 Wio wúnnosamo gúati   joh mínna so gimúati
    thar untar thén ist iamer,   bi thaz hiar thúltent thaz sér;
Wie thár thio frúma niezent,   thie hiar thia súnta riezent,
    sih híar io thára liezent,   thie sih mit thíu bigiazent;
Ouh zellen thio árabeiti,   thie wir hiar thúlten noti
10   in írthisgen thíngon,   thoh wír iz harto mínnon.
        Biscírmi uns, druhtin gúato,   thero selbun árabeito
        líchamon joh séla   in thínes sélbes era;
        Thuruh thíno guati   dúa uns thaz gimúati,
        wir mít ginádon thinen   thesa árabeit bimíden!
15 Thaz wíll ih hiar gizéllen   gláuen mannon állen,
    thaz sí in mer gimúati   thiu hímilriches gúati.
Thes wólt ih hiar bigínnan,   ni mág iz thoh bibríngan;
    thoh wílle ih zellen thánana   étheslícha rédina.
Nist mán nihein in wórolti,   ther ál io thaz irságeti,
20   állo thio scóni,   wio wúnnisam thar wári,
    (Odo ouh swígenti   es mánnes muat irhógeti)
    in sínemo sánge   odo ouh in híwilonne;
Ódouh thaz bibráhti,   in hérzen es irtháhti,
    sin óra iz io gihórti   od óuga irscówoti,
25 Wio hárto fram thaz gúat ist,   thar uns gíbit druhtin kríst,
    thaz gúates uns ér gárota,   er er wórolt worahta!
        Thára leiti, drúhtin,   mit thínes selbes máhtin
        zi thémo sconen líbe   thie holdun scálka thine,
        Thaz wir thaz mámmunti   in thínera munti
30   níazen uns in múate   in éwon zi gúate!

    XXIII. 1. 17—19 *Hrab.* VI, 105^f: considera, quaeso, statum vitae illius,
in quantum tibi considerare possibile est; ut enim vere est, comprehendere nul-
lus sermo sufficiet, sed quantum possumus .. tenuem quandam opinionem
de ea capiamus. *Zu* 2 *vgl. J.* 14, 2 (IV, 15, 7) in domo patris mei multae man-
siones sunt.   21. 23—26 *nach I. Cor.* 2, 9 oculus non vidit nec auris audivit nec
in cor hominis ascendit, quae praeparavit deus iis, qui diligunt illum. *Ephes.* 1, 4
elegit nos in ipso .. ante mundi constitutionem.

Níst thaz sulih rédina,   thoh ságent se alle thánana,
  thie híar thaz irwéllent,   thaz se thára wollent.
Thaz duit in jámaragaz múat   joh thes hímilriches gúat,
  thes hímilriches scóni   joh állaz sin gizámi.
35 Thaz duit fílu manno: thaz er hiar mínnot gerno,
  mit mínnu thes giflízit,   in múat so diofo lázit
(Thaz wízist thu in giwíssi),   thoh imo iz ábwertaz sí,
  ni mág ouh mit then óugon   zi géginwert iz scówon):
Yrwáchet er thoh filu frúa   joh habet thaz múat sar tharzúa;
40 súftot sinaz hérza,   thaz duit thes líobes smerza.
Thoh imo iz ábwertaz sí,   thoh hugit er ío, war iz sí,
  hábet sinan gíngon   ío zi thes liebes thíngon.
So duent thie gótes thegana;   sie wizun thaz gúat hiar óbana,
  in hímilriches hóhi   thia gotes gúallichi:
45 Thara súftent sie zúa   joh wachent múates filu frúa;
  thaz múat ist in io thárasun,   ni múgun sih frewen hérasun!
Si erhúggent kristes wórtes   joh líobes mánagfaldes,
  biginnent thára io flízan   (er hábet in iz gihéizan);
Bigínnent thara io húggen,   gináda sina io thiggen,
50 sie fergont drúta ouh síne,   thes líebes in nirzíhe;
Thaz múazin sih thes frówon   joh ínnana biscówon,
  thes wíllo sin io wálte,   zi lángo uns iz ouh ni élte!
Thes thigit wórolt ellu,   thes íh thir hiar nu zéllu,
  thiz scál sin io thés githig,   ther wílit werdan sálig;
55 Thaz íst in thar in líbe   gihéizan zi líebe,
  zi dróste in iro múate   mit mánagemo gúate.
      Thára leití, drúhtin,   mit thínes selbes máhtin
      zi thémo scónen libe   thie holdun scálka thine,
      Thaz wir thaz mámmunti   in thínera munti
60   níazen uns in múate   in éwon zi gúate!
Éigun iz giwéizit,   thie mártyra man héizit,
  thaz thar in ánawani   ist hárto manag scóni;
Joh óffonotaz iro múat,   thaz thár ist harto mánag guat,
  tho síe hiar thaz biwúrbun,   bi thia sélbun sconi irstúrbun;
65 Ni namun thía meina   wáfanes góuma,
  liuto fíllennes,   noh fiures brénnennes;
In múate was in génaz mer,   thanne thaz mánagfalta ser,
  thanne in théra fristi   thes líchamen quísti.
Wúrtun in in nóte   thie líchamon dóte,
70 thio séla filu ríche   in themo hohen hímilriche.

Duemes wír ouh uns in múat   thaz filu mánagfalta gúat,
  wír tharzua ouh húggen,   thes hímilriches thíggen;
Thes émmizigen férgon   gihógtlichen sórgon
  mit míhilen mínnon   hiar untar wóroltmannon!
75 Flíhemes thio úbili,   thiu únsih geit hiar úbiri,
  ílemes gidróste   zi hímilriche irlóste!
Uns klíbent hiar in ríhti   manago úmmahti;
  thúrst inti húngar,   thiu ni dérrent uns thár.
    Biscírmi uns, druhtin gúato,   therero árabeito
80   líchamon joh séla   in thines sélbes era;
    Thuruh thíno guati   dúa uns thaz gimúati,
      wir mit ginádon thinen   thesa árabeit bimiden!
Uns ist léid hiar mánagaz —   thorot ni sórgen wir bi tház;
  manago ángusti —   thar éigun wir gilusti;
85 Thiz ist tódes giwalt —   thar ist líb einfalt,
  wanta hímilrichi   theist lébentero richi.
Ni fráwont thar in múate,   ni si éinfalte thie gúate,
  thie híar io datun thuruh nót,   thaz evangélio gibot;
Thie híar io gerno irfúltun,   thaz in thio búah gizaltun,
90 ther wízod ginoto;   giníezent sies thar thráto.
Híar ist io wewo   joh állo ziti séro
  joh stúnta filu suáro,   thaz wízist thu giwáro;
Ummézzigaz sér,   thaz ni ubarwínten wir mer,
  ni si óba iz quéme uns múadon   fon drúhtines ginádon.
95   Biscírmi uns, druhtin gúato,   therero árabeito
      líchamon joh séla   in thínes selbes era;
    Thuruh thíno guati   dúa uns thaz gimúati,
      wir mit ginádon thinen   thesa árabeit bimíden!
Ílemes io hínana,   wir fúarun leidor thánana
100 fon páradises hénti   in suaraz élilenti;
Fon hímilriches súazi   in jámarlichaz wízi,
  in thiz írthisga dál,   firlúrun garo génaz al;
In thiz dál záharo,   thes fúelen wir nu suáro,
  in thesses wéinonnes lást,   thes uns fúrdir ni brast.
105   Biscírmi uns, druhtin gúato,   therero árabeito
      líchamon joh séla   in thínes selbes era;

---

77 *Alcuin de fide trinit. cap.* 20:· procul erit ab eis omnis infirmitas, . .
omnis corruptio, omnis egestas, omnis indigentia.   85—86 *apocal.* 21, 4 et mors
ultra non erit . . *Mt.* 22, 32 non est deus mortuorum, sed viventium.

Thuruh thíno guati   dúa uns thaz gimúati,
    wir mit ginádon thinen   thesa árabeit bimíden!
Wir birun zi úmmezze   hiar émmizen mit házze,
110   in súntono súnftin   mit grozen úngizunftin;
Thaz dúat uns ubil wíllo,   thes sint thio brústi uns follo,
    joh ubil múat ubar tház,   giwisso wízist thu thaz;
Joh ouh giwísso ana wánk   harto nídiger gitánk,
   ház unses múates;   bi thiu thárben wir thes gúates.
115   Biscírmi uns, druhtin gúato,   therero árabeito
     líchamon joh séla   in thínes selbes era;
    Thuruh thíno guati   dúa uns thaz gimúati,
     wir mit ginádon thinen   thesa árabeit bimíden!
Ist thórot ana zuíval   thiu brúaderscaf ubar ál,
120   cáritas thiu díura,   thiu búit thar in wára
Mit állen gizíugon,   thes ist si hárto giwon;
   wíllo iz al firfáhit,   ther sih hiar íru nahit.
Ádeilo thu es ni bíst,   wio in búachon siu gilóbot ist,
    wio míhil gimúati   sint állo thio iro gúati.
125 Búent ouh gimúato   zua suéster iro gúato
    (réht inti fríthu) thar,   wízist thaz in alawár;
Nist mán, thoh er wólle,   ther thaz gifúari irzelle,
    joh wio sih mán thar frowent,   thar éllu thíu thriu buent.
     Thára leiti, druhtin,   mit thínes selbes máhtin
130   zi thémo sconen líbe   thie holdun scálka thine,
     Thaz wir thaz mámmunti   in thínera munti
     níazen uns in múate   in éwon zi gúate!
Ni maht ávur thaz gimáchon,   thara ingégin rachon,
    wio mánagfalto wúnta   hiar thúlten thuruh súnta.
135 Fróst, ther úmblider íst,   ther ni gíbit thir thia fríst,
    hízza ginóto   suárlichero dáto.
Nist óuh in érdriche,   núb er hiar irsíache,
    nub er ío innan thes   sih lade fórahtennes.
Ni wirthit óuh innan thés   (zi stunton brést imo thes),
140   ni in júngistemo thínge   thoh élti nan githuínge,
Thiu mo állaz liob insélzit   joh máhto nan gihélzit,
    duit imo wídarmuati   thia júgundlichun gúati;

---

125 [*iustitia et pax*].   135—143 *Hrab. l. c.*: ibi .. nulla frigoris, nulla ardoris asperitas; .. non est senectus ibi nec senectutis miseria.

Léident imo in brústi   thio érerun gilústi,
    ist méra imo in theru brústi   thes huasten ángusti.

145   Biscírmi uns, druhtin gúato,   therero árabeito
     líchamon joh séla   in thínes selbes era;
     Thuruh thíno guati   dúa uns thaz gimúati,
     wir mit ginádon thinen   thesa árabeit bimíden!
Hiar suidit mánne ana wánk   io ther úbilo githánk,

150   in hérzen joh in múate   ni firséhent sih zi gúate;
Súht joh suéro manager   (thes giwúagun wir ér);
    ni brístit thoh in thés thiu mín,   ni sie sih házzon untar ín,
Ni sie sih ío muen   mit mánagemo wéwen,
    ni dúent in thíu halt thoh in múat,   thaz ther díufal in thaz dúat;

155 Nihéin ouh thes githénkit,   wio er se émmizigen skrénkit,
    joh thés ouh ni gisuíkhit,   sie émmizen bisuíkhit.

     Biscírmi uns, druhtin gúato,   therero árabeito
     líchamon joh séla   in thínes selbes éra;
     Thuruh thíno guati   dúa uns thaz gimúati,

160   wir mit ginádon thinen   thesa árabeit bimíden!
Therero árabeito   thárbent io ginóto,
    thie híar thes bigínnent,   zi hímilriche thíngent.
Theist al ánder gimah,   so ih hiar fórna gisprah,
    theist al éinfoltaz gúat,   gilaz thir thára thinaz múat.

165 Éinfoltu wúnna   so scínit thar so súnna,
    sie fúrdir thar nirwélkent   then, híar io wóla thenkent;
Thio frúma then thar blúent,   thie sih zi thíu hiar muent;
    then, thaz hiar giágaleizent,   mit húrsgidu ouh giwéizent,
Thaz sie thára al thaz jár   ládot mihil jámar,

170   joh iro líb allaz;   thie hiar sórgent bi tház.

     Thára leiti, druhtin,   mit thínes selbes máhtin
     zi thémo sconen líbe   thie holdun scálka thine,
     Thaz wir thaz mámmunti   in thínera munti
     níazen uns in múate   in éwon zi gúate!

175 Thar ist sáng sconaz   joh mannon séltsanaz,
    sconu lútida ubar dág,   thaz ih irzéllen ni mag;
Tház ist in giríhti   fora drúhtines gisíhti,
    selbo scówot er thaz,   bi thíu ist iz so scónaz.
Thu horist thár ana wánk   io thero éngilo sank,

180   mit thiu se thén warbon   lóbont druhtin sélbon,
Mit thiu se drúta sine   duent íamer filu blíde,
    iamer fráwamuate   zi állemo guate.

Thára leiti, druhtin,   mit thínes selbes máhtin
zi thémo sconen líbe   thie holdun scálka thine,
185   Thaz wir thaz mámmunti   in thínera munti
níazen uns in múate   in éwon zi guate!
Thir ál thar scono híllit,   thaz música gisingit,
állaz thir zi líebe   zi themo éwinigen libe,
Io then éwinigan dág,   then man irzéllen ni mag;
190   gistéit thir thar al rédinon   mit éwinigen fréwidon!
Ni mag mán nihein irrédinon,   wio thár ist gótes theganon,
thie árabeiti thúltun   joh sinan wíllon fultun.

Thára leiti, druhtin,   mit thínes selbes máhtin
zi thémo sconen líbe   thie holdun scálka thine,
195   Thaz wir thaz mámmunti   in thínera munti
níazen uns in múate   in éwon zi gúate!
Sih thar ouh ál ruarit,   thaz órgana fuarit,
líra joh fidula   joh mánagfaltu suégala,
Hárpha joh rótta,   joh thaz io gúates dohta,
200   thes mannes múat noh io giwúag: thar ist es álles ginuag.
Thaz spil, thaz séiton fuarent   joh man mit hánton ruarent,
ouh mit blásanne: thaz hórist thu allaz thánne;
Thaz níuzist thu iagilícho   thar scono géistlicho,
iz ist so in álawari   in hímile gizámi.
205   Thára leiti, drúhtin,   mit thínes selbes máhtin
zi thémo sconen líbe   thie holdun scálka thine,
Thaz wir thaz mámmunti   in thínera munti
níazen uns in múate   in éwon zi gúate!
Allo wúnna, thio sín   odo io in gidráhta quemen thín —
210   thaz níuzist thu in múate   íamer thar mit gúate,
Íamer mit líebe   (thin hérza mir gilóube)
thaz guata mánagfalta,   thaz íh thir hiar nu zálta.
Níuzit thar in wara   sálida thin séla,
íamer mámmunti   joh éwinig gimúati;
215 Éwiniga súazi,   bimídit allaz wízi,
álles múates sorgon,   si blídit sih thar fóllon;

187—190. 197—202 *vgl. Ephr. Syr.* III, 595 audies fidicines cytharis et tym-
panis mutuo certamine colludentes. *Ps.-Augustinus de gaudiis paradisi (Daniel*
I, 118. *Mone* I, 424) *v.* 49 novis sempor melodias vox meloda concrepat, et in
jubilum prolata mulcent aures organa.

Blídit sih thar íamer   ana sórgun joh sér
  joh ana léidogilih,   giwísso thaz ni híluh thih.
    Thára leiti, drúhtin,   mit thínes selbes máhtin
220   zi thémo sconen líbe   thie holdun scálka thine,
    Thaz wir thaz mámmunti   in thínera munti
    níazen uns in múate   in éwon zi gúate!
Wári in mir ginóto   manag thúsunt múnto,
  sprácha so gizámi,   thaz énti thes ni wári:
225 Ni móht ih thoh mit wórte   thes lóbes queman zénte
  álles mines líbes fríst,   wíolih thar in lánte ist.
    Thu wírdist mir gilóubo,   sélbo thu iz biscóuo,
    theiz dúit thia mína redina   hárto filu nídira;
  Joh scowos (wízzist thu tház)   líob filu mánagaz,
230 liobes hárto ginúag,   thes ih noh híar ni giwúag.
    Thára leiti, drúhtin,   mit thínes selbes máhtin
      zi thémo sconen líbe   thie holdun scálka thine,
    Thaz wir thaz mámmunti   in thínera munti
    níazen uns in múate   ın éwon zi guate!
235 Wio mág ih thaz irwéllen,   thaz mínu wort irzéllen ·
  hímilriches dóhta,   thaz wǫrolt al ni móhta;
  Thaz thíe alle er nirzélitun,   tharazúa thoh thíngotun,
    joh ouh zi álaware   mit múate warun tháre?
  Waz scolt íh thanne   (bin súnta untar mánne!),
240 tho ébanlih ni móhta   gizéllen, thaz dóhta?
    Thára leiti, drúhtin,   mit thínes selbes máhtin
      zi thémo sconen líbe   thie holdun scálka thine,
    Thaz wir thaz mámmunti   in thínera munti
    níazen uns in múate   in éwon zi gúate!
245 Nist, thémo thar in lánte   tód io thaz inblánte
  (tbiu fréwi ist in giméino),   thaz sinan fríunt biweino;
  Odo óuh thaz insízze,   thaz inan wiht gilézze
  (theist in óuh gimeini)   thera sínera selbun héili;

---

223 manago V.   múato V.

223—226 Ephr. Syr. serm. X (III, 593): non tibi si adsit summa dicendi
facultas, paradisi magnificentiam enarrare queas; nec si lingua disertissimus sis,
ejus ornamenta describere; .. si mente perspiacissimus sis, adhuc ineptus es ad con-
spiciendam ejus pulchritudinem.   238 apocal. 1, 10 fui in spiritu in dominica die.
I. Cor. 2, 12 nos .. accipimus spiritum, qui ex deo est, ut sciamus, quae a deo
donata sunt nobis. .. 14 animalis autem homo non percipit ea . . .

Odo imo tód so giénge,   thaz gót io thaz gihénge,
250   thaz in thémo riche   íaman sar irsíeche
(Quístu bi thie síuchi);   odo er sar únfrawer si,
odo inan wíht sar smérze,   thaz ér es thoh gigrúnze;
Odo iowiht ánder, suntar gúat,   rúere mo thaz blida múat,
léid odo smérza   thaz sinaz fráwa herza!
255   Thára leiti, drúhtin,   mit thínes selbes máhtin
     zi thémo scónen libe   thie holdun scálka thine,
   Thaz wir thaz mámmunti   in thíneru muntī
    níazen uns in múate   in éwon zi gúate!
Ni wírthit in themo érbe,   thaz mán thihein yrstérbe,
260   tód inan bisuíkhe   in thémo selben ríche.
Giwisso ságen ih thir éin: thár nirstirbit mán nihein,
bi thiu ni wírdit ouh in wár,   thaz man nan bigrábe thar;
Odo iawiht thés man thar bigé,   thes zi tóde gigé,
zi thémo thíonoste;   sie sínt thar al gidróste.
265 Then tód, then habet fúntan   thiu hélla joh firslúntan,
díofo firsuólgan   joh élichor gibórgan.
Thoh ouh tház ni wari,   thaz wari thóh io sconi,
héili (wízistu tház)   ana énti thehéinaz!
     Thára leiti, drúhtin,   mit thínes selbes máhtin
270   zi thémo scónen libe   thie holdun scálka thine,
   Thaz wir thaz mámmunti   in thíneru munti
    níazen uns in múate   in éwon zi gúate!
Thar blýent thir io   lília inti rósa,
súazo sie thir stínkent   joh élichor nirwélkent.
275 Thia bluat, thia érda fuarit,   joh ákara alle rúarit —
thia scóni zi ware   thia síhistu alla tháre;
Ther stánk ther blásit thar in múat   io thaz éwiniga gúat,
súazi filu mánaga   in thie gótes thegana,
In thie gótes liobon   mit súazin ginúagon,
280   in thie drúta sine;   ward wóla sie mit líbe,
Thaz sie gibóran wurtun,   tho sie súlih funtun,
joh síe in thésa redina   níazent iamer fréwida!
     Thára leiti, drúhtin,   mit thínes selbes máhtin
     zi thémo scónen libe   thie holdun scálka thine,

---

261 *Augustin de civ.* D. 5, 16 ibi nullus oritur, quia nullus moritur.
271—272 *Ephr. Syr.* III, 578; *Ps.-August. l. ç.* 14 flos perpetuus rosarum ver
agit perpetuum, candent lilia, rubescit crocus, sudat balsamum.

285   Thaz wir thaz mámmunti   in thínera munti
             níazen uns in múate   in éwon zi gúate!
Ubar thíz allaz   so ist uns súazista tház,
       wir unsih thés thar frowon,   selbon drúhtin scouon,
Sines sélbes sconi   joh állaz sin gizámi
290   íamer in then máhtin   bi sinen éregrehtin.
Theist thiu wúnna joh thaz gúat,   thaz blasit líb uns in thaz múat;
      theist al fon thémo brunnen,   thaz wír hiar gúetes zellen!
Sehen óuh thar then dróst,   thero éngilo thíonost;
      uns thar io líb bibríngit,   thaz íagilicher singit.
295   Thára leiti, drúhtin,   mit thínes selbes máhtin
           zi themo sconen líbe   thie holdun scálka thine,
      Thaz wir thaz mámmunti   in thíneru munti
           níazen uns in múate   in éwon zi guate!

XXIV. ORATIO.

Giwérdo uns geban, drúhtin,   mit thínes selbes máhtin,
      wir únsih muazin blídin   mit héilegon thínen;
Mit ín wir muazin níazan,   thaz hábest thu uns gihéizan,
      thésa selbun wúnna,   thia wír hiar scríbun fórna!
5 Érdun inti hímiles   inti alles flíazentes,
      féhes inti mánnes —   drúhtin bist es álles.
Wir birun, drúhtin, alle thín;   ni laz quéman thaz io in múat min,
      theih híar gidue in ríche   wíht thes, thir ni líche!
Gibóran wir ni wúrtun,   er thino máhti iz woltun;
10   stéit ouh unser énti   in thínes selbes hénti;
Ist uns in thír giwissi   ouh thaz irstántnissi,
      thaz unser stúbbi fulaz   werde avur súlih, soso iz was.
Thu weltist óuh ana thés   thes selben úrdeiles,
      rihtis sélbo thu then dág,   then man biwánkon ni mag.
15 Nu iz állaz, druhtin, thín ist: ginado bi únsih, so thu bíst;
      léiti unsih in ríchi thín,   thoh wir es wírdig ni sin;
Druhtin, álleswio ni dúa,   mih io fúagi tharazúa,
      thaz íh mih untar thínen   íamer muazi blíden;

287—294 *Hrab. l. c.*: verum super haec omnia est sociari consortiis ange-
lorum omniumque caelestium supernarumque virtutum contuberniis perfrui; ultra
omnem vero hanc hujusmodi est gloriam ipsius domini nostri Jesu Christi in-
effabilem adipisci conspectum et majestatis ejus inenarrabili splendore radiari.

Theih thar thih lóbo ubar ál,   so man drúhtinan scál,
20 allen kréftin minen   mit héilegon thínen;
Wir thina géginwerti   níazen mit giwúrti,
joh sín thih saman lóbonti   allo wórolt worolti! Amen.

XXV.   CONCLUSIO VOLUMINIS TOTIUS.

Selben krístes stíuru   joh sínera ginádu
bin nú zi thiu gifíerit,   zi stáde hiar gimíerit;
Bín nu mines wórtes   gikerit héimortes,
joh wíll es duan nu énti,   mit thiu íh fuar férienti.
5 Nu wíll ih thes giflízan,   then segal nítharlazan,
thaz in thes stádes feste   min rúadar nu giréste.
Bin gote hélphante   thero árabeito zi énte,
thes mih fríunta batun,   in gótes minna iz dátun;
Thes síe mih batun hárto   selben gótes worto,
10 thaz ih giscríb in unser héil,   evangéliono deil;
Tház ih es bigúnni   in únseraz gizungi;
ih thuruh gót iz dati,   soso man mih báti.
Ni móht ih thaz firlóugnen,   nub íh thes scolti góumen,
thaz ih ál dati,   thes káritas mih bati;
15 Wanta sí ist in war mín   druhtines drútin,
ist fúrista innan húses   sines thíonostes.
Thes selben thíonostes giwált —   thaz géngit thuruh íra hant,
nist es wíht in thanke,   mit íru man iz ni wírke!
Nu íst iz, so ih rédinon,   mit selben krístes segenon,
20 mit sínera giwélti   braht anan énti,
Giscríban, so sie bátun,   thaz iro mínna datun,
brúaderscaf ouh díuru,   thaz ságen ih thir zi wáru.
Ih hiar nu férgon wille   gótes thegana álle,
alle hóldon sine   joh liabe fríunta mine,
25 Si frúma in thesen wérkon: thaz sies góte thankon,
thaz sie tház irwellen,   gótes gift iz zellen,
Sínera máhti   állaz thaz gidráhti,
ímo, so ih zéllu,   thiu selbun wórt ellu;
Sí thar, thaz ni dóhta,   so mir gibúrren mohta:
30 zéllet thio giméiti   minera dúmpheiti,
Mínes selbes úbili,   thaz íh io ward so frávili;
joh minera árgi filu frám,   thaz ih es góuma ni nam,

Thaz íh in thesen rédion ni lúgi in thevangélion;
thaz íh mir liaz so úmbiruah thio mines drúhtines buah!
35 Thero selbun míssidato thíg ih, druhtin, thráto
gináda thina, in wára; wes még ih fergon méra?
Ther hóldo thin ni míde, nub er iz thána snide,
joh er iz thána scerre, tház iz hiar ni mérre,
Zi thiu thaz gúati sine thes thiu báz hiar scine,
40 joh man wizzi fóllon in thíu then guatan wíllon;
Want er thaz gúata mínnot, joh hiar iz lísit thuruh gót,
thaz árga hiar ouh mídit, joh iz thána snidit;
Noh thuruh éina lugina ni firwírfit al thia rédina,
noh thuruh úngiwara mín ni lázit thia frúma sin;
45 Súntar thaz giscríb min wirdit bézira sin,
búazent síno gúati thio mino míssodati.
Sǫ eigun dáti sine lon fon drúhtine,
gélt filu fóllon thuruh then gúatan willon,
Want er thaz úbila firméid, joh iz garo thána sneid;
50 thaz gúata steit giháltan joh mág sih baz giwáltan.
Sús bi thésa redina so duent thie gótes thegana,
sie wírkent thiz gimúati thuruh thio íro guati;
Sús duent thíe io álle thes gúaten willen fólle,
thie selbun drúta sine joh liebe fríunta mine.
55 Ih wéiz ouh, thaz thu irkénnist, joh thíh iz únfarholan ist,
wio áfur iogilícho duit ther mín gilicho.
Then rúarit io thiu smérza (thaz dúit imo úbil herza),
er scówot zi themo gúate séragemo múate;
Iz rúarit sino brústi sar zi théra fristi
60 mit míhilen ríuon, so ér iz biginnit scóuon;
Er bíeget zemo gúate, ist úbilo imo in múate,
wólt er sar thén wílon gérno iz firdílon.
Nist ímo thar ouh fóllon thuruh then argan wíllon,
súntar er thaz grúbilo, finthit er thar úbilo;
65 Joh wilit súlichero iagilih, theiz állaz si so sámalih,
biginnent frám thaz réchen, thaz sie thaz gúata theken;
Lúagent io zemo árgen, thaz sie génaz bergen,
tház siez io bihéllen mit árgemo willen.
Iz spríchit ouh giwáro Hierónimus ther máro,
70 giwuag er wórtes sines thes selben álten nides.
Er quit, sin súmiliche, thoh in thaz wérk liche,
sie thoh, bi thíe meina, thes árgen nemen góuma;

Thaz sie tház io spurilon,   wio sie in ábuh redinon,
  joh sie thés io faren,   wioz híntorort gikeren!
75 Nu sie tház ni mident,   so hohan gómon rinent,
  sie óuh thaz ni éltent,   then gotes drút so sceltent:
Waz dúit thanne iro frávili   theru mínera nídiri,
  joh iro wíllo úbiler?   got biskírme mih ér!
Sus sínt thiu thíng ellu,   so íh thir hiar nu zéllu;
80 sus míssemo múate   sint úbile joh gúate:
Thie einun wóllent in wár   thaz gúata ófonon sar,
  thie ándere mit ílon   iz wóllent sar firdílon.
Thie gúate es sar bigínnent   joh iz frámbringent,
  joh sint fró thrato   réhtero dato;
85 Thie andere álle filu frúa   sero grúnzent tharzúa,
  sero dúit in thiu fríst,   theiz bithékitaz nist.
Nu bifílu ih mih hiar   then béziron allen in wár,
  allen gótes theganon   mit selben krístes seganon;
Tház thie selbun smáhi mín   in gihúgti muazin íro sin,
90 mit wórton mih ginúagen   zi drúhtine gifúagen;
Ío sar in thémo friste   zi wáltantemo kríste,
  zi wáltanteru hénti   ána theheinig énti;
    Themo si gúallichi   ubar állaz sinaz ríchi,
      ubar allo wórolti   si díuri sin io wónanti;
95   In érdu joh in hímile,   in ábgrunte ouh hiar nídere,
      mit éngilon joh mánnon   in éwinigen sángon!
Ther míh hiar so gidrósta,   thero árabeito irlósta,
  thaz ér min githáhta,   zi stáde mih bibráhta.
Thoh íh tharzua húgge,   thoh scówon sio zi rúgge,
100 bin mir ménthenti   in stade stántenti.
    Si gúallichi thera énsti,   thiu mir thés io giónsti,
      lób ouh thera giwélti   ána theheinig énti
    In érdu joh in hímile,   in ábgrunte ouh hiar nídere,
      mit éngilon joh mánnon   in éwinigen sángon! Amen.

OTFRIDUS UUIZANBURGENSIS MONACHUS HARTMUATE ET UUERINBERTO SANCTI GALLI MONASTERII MONACHIS.

Oba íh thero búacho gúati   hiar iawiht missikérti,

  gikrúmpti thero rédino,   thero quít ther evangéli   **O:**

Thuruh krístes kruzi   bimíde ih hiar thaz wízi,

  thuruh sína gibúrt;   es íst mir, drúhtin, thanne thúrf   **T.**

5 Firdílo hiar thio dáti   joh, drúhtin, mih giléiti,

  thaz ih ni mángolo thes dróf,   in hímilriches frítho   **F;**

Rihti pédi mine,   thar sin thie drúta thine

  joh minaz múat gifréwi mir   in ewon, drúhtin, mit thí   **R**

In hímilriches scóni;   dúa mir thaz gizámi

10 joh mih io thára wisi,   thoh ih es wírdig ni s   **I!**

Drúhtin, dúaz thuruh thíh,   firdanan wéiz ih filu míh;

  thin gibót ih ofto méid,   bi thiu thúlta ih thráto mánag lei**D.**

Uuéiz ih thaz giwísso,   thaz íh thes wírthig was ouh só;

  thiu wérk firdilo mínu   gináda, druhtin, thín   **U**

15 Sar io nú giwaro,   thaz ih thir thíono zioro

  ellu jár innan thés   joh dága mines líbe   **S!**

Uuanta unser líb scal wesan tház,   wir thíonost duen io thínaz,

  thaz húggen thera wúnnu   mit krístes selbes mínn   **U.**

Uuóla sies io ginúzzun,   thie wíllen sines flízzun,

20 joh sínt sie nu mit rédinu   in hímilriches fréwid   **U,**

In hímiles gikámare   mit míhilemo gámane,

  mit míhileru líubi,   thes wórtes mir gilóub   **I.**

Zi héllu sint gifíarit   joh thie ándere gikérit;

  thar thultent béh filu héiz,   so ih iz álleswio ni wéi   **Z.**

25 Alla wórolt zeli thu ál,   so man in búachon scál:

  thiz fíndistu ana duála,   thaz ságen ih thir in wár   **A.**

Nim góuma in álathrati,   wio Abél dati,

  wior húgu rihta sinan   in selb drúhtina   **N;**

Bigonda er góte thankon   mit sínes selbes wérkon,

30 sínen werkon er io kléib,   wiht ungidánes ni bilei   **B.**

Uuio ther ánder missigíang   joh harto híntorort gifíang,
    thaz lísist thu ouh zi wáru,   joh fon theru sélbun far   **U**;
Ríat er thes ginúagi,   wio er Abélan sluagi,
    wio er gidáti filu sér   themo éinegen brúathe   **R.**
35 Gifréwit ist ther gúato   nu in hímilriche thráto,
    thaz deta thero wérko githig;   ther ánder nist es wírthi **G.**
Er ist gilóbot harto   selben krístes worto
    in búachon zi ware,   maht sélbo ist lesan thár   **E.**
Ni brístit, ni thu hórtist,   wio leid ther ánderer ist;
40   nist, thér sin habe rúachon,   thaz lísistu ouh in búacho**N.**
Sih Laméch ouh firlós   joh zua quénun erist kós,
    deta ander úbil ubar tház,   want er gúater ni wa   **S.**
In ímo ist uns thiu fórahta,   thia úns Caín ouh wórahta;
    lis, wío er then quénon zéinti   joh sélbemo imo irdéil   **I.**
45 Súntar ward Enóch in war   drúhtines drút sar,
    wanta ér wialt múates sínes;   nu níuzit páradise   **S.**
Mánagfalta léra   duat drúhtin uns in wára
    in thesa wísun untar ín;   theih híar thir zélle, thaz firní**M.**
Oba thu es wóla drahtos,   in múate thir iz áhtos:
50   maht thánne thu giwáro   giniazan béder   **O**;
Ni láz thir in muat thín   thio dát, thio gúoto ni sín,
    joh láz thir zi bílidin   thie avur bézzirun si   **N**;
Allo zíti thanne   úabiz untar mánne:
    so niuzis thú, theih zálta,   thia fruma mánagfalt   **A.**
55 Chéri ouh thir in thráti   in muat thio wóladati,
    wio Noé bi guat githíc   ward drúhtine wírthi   **C.**
Hína ward thiu wórolt funs,   theist allen kúnd hiar untar úns,
    in súnton ward siu míssilih,   giwísso thaz ni híluh thi **H**;
Uuas er éino scono   in liutin únhono,
60   deta éino er tho zi wáru   werk álawar   **U.**

---

28. 29 *genes.* 4, 2 fuit autem Abel pastor ovium . . 4 Abel obtulit de primigenitis gregis sui . . et respexit dominus ad Abel et ad munera ejus. 31—34 *aus gen.* 4, 5—8. 37 *Beziehung auf Mt.* 23, 35. 40 *nach gen.* 4, 12 . . vagus et profugus eris super terram . . 15 posuit Dominus Cain signum, ut non interficeret eum omnis, qui invenisset eum. 41—44 *nach gen.* 4, 19. 23. 24. 45—46 *gen.* 6, 22 et ambulavit Henoch cum Deo . . et non apparuit, quia tulit eum Deus. 55—61 *gen.* 6, 8 Noe invenit gratiam coram domino, 9 . . vir justus . . atque perfectus in generationibus suis . . 11 corrupta est autem terra coram Deo et repleta est iniquitate . . . 7, 5 fecit ergo Noe omnia, quae mandaverat ei dominus.

Sih kérta er zi góte ana wánk;   tho ellu wórolt thar irdránk,

   er éino ther intflóh thaz;   thiu worolt wírdig thes ni wa S!

Hóh er oba mánnon   suébeta in then úndon,

   wánt er was gótes sumiríh   drút, thaz ni híluh thi   H·

65 Allaz mánkunni   thúlta thar tho grúnni,

   was wírdig er in wára   zi bimídanne thia zál   A.

Réhtor er iz ánafiang,   tho iz zì nóti gigíang,

   thanne thie mézzon in wár   (selbo lésen wir iz thá   R),

Thó sie thes bigúnnun,   zi hímile gisúnnun;

70   wanta íz was únredihaft,   bi thiu zigíang in thiu kráf   T.

Múatun sie sih thráto   thero íro selbun dáto;

   giwisso ságen ih thir éin: sie quámun filu scánt hei   M.

Uuanta íz zi thíu io irgéngit: ther widar góte ringit,

   ist er ío in waru   in hónlicheru zál   U.

75 Ábraham ther máro   was gótes drut giwáro,

   thoh thúlt er ofto in wára   mánagfalta zála   A;

Thoh riat imo ío druhtin   mit sínes selbes máhtin,

   sos er io thémo duat,   ther thíonost sinaz wóla dua   T.

Érata er nan filu frám,   tho ér zen alten dágon quam,

80   sar bi thémo sinde   zi díuremo kínd   E.

Er ouh Jácobe ni suéih,   tho er themo brúader insléih,

   was io mit ímo thanne   in themo flíahann   E.

Thaz Jósepe ouh gibúrita,   tho er thie dróuma sageta;

   ther selbo níd inan firwánt   rumo in ánderaz lan   T.

85 Uuárun thar in lánte   thie liuti suíntante,

   in fólgetun sie in wáru   mit míhileru pín   U.

Uuio sie avur gót thar drósta,   joh Móyses irlósta,

   thaz sagent búah zi wáru   in sínes selbes lér   U.

Éigun ouh thio búah thaz,   then iro míhilan ház,

90   then drúagun sie io in wáre   unz themo fíarzegusten járE.

Riatun ío ubar thaz   in thaz férah sinaz;

   ther in dróst was io sár,   then wóltun se ofto irsláhan thaR!

In Davídes dati   nim bílidi zi nóti,

   wio er thuruh síno guati   firdruag thaz hérot   I.

69—72 *aus gen.* 11, 4 faciamus nobis . . turrim, cujus culmen pertingat ad caelum, et celebremus nomen nostrum!   75. 79 *nach gen.* 15, 1. 17, 1 ff.   81 *nach gen.* 27, 41. 28, 15: ero custos tuus, quocumque perrexeris.   83—84 *gen.* 37, 5 ff. 39, 1 ff.   85—88 *aus Exod.* 1. 12 ff.   89—92 *ungenau nach Exod.* 15, 24 murmuravit populus contra Moysen 16, 2. 17, 2 *u. a.*   93—94 *Beziehung auf I. Reg.* 24, 7 ff.

95 **N**i mág ih, thoh ih wólle,   thie selbun lívoli alle,
   thóh.wir thaz irwéllen,   so mámmonto gizélle   **N;**
   Bi thiu ist nu báz zi ware,   thaz wír gigruazen híare,
   thaz ouh tház ni bileib,   thaz Jóhane ouh hiar léid klei **B.**
   Erist áhtun sie sín,   thaz ságen ih thir in wár min,
100   fiangun thó mit nide   zi śelb drúhtin   **E;**
   Ríatun tho ginúagi,   wío man nan irslúagi,
   giwisso ságen ih thir wár: thaz irfúltun se sá   **R.**
   Thó sie thaz gifrúmitun,   thie júngoron firjágotun:
   so war sunna líoht leitit,   so wúrtun sie zispréiti   **T.**
105 **Ó**ba thu es bigínnis,   in búachon thu jz fíndis,
   (thaz wír nu niazen thráto)   thero drúhtines drút   **O.**
   Sus in thésa wisun   so sléif thiu worolt hérasun;
   ío ahta (wízist thu tház)   thes gúaten, ther· thar úbil wa **S;**
   Aller líut ginoto   áhta tho thero drúto,
110   noh dages híutu in wara   so wónet io thiu fár   **A.**
   Nim góuma nu gimúato   thero selbun gótes druto,
   dráht es nu mit wíllen   in sélben sancti Gálle   **N.**
   Chórota er ofto thráto   thero selbun árabeito,
   thes er nú ana wánc   hábet fora góte than   **C.**
115 **T**hénkemes in múate   uns állen nu zi gúate,
   joh uns hárto queme in múat   thiz selba drúhtines gua **T.**
   Ist uns hiar gizéinot   in béthen ío thuruh nót,
   in úbili inti in gúati,   unserero zúhto dat   **I.**
   Giwár thu wis io thráto   thero bézirun dato,
120   biscówo thir io umbiríng   éllu thisu wóroltthin   **G.**
   Alle thie firdánun,   thie únsitig wárun,
   thie míd thu io in wára   joh állero iro fár   **A;**
   Láz thir in múat thin,   thie thar bézirun sin:
   so bístu (so ih thir ságen scal)   gotes drút ubar a   **L.**
125 **L**ís thir in then lívolon   thaz sélba, theih thir rédinon;
   fon álten zitin hina fórn   so sint thie búah al théses fo **L.**
   In ín wir leṣen tháre,   thaz wízun wir zi wáre,
   thera mínna gimúati   joh mánagfalto gúat   **I;**
   Mínna thiu díura   (theist káritas in wára),
130   brúaderscaf (ih ságen thir·éin) —   thiu giléitit unsih héi**M.**
   Óba wir unsih mínnon: so birun wir wérd mannon,
   joh mínnot unsih thráto   selb drúhtin unser gúat   **O;**

111 góumo *V.*   130 thi *V.*

Ni duen wir só (ih sagen thir éin):   sero químit uns iz héim;
  sérag wir es wérthen,   in thíu wir iz ni wólle   **N.**
135 Altan níd, theih rédota,   then Caín ío hábeta,
  ther si uns léid in wara,   er íst uns mihil zál   **A;**
Simes ío mit guate   zisámane gifúagte,
  joh fólgemes thes wáres,   wir kind sin Ábrahame   **S;**
Thia mílti, thia Davíd druag,   duemes hárto uns in thaz múat;
140   thia Móyses unsih lérit,   thiu bosa ist éllu niwih   **T.**
Evangélion in wár   thie zéigont uns so sáma thar,
  gibíetent uns zi wáre,   wir unsih mínnon hiar   **E.**
Rédinota er súntar   then selben júngoron thar
  fon theru mínnu managaz ér,   sélbo druhtin únse   **R,**
145 In náht, tho er wolta in mórgan   bi unsih selbo irstérban;
  dúat uns thaz gimúati   bi sínes selbes gúat   **I.**
In gibot er hárto   sínes selbes wórto,
  thaz man sih mínnoti,   so er uns iz bílidot   **I.**
Mit káritate ih férgon   (so brúederscaf ist giwón,
150   thi unsih scóno, so gizám,   fon selben sátanase na   **M):**
Ófono thio gúati   joh dýet mir thaz gimúati
  in gibéte thrato   íues selbes dát   **O;**
Ni lázet, ni ir gihúgget   joh. mir gináda thigget
  mit mínnon filu fóllen   zi sélben sancti Gálle   **N!**
155 Afur thára widiri   thiu mínes selbes nídiri
  duat iu gihúgt in wara,   thaz ír bimidet zál   **A,**
Ci sélben sancte Pétre,   ther so gíang in then sé,
  thaz ér si uns gináthic,   thoh íh ni si es wírthi   **C;**
Hóhi er uns thes hímiles   (joh muazin fréwen unsih thés!)
160   inspérre, thara giléite mih   joh thár gifrewe ouh íui   **H;**
In hímilisgo scóni,   thaz wir thaz séltsani
  scówon thar in wári   joh thio éwinigun zíar   **I**
Símbolon in éwon,   thes sint thie síne thar giwon;
  wir muazin fréwen unsih thés   iamer sínes thanke   **S!**
165   Krist hálte Hártmuatan   joh Wérinbrahtan gúatan,
    mit in sí ouh mir giméini   thiu éwiniga heili;
  Joh állen ío zi gámane   themo héilegen gisámane,
    thie dáges joh náhtes thuruh nót   thar sancte Gállen
            thíonont!

147—148 *nach J.* 15, 12 hoc est praeceptum meum, ut diligatis invicem,
sicut dilexi vos.

WÖRTERBUCH.

In der alphabetischen Anordnung ist *v* zu *f*, *c* zu *k*, *ch* und *hh* zu *h* gestellt; *th* folgt nach *d*, *j* nach *i*, *w* (= *uu* der Hs.) sowie das consonantische *u* bei *d*, *th*, *s*, *z* (= *dw* u. s. w.) nach vocalischem *u*.

abahôn swV. *für böse, schlecht, falsch erklären, als solches zurückweisen.*

âband stM. *Abend.*

ab-got stM. IV, 5, 17 *Abgott, Götze.*

ab-grunti stN. *Abgrund, Tiefe unter der Erde.*

ab-lâzi stN. *Ablass, Erlass der Strafe.*

abuh, -ah Adj. *böse, verkehrt, falsch.* Ntr. substantivisch mit in.

âbulgi stN. *Zorn.*

ab-wert Adj. mit D. V, 23, 37. 41 *räumlich entfernt von —.*

adal stN. III, 16, 45 *edle Abstammung.*

adal-erbi stN. *adeliches Erbgut;* **-erbo** swM. IV, 6, 8 *Erbe aus edlem Geschlechte.*

adal-kunni stN. *edles Geschlecht.*

âdeilo, -on swNom. Sg. und Pl. Masc. oder Adverbialformen zum Adj. âdeili *unteilhaftig, unkundig* (mit GenS.) I, 1, 115. II, 7, 26. 9, 4. V, 23, 223.

afalôn swV. I, 23, 21 *eifrig, geschäftig sein.*

avarôn swV. *widerholen, in der Erinnerung beleben.*

after Adj. *nachfolgend;* Adv. III, 11, 24 *hinterdrein;* Präp. mit D. *hinter, nach; über — hin.*

avur Adv. *abermals, widerum;* Conj. *aber.*

agaleizi (agi- II, 14, 6) Adj. *beharrlich bemüht,* mit Gen. III, 10, 27; stN. *eifrige, beharrliche Bemühung;* Adv. agaleizo.

ahta stF. *Erwägung, Wertschätzung.*

ahto Num. *acht.*

âhten swV. mit Gen. *verfolgen, nachstellen.*

ahtôn swV. *erwägen, beachten, beurteilen.*

akar stM. *Acker.*

akus stF. *Axt.*

âkust stF. *Sünde, Fehler.*

al Adj. Adv. *all, ganz.*

ala-bezir Adj. Comp. *durchaus besser.*

ala-thrâti Adj. *sehr eilig, plötzlich;* Ntr. subst. mit in.

ala-festi Adj. *durchaus fest, sicher;* Ntr. subst. mit in V, 7, 54.

in **ala-gâhe** II, 23, 30, -gâhi (-î?) V, 20, 84, -gâhun (-ûn?) adv. Präp.-verbindungen, stets im Reime *sehr in Eile, schnell, sofort.*

in **ala-halba**, in ala-halbôn IV, 9, 22 Präp.verbindung *nach* oder *auf allen Seiten, in jeder Beziehung.*

in **ala-lîchi** (-î?) IV, 29, 45 *in vollkommener Gleichheit, ganz gleich.*

in **ala-nâhi** (-î?) adv. Präp.verbindung *ganz nahe* (von vorhergegangener Zeit) III, 20, 177.

âlang Adj. *unversehrt, ungeteilt, unbeeinträchtigt.*

ala-niu Adj. *ganz neu.*

in **ala-nôt** adv. Präp.vbdung II, 3, 21 *ganz genau, durchaus nur.*

ala-waltenti Part.-adj. mit Gen. *allmächtig über* — I, 5, 23.

ala-wâr, ala-wâri Adj. *vollkommen wahr, recht, richtig,* Beteurungsformeln mit Präp. in alawâr, in alawâri, zi alawâre V, 23, 238; in ala-wâra (stF.) II, 20, 14. IV, 33, 9.

ala-was Adj. V, 1, 16 *ganz scharf.*

ala-zioro Adv. IV, 15, 48 *gar zierlich.*

âleiba stF. *Überrest der Speise.*

al-fol Adj. mit Gen. I, 25, 4 *ganz voll.*
al-ginuagi Adj. II, 3, 47 *ganz genug.*
al-giwis Adj. II, 2, 19 *ganz gewiss.*
alles Adv. *anders, sonst.*
alles-wanana Adv. *anderswoher.*
alles-wâr Adv. *anderswo.*
alles-waz Pron. Ntr. *etwas anderes.*
alles-wio Adv. *anderswie, irgendwie anders.*
al-liebest Adj. Superl. *allerliebst,* Gen. Sg. Ntr. II, 13, 33.
alt Adj. *alt, bejahrt; ewigdauernd* III, 15, 45.
alt-ano swM. I, 3, 15 *Urahne.*
altar stN. *Lebensalter;* zi altero *für immer.*
altâri, altori stM. *Altar.*
alt-duam stN. *hohes Lebensalter.*
altên swV. V, 15, 41 *alt sein.*
alt-fater stM. *Patriarch.*
alt-fordoro swM. II, 14, 57 *Vorfahr.*
alt-gilâri stN. I, 11, 11 *alter Wohnsitz, Sitz des Geschlechtes.*
alt-mâg stM. *Urahne, Vorfahr.*
alt-worolt stF. I, 4, 40 *alte Welt, Zeit des alten Testamentes.*
ambaht stN. *Amt, Wirkungskreis.*
an Prät.-präs. mit DP GS *gönne.*
âna Präp. mit Acc. *ohne;* âna thes V, 24, 13?
anâ s. anan.
ana-blâsan stV. mit dopp. Acc. *anblasen.*
ana-brechôn swV. V, 20, 97 *verurteilen.*
ana-thîhan stV. mit D. *anwachsen, an oder in Jemand wachsen.*
ana-fâhan stV. *anfangen, angreifen.*
ana-fartôn swV. V, 20, 96 *anklagen.*
ana-gân stV. mit Acc. V, 10, 5 *herankommen, nahen.*
ana-gengi stN. *Anfang.*
ana-gift stF. II, 1, 7 *ursprüngliche Schöpfung.*
ana-gin stM. II, 1, 11 *Beginn.*
ana-ging stM. *Angriff.*
ana-guat stN. *Inbegriff des Guten und Segensreichen;* nur mit Präp. zi.
ana-halba stF. *anliegende Umgebung;* nur mit Präp. in.

ana-lîchi (-î?) stN (F?) *Abbild, ähnliche Erscheinung* II, 4, 82; mit Gen. III, 13, 42.
ana-leggen swV. mit dopp. Acc. *anlegen.*
ana-liggen stV. mit. Dat. *anliegen, mit Forderungen bestürmen* IV, 24, 23.
ana-lust (ana-lusti?) stF. (N?) *Wolgefallen* I, 4, 42.
anan Präp. mit D. oder Acc. *an, bis an.*
ana-queman stV. mit Acc. I, 17, 29 *erreichen, zu jemand dringen.*
ana-râti stN. *Verrat, hinterlistige Nachstellung.*
ana-ruafti stN. *An-, Nachrufen.* •
ana-sehan stV. *ansehen.*
ana-sezzen swV. *aufsetzen.*
ana-scowôn swV. *anschauen.*
ana-walt stF. II, 11, 24 *Stätte, über die man Gewalt hat; Sitz.*
ana-wâni Adj. *der Meinung oder Erwartung entsprechend* I, 4, 48; in ana-wâni *nach sicherer Erwartung, gewiss* V, 23, 62.
ana-wart, im Reime ana-wert IV, 17, 1 unfl. Adj. bei sin, werdan, duan mit Gen. *gewahr.*
ana-wenten swV. mit dopp. Acc. *zuwenden, hinzuführen.*
ana-werfan stV. mit Acc. III, 18, 70 *bewerfen.*
ana-wesan stV. mit D. *innewohnen.*
ana-zellen swV. mit dopp. Acc. *etwas aussagen über —.*
ander (th) Adj. *ander (alius und alter);* in ander IV, 32, 4 *auf andere Weise.*
ander-lîh Adj. *anders beschaffen.*
ango Adv. zu engi IV, 12, 13 *bang.*
angust stF. *Angst, Beklemmung.*
angusten swV. mit Gen. *ängstlich sein.*
an-luzzi, an-nuzzi stN. *Antlitz.*
ano stM. *Ahne.*
anst stF. *Gnade.*
ant-dag, -stM, -go swM *entsprechender Wochentag, achter Tag.*
ant-fang stM., -fangi stN. *Empfang, Aufnahme.*
ant-fristôn swV. V, 9, 51 *erläutern.*
anti-kristo swM. *Antichrist.*

anta stF. mit Gen. IV, 22, 14 *Ahndung*
für —.

antôn swV. *ahnden, rügen.*

ant-reita stF. *Reihenfolge* IV, 6, 33
Acc. mit in.

ant-wurten swV. *antworten.*

ant-wurti stN. (-tî stF: I, 22, 38.
III, 20, 95?) *Antwort, passende Erwi-*
derung.

aphul stM. *Apfel.*

arabeit stF. *Arbeit, Mühe, Not.*

arabeitôn swV. V, 13, 5 *sich anstrengen.*

arg Adj. *arg, böse.*

argî stF. *Schlechtigkeit.*

arca stF. *Arche.*

arm stM., armo swM. II, 9, 83 *Arm.*

arm Adj. *arm.*

arma-lîh Adj. *armselig, erbärmlich,*
elend.

arm-herzi Adj. II, 16, 17 *barmherzig.*

armuatî F. *Armut, Not.*

arno-gizît stF. II, 14, 104 *Erntezeit.*

arnôn swV. II, 14, 109 *ernten.*

ârûmi stN. *Gelegenheit.*

ârunti stN. *Botschaft.*

arzât stM. III, 14, 11 *Arzt.*

asga stF. V, 20, 27 *Asche.*

ast stM. *Ast.*

âsuîh stM. IV, 12, 10 *Abfall.*

âwiggon adv. DPl. III, 1, 11 *abwegs.*

àz stN. II, 17, 4 *Atzung, Köder.*

bad stN. *Bad.*

badôn swV. *baden.*

bâga stF. *Streit, Widerrede; widerspre-*
chende Ausnahme.

bâgôu swV. *widersprechen;* mit Gen.
III, 20, 69.

bald Adj. (mit Gen.) *kühn (zu —), voll*
Zuversicht (auf —). Adv. baldo;
bald-lîcho.

baldî, beldî F. *Kühnheit.*

balo stM. (N. IV, 12, 20?) *Bosheit, bos-*
hafte Handlung, Unheil.

ban stM. *Bann, Verbot.*

bant stN. *Band, Fessel.*

bâra stF. *Bahre.*

Erdmann, Otfrid.

barm stM. *Schoss.*

barn stN. *Menschenkind;* bî barne von
Geschlecht zu Geschlecht.

baz adv. Comp. *besser.*

bêde (th) Adj. Num. *beide.*

beh stN. *Pech; Hölle (Ort der Toten und*
der Verdammten).

bein stN. *Knochen, Gebein.*

beiten swV. (mit AccP GS.) *nötigen*
(jemand zu —).

beitôn swV. (mit Gen.) *warten (auf —)*

bekin stN. *Becken.*

beldida stF. *Kühnheit.*

belgan, sih belgan stV. *zürnen, sich*
erzürnen (zi über —).

beraht Adj. *hell, glänzend.*

beran stV. *gebären, erzeugen, hervor-*
bringen.

berg stM. *Berg.*

bergan stV. *verbergen.*

beta stF. II, 4, 41 *Bitte, Forderung.*

beta-hûs stN. II, 11, 21 *Gebetshaus.*

betalâri stM. *Bettler.*

betolôn swV. *betteln.*

beto-man M. II, 14, 68 f. *Anbeter.*

betôn swV. *beten, anbeten.*

betti stN. *Bett, Lagerstätte.*

betti-riso stM. *Bettlägeriger.*

bezir Adj. Comp. *besser.*

bezist Adj. Adv. Superl. *best, am besten.*

bî Präp. mit D. *bei, durch, wegen, gemäss;*
mit Acc. *wegen, um — willen, in Betreff.*
bî thiu *deshalb, dadurch.*

bibinôn swV. IV, 34, 1 *beben.*

bi-bringan stswV. *hinbringen, voll-*
bringen, vollenden.

bi-delban stV. *bestatten.*

bi-drahtôn swV. *bedenken, erwägen.*

bi-driagan stV. *betrügen, täuschen.*

bi-duan unr. V. III, 12, 39 *verschliessen.*

bi-tharf Prät.präs. mit Gen. *bedarf.*

bi-theken swV. *bedecken, verbergen.*

bi-thenken swV. *bedenken, besorgen.*

bi-therbi Adj. III, 1, 40 *nutzbar.*

bi-thîhan stV. mit Gen. *ausrichten,*
bewirken.

bi-thurnit Part. IV, 23, 6 *mit Dornen*
gekrönt.

bi-thuingan stV. I, 1, 35 *bezwingen.*

18

biegên swV. V, 25, 61 *misgünstig hin-schielen* (zi —).

biet stM. *Tisch*; gotes b. II, 18, 20 *Altar.*

bi-fâhan stV. *erfassen, ergreifen, um-fassen, umgeben.*

bi-fallan stV. *tief fallen.*

bi-felahan stV. mit D. *empfehlen.*

bi-fellen swV. *zu Falle bringen, töten.*

bi-festit Part. V, 3, 5 *gesichert, ge-schützt.*

bi-fillen swV. *schlagen.*

bi-findan stV. *erfahren.*

bi-fora Adv. *zuvor (Zeit und Rang).*

biforôn (â) swV. *besorgen, verwalten.*

bi-gân stV. V, 23, 263 *betreiben.*

bi-giht stF. V, 6, 38 *Bekenntnis.*

bi-ginnan stV. mit Gen. oder Inf. *beginnen, versuchen.*

bi-giazan stV. *begiessen.*

bi-gonôto statt bi-ginôto Adv. V, 19, 12 ff. *durchaus.*

bi-goumen swV. mit refl. D. *sich hüten.*

bi-graban stV. *begraben.*

bi-habên swV. *behaupten, beherschen.*

bi-haltan stV. *bewachen.*

sih biheizan stV. mit Gen. *sich mit Worten etwas beilegen.*

bi-hellen swV. *verhehlen, verdecken.*

bi-huggen swV. *bedenken.*

bi-kêren swV. *umkehren, bekehren.*

bi-kleiben swV. I, 5, 39 *fest machen, fest beschliessen.*

bi-klenan stV. III, 20, 157 *bestreichen.*

biknâen swV., mit refl. Acc. oder pas-sivisch *sich besinnen, in sich gehn.*

bi-kûmen swV. *beklagen.*

bi-ladan stV. mit Gen. *beladen, reich-lich versehen mit —.*

bi-lahan stV. II, 3, 47 *verwehren.*

bi-lâzan stV. *erlassen, verzeihen.*

bi-lemmen swV. mit Gen. I, 4, 76 *lähmen an —.*

bi-lîban stV. *bleiben, tot bleiben (sein), unterbleiben.*

bilidi stN. *Abbild, Vorbild, Gleichnis.*

biliden, -ôn swV. *vorbildlich zeigen; nachbilden.*

bi-linnan swV. mit Gen. IV, 36, 1 *ablassen von —.*

bi-mîdan stV. *vermeiden, befreit werden von —.*

bi-munigôn swV. IV, 19, 47 *beschwören.*

bi-nagalen swV. Lud. 72 *vernageln.*

bi-neman stV. *benehmen, entreissen.*

bintan stV. *binden.*

bi-quâmi Adj. *passend.*

bi-queman *hinkommen, gelangen (Gen. zu — III, 20, 105), herbeikommen, wider kommen, zukommen (D), passen (zi).*

bi-redinôn swV. *durch Reden. über-winden, verurteilen.*

bi-riazan stV. IV, 35, 29 *beweinen.*

bi-rînan stV. *berühren, treffen.*

bi-riwên swV. V, 20, 77 *beklagen.*

bi-ruachen swV. *beachten, sorgen für —.*

bi-ruaren swV. *berühren, einwirken auf —.*

bi-seganôn swV. V, 3, 15 *segnen.*

bi-sehan stV. *hinblicken, überblicken, warten.*

bi-sezzan stV. *besetzen.*

bi-sceltan stV. *schmähen.*

bi-scînan stV. *bescheinen.*

bi-scirmen swV. *beschirmen.*

biscof stM. *Bischof, Priester.*

bi-scowôn swV. *hinschauen, beschauen*; sih b. *sich umsehen, sich befinden.*

bi-skrankolôn swV. IV, 16, 41 *schwanken.*

bi-skrenken swV. *zu Falle bringen (durch Schlingen).*

bi-slîpfan (f) stV. V, 21, 9 *hinab-gleiten (in's Verderben).*

bismer stN. *Spott (nur D. mit zi).*

bismerôn swV. *verspotten.*

bi-snîdan stV. *beschneiden.*

bi-soufen swV. *ersäufen, versenken.*

bi-sperren swV. *absperren, ver-schliessen.*

bi-spîwan stV. *bespeien.*

bi-sprechan IV, 2, 21 *(misgünstig) besprechen.*

bi-stantan stV. *umstehn.*

bi-stellen swV. *rings umgeben, be-kränzen.*

bi-sturzen swV. II,17,16 *(durch über-stülpen) bedecken.*

sih bi-suanen swV. II, 18, 23 *sich versöhnen.*

bi-suerren (= bisw.) swstV. IV,19,48 *beschwören.*

bi-suîchan stV. *beschleichen, betören, täuschen.*

bi-suorgên swV. *be-, versorgen.*

biatan stV. *anbieten, darbieten.*

bita stF. II, 14, 58 *Gebet, Stätte zum Beten.*

bîta stswF. *Zögerung, Erwartung.*

bitten swstV. mit AccP GS. *bitten.*

bittar, -er Adj. *bitter.*

bittirî F. *Bitterkeit.*

bi-wankôn swV. *vermeiden, frei werden von —, unterlassen;* mit D. II, 24, 24.

sih bi-wânen swV. I, 25, 8 *sich in Gedanken etwas beilegen.*

bi-weinôn swV. V, 23, 246 *beweinen.*

bi-wellan stV. IV, 20, 5 *beflecken.*

bi-welzen swV. II, 17, 16 *durch Hin-überwälzen eines Gegenstandes verdecken.*

bi-wenken swV. *ausweichend vermeiden.*

sih bi-wenten swV. *sich hinwenden, umwenden.*

bi-werban stV. *erwerben, erlangen, ausführen;* mit zi III, 24, 30 *gelangen zu —.*

bi-werfan stV. III, 17, 16 *bewerfen.*

bi-werien, -rren swV. mit DP oder GenS *verteidigen gegen —.*

bi-wintan stV. *umwinden, zusammenrollen.*

bîzan stV. I,19,10. IV,13,43 *(beissen), scharf sein.*

bi-zeinen, -nôn swV. *bezeichnen, bedeuten, bestimmen.*

bi-zellen swV. IV, 19, 28 *bezichtigen.*

bi-ziahan stV. III, 8, 21 *erreichen, einholen.*

blantan stV. IV, 12, 23 *anstiften.*

blâsan stV. *blasen, wehen.*

bleichên swV. II, 14, 106 *weiss sein.*

blîden swV. *erfreuen* III, 18, 52; *froh sein* III, 26, 68; *sonst mit refl. Acc. sich erfreuen.*

blîdi, blîd-lîh Adj. *froh, heiter;* Adv. blîd-lîcho.

blint Adj. *blind.*

blintî F. *Blindheit.*

blintilingon Adv. *im Zustande des Blinden, blindlings.*

bliwan stV. *schlagen.*

bluama swF. *Blume.*

bluat stF. V, 23, 275 *Blüte.*

bluat stN. *Blut.*

blûen, blyen swV. *blühen.*

blûgo Adv. II, 4, 38 *furchtsam.*

bora-lang Adj., -lango Adv. *allzulang* (negiert).

bora-thrâto Adv. IV, 24, 28 *allzusehr* (negiert).

borgên mit GenS., auch refl. DP. *sich hüten.*

bôsa stF. H. 140 *Bosheit.*

bôs-heit stF. IV, 4,66 *schlechtes, nichtswürdiges Treiben.*

bota-scaf stF. *Botschaft, Botenamt.*

boto swM. *Bote, Abgesandter.*

bouhnen swV. *durch Zeichen andeuten.*

boum stM. *Baum, Balken.*

brâma swF. *Dornstrauch.*

brâtan stV. V, 13, 32 *braten* (intr.).

brediga stF. *Predigt, Lehre.*

bredigâri stM. *Prediger, Lehrer.*

bredigôn swV. *predigen, predigend zurechtweisen.*

brechan stV. *brechen, zerteilen.*

breit Adj. *weit, ausgedehnt, weitgehend.*

breiten swV. *ausbreiten.*

brennen swV. *brennen, anzünden, verbrennen.*

bresta swF. II, 8, 14 *Mangel.*

brestan stV. *bersten;* impers. mit DP, GS *es gebricht, fehlt an —.*

brettan stV. IV, 17, 1 *ziehen, zücken.*

briaf stM. I, 11, 6 *schriftliches Verzeichnis.*

brieven swV. I, 11, 18 *schriftlich verzeichnen.*

bringan stswV. *bringen, zu einem Ziele führen, ausführen.*

brinnan stV. *brennen.*

brôsma swF. *Brotkrume, Brocken.*

brôt stN. *Brot.*

bruader (th H. 34) M. *Bruder.*

bruader-scaf stF. *Brüderschaft, brüder-*
liche Liebe.

brunia stF. *Harnisch.*

brunno swM. *Quelle, Quellwasser.*

brust stF. *Brust, Gemüt.*

brût stF. *Braut.*

brûti-gomo swM. *Bräutigam.*

brût-loufti stF. Pl. *Hochzeit.*

sih brutton swV. I, 5, 17 *erschrecken.*

brûzî F. *Gebrechlichkeit.*

brûzig Adj. *gebrechlich.*

bû stM. *Wohnsitz.*

buah stFN. *Buch.*

buachâri stM. *Buchschreiber (Evan-*
gelist) II, 3, 44; *Schriftgelehrter* I, 17, 33.

buah-stab stM. *Buchstab.*

buaza stF. I, 23, 8 *Busse, Besserung.*

buazen swV. *verbessern, in bessere Be-*
schaffenheit umwandeln; sih b. *Busse*
tun.

bûen swstV. *wohnen, sich aufhalten;*
bewohnen.

buhil stM. IV, 26, 45 *Hügel.*

burdin F. *Bürde.*

burg (st)F. *Stadt.*

burg-liut stM. *Stadtbewohner.*

dag stM. *Tag, Lebenszeit.*

daga-thing stN. V, 19, 1 *Gerichtsver-*
sammlung.

daga-frist stF. *Lebensfrist.*

daga-lîh Adj. *täglich.*

daga-muas stN. *Tagesmahlzeit, Mittag.*

daga-storro swM. IV, 9, 24 *Morgen-*
stern.

dages-, dago-zît stF. *Tagesstunde.*

darôn swV. mit D., *schaden;* mit Acc.
IV, 12, 62 *beschädigen.*

dasga swF. *Tasche.*

dât stF. *Tat, Begebenheit; Wesenheit.*

dawalôn swV. III, 2, 7 *totkrank sein.*

dal stMN. *Tal.*

deil stN. *Teil, Abteilung; Auswahl.*

deila stF. IV, 28, 5 *Teilung.*

deilen swV. *teilen,* mit D. *teilweise zu-*
kommen lassen.

denni stV. *Tenne.*

derien, derren (t I, 4, 27. IV, 26, 52)
swV. mit Dat. *schaden.*

dihta stF. I, 1, 18 *Dichtung.*

dihtôn (t I, 1, 6) swV. *ersinnen, dichten.*

dîlôn swV. *vertilgen.*

disg stM. *Tisch.*

diuf Adj. *tief;* Adv. diofo.

diufal stM. *Teufel;* Pl. Ntr. diufilir
III, 14, 53.

diufî F. *Tiefe.*

diuri Adj. *teuer, kostbar, wert;* Adv.
diuro.

diurî F. *Kostbarkeit, Herrlichkeit, Ver-*
herrlichung.

diur-lîh Adj. IV, 29, 1 *kostbar.*

diuren swV. *verherrlichen.*

dohtar, -er (t III, 14, 47) F. *Tochter.*

dohtî F, dohta (V, 23, 236) stF. *Vor-*
trefflichkeit, Vollkommenheit.

dolk stM. *Untergang.*

dôt (tôt IV, 36, 8) Adj. *tot.*

dôtî stF. *Tötung, Zustand des Toten.*

doub Adj. *taub.*

douf stM. *Taufe.*

doufen (t II, 13, 4. V, 16, 28) swV.
taufen.

doug Prät. präs., nur im Prät. dohta
(t III, 21, 21) *tauge, bin passend oder*
wirksam.

dougan Adj. I, 5, 43 *geheimnisvoll.*

dowên swV. *sterben.*

dracho swM. V, 17, 30 *Drache.*

dragan stV. *tragen;* sih dr. *sich fort-*
bewegen, weitergehn.

sih dragôn swV. II, 4, 21 *sich benehmen.*

drâgi Adj. *träge, langsam sich bewegend.*

drâgî F. *Trägheit.*

drahta stF. I, 1, 18. II, 9, 94 *Überlegung,*
Verstandeskraft.

drahtôn swV. *betrachten, überlegen.*

drefan stV. *gehören zu —, Bezug haben*
auf — (zi).

drenken swV. *tränken, laben.*

dreso stN. *Schatz, Vorrat, geheime Schatz-*
kammer.

dretan stV. *treten.*

driagâri stM. *Heuchler.*

drîban stV. *treiben.*

drinkan stV. *trinken.*

driu-lîcho Adv. *treulich.*

driwa stF. *Treue, Sicherheit;* mit driwôn, in driwa *sicher, gewiss.*

drof Adv. Verstärkung der Negation.

drôst stM., drôsta stF. V, 6, 4? *Trost.*

drôsten swV. *trösten.*

drôsto-lôs Adj. *trostlos.*

droum stM. *Traum.*

sih druaben swV. *sich betrüben.*

drugi-lîcho Adv. *trügerisch.*

druhtîn stM. *Herr.*

drunkanên swV. II, 8, 49 *trunken sein.*

drûrên swV. *ernst, nachdenklich sein;* Part. Adv. drûrênto V, 9, 14.

drût (-du Ntr. Pl. I, 4, 5) Adj. *lieb, traut;* stM. *Freund, Liebling, Jünger.*

drût-boto swM. *vertrauter Bote.*

drûtin, -inna III, 23, 14 F. *Freundin, Braut.*

drût-lîcho Adv. *zärtlich.*

drût-liut stM. I, 7, 19 *geliebtes, auserwähltes Volk.*

drût-man M. *Freund, Liebling.*

drût-mennisgo swM. V, 11, 35 *geliebter Mensch.*

drût-sêla II, 24, 15 *(von Gott) geliebte Seele.*

drût-scaf stF. *Genossenschaft.*

drût-sun stM. II, 9, 41 *geliebter Sohn.*

drût-thegan stM. *geliebter Diener, Jünger.*

drût-thiarna swF. I, 3, 28 *Braut, geliebte Maid.*

duah stM. *Tuch.*

duaṃ stMN. *Macht, Ruhm, ruhmeswerte Tat.*

duan unrV. *tun, machen, bewirken.*

dûba swF. *Taube.*

dûfar,-lîh Adj. *töricht.*

dump Adj. *dumm, töricht.*

dump-heit stF. *Dummheit.*

dump-muati Adj. *einfältig, stumpfsinnig.*

dunkal Adj. *dunkel.*

dura (nur DPl.), durî (nur Nom Pl.) stF. *Türe.*

duri-wart stM. II, 4, 7 *Hüter des Einganges.*

du = dw in den folgenden Worten: duâla stF. *Zögerung.*

dualên, duellen swV. mit Genetiv *zögern mit —.*

thagên swV. *schweigen.*

thana Adv. *von dannen, fort.*

thanana Adv. *von dannen, von dort, davon.*

thank stM. *Dank, Gedanke an —, Mitwirkung zu —, Verdienst um —.*

thankòn swV. mit D. *danken, vergelten;* I, 23, 41. H. 29 *willfährig sein, dienen.*

thanno Adv. *dann, damals;* in Fragen: *denn;* Conj. *dann, wenn;* nach Comp. *als.*

thâr, im Reim auch thâre Adv. *da, dort, dabei, darin;* relativ *wo,* auch blosse Relativpartikel; bisweilen temporale Conj. *als, insofern.* Verbunden mit localen Adv. thâr-ana *daran,* -fora *davor,* -inne *darin,* -mit(i) *damit,* -oba *darauf,* -ûze *dort draussen,* -widari *dagegen.*

thara Adv. *dorthin,* rel. *wohin.* Verbunden thar(a)-after *dort hinterdrein,* -ana *dort hinein,* -furi *davor,* -in (în?) *dort hinein,* -ûf *dort hinauf,* -ûz *daraus,* -widiri *hingegen,* -zua *dazu.*

thara-sun Adv. *dorthin.*

thara-wert Adv. *dortwärts.*

tharf Prät. präs. mit Gen. oder Inf. *bedarf, habe nötig.*

the Relativpart., neben flectirtem ther oder statt desselben, und zwar statt aller Casus, auch statt der Conj. thaz. Zusammengeschrieben ther = ther; theiz = the iz; theih, thih = the ih; thin V, 6, 19 = the in.

thegan stM. *Held, Gefolgsmann.*

thegan-heit stF. *Heldenhaftigkeit.*

thegan-kind stN. *männliches Kind.*

thegan-lîcho Adv. *heldenhaft.*

thehein, -ig Pron. adj. IV, 5, 63 *so mancher;* sonst nur in negativen (auch bei âna), conditionalen oder zweifelnd fragenden Nebensätzen: *irgend ein.*

theken swV. *decken, be-, verdecken.*

thenen swV. *dehnen, ausstrecken, erheben.*

thenken swV. *denken* (Gen. *an* —).

ther, thiu, thaz Pron. *der; welcher.* Als Conjunction steht der AccN. thaz *dass, damit;* der Instr. Ntr. mit Präp. bi thiu (, thaz) *deshalb, weil,* in thiu (, thaz I, 2, 42) *für den Fall, dass, indem;* zi thiu (, thaz) *damit.*

therêr, thisu, thiz Pron. *dieser.*

therren swV. III, 12, 14 *dürr machen, verdorren lassen.*

thiarna swF. *Jungfrau.*

thiarnu-duam stM. (N?) *Jungfräulichkeit.*

thiggen swV. *flehen* (mit Gen.S. *um* —).

thîhan stV. *wachsen, gedeihen;* mit D. *frommen.*

thiki Adj. *widerholt;* Adv. thiko *oft.*

thîn Gen. zum Pron. thû; als Poss.-pron. *dein.*

thing stN. *Ding, Sache, Lage; Rats-* oder *Gerichtsversammlung.*

thingen (-ôn V, 23, 237) swV. *hoffen auf* —, *sich hinwenden zu* —.

thingôn swV. *beraten.*

thiob stM. *Dieb.*

thio-muati Adj. mit D. *untertänig.*

thionôn swV. mit D. *dienen.*

thionost stM. *Dienst;* -man stM. I, 19, 2 *Dienstmann.*

thiu stF. *Magd.*

thô Adv. *da, damals;* Conj. *als.*

thoh Adv. *doch, dennoch;* Conj. mit Conjunctiv *obgleich.*

tholên (-ôn IV, 25, 14) swV. *dulden.*

thorf stN. *Dorf.*

thorn stM. *Dorn.*

thorot Adv. *dort.*

sih thrangôn swV. IV, 30, 1 *sich drängen.*

thrâti Adj. *bedeutend, wichtig;* Adv. thrâto *sehr;* in thrâti *gar sehr, eifrig.*

thrawa stF. *Drohung.*

threwen swV. *drohen.*

thrî Num. *drei.*

thringen stV. *dringen, drängen.*

thrio-sez stN. Pl. II, 8, 38 *triclinium, Tafel.*

thritto Num. *dritter.*

thrî-zug Num. *dreissig.*

thrûbo swM. II, 23, 13 *Traube.*

thû Pron. *du.*

thult stF., -tî F. *Geduld.*

thulten swV. *dulden.*

thultig Adj. *geduldig.*

thunken swV. mit DP. II, 12, 42 III, 19, 6, sonst mit AccP. *dünken.*

thurft stF. *Bedürfnis.*

thurnîn Adj. *dornen.*

thurri Adj. *dürr.*

thurst stM. *Durst.*

thuruh- trennb. Partikel vor Verben *durch-, hindurch-;* Präp. mit Acc. *durch, wegen.*

thuruh-nahtin Adj. I, 11, 54 *unversehrt.*

thûsunt stN. *Tausend;* adj. Num. *tausend* III, 6, 53.

thu = thw in folgenden Wörtern:

thuahan stV. *waschen.*

thuengen swV. *bedrängen, züchtigen.*

thuesben swV. *vertilgen.*

thuingan stV. *bezwingen, überwältigen.*

eban-lîh Adj. V, 23, 240 *gleichartig.*

eban-reiti Adj. V, 19, 50 *gleichgeordnet, gleichgestellt.*

eban-êwig Adj. I, 5, 26 *gleich ewig.*

ebini stN. *Gleichheit, gleiches Verfahren.*

ebono Adv. *gleichmässig.*

sih ebonôn swV. mit D. *sich gleichstellen.*

ebonôti stN. *Ebene.*

edil(i) Adj. *edel;* stN. *adeliche Abkunft, Adelsgeschlecht, Adel.*

edilinc, edil-thegan stM. *Edelmann.*

edil-zunga stF. 1. 1, 53 *edle Sprache.*

ethes-lîh Adj. *etlich;* -wanne Adv. *irgendwann, einmal;* -wer, -waz Pron. *irgendwer, etwas;* -wio Adv. *irgendwie.*

evangelio stM. *Evangelium.*

eggo Interj. IV, 24, 12 *sieh da!*

egis-lîh Adj. *schrecklich.*

egiso swM. *Schrecken, Erschütterung.*

egisôn swV. imper. mit AccP. GS. V, 4, 39 *erschrecken.*

êht stF. I, 1, 68 *Habe.*

ei stN. II, 22, 36 *Ei.*

eid stM. *Eid.*

eig Prät.präs. *habe, enthalte.*

eigan Adj. *eigen, leibeigen;* stN. *Eigentum.*

eiginen swV. mit D. *zueignen.*

ein Num. *ein;* in ein *zusammen.* Adv. eino *allein.*

eines Adv. III, 12, 1 *einst.*

ein-boran Adj. II, 12, 8°, *einzig geboren.*

ein-folt Adj. *einfach, lauter.*

einig Adj. *einzig.*

einizên Adv. III, 22, 12 *vereinzelt.*

ein-kunni Adj. I, 4, 4 *aus einem Stamme.*

einlif Num. *elf.*

ein-lîh Adj. *einzig.*

ein-luzzi Adj. *alleinstehend;* Adv. -luzzo.

ein-mâri Adj. *einzig in seiner Art.*

ein-muati Adj. *einmütig.*

sih einôn swV. *sich einigen.*

einôti stN. *Wüste, öder Ort.*

ein-stimmi Adj. *einstimmig.*

ein-wîgi stN. *Einzelkampf.*

eiscôn (sch IV, 16, 44) swV. *fragen, forschen.*

eitar stN. *Eiter, Gift.*

ekordi, -do Adv. *allein, nur.*

elemosina stF. *Almosen.*

eli-benzo swM. III, 18, 14 *Fremdling.*

elichôr Adv. *ferner, in Zukunft.*

eli-lenti Adj. *ausländisch, verbannt, elend;* stN. *Ausland, Fremde.*

ellen stN. *Mut..*

eltî stF. *Greisenalter.*

elten swV. *zögern, verzögern, vorenthalten.*

emmizig Adj. *immerwährend, dauernd;* Adv. emmizên, emmizigên.

endi stN. *Stirn.*

endi-dago swM. IV, 7, 27 *jüngster Tag.*

engen swV. IV, 4, 62 *beengen, bedrängen.*

engil stM. *Engel.*

engil-lîh Adj. *engelhaft.*

enteri Pl. I, 3, 7 *Vorzeit.*

enti Adv. V, 8, 55 *vormals.*

enti stN. *Ende, Grenze.*

entôn swV. *endigen.*

er, siu, iz Pron. *er, sie, es.*

êr stN. I, 1, 69 *Eisen.*

êr Adv. *eher, früher;* Conj. *ehe.*

êra stF. *Ehre, Hoheit; Verehrung.*

êra-grehtî F. *herablassende Huld, Gnade.*

erbi stN. *Erbe, ererbtes Eigentum.*

erda stswF. *Erde.*

erd-biba stF. V, 4, 21 *Erdbeben.*

erd-enti stN. I, 11, 17 *Ende der Erde.*

erd-grunt stM. *Erdengrund.*

erd-rìchi stN. *Erdreich.*

erd-ring stM. *Erdkreis.*

êrên swV. *ehren, beachten.*

êrer Adj. Comp. *früher.*

êrist Adj. Superl. *erster;* Adv. *zuerst.*

êr-lîcho Adv. *auf ehrenvolle Weise.*

ernust stF. *Ernst, Sorge.*

erren swV. II, 4, 33 *ackern, durch ackern hervorbringen.*

esil stM. *Esel;* Fem. esilin.

êwa stswF. *Gesetz IV, 6, 52; Bund (Zeit des alten Testaments) I, 20, 25; ewige Zeit.*

êwart stM., êwarto swM. *Priester.*

êwida stF. *Ewigkeit.*

êwig, êwînig, *ewig.*

êwînigî F. *Ewigkeit, ewige Existenz.*

ezzan stV. *essen;* Inf. subst. IV, 9, 21.

ezzih stM. *Essig.*

fadam stM. *Faden.*

fagên, -ôn swV. mit D. *pflegen, kosen.*

fahs stN. *Haupthar.*

fâhan stV. *fangen, greifen.*

fakala stF. *Fackel.*

fal stM. *Fall.*

falawisga stF. V, 20, 27 *Asche.*

fallan stV. *fallen.*

faltôn swV. *zusammenfalten.*

fandôn swV. I, 11, 43 *(mit Kinderzeug) ausstatten, schön einhüllen?* Vgl. fant = *Gerät, Zeug, Eigentum* Graff III, 520.

far stN. III, 8, 8 *Überfahrtsstelle.*

fâra swF., fârî F. *Nachstellung, Versuchung; hinterlistiges Lauern.*

faran stV. *fahren, reisen, sich begeben; verfahren.*

fârâri, fâriri stM. *Nachsteller, Ver-*
sucher.

farawa swF., farawî F. *Farbe.*

farawon swV. IV, 16, 30 *färben.*

fârên swV. mit Gen. *auflauern, nach-*
stellen.

fart stF. *Fahrt, Reise, Bahn; Gelegen-*
heit. Adverbial auch M. thes fartes
dabei, damals.

fasta stF. II. 4, 45 *Fasten.*

fastên, -ôn swV. *fasten.*

fast-muatî Adj. *standhaft, beharrlich.*

fater (st)M. *Vater.*

faz stN. *Gefäss.*

sih fazzôn swV. IV, 16, 15 *sich rüsten.*

fêh Adj. *ungleich.*

fêhe-wart stM. I, 13, 1 *Viehhüter.*

fehta stF. *Gefecht.*

fehtan stV. *fechten, kämpfon.*

feigi Adj. *gering, dürftig.*

feizit Adj. I, 1, 67 *feist, fruchtbar.*

feld stN. *Feld, Gefilde.*

felgen swV. mit refl. D. *anmassen.*

fell stN. V, 20, 30 *Haut.*

felis stM., felisa stF. III, 24, 65 *Fels.*

ferah stN. *Lebon, Sitz des Lebens.*

fergôn swV. mit AccP. GS. *bitten, an-*
rufen.

ferien swV. *schiffen.*

ferro, -on Adv. *fern.*

fers stN. *Vers, Schriftstelle.*

festi Adj. *fest;* stN. *fester Ort.* Adv.
fasto.

festî F. *Festigkeit.*

festinôn swV. *befestigen.*

fîant stM. *Feind.*

fîant-scaf stF. *Feindschaft.*

fiar Num. *vier.*

fiara stF. *Seite;* in fiara *bei Seite.*

fiara stF. IV, 27, 21 *Geviert.*

fiardo Num. Ord. *vierter.*

fiarzug Num. *vierzig;* Ord. fiarze-
gusto H. 90.

fidula swF. V, 23, 198 *Fiedel.*

fîga swF. *Feige.*

fîg-boum stM. *Feigenbaum.*

fihu stN. *Vieh.*

fihu-wîâri stM. *Viehweiher, Teich zum*
Baden des Viehes.

fillen swV. *schlagen.*

filu unfl. Subst., Adv. *viel, sehr.*

findan (th V, 25, 64; Prät. und Part.-
prät. inlautend meist nt) stV. *finden,*
erfinden, erkennen.

finf Num. *fünf;* -zug *fünfzig.*

fingar stM. *Finger.*

finstar Àdj. *finster;* stN. *Finsternis.*

finstar-nissi stN., finstrî F. *Fin-*
sternis.

fîra stF. *Feier.*

fir-beran stV. *vermeiden.*

fir-bergan stV. *verbergen.*

fir-biatan stV. *verbieten.*

fir-brechan stV. *zerbrechen, zerreissen,*
verletzen.

fir-brennen swV. *verbrennen.*

fir-damnôn swV. *verdammen, ver-*
urteilen.

fir-dân Part. Adj. *verworfen, böse.*

fir-dîlôn (t II, 16, 10. 12) swV. *vertilgen.*

fir-dragan stV. *ertragen.*

fir-dretan stV. III, 7, 71 *niedertreten.*

fir-drîban stV. *vertreiben.*

fir-thuesben swV. *vernichten.*

fir-fâhan stV. *umfassen, ergreifen;* mit
Gen. *befreien von —.*

firgân stV. impers. mit Acc. III, 24, 24
übergehn.

fir-geban stV. *verleihen, vergeben.*

fir-geltan stV. Sal. 18 *vergelten.*

firhelan stV. mit dopp. Acc. *verhehlen.*

fir-huarôt Part. IV, 5, 17 *verhurt.*

firi-, firu-wizzi Adj. mit Gen. *ver-*
wundert über —, neugierig auf —; Ntr.
impers. mit ist = ist wuntar *es*
nimmt Wunder (AccP. GS.) III, 20, 41.

fir-jagôn swV. *verjagen.*

fir-kiasan stV. I, 25, 19 *verwerfen.*

fir-koufen swV. *verkaufen.*

fir-lâen swV. IV, 8, 19 *verraten.*

fir-lâzan stV. *verlassen, entlassen, un-*
terlassen, übrig lassen.

fir-leiben swV. *übrig lassen.*

fir-leiten swV. *verleiten.*

fir-liasan stV. *verderben, verlieren.*

fir-lîhan stV. *verleihen.*

fir-loufan stV. mit Acc. *überlaufen,*
vorlaufen.

fir-lougnen, -ôn swV. *verleugnen, versagen*; mit Gen. *sich lossagen von* —.

fir-meinsamôn swV. III, 20, 167 *aus der Gemeinde ausstossen.*

fir-meinen swV. *mitteilen*; mit — *rechnen, zählen zu* —.

fir-mîdan stV. *vermeiden*; sih *sich entfernen.*

fir-missen swV. *vermissen.*

firn-dât stF. *Übeltat.*

fir-neman *vernehmen, verstehn, begreifen, meinen.*

fîrôn swV. *feiern.*

fir-quisten stV. *vernichten.*

fir-sagên swV. *verbieten, mit Worten abweisen.*

fir-sachan stV. *abweisen.*

sih fir-sehan stV. mit zi — *vertrauend* oder *verlangend hinschauen auf* —.

fir-sellen swV. *ausliefern, verraten.*

fir-senken swV. *versenken, verderben.*

fir-slîchan stV. IV, 36, 10 *heimlich hinschleichen.*

fir-slintan stV. *verschlingen.*

fir-slîzan stV. *zerreissen, zerbrechen.*

fir-spirnan stV., -spirnen? -spurnen swV. *strancheln, fehl treten oder gehn.*

fir-sprechan stV. *leugnen, verbieten; mit Worten vertreten oder verteidigen.*

fir-stân, -stantan *verstehn, erkennen, wissen.*

fir-stantnissi stN. *Verständnis.*

fir-stelan stV. *heimlich entwenden.*

fir-stullen swV. *still stehn, aufhören.*

fir-suelgan stV. *verschlucken.*

sih fir-suerien swV. *falsch schwören.*

fir-suîgên swV. *verschweigen.*

fir-wâ(h)en swV. I, 28, 6 *verwehen.*

fir-wâzan Part. V, 20, 99 *verflucht.*

fir-weiz mih·Prät.präs. I, 1, 10 *ich übe meinen Witz?*

fir-werdan stV. *verderben, untergehn.*

fir-werfan stV. *ver-, hinab-, fortwerfen, verstossen.*

fir-wesan stV. mit Acc.P. *für jemand eintreten*; mit Gen. S. III, 6, 46 *in etwas.*

fir-wintan stV. *fortbringen.*

fir-wirken swV. (Prät. -worahta) *verwirken; durch Taten verdienen.*

fir-wîzan stV. *(strafend) vorhalten, verweisen.*

fir-wurt stF. I, 11, 59 *Verderben, Untergang.*

fir-zeran stV *verzehren, zu nichte machen.*

fisg stM. *Fisch.*

fisgâri stM. *Fischer.*

fisgizzi stN. *Fischen, Fischerei.*

fisgôn swV. *fischen.*

fiur stN. *Feuer.*

flehtan stV. *flechten.*

floisg stN. *Fleisch.*

flois(g)-lîh Adj. *fleischlich.*

fliagan stV. *fliegen.*

fliahan stV. *fliehen, verlassen.*

fliazan stV. *fliessen.*

flîz stM. *Fleiss, Eifer, Anstrengung.*

flîzan stV *eifrig bemüht sein,* mit Gen. *um* —.

flîzig Adj. mit Gen. I, 1, 107 *fleissig bemüht um* —.

fluah stM. *Fluch.*

fluachôn swV. mit D. *fluchen.*

fluht stF. *Flucht.*

fluhten swV. *vertreiben.*

fluhtig Adj. *flüchtig, auf Flucht bezüglich.*

fogal stM. *Vogel.*

fol Adj. mit Gen. *voll, bedeutungsvoll; vollständig.* Adv. follo, -on.

folgên swV. mit DP. *folgen, gehorchen;* mit GS. *nachstreben.*

folk stMN. *Volk, Schar, Volksmenge.*

follî F. *Fülle.*

fol-lîcho Adv. *völlig.*

fol-lust, -î? F. IV, 14, 14 *Unterstützung.*

fon, fona Präp. mit D. *von.*

fora Adv. *vorher*; Präp. mit D. *vor.*

forahta swstF. *Furcht.*

forahtal, foraht-lîh Adj. *furchtsam*; Adv. -lîcho.

forahten swV. *fürchten*; mit rofl. D. *für sich besorgt sein.*

fora-sagin F. I, 16, 3 *Prophetin.*

fora-sago swM. *Prophet.*

fordoro Adj. Comp. *vorangehend*; swM. Pl. *Vorfahren.*

forn Adv. *früher, einst in der Vorzeit.*

forna Adv. *vorn, an früherer Stelle.*

forspôn statt forscôn swV. IV, 12, 16 *forschen.*

fravali Adj. *frevelhaft, übermütig*; Adv. fravilo.

fravilî F. *Frevelhaftigkeit.*

frâgên (-ôn? I, 27, 22) swV. mit AccP, GS. *fragen.*

fram Adv. *weit, weiter; sehr.*

fram-bârî F. V, 12, 88 *Vorzüglichkeit, Erhabenheit.*

fram-bringan stV. *vollenden.*

fram-hald Adv. *nach vorn, vorwärts.*

frammort, -tes Adv. *weiterhin, ferner.*

Franko swM. *Franke.*

frawa-lîh Adj. *fröhlich, erfreulich*; Adv. -lîcho.

frawa-muati Adj. *fröhlich gesinnt.*

frawôn, frowôn swV., auch mit sih *froh sein, sich erfreuen.*

frêht stF. I, 1, 68 *Verdienst.*

freisa swstF. *Verderben, Pein.*

fremidi Adj. *fremd.*

frenkisg Adj. *fränkisch.*

frewen swV. *erfreuen.*

frewî F., frewida stF. *Freude.*

frezan stV. III, 6, 56 *aufzehren.*

frîa-dag stM. V, 4, 6 *Freitag.*

fridu (th V, 23, 126) stM. *Friede.*

fridu-sam Adj. *friedfertig.*

frist stF. *Frist, Zeitraum, Zeitpunkt*; auch M. in, zi themo friste.

frist-frang stV. oder -franga stF. IV, 19, 63 *Abschneiden der Frist.*

frît-hof stM. *Schutz gewährender Hof, Zufluchtsort.*

friunt stM. *Freund*; friunti-lîh *jeder der Freunde.*

frô (fl. M. frawêr) Adj. mit GS. *froh.*

frô swM. *Herr*; nur frô mîn Voc. (und Nom. II, 14, 89?).

frônisg Adj. *herrlich, heilig*; Adv. frônisgo IV, 15, 11? frônisgî F. *Herrlichkeit.*

frôno unfl. Adj. *dem Herrn gehörig, heilig.*

frost stM. *Frost, Kälte.*

frowa swF. *Herrin, edle Frau.*

frua Adj. *früh.*

fruati Adj. *klug, erfahren.*

fruma stF. *Heil, heilsame Gabe, Frucht.*

frumi-kîdi stN. IV, 34, 12 *erster Schössling.*

frummen swV. *vorwärts bringen, vollführen, abfertigen.*

fuagen swV. *fügen, schicken, gesellen.*

fualen swV. mit Gen. *fühlen, empfinden.*

fuara stF. *Fahrt, Zug.*

fuaren swV. *führen, an oder in sich tragen, hervorbringen.*

fuatiren swV. *füttern.*

fuaz stM. *Fuss.*

fuaz-fallônti Part. I, 5, 50 *fussfällig.*

fûl Adj. *verfault, verwest.*

fulin stN. *Füllen.*

fullen swV. mit Acc. und Gen. *füllen mit —, erfüllen, vollenden.*

fulter Adj. IV, 29, 39 *uneben, unpassend.*

fundament stN. II, 1, 22 *Fundament.*

funo swM. *Binde.*

funs Adj. *bereitwillig*; hera funs *bereit herzukommen* V, 8, 28; hina funs *bereit hinxuschwinden, wert unterzugehn* H. 57.

furdir Adv. *fürderhin, weiter, ferner.*

furi Adv. *davor, hervor*; Präp. mit Acc. *vor, für.*

furi-burt stF. I, 18, 39 *Enthaltsamkeit.*

furi-bringan stV. IV, 2, 10 *hervorbringen, vorsetzen.*

furi-faran stV. *vorübergehn.*

furir Adj. Comp. *höher, wertvoller.*

furist Adj. Superl. *vorderster, höchster, vornehmster*; -sto swM. *Fürst*; -sta sîn *am vordersten, höchsten stehn* (Gen. *in etwas*).

gabissa stF. I, 27, 66 *Unkraut und Frucht desselben.*

gadum stN. *Gemach, Kammer.*

gaganen swV. mit D. *entgegentreten, kommen.*

gâhi Adj. *jäh, schnell, überraschend*; Adv. gâhun (statt -on); Präp. mit subst. Ntr. in gâhe, in gâhi (-î? s. d. f.).

gâhî F. *jähes, plötzliches Eintreten*; adv. Pr.vbdg. in gâhî, bî gâhîn; in gâhun *vielleicht von* gâha swF.

gâhen, -ôn swV. *eilen;* mit Gen. *nach etwas.*

galgo swV. *Galgen* (= *Kreuz* IV, 30, 15).

galla swF. *Galle.*

galm stM. *Schall.*

gaman stN. *Lust, Entzücken.*

gân, gangan stV. *gehn.*

gang stM. *Gang, Zug.*

ganz Adj. *unversehrt, heil.*

ganzida stF. III, 2, 36 *Heilung.*

gara-lîcho Adv. *gänzlich.*

garawen swV. *fertig machen, bereiten.*

garn stN. *Faden.*

garo, flect. M. garawêr *bereit, gerüstet, ausgeschmückt.* Adv. garo, garawo. *Gärtner.*

gartâri stM. *Gärtner.*

garto swM. *Garten.*

gast stM. *Gast.*

gast-wist stF., D. Sg. assim. -wissi statt -wisti I, 11, 34 *Aufenthalt als Gast in fremder Behausung.*

gatiling stM. *Verwandter.*

geba stF. *Gabe.*

geban stV. *geben.*

gegin-wert, -tig Adj. *gegenwärtig.*

gegin-wertî F. *Gegenwart, persönliche Anwesenheit.*

geisla swF. *Geissel.*

geist stM. *Geist.*

geist-lîh Adj. *geistlich;* Adv. -lîcho.

gelbôn swV. mit D. *(prahlend) vorspiegeln, täuschen.*

gelph Adj. *übermütig.*

gelpf-heit stF. *Übermut.*

gelt stN. *Entgelt, Belohnung.*

geltan stV. *bezahlen, vergelten.*

genêr Pron. *jener.*

gerno Adv. *gern.*

gero Adj. mit Gen. IV, 28, 20 *begierig nach —.*

gerôn swV. mit Gen. *begehren.*

gersta swF. *Gerste.*

gerta swF. *Stab, Zweig.*

gesterên Adv. *gestern.*

gewi stN. *Gau, Landschaft.*

gewi-mez stN. *Gaugrenze.*

gi-an Prät. präs. mit DP. GS. *gönne, gewähre.*

gi-afalôn swV. m. G. *bemüht sein um —.*

gi-afarôn swV. *von neuem beginnen, widerholen, nachbilden.*

gi-agabizen, -ôn swV. *erstreben, trachten.*

gi-ahtôn swV. II, 1, 42 *ersinnen, erwägen.*

gi-anabrechòn swV. IV, 19, 64 *verurteilen.*

giazan stV. *giessen, vergiessen.*

gi-badòn swV. *baden.*

gi-bâri Adj. I, 17, 68 *geziemend.*

gi-beiten swV. *nötigen* (mit G. *zu —*).

gi-benti stN. *Band.*

gi-beran stV. *gebären.*

gi-berg stN. *Geheimnis.*

gi-bergan stV. *verbergen.*

gi-bet stN. *Gebet.*

gi-betôn swV. *beten.*

gi-biatan stV. *gebieten, herschen.*

gi-biliden, -òn swV. *vorbilden, umbilden.*

gi-bintan stV. *binden, befestigen.*

gi-birgi stN. *Gebirge.*

gi-bismerôt Part. IV, 23, 6 *verhöhnt.*

gi-blîden swV. *erfreuen.*

gi-borgên swV. (mit Gen.) *sich hüten (vor —).*

gi-bosôt Part. IV, 28, 7 *verwebt?*

gi-bot stN. *Gebot.*

gi-brâtan Part. V, 14, 21 *gebraten.*

gi-bredigôt Part. II, 13, 40 *gepredigt.*

gi-breiten swV. *ausbreiten.*

gi-brestan stV. impers. mit DP. GS. *ermangeln.*

gi-brief(i)t Part. I, 11, 56 *schriftlich verzeichnet.*

gi-buazen swV. V, 20, 73 *verbessern, durch etwas besseres ersetzen.*

gi-bûr stM. *Bauer, Leibeigener;* stN. IV, 5, 37 *umschlossener Wohnsitz?*

gi-burdinôt Part. mit Gen. I, 5, 61 *belastet mit —.*

gi-burien swV. *begegnen, widerfahren, ergehn.*

gi-burt stF. *Geburt, Herkunft.*

gi-dago Adv. IV, 1, 12 *täglich.*

gi-dar Prät. präs. *wage.*

gi-dât stF. IV, 4, 15 *(passende) Beschaffenheit, Form.*

gi-deilen swV. *teilen.*

gi-diur(i)t (t II, 12, 2) Part. *ver-herrlicht.*

gi-dôten swV. *töten.*

gi-doufen swV. *taufen.*

gi-dougan Adj. *geheim*; Adv. gidougno.

sih gidragôn swV. *sich unterhalten.*

gi-drahta stF., gi-drahti stN. *Er-wägung, Betrachtung.*

gi-drahten, -ôn swV. *denken,* mit G. *an* —.

gi-drenken swV. *tränken.*

gi-dretan stV. *betreten.*

gi-driwi Adj. *treu.*

gi-drog stN. *Gespenst.*

gi-drôsten swV. *trösten.*

gi-druaben swV. *trüben, verwirren.*

gi-duachit Part. IV, 29, 8. 10 *zusam-mengestückt.*

sih gi-duamen swV. V, 10, 32 *sich wichtig machen.*

gi-duan unr.V. *tun, machen, bewirken, schaffen.*

gi-duellen swV. *säumen, versäumen.*

gi-thagên swV. *schweigen.*

gi-thâhtî F. *Sinnen, Gedenken.*

gi-thank stM. *Gedanke.*

gi-thankôn swV. mit DP. GS. *danken für* —.

gi-tharbên swV. mit Gen. IV, 11, 35 *entbehren.*

gi-theken swV. IV, 2, 24 *decken, kleiden.*

gi-thenken swV. mit Gen. *gedenken, beabsichtigen.*

gi-thig stN. *gedeihliches, heilsames Wesen.*

gi-thigan Part. *gediegen, trefflich*; Adv. -thigano II, 9, 12.

gi-thigini stN. *Gefolge.*

gi-thingi stN. *Beratung* IV, 8, 4; *Lage, conditio* IV, 26, 40; *ausbedungenes, ver-sprochenes Erbteil* III, 1, 43. 26, 52.

gi-thingen swV. mit tharazua *hof-fen auf* —.

gi-thingôn swV. V, 20, 36 *zum Ge-richt versammeln.*

gi-thionôn swV. *verdienen.*

gi-thiuben swV. IV, 36, 12 *stehlen.*

gi-thiuti Adj. *zum Volke gehörig* III, 10, 24; in gith. *in der Volkssprache,*

auf deutsch V, 8, 8. Adv. gi-thiuto *vor allem Volke, öffentlich, feierlich.*

gi-threngi stN. *Gedränge.*

gi-throwen swV. I, 1, 89 *bedrohen.*

gi-thulten swV. *dulden, ertragen, zu-lassen.*

gi-thuagan Part. IV, 11, 37 *gewaschen.*

gi-thuoran stV. III, 20, 48 *zusammen-mischen.*

gi-thuing, -nissi stN. *Bedrängnis, überwältigende Macht.*

gi-thuingan stV. *bedrängen, überwäl-tigen, einzwängen.*

gi-thunken swV. impers. mit Acc. *dünken.*

sih gi-ebonôn swV. mit D. III, 22, 30 *sich gleichstellen, gleich kommen.*

gi-einôn swV. refl. oder pass. mit GS. *einigen über* —.

gi-eiscôn swV. *erforschen, erfahren.*

gi-engen swV. mit D. *Angst machen.*

gi-entôn swV. I, 22, 7 *beendigen.*

gi-ôrên swV. *ehren.*

g(i)-ozzan stV. *speisen.*

gi-fâhan stV. *greifen, ergreifen, fangen*; zi- *sich wenden, anschicken zu* —.

gi-fallan stV. *fallen.*

gi-fang stN. *Kleid.*

gi-faran stV. *verfahren, sich benehmen*; impers. mit D. *es ergeht.*

gi-farawen swV. *färben.*

gi-fârên swV. mit Gen. *auflauern.*

gi-fehòn swV. *feiern.*

gi-ferto swV. *Gefährte.*

gi-festen swV. *befestigen.*

gi-fiaren swV. *wenden, hinführen, bringen.*

gi-fîrôn swV. *feiern.*

gi-flehtan stV. *zusammenflechten.*

gi-flîzan stV. mit Gen. *sich bemühen um* —.

sih gi-fnehan stV. *sich ermannen, Mut fassen.*

gi-folgên swV. mit Gen. *nachfolgen, sich anschliessen.*

gi-fordorôn swV. *fördern.*

gi-frewen, -ôn swV. *erfreuen.*

gi-frummen swV. *ausführen.*

gift stF. *Gabe, Spendung.*

gi-fuagen swV. *fügen, verbinden.*
gi-fuaren swV. *einführen; beeinflussen.*
gi-fuari stN. *Bequemlichkeit, Behaglichkeit, bequeme Gelegenheit.*
gi-fuaro Adv. *schicklich, passend.*
gi-fugili stN. *Gevögel.*
gi-fullen swV. *anfüllen.*
gi-funden swV. V,8,45 *streben, gelangen.*
gi-gâhen, -ôn swV. (mit Gen.) *eilen, trachten (nach —).*
gi-gân, -gangan stV. *gehen, gelangen, verlaufen.*
gigant stV. IV, 12, 61 *Riese.*
gi-garawen swV. *bereiten, ausrüsten, schmücken.*
gi-garawi stN. *Ausstattung, Gewand.*
gi-geban stV. *hingeben.*
gi-gruazen swV. *berühren (mit Worten).*
gi-grunzen swV. mit Gen. V, 23, 252 *grunzen, murren über —.*
sih gi-guaten swV. *sich gut, angenehm machen.*
sih gi-habèn swV. *sich halten, sich benehmen.*
gi-hâhan stV. *aufhängen.*
gi-haltan stV. *halten, erhalten, bewahren.* Part. gihaltan V, 12, 29 *jungfräulich.*
gi-haltnissa stF. II, 18, 18 *Beobachtung (des Gebotes).*
gi-hartên swV. *hart, standhaft sein.*
gi-heilen swV. *heilen, erlösen.*
gi-heiz stM. *Verheissung.*
gi-heizan stV. *verheissen, verkünden.*
gi-helfan stV., *helfen;* mit Gen. *bemüht sein um —.*
gi-helzen swV. mit G. *lähmen an —.*
gi-hengen swV. *gestatten.*
gi-hêrên swV. III, 13, 31 *hehr, hoch dastehn.*
gi-herten swV. mit Gen. *hart machen an —.*
gi-hîen swV. II, 8, 5 *sich vermählen.*
gi-hogên swV. mit G. *gedenken an —.*
gi-hogt-lîh Adj. V, 23, 73 *sorglich.*
gi-hôhen swV. *erhöhen.*
gi-holòn swV. *holen, ereilen.*
gi-hônen swV. IV, 22, 30 *verhöhnen.*
gi-hôren swV. *hören.*

gi-hôr-sam Adj. *gehorsam.*
gi-houfòn swV. *aufhäufen.*
gihu s. jehan.
gi-huggen swV. mit Gen. *gedenken.*
gi-hugt stF. *Erinnerung, Erwähnung.*
gi-hursgit Part. II, 6, 55 *emsig beschäftigt.*
gi-îlen swV. (mit Gen.) *eilen (nach —).*
gi-irren swV. *irre führen.*
g(i)-irrôn swV. IV, 15, 20 *irre gehn.*
gi-kamari stN. *Wohnung.*
gi-kêren swV. *zurückkehren; kehren, wenden, verwandeln;* (in muat g.) *erwägen.*
gi-kerren swV. I, 27, 65 *fegen.*
gi-klagòn swV. *klagen.*
gi-kleiben swV. *fest machen, festigen.*
gi-klenan stV. *salben, schmieren.*
gi-knihti stN. *Gefolgschaft.*
gi-kniwen (-knewen) swV. *knien.*
gi-krumbon swV. H. 2 *krumm machen, verrenken.*
gi-krusti stN. *Kruste.*
gi-kualen swV. *kühlen.*
gi-kunden swV. *verkünden.*
gi-kussen swV. *küssen.*
gi-labôn swV. *laben.*
gi-ladôn swV. *einladen.*
gi-lâen swV. IV, 8, 24 *verraten.*
gi-lang Adj. mit D. *verwandt.*
gi-langôn swV. *erlangen.*
gi-lâri stN. *Wohnung.*
gi-lastorôn swV. *lästern, schmähen.*
gi-lâzan stV. *einlassen;* mit D. *zulassen.*
gi-lebên swV. I, 1, 126 *erleben.*
gi-leggen swV. *legen.*
gi-lechôn swV. *lecken.*
gi-leiten swV. *leiten.*
gi-lepphen swV. II, 14, 28 *langen.*
gi-lêren swV. *lehren.*
gi-lernên swV. *erlernen.*
gi-lesan stV. *auflesen.*
gi-lezzen swV. *verletzen.*
gi-liab Adj. V, 20, 39 *in Liebe vereinigt.*
gi-liazan stV. *auslosen, bestimmen zu etwas, erlosen.*
gi-liggen swstV. *daliegen, in einem Zustande verharren;* Part. gilegan *gelagert; beschaffen.*

gi-lîh Adj. mit D. Instr. *gleich*; Adv.
gilîcho.

gi-lîhten swV. L. 54 *leicht machen.*

gi-limfan stV. impers. *geziemen.*

gi-lingan stV. *gelingen* (mit Gen.?)
I, 2, 36.

gi-liuben swV. mit D. *lieb sein; lieb
machen.*

gi-lobôt Part. *gelobt.*

gi-lockôn swV. *sanft, lieblich behandeln.*

gi-lônôn swV. mit D. *lohnen.*

gi-los Adj. mit Gen. Sg. *hörend auf* —.

gi-louba stswF. *Glaube.*

gi-louben swV. *glauben.*

gi-loubig Adj. *gläubig.*

gi-loubo unfl. swM. oder Adv. *glau-
bend an* —.

gi-loufan stV. *hinlaufen.*

gi-lougnen swV. *verleugnen.*

gi-lumf-lîh Adj. *geziemend, passend.*

gi-lust stF. *Lust.*

gi-lusten swV. impers. mit Acc. P.
Gen. S. *gelüsten.*

gi-lust-lîh Adj. *lustig.*

gi-lûten swV. *erklingen.*

gi-mah Adj. mit D. oder zi *ähnlich,
passend für* —, *zugehörig*; stN. *Sache*,
mit Gen. *entsprechendes, gleiches Ding*
II, 6, 49. swM. gimacho *gleicher
Genoss*; Pl. *Par* I, 14, 24.

gi-macha stF. *Sache.*

gi-machôn swV. *machen, bewirken.*

gi-mâlon Adv. mit io IV, 37, 40 *alle-
mal, stets.*

gi-mâli stN. *Zierde.*

gi-mâlôt Part. II, 1, 14 *geziert.*

gi-managfaltôt Part. IV, 6, 48 *ver-
vielfältigt.*

gi-maŋgolônswV. mit Gen. *ermangeln.*

gi-manôt Part. I, 17, 73 *ermahnt.*

gi-mazo (zz) swM. *Tischgenoss.*

gi-meinen swV. (mit D.) *mitteilen, zu-
teilen; zur allgemeinen Benutzung hin-
stellen, schaffen, bestimmen, beschliessen.*

gi-meini Adj. mit D. *gemein, gemein-
sam, gleich*; Adv. gimeino.

gi-meinida stF. *Gemeinschaft* (Gen.
mit —).

gi-mein-muatoAdv. IV,4,53 *einmütig.*

gi-meit Adj. *töricht, hochmütig*; Subst.
gimeit-heit stF. IV, 6, 36; gi-
meitî F. V, 25, 30. Adv. Präp.vbdg
in gimeitun (-ûn?) *unnütz.*

gimerren swV. *schädigen* (Gen. *an* —).

gi-mezan stV. *abmessen.*

gi-mierit Part. V, 25, 2 *(ans Ziel)
gelangt?*

gimma stF. *Edelstein.*

gi-muat-fagôn swV. mit D. *will-
fahren.*

gi-muati Adj. (mit D.) *angenehm, hold,
schön*; stN. *Gunst, Huld, Woltat.* Adv.
gimuato.

gi-muntôn swV. mit D. *beschirmen.*

gi-nâda stF. *Gnade.*

gi-nâdig, -nâd-lîh Adj. *gnädig*;
Adv. lîcho.

gi-nâdôn swV. mit D. oder G. *gnädig
sein.*

gi-nâ(i)t Part. *genäht.*

gi-neman stV. (mit D.) *nehmen, ent-
reissen.*

gi-nenden swV. mit Gen. *streben
nach* - -, *betreiben.*

gi-nennen swV. *nennen, aussprechen;
zi* — *rechnen zu* —.

gi-nerien swV. *ernähren, retten, er-
halten.*

gi-neran Part. III, 2, 28 *genesen.*

gingên swV. mit G. *verlangen nach* —.

gingo swV. *Verlangen, Sehnsucht.*

gi-niazan stV. mit Gen. *geniessen.*

gi-nîgan stV. mit D. *sich neigen vor* —.

gi-nindan stV. I, 2, 12 = ginenden.

gi-nôto, -on Adv. III, 26, 43 *mit An-
strengung; notwendig, durchaus, gar
sehr, ganz genau.*

gi-nôten swV. *nötigen.*

ginôz stM., ginôzo swM. *Genoss.*

gi-nuag, -gi Adj. *genügend*; Adv. und
subst. Ntr. mit Gen. *genug*; auch adv.
D. Pl. ginuagon II, 16, 16.

gi-nuagen swV. V, 12, 68? *befriedigen.*
Wol Acc. Pl. des Adj.

gi-nuht stF., -tî F. II, 4, 48 *Genüge.*

gi-nuzzen swV. III, 7, 38 *benutzen.*

gi-ougen swV. *darstellen, offen zeigen.*

gi-quedan stV. *sprechen.*

gi-quetten swV. I, 9, 8 *ansprechen.*
gi-râti stN. III, 20, 91? *Rat, Beratung,*
Ratschluss; geheim ausgeführte Sache.
gi-râtan stV. *betreiben, planmässig*
ausführen.
gi-redinôt Part. *geredet.*
gi-redôn swV. IV, 14, 11 *reden.*
gi-refsen swV. *tadeln.*
gi-rechan stV. *mit Gewalt betätigen*
III, 18, 72, *überwältigen* II, 5, 6; *ver-*
teidigen, rächen IV, 17, 19. V, 2, 13.
11, 26.
gi-reinôn stV. *reinigen.*
gi-reisôt Part. *herbeigeführt, vollendet.*
gi-resten swV. *rasten.*
girî F. II, 5, 8 *Gier, Genussucht.*
gi-riazan stV. *weinen.*
in girihtî Präp.vbdg *geradezu, ohne*
Umwege; gegenüber, vor.
gi-rihten swV. *ordnen;* mit AccP. GS.
benachrichtigen von —.
gi-rîman stV. mit D. *zufallen;* mit zi
gelangen zu —, *werden.*
gi-ringo Adv. II, 14, 78 *leicht.*
gi-rinnan stV. impers. mit Acc. Pl.,
Gen. Sg. *zuströmen.*
gi-roubi stN. *Beute.*
girstîn Adj. III, 6, 28 *Gersten-.*
gi-ruamen swV. *rühmen.*
gi-ruaren swV. *berühren, betasten.*
gi-rûmen swV. V, 4, 27 *räumen.*
gi-rusti stN. *Rüstung; geordnete Stel-*
lung, Schlachtordnung.
gi-rusten swV. *fertig machen, aus-*
statten.
gi-sagên swV. *sagen.*
gi-salbôn swV. IV, 35, 28 *salben.*
gi-salzan stV. *salzig machen.*
gi-samani stN. *Versammlung, Gemein-*
schaft.
gi-samanôn swV. *versammeln.*
gi-sâzi stN. *Sitz.*
gi-seganôn swV. *segnen.*
gi-sehan stV. *sehen.*
gi-selidôn swV. mit refl. D. III, 13, 48
Sitz, Wohnung bereiten.
gi-sello swM. *Gesell, Gefährte.*
gi-semôn swV. IV, 20, 6 *zusammen-*
kommen?

gi-sentit Part. *gesendet.*
gi-sezzen swV. *setzen, festsetzen.*
gi-sezzo swM. IV, 12, 31 *Sitzender.*
gi-sibbo swM., gi-sibba swF. *Ver-*
wandter, -e.
gi-sidalen swV. *ansiedeln, hinsetzen.*
gi-sindi stN. *Gefolge.*
gi-sindo swM. IV, 12, 42 *Genoss.*
gi-singan stV. *singen, tönen.*
gi-sinnan stV. *streben, aufstreben.*
gi-sitôn (d I, 2, 49) swV. *bewirken,*
ausführen.
gi-siuni stN. (M. III, 20, 50) *Sehkraft,*
Anblick, Blick.
gi-sizzen swstV. *sich setzen;* mit D.
passend sein für —.
gi-scaffôn swV. *schaffen, gestalten.*
gi-scaft stF. *Geschöpf, Schöpfung.*
gi-scepphen swstV. *schöpfen; schaffen*
(stPrät. III, 9, 15).
gi-sceid stM.? *sichere Unterscheidung,*
Bestimmung, Bescheid.
gi-sceidan stV. *scheiden.*
gi-sceinen swV. *zeigen, offenbaren.*
gi-skenken swV. *einschenken.*
gi-skiaren swV. IV, 12, 44 *schnell*
betreiben.
gi-scowôn swV. *schauen, anschauen.*
gi-skrenken(sch) swV. *verschränken,*
kreuzweise binden.
gi-scrîb stN. *Schrift, Schriftwerk,*
Schriftstelle.
gi-scrîban stV. *schreiben, aufschreiben.*
gi-scuahi stN. III, 14, 96 *Schuhwerk.*
gi-sculdit Part. V, 20, 71 *verdient.*
gi-slaht Adj. II, 23, 15 *der Art ent-*
sprechend, eigentümlich.
gi-slîchan stV. II, 5, 26 *heranschleichen.*
gi-slihten swV. *ebenen, schmücken.*
gi-slîmit Part. (*am wasserbegossenen*
Sandsteine mit Schleim bedeckt, d. h.)
geschärft I, 23, 52.
gi-sliz stN. *Spaltung.*
gi-smekon swV. mit Gen. *schmecken,*
kosten.
gi-spanan stV. mit AccP. GS. *ver-*
locken zu —.
gi-spannan Part. IV, 5, 13 *eingespannt,*
umgarnt.

gi-sparôn swV. *sparen.*
gi-spentôn swV. *spenden.*
gi-sprechan stV. *sprechen.*
gi-spunôt Part. I, 14, 8 *gedeutet.*
gi-stân, -stantan *stehn, feststehn, stocken; bevorstehn; mit Inf. beginnen.*
gi-stâten swV. *fest hinstellen.*
gi-stelli stN. *Gestell.*
gi-stillen swV. mit D. *stillen, besänftigen.*
gistirri stN. I, 17, 25 *Gestirn, Constellation.*
gi-stochan Part. V, 11, 29 *gestochen.*
gi-strewen swV. *streuen, bedecken; niederstrecken.*
gi-stullen swV. *verweilen;* mit refl. D. *an sich halten.*
gi-suazen *süss, angenehm machen; schön erläutern, lehren.*
gi-sunti Adj. *gesund.*
gi-suntî F. *Gesundheit.*
gi-suntorôt swV. *abgesondert.*
gisuâs (su = sw) Adj. mit Dat. *vertraut, eigen;* Adv. gisuâso, -lîcho *vertraulich, heimlich.*
gi-suerban stV. *trocknen.*
gisuester F. Pl. III, 24, 55 *Schwester.*
gi-suîchan stV. mit DP. oder GS. *ablassen, weichen von —.*
gi-tiurto II, 12, 2 s. gidiurit.
gi-wâfnit Part. *bewaffnet.*
gi-wago Adv.? mit ward I, 3, 37 *es ward erwähnt von —.*
(giwahan stV.), Prät. giwuag mit G. *erwähnen, gedenken.*
gi-wahinen swV. mit Gen. *erwähnen.*
gi-waht unff. Subst.? mit ist, wirdit und Gen. *es ist, wird rühmend erwähnt von —.*
gi-walt stF. *Gewalt, Macht.*
gi-waltan stV. mit Gen. *verwalten, beherschen;* sih g. V, 25, 50 *wirksam sein.*
gi-wankon swV. *wanken.*
gi-want stM., -ta stF. III, 16, 64 *Bescheid über, Bewandtnis von etwas.*
gi-war, -wara-lîh Adj. mit Gen. *aufmerksam auf —,* Adv. giwaro, giwara-lîcho.
gi-wâra stF. *Sicherheit, Gewähr.*

gi-wâr, -wâri Adj. *wahrhaft;* N. subst. mit in III, 8, 24; Adv. gi-wâro.
gi-warnôn swV. *warnen.*
gi-wartên swV. mit GS. oder refl. D. *sich hüten.*
gi-wâti stN. *Kleid.*
gi-weban Part. *gewebt.*
gi-weichen swV. *erweichen.*
gi-weizen swV. *tatsächlich beweisen, bewähren.*
gi-welîh Pron. II, 8, 47 *jeder.*
gi-weltig Adj. mit Gen. *gewaltig, mächtig.*
gi-wenken swV. *wanken,* mit DP. *untreu werden.*
gi-wenten swV. *wenden.*
gi-wer, -werri stN. *Kampfgetümmel* IV, 17, 9; *Aufruhr* IV, 20, 23.
gi-werdan stV. impers. mit Acc. P. GS. *Befriedigung an —, Verlangen nach — haben.*
gi-werdôn mit Inf., -ên mit thaz III, 13, 18 swV. *sich herablassen etwas zu tun; gnädig gestatten.*
gi-werôn swV. II, 4, 76 *sich hüten.*
gi-werien swV. II, 22, 12 *kleiden.*
gi-werkôn swV. *handeln, bewirken.*
gi-werôn swV. mit AccP. GS. I, 15, 8 *begaben mit —.*
gi-wezzen swV. *wetzen, schärfen.*
gi-widarôn swV. mit Dat. Pl. Gen. Sg. *gegenübertreten, wetteifern in —.*
gi-wîhit Part. *geweiht, gesegnet.*
gi-winnan stV. *gewinnen, erwerben, ergreifen.*
gi-wintan stV. *sich hinwenden, dazu schreiten.*
gi-wirken swV. *wirken, ausführen.*
gi-wîsen mit Gen. V, 19, 58 *hinweisen auf —.*
gi-wis, giwissi Adj. *gewiss, sicher;* Ntr. mit in; Adv. giwisso.
gi-wizzen swV. *witzig, klug sein.*
gi-wizzi stN. I, 22, 62 *Klugheit.*
gi-won Adj. mit Gen. oder Inf. *gewohnt.*
gi-wona-heit stF. *Gewohnheit.*
gi-wunsgen swV. *wünschen.*
gi-wuntôt Part. *verwundet.*
gi-wurt stF. *Befriedigung, Freude.*

gi-wurtig Adj. II, 8, 36 *freudig.*

gi-zal Adj. I, 1, 99 *schnell, mutig, entschlossen.*

gi-zâmi Adj. Adv. *geziemend hcrrlich:* stN. *geziemende, herrliche, wunderbare Tat oder Beschaffenheit.*

gi-zâm-lîh Adj. II, 4, 72 *geziemend.*

gi-zawa stF. *Ausstattung, Unterstützung.*

gi-zeigôn swV. *zeigen.*

gi-zeinen, -ôn swV. *zeigen, anzeigen, bezeichnen.*

gi-zellen swV. *zählen, aufzählen, erzählen;* mit dopp. Acc. oder zi- *erklären für* —.

gi-zeman stV. *geziemen.*

gi-zengi Adj. mit D. *hindringend zu* —; Adv. -zango.

gi-ziahan stV. *erziehen, bilden.*

gi-ziaren swV. *zieren, ausschmücken.*

gi-zilôn swV. mit Gen. *zielen, streben nach* —.

gi-zimbiri stN. *Bau.*

gi-zimborôn swV. *erbauen.*

gi-zîti stF. Pl. *Zeitverhältnisse; Festtage.*

gi-zîto Adv. *frühzeitig.*

gi-ziug stN. *Ausstattung, Gerät.*

gi-zungi, -ili stN. I, 2, 33 *Sprache.*

glao (flect. M. glawêr) Adj. *klug.*

glat Adj. II, 1, 13 *glänzend.*

gold stN. *Gold.*

goma-heit stF. *Persönlichkeit.*

gomi-lîcho Adv. I, 27, 47 *männlich.*

gom-man (st)M. *Mann.*

gomo swM. *(bedeutender) Mann.*

gôrag, -lîh Adj. *beklagenswert;* Adv. *wenig* II, 9, 25.

gôringî F. *Elend.*

got stM. *Gott.*

gote-forahtal Adj. I, 15, 3 *gottesfürchtig.*

gote-leido swM. IV, 7, 34 *Gottesfeind, Antichrist.*

gote-wuoto swM. I, 19, 18 *Wüterich gegen Gott.*

got-kund-lîh II, 8, 22 *göttlich.*

got-nissi stN. *Gottheit.*

goto-webbi stN. V, 19, 46 *kostbarer Stoff.*

gougulâri stM. IV, 16, 33 *Gaukler.*

gouma stF. *Speisung, Mahlzeit, Speise.*

gouma stF. *Achtsamkeit, Rücksicht auf* — (Gen.).

goumen swV. mit Gen. *Acht haben auf, sorgen für* —.

goumi-lôs Adj. I, 22, 10 *unbeachtet.*

grab stN. *Grab.*

graban stV. I, 1, 69 *graben, ausgraben.*

gras stN. *Gras.*

grazzo Adv. *ernstlich, eifrig.*

greifôn swV. mit Gen. *greifen, tasten nach* —.

grôz Adj. *gross.*

gruani Adj. *grün.*

gruazen swV. *grüssen, anreden; mit Worten berühren.*

grubilôn swV. *grübelnd durchforschen.*

grun stM., grunnî F. *Jammer, Unglück.*

grunzen swV. *murren.*

gual-lîchi stN., -lîchî F. *Herrlich-*
gual-lîcho Adv. *herrlich.*   [*keit.*]

gual-lîchôn swV. *verherrlichen.*

guat Adj. *gut;* stN. *Gut, Heil.*

guatî F. *Güte, Vortrefflichkeit, Tugend, Heil.*

guata-lîh, guati-gilîh (î?) *alles Gute, Heilsame.*

gumisgi stN. I, 3, 21 *Männerschar.*

gund-fano swM. V, 2, 9 *Streitfahne.*

gurten swV. *gürten;* mit refl. Dativ V, 15, 42.

habên swV. *haben.*

haft Adj. *gefangen, gebunden, schwanger* (Gen. mit —); stM. *Gefangener.*

haftên swV. *haften.*

hâhan stV. *hängen.*

halb Adj. *halb.*

halba swstF. *Seite;* mîna halbûn V, 11, 12 *meinerseits, in m. Namen.*

hâlingon Adv. *heimlich.*

hals stM. *Hals.*

hals-slagôn swV. IV, 19, 72 *auf Gesicht (und Hals) schlagen, ohrfeigen.*

halt Adv. Comp. mit thiu *desto mehr, desto besser.*

haltan stV. *halten, bewahren, hüten.*

19

halz Adj. *lahm, gebrechlich.*

hamm Adj. III, 4, 8 *gebrechlich.*

hano swM. *Hahn.*

hand stF. *Hand.*

hantolôn swV. *behandeln.*

hâr stN. *Haar.*

harên swV. *rufen*, mit D. *xurufen.*

harm stM. *Harm.*

harpha swF. *Harfe.*

haz stM. *Hass.*

hazzôn swV. *hassen.*

hebig Adj. *mächtig, wichtig*; Adv. hebigo.

hebigî F. *Last, Gewalt.*

heffen swstV. Prät. huab *heben, erheben.*

heften swV. *binden, befestigen.*

heidin (th) Adj. *heidnisch.*

heil Adj. *heil, ganx, gesund*; stN. *Heil.*

heilag, flectiert -eg, -ig Adj. *heilig.*

heilant, heilâri II, 14, 121 stM. *Heiland, Erlöser.*

heilen swV. *heilen, erlösen.*

heilî F. *Heil, Heilung.*

heilida stF. III, 11, 30 *Heilung.*

heim Adv. *heim*; heime, in heime *daheim.*

heimingi stN., -gî F. *Heimat.*

heimort, -tes, heimort-sun Adv. *heimwärts.*

heim-wist *Heimat, Aufenthalt im Hause.*

heistigo Adv. *arg.*

heit stF. *Wesenheit, Bedeutung.*

heiz Adj. *heiss*; Adv. heizo.

heizan stV. *heissen, nennen, befehlen.*

heiz-muati stN. *Zorn.*

helan stV. mit dopp. Acc. *verhehlen.*

helfa stF. *Hilfe.*

helfan stV. *helfen*; mit refl. G. *sich beeilen.*

helfant stM. *Elephant.*

hella stF. *Hölle, Totenwelt.*

helli-pîna stF. *Höllenpein*; -porta F. *Höllenvforte* III, 12, 35; -wîzi stN. *Höllenstrafe* V, 19, 18.

hellan stV. I, 1, 38 *hallen, erschallen.*

helm stM. V, 1, 6 *Helm.*

helsen swV. I, 11, 46 *umhalsen.*

hengen swV. *gestatten.*

hera Adv. *her.*

hera-fart stF. V, 4, 41 *Herkunft.*

hêrî F. IV, 4, 22 *Hehrheit, Verherrlichung.*

hera-in Adv. II, 14, 27 *hier an, bei (dir).*

hera-sun Adv. *hier, hierher, bisher.*

hera-ûz IV, 23, 3 *hier hinaus.*

hera-zua Adv. *herzu.*

herd stM. V, 20, 28 *Erdboden.* [schaft.

hêr-duam stM. II, 5, 22 *Ansehn, Herrherero* swM. (eigtl. Compar.) *Herr.*

heri stN., heri-skaf stF. *Heer, Schar.*

heri-strâza stF. I, 23, 22 *Heerstrasse.*

heri-zoho swM. *Herxog, Landesfürst.*

hêr-lîcho Adv. *herrlich, ehrenvoll.*

hermida stF. *harmvolles, klägliches Leid* V, 19, 29 (verkürzter Gen. Pl. -o).

hêrosto Superl., swM. *höchster, Fürst*; Adv. hêrôst *zuerst, an oberster Stelle.*

herot Adv. II, 7, 74 *hierher.*

hêrôti stN. *Obrigkeit, Herrschaft, Hoheit.*

herta stF. *Wechsel*; nur D. Pl. adv. und mit bî.

herti Adj. *hart, fest*; Adv. harto *sehr.*

hertî F. *Härte, Verstocktheit.*

herza swN. *Herx.*

herz-blîdi Adj. I, 4, 31 *herxerfreuend.*

hîo swM., hîa swF. (Pl. N.) *Gatte, -in.*

hiafo swM. II, 23, 14 *Dornstrauch.*

hiar, hiare Adv. *hier.*

hiar .. ana *hierbei* III, 19, 13; -fora *hiervor* V, 2, 11.

Hierusalêm IV, 4, 1, -rosolima stF. II, 14, 59 *Jerusalem*; Hierosolimo swM. III, 4, 2 *Jerusalemit.*

himil stM. *Himmel.*

himil-guallîchi stN. (-î F?) V, 4, 53 *Himmelsherrlichkeit.*

himilisg Adj. *himmlisch.* [wohnung.

himil-kamara stF. II, 9, 9 *Himmels-himil-rîchi* stN. *Himmelreich.*

hina Adv. *hin.*

hî-naht Adv. *in dieser Nacht.*

hinana Adv. *von hier.*

hina-ûz Adv. II, 11, 21 *hinaus.*

hinkan stV. *hinken, fehl treten.*

hintar-queman stV. mit Gen. *erstaunen, erschrecken über —.*

hintor-ort Adv. *nach hinten, xurück.*

hirti stM. *Hirt.*

hiutu Adv. *heute.*

hiwilôn swV. V, 23, 22 *jubeln.*

hizza stF. *Hitze.*

hof stM. Sal. 30 *Hof, Besitz.*
hogên swV. = huggen.
hôh Adj. *hoch;* Adv. hôho.
hôhen swV. *erhöhen.*
hôhî F. *Höhe.*
hôh-sedal stN. *Hochsitz.*
hol Adj. *hohl.*
hold Adj. *hold, treu;* -do swM.
holôn, -ên swV. *holen, verschaffen.*
hôna stF. IV, 23, 8 *Hohn.*
hônen swV. *höhnen.*
hôni Adj. *schmachbedeckt* III, 20, 163:
    Adv. hôno III, 20, 116.
hônida stF. *Schande, Beschimpfung.*
hôren swV. *hören;* mit D. *gehorchen.*
horn stN. *Horn.*
horn-gi-bruader M. *Aussätziger.*
horo stN. *Kotbrei.*
hôr-sam Adj. I, 18, 40 *gehorsam.*
horsg-lîh Adj. *eifrig, eilig.*
houbit stN. *Haupt.*
houf stM. *Haufen.*
houwan stV. I, 23, 59 *hauen, treffen.*
huah stM. *Spott.*
huan stN. *Huhn.*
huar stN. *Ehebruch.*
huareri stM. *Ehebrecher.*
huari-lîn Adj. IV, 5, 8 *geil.*
huar-lust stF. *ehebrecherische Lust.*
huarra swF. III, 17, 8 *Ehebrecherin.*
huasto swM. V, 23, 144 *Husten.*
huaten swV. mit Gen. *achten auf —.*
huggen, hogên swV. mit G. oder zi-
    gedenken an —, achten auf —.
hugu stM. *Gedanke, Mut, Gesinnung.*
hugu-lust stF. *Gesinnung.*
hulden swV. mit refl. D. II, 7, 3 *sich hold,*
    treu machen, für sich gewinnen.
huldî F. *Huld, Treue.*
hungar stM. *Hunger.*
hungorog (-ag) Adj. I, 7, 17 *hungerig.*
hunt stM. *Hund.*
hunt stN. II, 4, 3 *Hundert.*
huorôn swV. *Ehebruch treiben.*
hursgen swV. I, 1, 18 *üben.*
hursgida stF. V, 23, 168 *eifrige Sorge.*
hûs stN. *Haus.*
hût stF. *Haut, Schale.*
hutta stF. III, 15, 14 *Hütte.*

ia-gi-lîh Pron. *jeglicher, jeder.*
ia-gi-wâr Adv. *überall.*
ia-gi-wedar Pron. IV, 9, 11 *jeder von*
    beiden.
ia-, io-man Pron. *jemand.*
ia-mêr (io- I, 2, 49. IV, 37, 39) Adv.
    immer, je (in Zukunft).
ia-wiht Pron. *irgend etwas.*
ih Pron. *ich.*
îla stF. *Eile.*
îlen swV. (mit Gen. Inf.) *eilen, streben;*
    mit refl. Gen. *sich beeilen* V, 16, 9,
    Part. Adv. îlônto IV, 12, 53.
im-bot stN. *Gebot, Befehl.*
in Präp. mit D. *in, bei, an, auf;* mit Acc.
    in, auf, gegen, zu; Adv. (în?) *hinein.*
in-beran (int-) stV. mit Gen. I, 8, 3
    entbehren.
in-bîzan stV. *einbeissen, speisen.*
in-blantan stV. *aufbürden.*
in-brestan stV. *ausbrechen.*
in-brinnan (int-) stV. *entbrennen.*
inbrusti stN. I, 4, 42 *Inneres der Brust,*
    Gemüt, Gesinnung.
in-duan (int-) nurV. *auftun, öffnen.*
in-thekan swV. *aufdecken.*
in-thîhan stV. mit Gen. *beginnen.*
in-fualen(int-)swV. III,14,35 *empfinden.*
in-gân, -gangan stV. *hineingehn.*
in-gân, -gangan (int-) stV. mit D.
    entgehn.
in-gang stM. *Eingang.*
in-gegin, gegini Adv. *gegenüber;*
    in-gegin Präp. mit D. *entgegen.*
in-gi-gangan stV. IV, 7, 51 *betreten,*
    intrare.
in-griuno (-giriuno) Adv. I, 19, 9.
    27, 35 *eifrig, ingrimmig.*
in-heim stN. *Wohnort* (nur DPl.).
in-kan Prät.präs. III, 15, 32 *klage an.*
in-klenken (int-) swV. I, 27, 60 *auf-*
    lösen.
in-kliaban (int-) swV. I, 20, 17 *los-*
    klaubend entreissen.
in-liuhten swV. *leuchten, erleuchten.*
in-nagilen (int-) swV. IV, 30, 30 *von*
    Nägeln befreien, entnageln.
innan Adv. mit Gen., Präp. mit D. *in,*
    im innern; mit Acc. *in — hinein.*

innana Adv. *inwendig*; mit Gen. *ver-traut, bekannt mit* — II, 8, 48.

inne Adv. *drinnen.*

inowa, innowa stF. *Wohnung, Sitz.*

in-quedan (int-) stV. *entgegnen, ent-gegenrufen.*

in-salzan stV. V, 23, 141 *versalzen, verbittern.*

in-skieren swV. I, 23, 22 *schnell berei-ten, fertig machen.*

in-sliazan (int-) stV. *erschliessen, öffnen.*

in-slîchan (int-) stV. mit D. *ent-schleichen.*

in-sperren (int-) swV. *eröffnen.*

in-stantan (int-) stV. *verstehen, er-kennen.*

in-strîchan (int-) stV. mit D. I, 5, 53 *entweichen.*

in-suebben (int-) swV. I, 11, 42 *ein-schläfern.*

in(t)-bintan stV. *losbinden, aufbinden;* mit Gen. *befreien von* —.

int-êrên swV. *entehren.*

int-fâhan stV. *empfangen, erfassen, aufnehmen, annehmen.*

int-fallan stV. mit D. *entfallen.*

int-fliahan stV. mit D. *entfliehen.*

iat-fuaren swV. mit D. *entführen, entziehen.*

int-geltan stV. mit Gen. *entgelten, bezahlen.*

sih int-habên swV. *sich aufhalten; sich enthalten* (auch mit D. III, 24, 58 oder Gen. II, 8, 46).

int-heizan stV. mit D. III, 20, 149 *in Abrede stellen? verheissen?*

inti Conj. *und.*

int-neinen swV. *zu Nichte machen.*

in-trâtan stV. mit Acc. (verneint mit Gen. IV, 20, 7) *fürchten, anstaunen.*

int-redinôn swV. *lossprechen.*

in(t)-seffen, Prät. -suab swstV. *schmecken, wahrnehmen.*

in(t)-sizzan stV. mit Acc. *erschrecken über* —.

int-slupphen swV. mit D. *entschlüpfen.*

int-werfan stV. V, 4, 38 *fortwerfen, aufgeben.*

int-wîchan stV. mit D. *entweichen.*

sih in-zellen (int-) swV. *sich ent-schuldigen.*

sih in-ziahan (int-) stV. mit GS. oder foɴa-) *sich entziehn, fernhalten von* —.

io Adv. *je, immer*; io-gilîcho (ia-) *allemal.*

io-wanne Adv. *irgendwann, jemals.*

ir Pron. Pl. *ihr.*

ir Präp. mit D. *aus, von.*

ir-ahtôn swV. V, 22, 9 *erdenken, sich vorstellen.*

ir-altên swV. I, 16, 14 *altern.*

ir-baldên, -ôn III, 14, 44 swV. (mit Gen.) *Mut fassen (zu* —*).*

ir-ban Prät. präs. mit DP. GS. *mis-gönnen, versagen.*

ir-barmên swV. mit Acc. (impers. mit dopp. Acc. IV, 2, 28. 6, 11?) *erbarmen.*

ir-belgan stV., refl. oder pass. mit DP. oder GS. *sich erzürnen, erzürnt sein.* Part. Adv. irbolgono I, 4, 57.

ir-biliden swV. II, 3, 10 *nachbilden, gleichen.*

ir-beran stV. *neu gebären.*

ir-bittan stV. *erbitten.*

ir-bîtan stV. mit Acc. oder Gen. *ab-warten, erwarten.*

(sih) ir-bleichên swV. *erbleichen.*

sih ir-burren swV. I, 11, 25 *sich er-heben.*

ir-deilen swV. *urteilen*; mit DP. *ein Urteil sprechen über* —.

irdisg (th) Adj. *irdisch.*

ir-drahtôn swV. V, 22, 9 *ausdenken.*

ir-drenken swV. II, 3, 54 *ertränken.*

ir-drinkan stV. H. 61 *ertrinken.*

ir-duellen swV. mit Acc. (verneint mit Gen. I, 11, 5) *verzögern.*

ir-thenken swV. *ausdenken, erdenken, Gedanken bilden.*

ir-therren swV. IV, 6, 5 *dürr machen.*

ir-thionôn swV. IV, 9, 29 *verdienen.*

ir-thorren swV. *dürr werden.*

ir-thriazan stV. impers. mit AccP GS. *verdriessen.*

ir-thuesben stV. I, 17, 52 *vertilgen, töten.*

ir-egisôn swV. IV, 6, 12 *erschrecken.*

ir-eiscôn swV. IV, 12, 29 *erfragen.*

ir-faran stV. IV, 13, 53 *ereilen, überwältigen.*

ir-fellen swV. *fällen, niederschlagen.*

ir-findan stV. *auffinden, erfahren.*

ir-firren swV. *entfernen.*

ir-fisgôn swV. III, 7, 36 *auffischen.*

ir-forahten swV. mit Acc. oder mit sih und GS. *in Furcht geraten über —.*

ir-frâgên swV. *erfragen.*

sih ir-frewen swV. Sal. 46 *sich erfreuen.*

ir-fûlên swV. II, 17, 3 *verfaulen.*

ir-fullen swV. *erfüllen,* mit GS. *anfüllen mit —.*

ir-furben swV. *rein machen.*

ir-gân, -gangan impers. mit D. *ergehn.*

ir-geban mit D. *übergeben, aufgeben.*

ir-gehan (j) stV. III, 22, 18 *bezeugen.*

ir-gezan stV. mit Gen. *vergessen.*

ir-graban stV. *ausgraben, durchbrechen.*

ir-hâhan stV. *aufhängen.*

ir-harên swV. *aufschreien.*

ir-hartên swV. II, 12, 83 *hart, verstockt sein.*

ir-heffen, Prät. -huab swstV. *erheben.*

ir-holôn swV. IV, 6, 23 *herbeiholen.*

ir-hogên, -huggen swV. mit Gen. *gedenken an —, ausdenken.*

ir-kennen swV. *erkennen.*

ir-kiasan stV. Sal. 6 *erproben.*

ir-knâen swV. *erkennen.*

ir-koborôn swV. *zu Kräften kommen, sich erholen;* mit Acc.S. *ausführen, durchmachen.*

ir-krâ(h)en swV. IV, 18, 35 *anfangen zu krähen.*

ir-lâren swV. mit Gen. V, 9, 32 *befreien von —.*

ir-lesgen swV. *auslöschen, vertilgen.*

ir-lîdan(-en) stV. *(Hindernisse) überstehn, etwas durchsetzen.*

ir-luagên swV. *erblicken, schauen.*

sih ir-meginôn swV. III, 12, 35 *mächtig werden.*

ir-muait Part. II, 14, 3 *ermüdet.*

ir-ougen swV. *ans Licht bringen, zeigen.*

ir-quellen swV. *(zu Tode) quälen.*

ir-queman stV. mit Gen. *erschrecken über —.*

ir-quicken (gk, k) swV. *erquicken, beleben.*

ir-redinôn swV. V, 23, 191 *vollständig darstellen, mit Worten erschöpfen.*

ir-reimen swV. mit D. II, 14, 120 *zufallen.*

ir-reinôn swV. I, 1, 29 *reinigen.*

ir-reken (ch) swV. *ausrecken, erheben; auslegen, deuten* II, 14, 77. V, 14, 4.

ir-rentôn swV. II, 9, 74 *vollständig berichten von —.*

ir-retten swV. *erretten* (mit Dat. oder *fon- vor, von —*).

irri unfl. Adj. oder Adv. *irre.*

ir-rihten swV. *aufrichten.*

ir-rîmen swV. I, 12, 52 *vollständig aufzählen.*

irren, -ôn swV. *irren, in Ungewissheit sein* (mit Gen. *wegen —*).

ir-sagên swV. *vollständig hersagen.*

ir-sehan swV. V, 6, 62 *absehen, erblicken.*

ir-sezzen swV. *widerherstellen, ersetzen.*

ir-singan stV. I, 11, 47 *aussingen, vollständig besingen.*

ir-siuchên swV. *erkranken.*

ir-skabarôn swV. *erwerben, ersparen.*

ir-skînan stV. *erscheinen.*

ir-skiuhen swV. mit Gen. IV, 11, 20 *zornig werden über —.*

ir-skowôn swV. *erschauen.*

ir-skrîban stV. *vollständig aufschreiben.*

ir-scrîtan stV. *ausschreiten, vollenden* Part. I, 5, 1.

ir-scrîan stV. IV, 24, 14 *aufschreien.*

ir-scutten swV. *erschüttern, in Bewegung setzen.*

ir-slahan stV. *erschlagen, töten.*

ir-smâhên swV. mit Acc. I, 1, 9 *unangenehm berühren.*

ir-spanan stV. I, 18, 14 *verlocken.*

ir-stân, -stantan stV. *auferstehn.*

ir-stant-nissi stN. *Auferstehung.*

ir-sterban stV. *sterben.*

ir-strîchan stV. I, 12, 28 *fortstreichen, fortnehmen.*

ir-suachen swV. *vollständig durchsuchen, erforschen.*

ir-wachên swV. *erwachen.*

ir-wahsan stV. IV, 7, 11 *erwachsen.*

ir-wallôn swV. Sal. 8 *durchmustern.*

ir-wannôn swV. I, 28, 10 *auswerfen, ausschaufeln.*

ir-wart-nissi stN. V, 12, 22 *Beschädigung.*

ir-weichên swV. *weich werden.*

ir-weinôn swV. IV, 26, 5 *zu weinen beginnen.*

ir-weken swV. *erwecken.*

ir-welkên swV. *verwelken.*

ir-wellan stV. V, 4, 16 *wider fortwälzen.*

ir-wellen swV. *erwählen.*

ir-wenten swV. *zurückwenden.*

ir-werten swV. IV, 17, 2 *beschädigen, verwunden.*

sih ir-winnan stV. II, 8, 49 *aufgeregt, lebhaft werden.*

ir-wintan *eine Wendung machen, umkehren, entschlüpfen, ablassen von —* (Gen.).

ir-werdan stV. III, 26, 34 *verderben.*

ir-wizzen swV. *zum Verständnis kommen* III, 1, 23; *ausserhalb des Verständnisses* (d. h. *unverständlich oder unverständig*) *sein* III, 22, 12? Oder ist hier ir-wîzan mit Gen. = *fortgehn von —, ausweichen* gemeint?

ir-zellen swV. *vollständig aufzählen, erzählen.*

ir-ziahan stV. I, 21, 14 *aufziehn.*

ir-zîhan stV. mit DP. GS. *verweigern, absprechen.*

ir-zimborôn swV. *wider erbauen.*

ir-zuken (ch) swV. *fortschaffen,* mit D. *entreissen.*

îsîn Adj. I, 1, 70 *von Eis,* d. h. *krystallen.*

îtal (d III, 26, 65) Adj. *eitel, leer.*

itis F. I, 5, 6 *(überirdisches) Weib.*

it-wizzi (-î?) stN. (F.?) *Gespött.*

iu D., iuer Gen., iuih Acc. Pl. zum Pron. ir. iuer (iwer, iuwer) Pron. poss. *euer.* Belegte flectierte Formen: iueraz, iueran, iuerera; Plur. iuerero. Daneben iues, iuera; iuomo, iueru; iuan; Pl. iue, iuo, iu (= iwu) III, 16, 35. 41. IV, 26, 33; iuên III, 18, 40.

Jâ Adv. *ja, fürwahr*; auch Fragewort in directer Frage, die Bestätigung hofft.

jagôn swV. III, 8, 13 *dahinjagen, treiben.*

jâmar Adj. *betrübt* V, 6, 40; stMN. *Jammer, Betrübnis.*

jâmar-ag, -lîh Adj. *jammervoll, jämmerlich.* Adv. -lîcho.

jâr stN. *Jahr.*

jenêr II, 5. 7 Pron. s. genêr.

joh Conj. *und.*

ju Adv. *schon; einst.*

Judeo stM. *Jude*; judiisg *jüdisch.*

jugund stF. *Jugend*; -lîh Adj. *jugendlich.*

jung Adj. *jung*; Comp. subst. jungero, -oro swM. *Jünger*; Superl. jungist *letzter,* zi jungist *zuletzt.*

jungî F. II, 11, 2 *Jugendzeit.*

kan Prät. präs. *verstehe, weiss, kann.*

kapfên swV. V, 17, 37 *gaffen, schauen.*

karitâs stF., Pl. karitâti I, 18, 38 *christliche Bruderliebe.*

karkâri stM. *Kerker.*

karl stM. IV, 6, 32 *Mann, Gatte.*

kalt Adj. *kalt.*

kastel stN. *(kleine) Stadt, Burg.*

keisor stM. *Kaiser.*

kelih stM. *Kelch.*

kêren swV. *umkehren; wenden, verwandeln.*

kerzi-stal stN. II, 17, 18 *Leuchter.*

kestiga stF. III, 1, 33 *Züchtigung.*

ketina stF. I, 5, 58 *Kette.*

ketti stN. *Grube, Grab.*

kiasan stV. *kiesen, erwählen.*

kind stN. *Kind, Sohn.*

kindi-lîn stN. *Kindlein.*

kindisg Adj. I, 11, 37 *kindlich, jungfräulich.*

kisil stM. I, 23, 47 *Kieselstein.*

kiwan stV. *kauen.*

klaga stF. *Klage.*

klagôn, -ên swV. *klagen.*

klebên swV. *hangen* (zi an —).

kleiben swV. *ankleben, befestigen.*

kleini Adj. *zierlich, fein*; Adv. kleino; Comp. kleinôr.

kleinî F. *Zierlichkeit, Feinheit.*
kleken swV. V, 7, 52 *gelingen.*
klîban stV. mit D. *anhaften, festhalten an —.*
klingo swM. IV, 16, 2 *Bach.*
kneht stM. *Knecht, gemeiner Krieger, Diener.*
knio stN. *Knie.*
kolbo swM. IV, 16, 22 *Kolben.*
korb stM. *Korb.*
korn stN. *Korn, Getreide.*
korn-hûs stN. *Getreidespeicher.*
korôn, -ên swV. mit Gen. *versuchen, kosten.*
korôna stF. *Krone.*
kôsôn swV. *vertraulich sprechen.*
Kostinzeri stM. Sal. 2 *Konstanzer.*
kouf stM. *Kauf.*
koufen swV. *kaufen.*
kouf-man M. *Kaufmann.*
kouf-mâza swF. II, 11, 14 *Kaufmass.*
kraft stF. *Kraft, Macht, Eigenschaft.*
kraft-lîh Adj. *gewaltig,* Adv. -lîcho.
krâ(h)en swV. *krähen.*
kreftig Adj. *kräftig, stark.*
Kriachi MPl. I, 1, 13. 60 *Griechen.*
kriachisg Adj. *griechisch.*
krimman stV. I, 25, 28 *verletzen.*
krippha stswF. *Krippe.*
krist stM. *Christus.*
kristin Adj. I, 12, 31 *christlich.*
kruag stM. *Krug.*
krumb Adj. *verkrümmt, gelähmt.*
krusta swF. *Schale, Rinde.*
krût stN. *Gras, Kraut.*
krûzi (c) stN. *Kreuz.*
krûzôn swV. *kreuzigen.*
kualen swV. *kühlen, erfrischen;* -ên? *kühl werden* IV, 23, 14.
kuali Adj. II, 14, 42 *kühl.*
kuan-heit stF. *Kühnheit.*
kuani Adj. *kühn.*
kûmen swV. *klagen, bejammern.*
kûmig Adj. *krank, schwach.*
kûmo Adv. *kaum.*
kund Adj. *bekannt;* -do swM. *Bekannter.*
kunden swV. *verkünden.*
kunft stF. *Ankunft.*
kunftig Adj. *zukünftig.*

kuning stM. *König.*
kuningin F. *Königin.*
kuning-lîh Adj. *königlich;* Adv. -lîcho.
kuning-rîchi stN. *Königreich.*
kunni stN. *Geschlecht.*
kunst stF. *Kenntnis, Wissenschaft.*
kuphar stN. I, 1, 69 *Kupfer.*
kurt, kurz, -lîh Adj. *kurz.*
kurtî F. I, 1, 22 *Kürze.*
kurzen swV. *abkürzen.*
kûsgi Adj. *ehrbar, ehrerbietig;* Adv. -go.
kussen swV. *küssen.*
kust stF. *Auserwähltheit, Reinheit.*

laba stF. *Labung, Rettung.*
ladan stV. *aufladen, belasten.*
ladôn swV. *einladen.*
lahan Prät. luag stV. mit D. *verwehren.*
lachan stN. *Laken, Stück Leinwand, Vorhang.*
lamp stN. *Lamm.*
lang, -lîh Adj. *lang;* Adv. lango, Comp. -ôr.
langên swV. impers. mit Acc. I, 18, 31 *verlangen.*
lant stN. *Land.*
lant-liut stM. *Bewohner oder Bewohnerschaft des Landes (Judäa).*
lant-sê stM. *Binnensee.*
lant-sidilo swM. *Landsmann.*
lant-thiot stN. *Bevölkerung des Landes.*
lant-walto swM. I, 27, 9 *Verwalter, Fürst des Landes.*
last stF. *Last, Masse, Vielheit.*
lastar stN. *Lästerung.*
lâzan stV. *lassen, zurück-, unter-, überlassen.*
lê, lêwes, lês Interj. *ach! weh!*
lebên stV. *leben.*
legar stN. *Lager.*
leggen swV. *legen, ablegen.*
leib stM. *Laib, Brot.*
leiba stF. *Rest;* nur DSg. mit zi.
leiben swV. *übrig lassen.*
leid (th V, 20, 104) Adj. *leid, unlieb;* stN. *Leid;* leida-lîh V, 7, 23, leido-gilîh V, 23, 218 *jedes Leid;* Adv. Comp.
leidôr *leider.*

sih leiden swV. mit D. *sich verleiden,*
verhasst machen.

leidên swV. *verleidet sein.*

leid-lîh Adj. *jammervoll, traurig*; Adv.
-lîcho.

leid-lust stF. *leidvolles Sinnen, Trau-*
leidunt F. *Leidwesen, Schuld.* [*rigkeit.*

leisten swV. IV, 12, 9 *leisten, beweisen.*

leiten swV. *leiten, führen, hinbringen.*

leitiri stM. IV, 26, 23 *Leiter, Führer.*

lekza stF. *Lesestück, Lesung.*

lengî F. *Länge.*

lêra stF. *Lehre.*

lernên swV. *lernen, erlernen.*

lêren swV. *lehren.*

lesan stV. *sammeln, lesen.*

zi lezist Adv. Superl. IV, 13, 33 *zuletzt.*

liagan stV. *lügen.*

sih liazan stV. *sich erlosen, den erlosten*
(verliehenen) Platz einnehmen.

lîb stN. *Leben.*

lîba stF. *Schonung, Beruhigung.*

lîban stV. mit D. *schonen.*

lîb-haft Adj. *lebendig.*

lid stM. (F. V, 20, 93?) *Glied*; lido-
lîh I, 18, 5 *jedes Glied.*

lîd stM.? N.? *starker Trank, Wein.*

lîdan stV. IV, 5, 10 *leiden, erdulden.*

lied stN. IV, 4, 54 *Lied.*

livol stM. *Buch.*

liggen swstV. *liegen.*

lîh stF, lîh-hamo swM. *Leib, Leichnam.*

lîhan stV. *leihen, hergeben.*

lîchên swV. mit D. *gefallen.*

lîchizeri stM. II, 20, 11 *Heuchler.*

lîht Adj. *leicht*, Comp. II, 9, 30.

lîhtida stF. III, 23, 46 *Erleichterung.*

lilia stF. *Lilie.*

limfan stV. impers. mit D. *gebühren,*
geziemen.

lind Adv. *sanft*; Adv. lindo.

lînîn Adj. *leinen.*

lioht Adj. *licht, hell*; stN. *Licht.*

lioht-faz stN. *Leuchte, Fackel, Leuchter.*

lîra swF. *Leier, Cither.*

list stF. *List, Kunst.*

liub (io, iê, ia) Adj. *lieb*; stN. *Liebe,*
Lieblichkeit, Heil, geliebter Gegenstand;
-bo swM. *Liebling.*

liuben swV. mit D. *Liebes erweisen;*
mit Acc. *lieb machen,* mit refl. D. *lieben.*

liuhten swV. *leuchten.*

liut stM. F. N. *Volk*; Pl. liuti *auch*
Menschen eines Volkes.

liut-stam stM. *Volk.*

liwen (lewen) swV. mit Gen. Sal. 28.
III, 20, 92 *vertreten, verantworten.*

lob stN. *Lob.*

lobôn swV. *loben.*

lobo-sam Adj. *löblich, rühmlich.*

loc stM. IV, 2, 18 *Locke.*

lokôn swV. *locken, erfreuen.*

lôn stN. *Lohn, Belohnung.*

lônôn swV. mit D. *lohnen.*

iosên, -ôn swV. mit Gen. *lauschen,*
hören auf —.

lôsen swV. *lösen, erlösen, befreien* (mit
Gen. *von —*).

losgên swV. III, 7, 34 *versteckt sein.*

loub stN. II, 7, 64 *Laub.*

louf stM. oder loufa stF. *Lauf* V, 6, 2.

loufen stV. *laufen, eilen.*

louft stF. III, 10, 2. 4 *Lauf, Gang, Reise.*

lougna stF. *Ableugnung.*

lougnen swV. *leugnen.*

lôz stM. *Los, Handlung des Losens.*

luag stN. II, 11, 23 *Schlupfwinkel.*

luagên swV. (mit G.) *auslugen, spähen*
(*nach —*).

luft stM. *Luft.*

luggi Adj. *falsch.*

lugi-lîcho Adv. II, 4, 62 *lügnerisch.*

lugina stF. *Lüge.*

luginâri stM. *Lügner.*

lucha stF. *Lücke, Öffnung.*

lust stF. *Lust, Bestrebung, Begierde.*

lusten swV. impers. mit AccP. GS. *ge-*
lüsten.

lût Adj. *laut, bekannt, verständlich*; Adv.
lûto.

lûtar Adj. *lauter, rein, klar*; Adv. lû-
toro II, 21, 18.

lûten swV. I, 2, 5 *erschallen lassen.*

lûtî F. *lauter Schall.*

lûtida stF. V, 23, 176 *Schall.*

lût-mâri Adj. *allgemein bekannt.*

luzil Adj. *gering, wenig.*

luzilî, -în F. *Wenigkeit, Kleinheit.*

m a g Prät. präs. *vermag, kann.*

m å g stM. *Verwandter.*

m a g a d stF. *Magd, Jungfrau.*

m a g a d - b u r t stF. *jungfräuliche Geburt.*

m å g i MPl. II, 3, 17 *Magier.*

m å g i n n a stF. I, 6, 2 *Verwandte.*

m a h a l e n swV. I, 8, 1 *zur Frau nehmen.*

m a c h ô n swV. *machen, bewirken.*

m a h t stF. *Macht, Machtwirkung, Wirk-
samkeit.*

m a h t i g Adj. *mächtig wirkend.*

M a c e d o n i a stF. I, 1, 91 *Macedonnen.*

m a h a l a stF. *Reisesack.*

m å l ô n swV. *malen, zeichnen.*

m a m m u n t i , - m e n t i Adj. *sanft, bcquem;*
stN. *Sanftheit, Bequemlichkeit, Heil,
Glück;* Adv. m a m m o n t u.

m a n (st)M. *Mann, Mensch;* m a n n o -,
m a n n i - l î h, m a n n o - g i l î h L. 8
jedermann.

m a n a g Adj. *mancher, viel, vielfältig.*

m a n a g - f a l t (ld) Adj. *manigfältig;* Adv.
- f a l t o.

m a n d â t stN. IV, 11, 12 *Dienst.*

m a n g o l ô n swV. mit G. H. 6 *ermangeln.*

m a n - k u n n i stN. *Menschengeschlecht.*

m å n o swM. *Mond.*

m å n ô d stM. *Monat.*

m a n a - h o u b i t stN. *Leibeigener.*

m a n ô n swV. mit GenS. *mahnen an —.*

m a n s l a g o swM. IV, 20, 39 *Mörder.*

m a n - s l a h t a stF. *Mord.*

m a n u n g a stF. *Erinnerung, Mahnung.*

m å r e n *verkünden, erzählen.*

m å r i Adj. *bekannt, berühmt;* stN. *Kunde,
Märe.*

m a r t o l ô n swV. *martern.*

m a r t y r stM. *Märtyrer.*

m a z stN. *Speise.*

M ê d i MPl. I, 1, 86 *Meder.*

m e g i n stN. IV, 36, 20 *Macht.*

m e i n stN. *Frevel, Sündhaftigkeit;* dazu
wol io meino IV, 17, 28 = *frevel-
hafter Weise.*

m e i n a stF. *Meinung;* beteuernd (i n,
b î) t h i a (thio) m e i n a, t h ê n m e i -
n ô n, vgl. Lud. 80 so ih meinu.

m e i n - d â t stF. *Freveltat.*
[deuten.]

m e i n e n swV. *meinen, beabsichtigen, be-*

m e i s t, - s t a, - s t i g Superl. N. u. Adv.
das meiste, am meisten, am höchsten
(mit Gen. *in Bezug auf —*).

m e l d ô n swV. *melden, kund tun.*

m e l o stN. *Mehl.*

m e n d e n (auch s i h m., einmal V, 25, 100
mit refl. D.) swV. mit Gen. *froh sein,
sich erfreuen.*

m e n i g î F. *Menge.*

m e n n i s g î F. IV, 29, 12 *Menschlichkeit.*

m e n n i s g o swM. *Mensch.*

m ê r Comp. *grösser;* Nom. Acc. Ntr. und
Adv. m ê r, m ê r a, auch adv. Dat. Pl.
m è r o n iII, 1, 28 *etwas grösseres, mehr,
fernerhin.*

m e r r e n swV. *Anstoss geben;* mit Dativ
L. 73, sonst mit Acc. *stören, beschä-
digen, falsch ausrichten.*

m ê r ô n swV. *vermehren.*

m e t a r stN. *Metrum, Versmass.*

m e z stN. *Mass; Weise* (im adv. D.-Instr.
t h e m o m e z z e V, 18, 7; n i h e i n o
m e z z o IV, 12, 46).

m e z a l à r i stM. II, 11, 7. 26 *Fleischer.*

m e z a n stV. *messen, abmessen.*

m e z - h a f t o Adv. *massvoll.*

m e z - w o r t stN. IV, 19, 15 *massvolles
Wort.*

m e z z o swM. H. 68 *Maurer, Bauarbeiter.*

m i a t a stF. *Lohn, Ersatz durch Geld.*

m i a t e n swV. IV, 37, 25 *mieten, für
Geld in Pflicht nehmen.*

m î d a n (th III, 22, 32) stV. *vermeiden,
scheuen,* s i h m. *sich schämen.*

m i t h ô n t, - t e s Adv. *so oben, kurz vorher.*

m i h i l Adj. Adv. *gross, bedeutend;* m i -
h i l e s massbest. Gen. *um vieles.*

m i l t i Adj. *mild, sanft.*

m i l t î F. *Milde, Huld.*

m i n comp. Adv. *minder, weniger.*

m î n Gen. zum Pron. i h; als Poss. pron.
mein.

m i n n a stF. *Liebe, liebevolle Bemühung;
freudiges Streben, Freude.*

m i n n i r o n Acc. Sg. M. oder adv. D. Pl.
vom Comp. m i n n i r II, 22, 23 *geringer.*

m i n n i s t Superl. I, 3, 9 *geringster.*

m i n n ô n swV. *lieben.*

m i s s e n swV. mit G. *vermissen, entbehren.*

missi Adj. V, 25, 80 *manigfaltig, ver-*
schieden.

missi-dât stF. *Missetat, Fehler, Sünde.*

missi-drûên swV. mit Gen. *mistrauen.*

missi-duan unrV. II, 6, 53 *sündigen.*

missi-fâhan stV. *fehl greifen, mis-*
verstehn (mit Gen. II, 3, 37).

missi-gangan stV. *fehl gehn, in Irr-*
tum oder Unglück geraten.

sih missi-habên swV. III, 7, 15 *in*
unruhiger Bewegung sein.

missi-hellan stV. *uneinig, unpassend*
sein.

missi-kêren swV. H. 1 *fälschlich ändern.*

missi-lîh Adj. *abweichend, verschieden.*

missi-quedan stV. III, 18, 13 *falsch*
reden.

missi-wirken, Prät. -worahta swV.
schlecht machen.

mit Präp. mit D.-Instr. *mit, durch, wegen;*
Adv. mit, miti *zusammen, zugleich;*
damit IV, 2, 23.

mitti Adj. *in der Mitte befindlich*; stN.
in mitte IV, 4, 39; dafür in mitte-
men III, 17, 52.

mittil Adj. V, 1, 21 *mittler.*

mord stN. I, 20, 24 *Morden, Gemetzel.*

morgan stM. *Morgen*; in morgan *am*
folgenden Tage.

mornên swV. *betrübt sein*, mit Gen.

muadi Adj. *müde, elend.*   [*wegen —.*

muas stN. *Speise.*

muat stN. *Mut, Gemüt, Gesinnung,*
Neigung.

muat-dât stF. *wahre Gesinnung, Absicht.*

muater F. *Mutter.*

muat-fagôn swV. mit D. III, 20, 72
der Neigung jemandes nachgeben, eine
Gunst erweisen.

muat-willo swM. *eigener Wille, Absicht.*

muaz Prät. präs. *kann, mag.*

muazi stN. III, 25, 12 *Zeit, Frist, Musse.*

mund (t) stM. *Mund.*

munizâri stM. II, 11, 8 *Geldwechsler.*

munizôn swV. II, 11, 13 *Geld wechseln.*

munt stF. *Schutz.*

muntôn swV. mit D. *schützen, beschirmen.*

mûr stM.? oder mûra stF.? IV, 5, 37
Mauer.

murmulôn swV. V, 20, 35 *murmeln,*
murren.

murmulunga stF. III, 15, 39 *Gemurmel.*

musica stF. V, 23, 187 *Musik.*

mutti stN. II, 17, 16 *Scheffelmass.*

sih mûen swV. *sich abmühen.*

myrrha swF. *Myrrhe.*

nagalen swV. *nageln.*

nâh Adv., auch mit D. *nahe, nach*; Comp.
nahôr, Superl. nâhist.

nâhen, sih n. swV. mit D. *nahe kom-*
men, sich nähern.

nâhî F. *Nähe.*

nâhisto swM. Superl. III, 15, 16 *Nahe-*
stehender, Verwandter.

naht F. *Nacht*; adv. Gen. nahtes.

nâh-wist stF. *Aufenthalt in der Nähe.*

nakot (ch) Adj. *nackt.*

nales, -las Adv. *nicht aber, nicht etwa.*

nâmi Adj. mit D. I, 9, 20 *annehmbar.*

namitî F. I, 9, 14 *Benennung.*

namo swM. *Name.*

namo-hafto Adv. I, 27, 27 *namentlich.*

narda swF. *Nardenöl.* (Acc. -on statt
-ûn) IV, 2, 15.

natûra swF. *Natter, giftige Schlange.*

natûra stF. *Natur.*

neman stV. *nehmen, ergreifen, fassen,*
annehmen.

nenden swV. mit zi *sich wenden zu —.*

nennen swV. *nennen, benennen, auf-*
rufen; erzählen.

nerien swV. *nähren, erhalten, retten.*

sih nezen swV. V, 6, 36 *sich benetzen.*

nezzi stN. *Netz.*

ni Adv. *nicht.*

niaman stM. *Niemand.*

niamêr Adv. *nimmermehr (in Zukunft).*

niawiht, Dat. -hti II, 10, 1 stN. *gar*
Nichts.

niazan stV. mit Gen. *geniessen, Nutzen*
haben von —.

nibul-nissi stN. V, 19, 27 *Nebel.*

nîd stM. *Neid, Hass.*

nîdan stV. II, 18, 16 *beneiden.*

nidana Adv. *unten, nach unten.*

nidar- (th II, 4, 86) trennb. Part. vor Verben: *nach unten, nieder* —.

nidare Adv. *unten, hienieden.*

nidar-hald Adj. V, 1, 31 *unten liegend, wagerecht.*

nîdig (th V, 21, 16) Adj. *neidisch, misgünstig.*

sih nidiren swV. IV, 11, 48 *sich erniedrigen.*

nidiri Adj. *niedrig, gering.*

nidirî F. *Niedrigkeit.*

nîgan stV. mit D. IV, 6, 40 *sich neigen*

nihein, -nig Adj. *kein.*   [*vor.*

nio Adv. *niemals.*

niot stM. (*erfüllte Sehnsucht?*), *Freude, freudiger Genuss;* nur bei ist mit AccP. GS.

niotôn, sih n. swV. mit Gen. *freudig geniessen.*

niwan II, 4, 3 (sonst niun) Num. *neun.*

niwanes, niuenes Adv. *neulich.*

niwi, niuwi Adj. *neu;* -boran Part. *neugeboren.*

ni-wiht, Dativ -hti IV, 19, 45 stN. *Nichts.*

noh Adv. *noch.*

noh neg. Conj. *und nicht, auch nicht, noch.*

nol stM. *Hügel, Berg.*

nôna stF. IV, 33, 9. 15 *neunte (Stunde).*

nôt stF. M. *Not, Bedürfnis, Bedrängnis, Hülflosigkeit, Pein.* nôti; bî, in, zi nôti(n); in, thuruh nôt *in notwendiger, dringender, erzwungener Weise; genau (einer Forderung oder den tatsächlichen Verhältnissen) angepasst, ganz und gar.*

nôtag Adj. IV, 12, 63 *gewaltsam bezwungen.*

nôt-thurft stF. *Bedrängnis, notwendiges Bedürfnis.*

nôten swV. mit Acc.P. Gen.S. *nötigen, zwingen.*

nôti-gistallo swM. IV, 16, 4 *fest verbundener Genosse.*

nôt-lîh Adj. *bedrängt, peinlich.*

nôto, -on IV, 19, 3 Adv. *mit Zwang, notwendig, ganz.*

nù Adv. *jetzt, nun;* Conj. *nun da.*

nùa Adv. IV, 18, 28 *so eben.*

nub (nur vor Vocalen) Conj., *excipierend oder consecutiv ausführend nach* (nur II, 12, 18 vor) *negativem Hauptsatze: wenn nicht, es sei denn, dass; so dass nicht.* Stets mit Conj.

nuzzi Adj. *nütze, dienlich.*

nuzzî F. *Nutzen;* auch zi nuzze (stN. -i).

nuzzôn swV. I, 5, 40 *ausnutzen, verleben.*

oba Adv. *oben* I, 1, 58; Präp. mit Dativ *oberhalb,* mit Acc. *über — hinaus.*

oba Conj. *ob, wenn.*

obana Adv. *oben.*

oban-enti stN. II, 4, 53, -entig subst. Ntr. des Adj. oder -ig(î) F. II, 8, 36. V, 17, 40 *oberer Rand, Zinne.*

obaz stN. *Obst, Baumfrucht.*

oboro Comp. swM. mit D. *höher als* —, *Sieger über* —; Superl. oberôst *oberster, höchster.*

ôd V, 6, 10, ôth IV, 19, 35 unfl. Subst. (stN. ?) oder Adv. (dann eigentl. Comp.) bei ist mit AccP. GS. *es ist für Jemand leicht zu etwas zu gelangen, etwas auszuführen.*

ôdeg Adj. I, 7, 18 *reich.*

odo Adv. *etwa, vielleicht;* Conj. *oder;* -wan *vielleicht (einmal)* II, 11, 29, -wâr *vielleicht irgendwo* I, 11, 42, -wîla *vielleicht (einige Zeit)* II, 4, 7.

ofan, offan Adj. *offen, offenbar, öffentlich;* Adv. ofono.

ofto Adv. *oft.*

olei stN. IV, 5, 22 *Öl.*

oli-berg stM. *Ölberg;* -boum *Ölbaum* IV, 3, 22.

opher stN. *Opfer.*

opharôn swV. *opfern.*

ôra swN. *Ohr.*

ordo swM. III, 1, 7 *Reihenfolge.*

organa swF. V, 23, 197 *Orgel.*

ôstana Adv. I, 17, 9 *von Osten.*

ôstar Adv. I, 17, 23 *im Osten.*

ôstoron (statt -ârûn) swV. Pl. *Ostern, Osterfeier.*

ôstriɡ Adj. II, 11, 59 *österlich.*

ôt-muatî F. *Demut.*

ôt-muatig Adj. I, 17, 16 *demütig.*
ouga swN. *Auge.*
ougen swV. *zeigen, erzeigen.*
ouh Conj. *auch.*

pad stM. *Pfad, Weg.*
palinza stF., palinz-hûs stN. *Palast.*
palma stF. IV, 3, 21 *Palme.*
paradîs (ŷs), -si stN. *Paradies.*
pending stM. III, 14, 92 *Pfennig.*
Persi M.Pl. I, 1, 86 *Perser.*
pîna stF. *Pein, Not.*
pînôn swV. *peinigen.*
plegan stV. mit G. IV, 24, 28. V, 19, 39
   verwickelt sein in —, zu schaffen haben
   mit —.
pluag stM. II, 6, 43 *Pflug.*
Polôn stM., Acc. -an V, 17, 31 *Polar-*
   stern.
porzîch stM. *Porticus, Halle.*
prôsa swF. I, 1, 19 *Prosa.*
pruanta stF. II, 4, 49 *Speise.*
pruantôn swV. II, 4, 32 *speisen, nähren.*
purpurîn Adj. *purpurn.*
puzzi stM. II, 14, 8. 29 *Brunnen (puteus).*

quedan stV. *sagen, sprechen.*
quek Adj. *lebendig.*
quellen swV. *quälen.*
queman stV. *kommen,* mit D. *bekommen.*
quena swF. *Weib.*
quetten swV. *begrüssen* (zi *als* —).
quist stF. *Qual, Leid.*
quitilôn swV. V, 9, 5 *besprechen.*

rad stN. *Rad.*
racha *Sache, Zustand; Begebenheit,*
   Handlungsweise.
rachôn swV. *sagen, reden.*
râmên swV. mit Gen. *zielen nach —.*
rât stM. *Rat, (angemessener) Entschluss;*
   mit Gen. *Abhülfe gegen —.*
râtan stV. *raten, beraten, beschliessen.*
rê stN. IV, 35, 14 *Totenbare? Begräbnis?*
reba-kunni stN. IV, 10, 5 *Reben-*
   gewächs.

reda, redia stF. *Rede, Bericht, Erzäh-*
   lung.
redan stV. IV, 13, 16 *sieben, sichten.*
redi Adj. *kühn, mutig.*
rodi-haft Adj. *verständig, ansehnlich;*
   Adv. -hafto; Comp. -haftôr.
redina stF. *Rede, Lehre, Geschichte;*
   Überlegung; Weise.
redinôn, rediôn swV. *reden, sagen,*
   verkünden.
rev stN. *Mutterleib.*
refsen swV. mit AccP. GenS. *schelten*
   wegen —.
regan stM. *Regen.*
reganôn swV. *regnen.*
regula stF. *Regel.*
rechan stV. *Gewalt beweisen an — oder*
   gegen —, überwältigen, bestrafen; sih r.
   sich gewalttätig, kräftig erzeigen.
reht Adj. *gerade, richtig, recht;* stN.
   Recht, richtiges Handeln. Adv. rehtes,
   -o; Comp. -ôr III, 26, 12.
rein stM. ? N. ? V, 3, 11 *schützende Um-*
   grenzung.
reini Adj. *rein, trefflich;* Adv. reino,
   Comp. -ôr.
reinî F. *Reinheit; lautere Bedeutung*
   III, 7, 50.
reinida stF. *Reinigung, Sauberkeit.*
reinôn swV. *reinigen.*
reisa stF. *Reise, Zug.*
reisôn swV. *aufbrechen;* mit D. *her-*
   stellen für — IV, 29, 26.
reken (ch V, 25, 66) *ersinnen; aus-*
   deuten.
rentôn swV. *darlegen; verantworten.*
restî F. (und resta oder raşt stF.
   I, 28, 18) *Rast, Ruhe, Ruhestätte.*
retten swV. *retten, erlösen.*
riazan stV. *weinen; beweinen, betrauern.*
sih rigilôn swV. V, 2, 1 *sich abschlies-*
   sen gegen —.
rîchi Adj. *mächtig, reich;* stN. *Reich,*
   Herrschaft.
rîchi-duam stM. (N?) *Reichtum, Macht.*
rîchisôn swV. I, 5, 29 *herschen.*
rihten swV. *richten, richtig leiten oder*
   führen, regieren.
rihtî F. *Geradheit, Gerechtigkeit.*

rîm stM. *Zahl.*

rînan stV. *berühren, treffen.*

rind stN. II, 11, 16 *Rind.*

ring stM. *Kreis, Krone.*

ringen swV. *ringen, kämpfen gegen —.*

sih ringôn swV. V, 20, 36 *sich (zum Kreise) versammeln.*

rinnan stV. *rinnen, fliessen.*

rinta swF. III, 7, 32 *Rinde.*

riomo swM. I, 27, 60 *Riemen.*

risi stM. *Riese.*

rîtan stV. *reiten.*

riwa stF., -î F. III, 10, 30 *Trauer, Jammer, Reue.*

riwag Adj. II, 8, 20 *traurig.*

riwan stV. *jammern, bejammern;* auch impers. mit dopp. Acc. IV, 12, 3.

riwên swV. IV, 30, 36 *beklagen, bedauern.*

sih riwôn swV. *bereuen, Busse tun.*

rîzan stV. III, 17, 36. 42 *Zeichen einritzen, schreiben (ohne Tinte).*

Rôma S. 30, Rûma I, 11, 2 stF. *Rom.*

Rômâni MPl. I, 1, 13. 59. III, 25, 15 *Römer.*

romên swV. IV, 29, 37 *bauschig sein.*

ros stN. IV, 4, 19 *Ross.*

rôs.a stF. *Rose.*

rôt Adj. *rot.*

rotta swF. V, 23, 199 *Rotte (Saiteninstrument).*

roubôn swV. V, 21, 10 *berauben.*

roufen swV. I, 20, 11 *raufen, ausreissen.*

rouhen swV. I, 4, 20 *räuchern.*

rôzag Adj. *traurig.*

ruadar stN. *Ruder.*

ruafan stV. *rufen;* mit D. IV, 26, 43 *zuruagen* swV. *anklagen.*   [*rufen.*]

ruag-stab stM. *Anklage.*

ruah stM., -cha swF. *Sorge, Sorgfalt; Rücksicht auf* — (Gen.).

ruachen swV. (mit Gen.) *beachten.*

ruam stM. *Ruhm.*

sih ruamen swV. mit Gen. *sich rühmen.*

ruami-sal stN. *Ruhmsucht.*

ruaren swV. *berühren, erreichen.*

ruggi stM. *Rücken;* zi rugge *zurück* V, 25, 99.

rûmana Adv. *von weitem.*

sih rûmen swV. *(das Feld) räumen, sich überwunden geben.*

rûmi Adj. *weit abliegend* (zeitlich) III, 18, 64; Adv. rûmo, Comp. -ôr (räumlich und zeitlich).

sih rusten swV. *sich schützen.*

rustî F. *Rüstung, Schutzwehr.*

saban stM., -bo swM. *Leintuch, Schurz.*

sâen swV. *säen.*

saga stF. I, 2, 15 *Erzählung.*

sagên swV. *sagen, erzählen.*

sacha stF. *Sache.*

salba stswF. *Salbe.*

salbôn swV. *salben.*

sâlida stF. *Heil, Seligkeit.*

sâlig Adj. *selig.*

sâligôn swV. *selig preisen.*

salm stM., -mo swM. *Psalm.*

salteri stM. *Psalter.*

salz stN. *Salz.*

salzan stV. *salzen, salzig machen.*

sama Adv. *ebenso.*

sama-lîh Adj. *gleich;* D. Sg. N. subst. flectiert mit *mit ebenso* Lud. 57.

saman Adv. *zusammen.*

samanôn swV. *sammeln.*

saman-sindo swM. *Gefährte.*

samanunga stF. III, 15, 10 *Zusammenwohnen.*

sambaz-dag stM. *Samstag, Sabbat.*

sand stM. II, 4, 16 *erstrebter Erfolg, Zweck.*

sang stM. *Gesang, Musik.*

sancte, -i DSg. M., -cta NSg. F. Adj. vor Eigennamen *heilig.*

sant stM. *Flusssand, Ufer.*

sâr im Reime auch sâre Adv. *sogleich, zunächst.*

sarph Adj. *scharf, rauh, streng.*

sarphida stF. III, 17, 34 *Strenge.*

sat Adj. *satt.*

satanâs stM. *Satan, Teufel.*

Sâturnus, Acc. -um M. V, 17, 31 *Planet Saturn.*

sê stM. *See, Meer, Flut.*

sedal stN. *Sitz, Thron.*

segal stM. V, 25, 5 *Segel.*

segan stM. *Segen.*

sih segenôn swV. V, 1, 12 *sich segnen.*

sehan stV. *sehen.*

sehs Num. *sechs*; -zug *sechzig.*

seil stN. *Seil, Strick.*

seito swM. *Saite.*

sekil stM. (N.?) *Beutel, Geldbeutel.*

sekilâri stM. IV, 2, 29 *Schatzmeister.*

sêla stF. *Seele, Leben.*

selb Pron. *selbst.*

selida stF. *Wohnung.*

sellen swV. *hingeben.*

selt-sâni Adj. *seltsam, wunderbar*; stN. *Wunder.*

senken swV. *versenken.*

sens stM. *Sinn* (lat. *sensus).*

senten swV. *senden.*

sênu Interj. IV, 30, 13 *siehe da!*

sêr Adj. *leidvoll, traurig*; stN. *Leid. Schmerz.* Adv. *sêro.*

sêrag, sêr-lîh Adj. *leidvoll, schmerzlich.*

sêren swV. *versehren, verletzen, betrüben.*

setî F. *Sättigung.*

sexta stF. II, 4, 9. IV, 33, 9 *sechste (Stunde).*

sextâri stM. *Sextar.*

sez stM. (N.?) *Sitz.*

sezzen swV. *setzen.*

sib stN. IV, 13, 16 *Sieb.*

sibba stF. I, 1, 88 *Sippe, Verwandtschaft.*

sibbo swM. III, 15, 15 *Verwandter.*

sibun Num. *sieben*; -stirri stN. *Siebengestirn* V, 17, 29; -to Num. *siebenter.*

sîd Adv. (eigentl. Comp.) *später*; Conj. *seitdem*; Präp. mit D. *seit, nach.*

sîdôr Adv. Comp. *später.*

sigu stM. *Sieg.*

sih Acc. Pron. *sich.*

sichor Adj. *sicher.*

sichur-heit stF. *Sicherheit.*

silabar stN. *Silber.*

sillaba stF. I, 1, 23 *Silbe.*

simbolon Adv. *immer.*

sin stM. *Sinn.*

sîn Gen. Sg. zum Pron. er; Pron. poss. *sein.*

sîn unrV. *sein*, vgl. *wesan.*

sind stM. *Weg*; thes sindes (oft sin-thes) bei dieser *Fahrt, Gelegenheit; damals.*

singan stV. *singen, anstimmen, feierlich verkünden*; *krähen* IV, 13, 36.

sinnan stV. *reisen.*

sîta stF. *Seite.*

sitôn swV. *wirken, ausrichten.*

situ stM. *Sitte, Lebensweise.*

siuch (io, ie, ia) Adj. *krank.*

siuchî F. *Krankheit.*

sizzen swstV. *sitzen.*

scado stM. *Schaden, Unheil, Last.*

scâf stN. *Schaf*; scâfîn Adj. *schafähnlich, Schafs-* II, 23, 9.

scâchari (h) stM. *Räuber.*

scal Prät. präs. *soll.*

scalk stM. *Knecht*; -lîh Adj. *knechtisch* III, 7, 59; -slahta stF. *Knechtsgeschlecht.*

sih scamên swV. mit G. *sich schämen.*

scant Adj. *beschämt.*

scanta stF. *Schande.*

skara stF. *Schar.*

scaz stM. *Schatz, Geldsumme.*

sceiden (th) stV. *scheiden, aussondern.*

skeinen swV. II, 9, 46 *zeigen, offenbar machen.*

sceltan stV. *schelten, schmähen.*

sceltwort stN. *Scheltwort.*

scenken swV. *einschenken.*

scepfen, Prät. auch scuaf swstV. *erschaffen, bereiten, ersinnen.*

scepheri stM. I, 5, 25 *Schöpfer.*

scerran stV. V, 25, 38 *kratzen, radieren* (vgl. die in meiner grösseren Ausgabe § 22 erwähnten Rasuren).

sciaban stV. *schieben.*

scif stN. *Schiff.*

scilt stM. *Schild.*

scîmo swM. *Schein, Glanz.*

scîn Adj. *offenbar, deutlich*; nur prädicativ bei werdan, duan *werden, machen*; stM. (N.?) nur Acc. Sg. bei wegan mit Gen. Sg. die *Augenscheinlichkeit von etwas bewähren, es deutlich zeigen.*

scînan stV. *scheinen, leuchten offenbar werden.*

scîn-haft Adj. Lud. 65 *offenbar.*

scioro (ia) Adv. *schier, bald.*

scirm stM. *Schirm, Schutz.*

scirmen swV. mit Acc. V, 3, 13, sonst mit D. *schirmen, schützen.*

sciuhen swV. *scheuen, sich entsetzen*
(Gen. *vor* —).

scolo swM. (nur Nom.) mit GenS. *Ur-heber von* —, *schuldig an* —.

scôni Adj. *schön*; stN. *schönes Ding,
Wesen*; Adv. scôno.

scônî F. *Schönheit.*

scorpio swM. II, 23, 35 *Scorpion.*

scowôn swV. *schauen, betrachten.*

skrank stM. *hinterlistiges Fangen, Schlinge.*

skrankolôn swV. IV, 4, 19 *sich mit
den Füssen verfangen, straucheln.*

skranno swM. II, 11, 17 (sonst ahd. - a
swF.) *Verkaufstisch.*

skrenken swV. V, 23, 155 *in Schlingen
fangen, überlisten.*

scrîan Prät. 3. Pl. scrirun stV.
schreien.

scrîb, scrîp stN. *Schrift.*

scrîban stV. *schreiben, aufzeichnen.*

scrîbari stM. *Schreiber.*

skriken swV. IV, 26, 19 *auferstehn.*

scriptor stM. III, 14, 3 *Schriftsteller
(Evangelist).*

scuah-riomo swM. I, 27, 58 *Schuh-
riemen.*

scualâri stM. III, 16, 9 *Schüler.*

sculd stF. *Schuld.*

sculd-heizo swM. *Schultheiss, centurio.*

sculdig Adj. mit GenS. *schuldig.*

scûra (sciura?) stF. II, 14, 108 *Scheuer.*

scutten swV. *erschüttern.*

slâf stM. *Schlaf.*

slâfan stV. *schlafen.*

slag stM. *Schlag.*

slahan stV. *schlagen, erschlagen.*

slahta stF. *Stamm, Geschlecht.*

slahta stF. I, 20, 4 *Schlachten, Gemetzel.*

sleht Adj. *schlicht, einfach.*

sliafan stV. *schlüpfen.*

slîchan stV. *schleichen.*

slihtî F. *Geradheit, Ebenheit, Einfachheit.*

slîfan stV. H. 107 *fortgleiten.*

sliumo Adv. *schleunig, rasch.*

slîzan stV. *brechen, zerreissen.*

sluzil stM. *Schlüssel.*

smâhi Adj. *verachtet, niedrig.*

smâhî F. *Niedrigkeit.*

smerza stswF. *Schmerz.*

smerzan stV. mit Acc. P. (impers. mit
dopp. Acc. II, 16, 17) *schmerzen.*

snabul stM. *Schnabel.*

snê stM. *Schnee.*

snel Adj. *schnell, kühn.* Adv. snello.

snellî F. *Kühnheit, Tapferkeit.*

snîdan stV. *schneiden, mit der Schneide
treffen.*

snita swF. *Schnitte.*

sô Adv. *so*; relativ (auch sôsô) *so, wie*;
auch blosse Relativpartikel; Conj. *so-
bald, als, wenn*; verallgemeinernd vor
(und nach) indefinitem Pron. oder Adv.
sô wer(sô) *wer etwa; jeder, der* u. s. w.

solâri stM. *Söller, (oberer) Saal.*

sougen swV. *säugen.*

sih spaltan stV. *sich spalten.*

spanan stV. *locken, verlocken.*

spanst stF. *Verlockung.*

sparôn swV. *sparen, erhalten.*

spâti Adj. *spät*; Adv. spâto.

speichela stF. *Speichel.*

spentôn swV. mit DP. *spenden.*

sper stN. *Speer.*

zi sperî adv. Präp.vbdung IV, 13, 39
wenigstens.

spîhiri stM. I, 28, 16 *Speicher.*

spil stN. *Spiel; Musik.*

spilôn swV. *spielen, hüpfen.*

spinnan stV. *spinnen, weben.*

spiohôn swV. *erspähen.*

spîsa stF. *Speise.*

spîwan stV. *speien.*

spor stN. *Spur.*

sprâcha stF. *Sprache, Besprechung, Rede.*

sprâh-hûs stN. IV, 23, 30 *Verhörsaal.*

sprechan stV. *sprechen, reden, aus-
sprechen.*

springan stV. *springen, hervorsprudeln.*

spriu stN. *Spreu.*

spunôn swV. *auslegen, deuten.*

spurilôn swV. *aufspüren.*

stab stM. *Stab.*

stad stM. *Gestade, Ufer.*

stal stM. *Stillstand*; AccS. mit geban
und GenS. *aufhören mit* —.

stâla stF. *Diebstahl.*

stân, stantan *stehn, bestehn.*

stanga swF. IV, 16, 21 *Stange.*

stank stM. *Geruch, Gestank* (*der Verwesung* III, 1, 19).

starên swV. III, 17, 44 *starr blicken, starren.*

stark Adj. *stark, fest*: Adv. starcho mit ist u. DP: *es wirkt stark, mächtig, erschütternd auf* —.

stat stF. *Stätte, Stadt.*

stâtî F. *Stetigkeit, Festigkeit* mit zi III, 24, 19 (viell. Ntr. des Adj. stâti).

stechan stV. *stechen.*

stein stM. *Stein.*

steinîn Adj. *steinern.*

steinôn swV. *steinigen.*

stelan stV. IV, 27, 4 *stehlen, rauben.*

sterban stV. *sterben.*

sterro swM. *Stern.*

stetig Adj. *stetig, feststehend.*

stîgan stV. *steigen.*

stigilla stF. II, 4, 9 *Stiegel, Übersteigebrett.*

stilli Adj. *still, unbekannt*; Adv. stillo.

stil-nissi stN. *Stille, friedliche Ruhe.*

stimna (mm) stF. *Stimme.*

stinkan stV. *Geruch verbreiten, duften.*

stiura stF. *Lenkung, Unterstützung.*

sih stôzôn, -ên V, 14, 10 swV. *sich stossweise bewegen, unruhig wogen.*

strâza stF. *Strasse, Weg.*

strengi Adj. IV, 7, 16 *streng, arg.*

strewen swV. *streuen; niederstrecken, überwinden.*

strît stM. *Streit.*

stual stM. *Stuhl, Sitz.*

stulla stF., -lî F. *Zeitpunkt.*

stum, fl. -mmêr Adj. *stumm.*

stunta stF. *Stunde.*

stubbi stN. *Staub.*

suachen swV. *suchen.*

suanen swV. *(einen Streit) sühnen, schlichten, entscheiden* IV, 29, 15.

suazen swV. *süss, d. h. leicht verständlich machen und mitteilen* II, 21, 23. V, 14, 29.

suazi Adj. *süss, lieblich, mild*; Adv. -zo.

suazî F. *Süssigkeit, Lieblichkeit, Bequemlichkeit.*

sûfton, -ên swV. *seufzen.*

suht stF. *Krankheit.*

sulîh Pron. adj. *solch, so beschaffen.*

sum, sumi-lîh Pron. adj. *einig, manch;* Adv. sumes, sumenes *einigemal, bisweilen.*

sumirih Interj. *meiner Treu, fürwahr!*

sun stM. *Sohn.*

sunft stM. *Sumpf.*

sunna swF. *Sonne.*

sunnûn-âband stM. *Sonnabend* V, 4, 9; -dag *Sonntag* IV, 35, 42. V, 5, 22.

sunta stF., -î F. IV, 1, 53 *Sünde.*

suntar Adv. *abgesondert, besonders*; Conj. nach negativem Hauptsatze *sondern, es sei denn (dass).*

suntaringon Adv. V, 8, 40 *besonders, speciell.*

suntig Adj. *sündig.*

sunti-lôs Adj. *sündlos.*

sunt-lîh Adj. *sündhaft.*

suntôn swV. *sündigen.*

sus Adv. *so.*

sus-lîh Adv. *so beschaffen.*

su = sw in den folgenden Worten:

Suab stM. *Schwab.*

suangar Adj. I, 5, 37 *schwanger.*

suâr, suâri, suâr-lîh Adj. *schwer, schwer leidend, beschwerlich, gefährlich.* Adv. suâro.

suârî F. III, 8, 46 *Schwere, Leid.*

suâs-duam stM. *Behaglichkeit, Wohnung.*

suâs-lîh Adj. *vertraulich.*

suebên swV. *schweben.*

suegala swF. V, 23, 198 *Schwegel (Blasinstrument).*

suehur M. *Schwiegervater.*

sueiz-duah stM. *Schweisstuch.*

suellan stV. III, 8, 26 *schwellen.*

suenten swV. *fällen.*

suerban stV. III, 23, 12 *abtrocknen.*

suerien, -rren swstV. *schwören.*

suero swM. *Leibesschmerz, körperliches Leid.*

suert stN. *Schwert.*

suester F. *Schwester.*

suîdan stV. V, 23, 149 *entbrennen?*

suigar F. *Schwiegermutter.*

suîgên swV. *schweigen.*

suîchan stV. mit D. *sich abziehn von* —, *im Stiche lassen.*

swimman stV. V, 13, 25 *schwimmen.*
suintan stV. *schwinden.*
suînan stV. *abnehmen, schwinden.*
snizzen swV. *schneitzen.*
snorga, sorga swstF. *Sorge. Besorgnis.*
snorgên, sorgên swV. (mit Gen. oder
  bî —) *sorgen, besorgt sein um —.*
snorg-, sorg-lîh Adj. *sorgsam.*
Syri MPl. II, 15, 3 *Syrier.*

terien I, 4, 27. IV, 26, 52, fir-tîlôn
  II, 16, 10. 12, gi-tiurto II, 12, 2,
  tihtôn I, 1, 6 s. unter d.
tôd (oft corrigiert aus dôd; Gen. D. oft
  tôthes, -the) stM. *Tod.*
tohter III, 14, 47 = dohter.
tohtun III, 21, 21 s. dong.
tôt Adj. IV, 36, 8 = dôt.
toufen II, 13, 4. V, 16, 28 = doufen.
toug III, 21, 21 == doug.
trâdo swM., -da swF. *Saum des Kleides.*
trahta stF. IV, 31, 17 *Haltung des Kör-*
  pers; wol statt drahta.
tunicha (erster Schreiber auch dun.)
  swF. *Tunica, Rock Christi.*
tûzen swV. I, 11, 41 *hätscheln?*

naben swV. *üben, ausrichten;* mit AccP.
  umgehn mit — II, 14, 53.
nahald Adj. V, 17, 28 *schräg.*
ubar Präp. mit Acc. *über* — *hin, über.*
  ubar thaz *überdies;* ubar al *überall.*
  durchaus.
ubar-faran stV. *überfahren.*
ubar-gân stV. *durchschreiten.*
ubarigân V, 23, 75, gileggen IV, 5, 33,
  wonôn II, 13, 38 mit Acc. *über etwas*
  (hin) gehn, legen, wohnen.
ubar-koborôn swV. *überwältigen, über-*
  treffen.
ubar-lût Adv. *laut, öffentlich.*
ubar-mag Prät.präs. mit Acc. IV, 31, 33
  bin mächtiger als —.
ubar-muatî F. *Übermut.*
ubar-stîgan stV. *übersteigen, über-*
  treffen.
ubar-want stM. *Überwindung;* nur bei
  dnan mit Gen. V, 10, 12.

Erdmann, Otfrid.

ubar-winnan stV. *im Kampfe be-*
  zwingen.
ubar-wintan stV. *überstehn, über-*
  winden.
ubbig Adj. *überflüssig, unnütz.*
ubil Adj. *schlecht, übel;* stN. *Übel;* Adv.
  ubilo.
ubil-dât stF. V, 21, 20 *Übeltat.*
ubilî F. *Schlechtigkeit.*
ubil-willig Adj. III, 17, 7 *böswillig.*
ûf Adv. *auf, hinauf.*
ûfan (ûfin II, 17, 18. 21, 31) Präp. mit
  Acc. *auf, an;* mit D. *oben auf.*
ûf-hald Adj. V, 1, 37 *aufgerichtet, senk-*
  recht.
ûf-stân, -stantan *aufstehn.*
um-bera swF. mit G. I, 4, 9. IV, 26, 37
  Nicht-gebärende, Unfruchtbare.
um-berenta Part. Adj. Fem. I, 5, 59
  nicht gebärend.
umbi Adv. *herum;* Präp. mit Acc. *um;*
  zum Ersatz für —.
sih umbi-gurton swV. IV, 11, 13 *sich*
  umgürten.
umbi-kirg IV, 27, 21. V, 3, 5; -ring
  Adv. *rings herum.*
umbi-rîtan stV. *umreiten.*
um-bi-ruah unfl. Adj. *unbeachtet.*
umbi-scowôn swV. *umherschauen.*
umbi-theken swV. *ringsum decken.*
  schützen.
um-bi-therbi Adj. *untauglich.*
um-blîdi Adj. *unfroh, unerfreulich.*
um-maht stF. *Kraft-, Hülflosigkeit.*
  Krankheit.
um-mahtig Adj. *krank.*
um-mez stN. *Übermass;* nur D. mit zi
  V, 23, 109.
um-mezzig, mez-lîh Adj. *unermess-*
unda swF. *Woge.*   *lich.*
un-dât stF. *Untat, Frevel.*
un-diuri Adj. II, 22, 18 *wertlos.*
un-thankes adv. G. *unfreiwillig, gegen*
  den Willen jemandes.
un-thrâti Adj. *unbedeutend, wertlos.*
un-thultî F. *sehnsüchtige Ungeduld.*
  Leid.
un-thurf(t) stF. II, 4, 80 *Nicht-Be-*
  dürfnis, kein Bedürfnis.

20

un-êra stF. IV, 23, 10 *Verunehrung, Schmach.*

un-fir-holan Part. adj. mit Acc. *unverborgen.*

un-fir-slagan Part. adj. *unabgeschlagen* II, 4, 9; *unabsehbar, unzählig* III, 6, 9. IV, 16, 17.

un-fluhtig Adj. mit Gen. IV, 1, 10 *nicht flüchtig vor —.*

un-forahtenti Part. adj. I, 10, 16 *furchtlos.*

un-frô Adj. (mit Gen.) *unfroh, betrübt (über —).*

un-fruatî F. III, 22, 46 *Unklugheit.*

un-ganzî F. III, 4, 34 *Krankheit.*

un-gerno Adv. I, 17, 32 *ungern.*

un-gi-dân Part. adj. *ungeschehen.*

un-gifuari stN. *Unheil, Unglück.*

un-gi-lîh Adj. mit D. *ungleich.*

un-gi-lônôt Part.adj. Sal.20 *unbelohnt.*

un-gilouba stF. *Unglaube.*

un-giloubig Adj. *ungläubig.*

un-gi-mah Adj. *unangenehm, schmerzlich, unpassend, ungleichartig;* stN. *Ungemach, Ungebühr;* Adv. -gimacho.

un-gi-macha stF. *schmerzlicher oder unruhiger Zustand, trauriges Ereignis.*

un-gi-merrit Part. adj. V, 12, 26 *unverletzt.*

un-gi-mezên, -zzon Adv. *unermesslich, masslos.*

un-gi-muati Adj. *unwillkommen;* stN. *Kränkung.*

un-gi-nât Part.adj. IV,29,32 *ungenäht.*

un-gi-râti stN. V,4,5 *törichtes, frevelhaftes Beginnen.*

un-giringi Adj. III, 18, 12 *schwer lastend.*

un-gi-saro Adj. IV, 17, 8 *unbewehrt.*

un-gi-sewan-lîcho Adv. II, 12, 44 *unsichtbar.*

un-gi-skafan Part. adj. II, 1, 6 *unerschaffen.*

un-gi-war Adj. IV, 7, 65 *unachtsam.*

un-gi-wara stF. V, 25, 44 *Unachtsamkeit.*

un-gi-witiri stN. III, 8, 10 *Unwetter.*

un-gi-wurt stF. *traurige Lage, Unwille.*

un-gi-zâmi Adj. *ungelegen, unwillkommen;* stN. *unwillkommenes Ereignis.*

un-gi-zunft stF. *Uneinigkeit.*

un-guat Adj. IV, 25, 8 *böse.*

un-heilî F. V, 16, 41 *Krankheit.*

un-hôno Adv. *unbescholten, sündlos.*

un-huldî F. IV, 24, 5 *Untreue.*

un-kund Adj. *unbekannt.*

un-kust stF. *Hinterlist, Bosheit.*

un-lastar-bârig Adj. HI, 17, 68 *untadelhaft.*

un-nôtag III,4,36, -nôto II,4,3 Adv. *unnötiger Weise.*

un-ôdi Adj. V, 14,3 *schwierig.*

un-redi-haft Adj. *unvernünftig;* Adv. -hafto.

un-redina stF. *Unvernunft, Misverständnis.*

un-rehto Adv. *ungerecht.*

un-reini Adj. *unrein.*

unser Gen. zum Pron. wir; Pron. poss. *unser.* Belegte flectierte Formen: unsara, unsaraz; unsere, unserero, unserên und unsu, unsa, unsan; unse, unso, unsên.

un-sitig H. 121 *unsittlich, böse.*

un-scant Adj. I, 1, 66 *einer, der sich nicht zu schämen braucht.*

un-stâtî F. *Unstätigkeit.*

un-suazi Adj. III, 20, 70 *unfreundlich, herb.*

untar (d) Präp. mit Acc. und D. *unter, zwischen.*

untar-fâhan stV. *(vorweg) abfangen, absondern.*

untar-fallan stV. I, 1, 79 *dazwischentretend hindern.*

untar-muari Adj. I, 19, 7 *unter dem Wasser* oder *im Sumpfe steckend,* sprichwörtlich von unvollendeter Unternehmung.

untar-sehan stV. mit AccS. DP. I, 27, 6 *mit schlauer Einsicht dazwischentreten, jemand an etwas hindern.*

untar-thio Adj. mit D. I, 22, 57 *dienstfertig.*

untar-weban Part. IV, 29, 6 *verwebt.*

untar-weiz Prät.präs. II, 14, 92 *erkenne in geheimnisvoller Weise.*

un-wân stM. V, 4, 20 *Gegenteil der Erwartung, Enttäuschung.*

un-willo stM. *Unwille.*

un-wirdî F. IV, 12, 24 *unwürdiges Benehmen.*

un-wirdig Adj. mit Gen. *nicht verdienend* —.

un-wizzi stN. (-î F.?) *Unverstand, Wahnsinn.*

un-wunna stF. IV, 7, 35 *Gegenteil der Freude, Betrübnis.*

unz Präp. mit Acc. (unzan I, 4, 10) und D. *bis;* Conj. *während, so lange als, bis dass.*

ur-deili stN. *Urteil.*

urgilo Adv. IV, 24, 16 *ausserordentlich.*

ur-heiz stM. *Streit, Aufruhr.*

ur-kundi stN. *Zeugnis;* -kundo swM. *Zeuge.*

ur-lôsi stN. *Erlösung.*

ûr-mâri Adj. *weitberühmt, berüchtigt.*

ur-minni Adj. mit Gen. I, 4, 50 *nicht gedenkend an* —.

ur-wâni Adj. I, 4, 52 *der Meinung oder Erwartung entzogen.*

ur-wîsi Adj. *ausgewiesen, verbannt.*

ûz Adv. *heraus, hinaus.*

ûzana Adv. *nach aussen, auswärts;* mit Acc. *ausser* IV, 12, 21; mit G. *ausserhalb* V, 7, 1.

ûzar Präp. mit D. *aus* — *heraus.*

ûze Adv. *aussen.*

ûz-fliazan stN. *aus-, hervorfliessen.*

ûz-gangan, -gigangan stV. *hinausgehn.*

ûz-lenti stN. *Ausläufer des Landes, Strand.*

ûz-smîzan stV. III, 17, 42 *hinaustreiben, -bringen.*

ûzstôzan stV. II, 11, 10 *hinausstossen.*

ûz-wertes Adv. *auswärts.*

wâfan stN. *Waffe.*

wâg stM. *Woge.*

waga swF. I, 20, 13 *Wiege.*

wâga stF. I, 1, 26 *Wage, abgemessenes Gewicht.*

wagan stM. *Wagen.*

wachar (k) Adj. *wachsam.*

sih wacharôn (-orôn) swV. I, 12, 31 *sich wachsam zeigen.*

wachên swV. *wachen, erwachen.*

wâhi Adj. *fein, kunstvoll, merkwürdig.*

wahsan stV. *wachsen, erwachsen, grösser werden.*

wahsmo swM. *Wachstum, erwachsende Frucht.*

wahta stF. IV, 37, 5 *Wacht.*

wahtên swV. *Wacht halten.*

wald stM. *Wald.*

wallan stV. III, 24, 47 *aufwallen.*

wallôn swV. *wandern, pilgern.*

waltan stV. (mit Gen.) *walten, mächtig sein (über* —).

wamba stF. II, 12, 24 *Bauch.*

wân stM., wânî F. I, 15, 23. II, 7, 49. 14, 89 *Wahn, ungewisse* oder *falsche Meinung, Hoffnung.*

wanana Adv. *woher.*

wânen swV. *wähnen, meinen;* auch mit Gen. thes *das annehmen, glauben.*

wanga swN. *Wange.*

wank stM., -ka II, 6, 51 stF.? *Wanken, Schwanken, Ungewissheit;* nur mit âna.

wankôn swV. *wanken, abweichen,* mit D. *ausweichen.*

wanne Adv. *wann, irgendwann.*

wanôn swV. I, 22, 58 *abnehmen, geringer werden.*

want stF. (stM. I, 11, 24. II, 4, 53?) *Hauswand, Mauer.*

wanta Conj. *denn, da ja.*

wâr Adv. *wo,* V, 17, 18 *wann, irgendwann, etwa* III, 7, 49.

wâr, Acc. Ntr. bei in auch wâri Adj. *wahr, wahrhaft;* stN. *Wahrheit, wahres Wort, wahre und richtige Erkenntnis.*

wara Adv. *wohin?*

wâra stF. *Wahrheit, Richtigkeit;* nur mit Präp.: in (zi; mit? IV, 29, 28) wâru, in wâra, in (zi) wârôn *in Wahrheit, fürwahr.*

wâra stF. I, 17, 66. II, 21, 37 *huldreicher, treuer Schutz.*

warba stswF. *Umschwung, Kreislauf;* nur adv. Acc. Sg., D. Acc. Pl. *bei dieser Gelegenheit, damals.*

wâr-haft, -lîch Adj. *wahrhaft, wirk-*
lich; Adv. -lîcho.

wâr-nissi stN. IV, 21, 36 *Wahrheit.*

sih warnôn, -ên swV. *sich hüten*
(Gen. *vor —*).

warta stF. I, 12, 2 *Wacht, Hut.*

wartên swV. mit G. oder D. *ausschauen*
nach —, achten auf —, sorgen für —.

was, fl. wassêr Adj. *scharf*; Adv.
wasso *eindringlich.*

wasg stM. oder -ga stF. III, 20, 26
Waschung.

wasgan stV. *waschen.*

wassida stF. IV, 20, 40 *Schärfe.*

wât stF. *Kleidung.*

wâten swV. *kleiden.*

wazamo swM. IV, 31, 7 *Ausgestossener,*
Auswurf.

wazar stN. *Wasser*; -faz stN. *Wasser-*
wê stN. (nur Nom. Acc.) *Weh.* [*gefäss.*

weban stV. *weben.*

wedar adj. Pron. IV, 22, 11 *welcher von*
beiden; mit ni (nur Nom. Acc. Sg. Ntr.)
keiner von beiden IV, 30, 13. V, 6, 62. 75.

weg stM. *Weg, Gang.*

wegan stV. *in der Bewegung zeigen, an*
sich tragen; nur mit scîn, s. d.

wege-nest stN. III, 14, 90 *Wegzehrung,*
Reisevorrat.

wege-rihtî F. III, 8, 19 *gerade Rich-*
tung des Weges.

weggen swV. IV, 30, 7 *hin- und her-*
bewegen.

wegôd stM. IV, 9, 32 *Fürsprache* (zi
wecha swF. *Woche.*   [*bei* -).

wehsal stN.   *Auswechselung, Ersatz*
für —.

weida stF. V, 13, 9 *erjagte, erfischte*
Beute.

weih Adj. III, 6, 19 *weich, unkräftig.*

weichên swV. V, 6, 37 *weich, schwach*
sein.

weing IV, 30, 9 Interj. (auch wênag?)
o weh!

weinôn swV. *weinen, trauern, betrauern,*
beklagen.

weiso swM. *Waise.*

weiz Prät. präs. *weiss, kenne.*

weizen swV. *erkennen lassen, zeigen.*

weken swV. *erwecken.*

welf stM. *junger Hund.*

welîh Pron. interr. *welcher, wie beschaffen.*

wê-lîh Adj. IV, 12, 18 *leidvoll, wehevoll.*

wellan stV. *rollen.*

wellen swV. *erwählen.*

welzen swV. *wälzen.*

wênag, -lîh Adj. *kläglich, unglücklich;*
Adv. -lîcho.

wênag-heit stF. *kläglicher Zustand.*

wenken swV. *wanken*; mit Gen. *abirren*
von —; mit DP. *entgehn, fehlen.*

wenten swV. *wenden, kehren; bringen;*
sich begeben.

wer, waz Pron. *wer, was.*

werban stV. *umrollen, sich bewegen,*
tätig sein; umkehren.

sih werben swV. *sich umschwingen.*

werd Adj. auch mit D. *wert, wertvoll;*
stN. im DPl. IV, 2, 15 *Wert.*

werdan (th III, 23, 22. H. 134; Prät.
und Part. Prät. im Inlaut meist rt)
stV. *werden, entstehn; geschehen*; mit
D. *zu Teil werden.*

werdôn swV. mit Inf. III, 7, 89 *sich*
herablassen etwas zu tun.

werên swV. II, 8, 34 *währen, dauern.*

werfan stV. *werfen.*

wergin Adv. *irgendwo, -wohin.*

werî F. II, 11, 28 *Wehre.*

werien, -rren swV. I, 11, 45. II, 4, 31.
22, 17. 26 *kleiden.*

werien, -rren swV. *wehren, verwehren;*
verteidigen (DP. *gegen —, vor —*).

werk stN. *Werk, Tat*; Pl. *Lage* Lud. 25.

werkôn swV. *handeln, wirken.*

wermen swV. IV, 18, 12 *wärmen.*

wernôn, -ên III, 23, 38 *sich abmühen.*

werran stV. *verwirren, aufrühren, be-*
wegen.

werre-sal stN. IV, 18, 25 *Gegenwehr?*
Vielleicht verschrieben statt des fol-
genden.

werti-sal stN. *Beschädigung.*

wesan stV. *sein*; Inf. subst. *Wesen*
III, 16, 61. 64. 22, 32.

wesinî F. V, 12, 50 *Wesenheit, · Be-*
schaffenheit.

wetar stN. *Wetter, Sturm.*

wêwa stF., wêwo swM. *Weh, Leid,
Pein.*

wib stN. *Weib;* wîbi-lîh IV, 26, 35
jedes Weib.

widar, -ri Adv. *widerum, zuwider;*
widar Präp. mit Acc. oder D. *gegen,
im Verhältnis zu —.*

widar-muati Adj. *unangenehm, wider-
wärtig;* stN. (V, 7, 20 -muatî F.)
Widerwärtigkeit, Leid.

widarôn(-orôn), widiren swV. mit
DP. *zuwider sein;* mit Acc. S. *zurück-
weisen, verschmähen.*

widar-ort, -tes Adv. *zurück, rück-
wärts.*

widar-stantan stV. mit D. *widerstehn.*

widar-werban stV. V, 9, 2 *zurück-
kehren.*

widar-wert stM., -werto swM. *Wider-
sacher, Teufel.*

widar-wertôn swV. mit D. III, 16, 26
Widersacher sein, widerstreiten.

widar-winno swM. II, 3, 56 *Wider-
sacher, Feind.*

wîg stN. *Streit, Kampf.*

wîh stM. *Ort, Wohnsitz.*

wîh Adj. *heilig.*

wîhen swV. *weihen, segnen.*

wîhî F. *Weihe, Heiligkeit.*

wiht stN. *etwas;* mit ni *nichts.*

wihti stN. *nur im Pl. Wesen, Leute
(ohne Unterschied des Geschlechts).*

wîla stF. *Weile, Zeit.*

wille, -u unrV. *will.*

willo swM. *Wille.*

wîn stM. *Wein.*

wini stM. *Freund, Liebling.*

winistar Adj. *link.*

winkil stN. *Winkel.*

winnan stV. *streiten, gewalttätig sein.*

wint stM. *Wind.*   [*kehren.*

wintan stV. *winden, sich wenden, um-*

wintes-brût stF. V, 19, 27 *Windsbraut.*

wintirig Adj. *winterlich.*

wint-wanta, -worfa swF. *Wurf-
schaufel* I, 27, 63. 28, 5.

wio Adv. *wie.*

wio-lîh (ie, ia) Pron. adj. *wie be-
schaffen.*

wipph stM. (N.?) IV, 16, 28 *Zeitpunkt.*

wir Pron. Plur. zu ih.

wirdî F. *Würde, Verdienst.*

wirdig (th) Adj. mit Gen. *würdig.*

wirkon, Prät. worahta swV. *wirken,
tun, bereiten, ausführen.*

wî-rouh stM. *Weihrauch.*

wirs Adv. Comp. *schlimmer;* Superl.
wirsist.

wirt stM. *Wirt, Hausherr.*

wirtun F. I, 6, 3 *Wirtin.*

wîs, wîsi Adj. mit Gen. *kundig, wis-
send; bekannt.*

wîsa swstF. *Weise.*

wîs-duam stN., -heit stF. II, 4, 13
Weisheit, Kenntnis.

wîs-lîh Adj. *weise.*

wîsôn, -ên (V, 20, 78) swV. mit Gen.
aufsuchen, streben nach.

wist stF. *(Mittel zum) Dasein.*

wîsen swV. *weisen, Anleitung geben.*

wît Adj. *weit;* Adv. *wîto.*

wita-vina stF. II, 9, 48 *Holzstoss.*

wîtî F. *Weite.*

witu stN. *Holz.*

witua stF. *Witwe.*

wîz Adj. *weiss.*

wîzago swM. *Weissager, Prophet.*

wîzi stN. *Strafe, Pein.*

wîzinôn swV. *strafen, peinigen.*

wizo swM. mit Gen. II, 9, 19 *Wissender.*

wizôd (zz) stM. *Gesetz;* -spentari
stM. V, 8, 36 *Gesetzgeber.*

wîzan stV. mit D. *vorwerfen.*

wizzi stN., -zî F. *Witz, Weisheit, Ver-
stand.*

wola Interj. (auch mit Acc.) *o! Heil!*
Adv. *wol.*

wola-dât stF. *Wohltat.*

wolaga Interj. *o! ach!*

wola-willig Adj. *wohlwollend.*

wolf stM. *Wolf.*

wolko swM., wolkan stN. *Wolke.*

wonên swV. *wohnen, dauernd sein.*

worolt stF. *Menschheit, Welt, Weltalter,
Lebenszeit.*

worolt-altar stN. II, 9, 21 *Weltalter.*

worolt-dât stF. II, 17, 2 *Tat, Hand-
lungsweise, Wesenheit der Menschen.*

worolt-enti stN. *Weltende.*

worolt-êra stF. III,15,26 *weltliche Ehre.*

worolt-floum stM. V, 1, 21 *weiche (breiige, kotige) Masse der Erde.*

worolt-frist stF. *irdische Zeit.*

worolt-krefti stF. Pl. II, 1, 1 *Kräfte (Elemente?) der Welt.*

worolt-kuning stM. *weltlicher König.*

worolt-lant stN. *Erdreich.*

worolt-lîb stN. *Erdenleben.*

worolt-lîh Adj. *weltlich.*

worolt-liuti stF. Pl. *irdische Menschen.*

worolt-lust stF. *weltliche Lust.*

worolt-magad stF. *irdische Jungfrau.*

worolt-man M. *irdischer Mensch.*

worolt-menigî F. *Menschenmenge.*

worolt-rîchi stN. *irdisches Reich.*

worolt-ring stM. *Weltkreis.*

worolt-ruam stM. *irdischer Ruhm.*

worolt-sacha stF., -thing stN. *irdisches Ding.*

worolt-slihtî F. *Ärmlichkeit der irdischen Welt.*

worolt-thiot stM. *Bevölkerung der Erde.*

worolt-unda swF. *Woge der Welt.*

worolt-zît stF. *irdische Zeit.*

worolt-zuht stF. III, 9, 14 *Erhaltung der Welt.*

wort stN. *Wort;* worto-gilîh I,18,5 *jedes Wort.*

wuafan stV. *jammern.*

wuachar stN. *Wucher, Gewinn.*

wuasti Adj. *wüst.*

wuastî F., wuastinna stF. *Wüste.*

wuast-waldi stN. *Wüstenwald.*

wunna stswF., wunnî F. I,3,4. II,6,39 *Wonne.*

wunni-sam Adj. *wonnevoll.*

wunsgen swV. mit Gen. *wünschen, verlangen nach —.*

wunta swstF. *Wunde, Gebrechen.*

wuntar stN. *Wunder, wunderliches Ding oder Wort.*

wuntar-lîh Adj. *wunderbar;* D. Ntr. subst. *-lîche* III, 1, 3; Adv. *-lîcho.*

wuntôn swV. *verwunden.*

wuntorôn mit AccS., sih w. mit GS. *sich wundern über —.*

wurzela swF. *Wurzel.*

yr = siehe ir-.

zagaheit IV, 7, 76 stF. *Zaghaftigkeit.*

zahar stM. *Zähre, Träne.*

zala stF. *Zahl, volle Zahl; Zählung.*

zâla stF. *Not, Verfolgung.*

zâlên (â) swV. I, 20, 13 *verfolgen.*

zawên swV. mit D. *gedeihen, glücken.*

zehan Num. *zehn;* -zug *hundert.*

zeigôn swV. (mit D.) *zeigen, zuweisen.*

zeichan stN. *Zeichen.*

zeihnunga stF. IV, 33, 38 *Abbild, Symbol.*

zeiz Adj. mit D. *lieb, traut.*

zellen swV. *zählen, aufzählen, erzählen.*

zeman stV. *geziemen, geziemend erscheinen.*

sih zerben swV. *sich drehen, umwälzen.*

zerubîm N.Pl. IV, 33, 34 *Bilder der Cherubim.*

zeso Adj. *recht;* stN. *rechte Seite.*

zesawa stF. *rechte Hand;* -wî F. *rechte [Seite.*

zessa (c) stF. V, 14, 17 *Woge.*

zessôn swV. *wogen.*

zetten swV. *ver-, ausbreiten.*

zi Präp. mit D. *zu;* auch vor unfl. prädicativem Adj. und Adv.

ziahan stV. *ziehen, schleppen; erziehen, behandeln.*

ziaren swV. *zieren, schön bilden.*

ziari Adj. *zierlich, lieblich;* Adv. zioro (ie).

ziarî F. *Zierlichkeit, Schönheit.*

zi-brechan stV. *brechen, bändigen.*

zi-fallan stV. *zerfallen, untergehn.*

ziga swF. *Ziege.*

zi-gân, -gangan stV. *zergehn;* impers. mit GenS. *ausgehn, mangeln an —.*

zîhan stV. *bezichtigen.*

zi-kleken swV. *zerreissen.*

zilôn swV. mit Gen. (auch refl.) *sich bemühen um —.*

zi-lôsen swV. *auflösen, zerstören.*

zimborôn swV. *zimmern, erbauen.*

zins stM. *Zins.*

zinsera stF. I, 4, 20 *Rauchfass.*

zi-samane Adv. *zusammen.*

zi-sât Part. IV, 7, 4 *zerstreut.*

zi-slîzan stV. *einreissen, zerstören.*

zi-stôzan stV. *zerslossen, zertrümmern, überwältigen.*

zît stF. *Zeit, Stunde; Zeitalter; Quantität;* Pl. *Festzeit.*

zi-werfan stV. *durch einander werfen, zerstören.*

zorkolôn swV. III, 23, 25 *im Sterben liegen.*

zorn stM. *Zorn;* -lîh Adj. *zornig.*

zua- trennb. Part. bei Verben *zu, zu .. hin.*

zuht stF. *Zucht, Aufzucht, Unterhalt, Belehrung.*

zuhtâri stM. Sal. 28 *Lehrer.*

zukken swV. III, 10, 33 *gewaltsam an sich ziehen, fortnehmen.*

zunga swF. *Zunge, Sprache.*

zurnen swV. mit Acc. *zürnen über —.*

zu = zw in den folgenden Worten:

zuahta stF. I, 3, 26 *Geschlechtsreihe.*

zuein-zug Num. *zwanzig.*

zuelif Num. *zwölf;* -to *zwölfter.*

zuêne, zua, zuei Num. *zwei.*

zuîval Adj. V, 11, 19 *zweifelnd;* stN. *Zweifel.*

zuîvalôn, -olôn swV. *zweifeln* (Gen. *an —*).

zui-valt Adj. *zweifach, doppelt.*

zuîvilîn Adj. V, 11, 34 *zweifelhaft.*

zuisgi Adj. II, 12, 40 *doppelt.*

zuîg stN. *Zweig.*

zuiro Adv. *zweimal.*